미국 이민소설의 초국가적 역동성

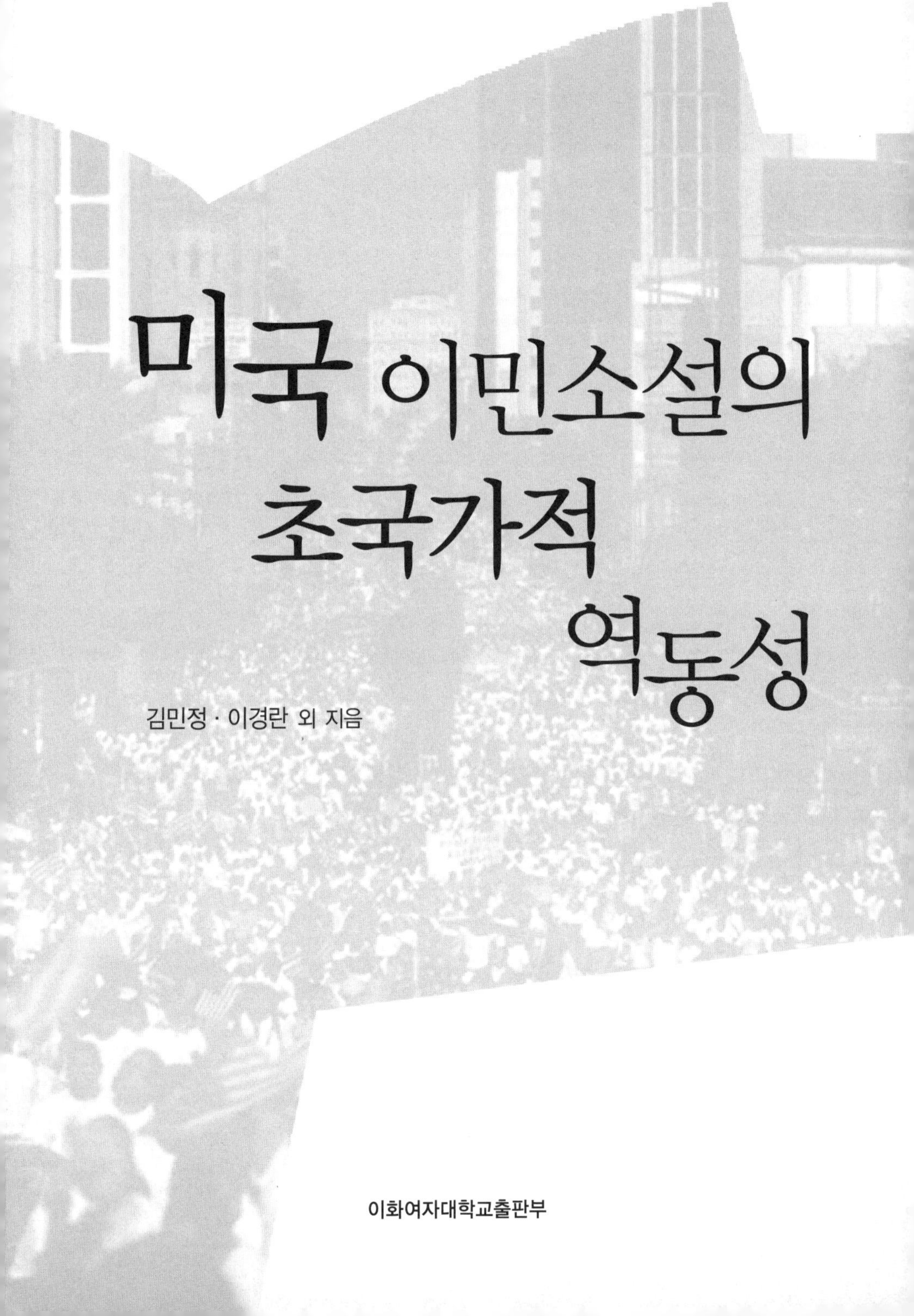

미국 이민소설의 초국가적 역동성

김민정 · 이경란 외 지음

이화여자대학교출판부

책머리에

미국의 대표적 흑인 여성 작가, 토니 모리슨은 어렸을 때부터 작가가 되고 싶었느냐고 묻는 한 인터뷰 질문에, 자신은 작가가 되고 싶었다기보다 열성적인 독자가 되고 싶었다고 말한다. 본인의 말 그대로 모리슨은 학생 시절부터 포크너, 조이스, 울프, 로렌스, 톨스토이 등 수많은 서구 고전에 심취했었다. 모리슨은 또 자신의 첫 작품『가장 푸른 눈』을 쓴 계기를 묻는 한 인터뷰 질문에는 자기가 꼭 읽어보고 싶은 책을 찾아볼 수 없었기 때문이었다고 답한다. 모리슨의 이 말은 기존의 서구 문학, 특히 미국 문학 전통이 그녀에게 줄 수 없었던 결핍을 드러낸다는 점에서 의미심장하다. 특정한 인종 작가로 분류되기를 꺼리는 다른 소수 인종 작가들과는 달리, 모리슨이 자신을 그냥 "작가"가 아닌 굳이 "흑인 여성 작가"로 분류하는 것은 바로 이런 맥락에서 이해된다. 문학을 사랑하는 독자로서 고전에 심취하면서도 한 사회를 경험하고 바라보는 특정한 독자로서 기존 문학 전통에서 모리슨이 느꼈던 그 결핍감과 아쉬움은 우리들이 미국 문학을 공부하면서 느꼈던 감정과 공명한다.

1990년대 후반부터 2000년대에 들어선 현재까지 국내의 영문학계에서는 미국 소수민족 문학에 대한 관심이 꾸준히 커져가고 있다. 아마도 소수민족 문학 속의 삶의 재현이 우리로 하여금 중심과 주변의 복잡한 역학 관계 속에 놓인 우리의 위치를 대면하게 하기 때문인 것 같다. 이 책의 출발은 소수민족 문학, 좀 더 구체적으로는 이민자들의 글쓰기에 대한 비판적 관심에서 비롯되었다. 함께 공부하는 과정에서 이민자들의 글쓰기가 소외, 저항, 동화 등의 주제어를 중심으로만 연구되는 것에 대해 아쉬움이 남았었다. 그리고 최근의 새로운 경향이 보여 주듯 이민자들의 글에서 경계인으로서의 해방적 가능성에만 초점을 두는 것도 문제가 있다고 느꼈다. 두 접근 다 미국 내 이민자들의 복합적인 경험과 의식을 충분히 이끌어내지 못한다는 생각이 들었기 때문이다.

결국 이 책은 미국의 국경선은 엄격히 강화되고 있지만 사람과 자본과 문학적 상상력은 지속적으로 국가 경계선을 넘나드는 상황에서 생성된 이민소설을 분석할 새로운 패러다임을 찾고자 하는 시도에서 출발했다고 볼 수 있다. 이민소설은 이민 현상이 미국의 초국가적인 작동과 국가로서 건재함, 둘 다와 긴밀한 연관성이 있음을 보여 준다. 이러한 상황에서, "국가"의 건재함과 중요성 그리고 그 국가들의 경계선을 초월하거나 넘나드는 움직임, 즉 "초(trans)"의 의미를 동시에 함축하고 있는 "(초)국가([trans]nation)" 혹은 "(초)국가주의([trans]nationalism)"라는 용어와 담론은 이민자 개인의 삶과 미국의 국가성과 초국가성 둘 다의 중요성을 연구하는 데 적절한 틀을 제공한다. 다양한 형식으로 초국가주의를 파악하고, 식민지 사회에서 일어나는 이민과 미국의 초국가적 작동을 문학 안에서 개개인의 특수한 상황을 통해 다루는 이민소설은 초국가 담론이 설명하는 현상들을 좀 더 구체적으로 볼 수 있게 한다. 물론 초국가적인 사회 현상을 문학을 통해 살펴본다고 해서 필자들이 문학을 단지 사회를 반영하는 매개로만 간주하는 것은 아니다. 문학작품을 사회 현상과의 관련 속에서 살펴보는 이 연구는 문학으로서의 글쓰기가 사회 현상과 어떤 관계를 가지고 형성되고 변이되는지에 관심을 둠으로써 문학 논의를 심화시킨다.

이 책에서 사용하는 "미국 이민소설"이라는 용어는 자칫 구체적인 의미가 결여된 용어로 보일 수도 있다. 이민자가 쓴 소설, 이민 경험을 다룬 소설, 혹은 이민 1세대나 1.5세대의 경험을 다룬 소설들이 모두 이 범주에 들어가기 때문이다. 또한 "미국 이민소설"에 들어가는 작품들은 넓게는 소수문학, 인종문학 등의 범주에도 포함되며, 세부적으로는 아시아계 미국 문학, 아프리카계 미국 문학, 치카노 문학, 아랍계 미국 문학 등의 범주에도 넣을 수 있는 작품들이다. 필자들은 "미국 이민소설"이라는 용어를 사용하되 "미국"과 "이민"을 미국 이민소설의 중요한 축으로 부각시킴으로써 미국 이민소설이 단지 미국 안에서의 동화나 적응만을 다루는 소설이 아니라 미국의 국가적/초국가적 행사와 긴밀하게 관련되어 있는 소설들임을 강조하고자 한다. 즉

이 연구의 대상이 되는 미국 이민소설들은 이민자들이 미국에 와서 미국의 국가적 권력을 어떻게 폭력적으로 경험하는가만을 다루고 있지는 않다. 이 소설들은 이민자들이 이미 모국에서 미국을 어떻게 초국가적으로 경험했는지를, 그리고 이민자들이 미국에 와서도 어떻게 모국과의 관계를 다양하게 유지하는지를 보여 준다. 더 나아가 미국의 초국가성을 드러내는 미국 이민소설들은 미국이 잊고자 하는 제국주의 역사를 미국인들의 의식 속에 끊임없이 되가져온다. 그러므로 필자들은 "미국 이민소설"이라는 범주가 이민 작가의 작품이나 이민 경험을 다룬 작품뿐 아니라, 동화를 거부하거나 주변인의 위치를 의식적으로 강조하는 이민 이후 세대들의 경험을 다룬 작품들도 포함할 수 있는 용어임을 염두에 두면서 미국 이민소설의 초국가적 역동성을 탐색한다.

이 책이 나오기까지 실로 많은 사람의 수고와 노력을 깃들여졌다. 이 책의 기초가 되었던 연구 과제 "국가, 초국가/초국가주의와 미국 이민소설"을 위해 아이디어를 하나하나 만들고 초고를 완성하는 과정을 함께 해주신 이경란, 김영미, 이승은, 이선주 선생님, 마무리 단계의 서론 정리 작업에 도움을 준 박사과정 이현경 씨, 이분들께 특별한 감사를 드린다. 같은 관심사를 가진 공부하는 사람들의 배움의 자세로 서로 의견을 적극적으로 나누어 주신 필자 모든 분께 감사를 드린다. 끊임없는 기다림과 인내로 원고 교정을 함께 해주신 이대출판부에도 감사를 드린다.

우리가 어떤 일을 하고, 어떤 생각을 하고, 어떤 선택을 하는 데는 분명 겉으로 보이지 않다 해도 어딘가에 그 근본이 되는, 깊숙이 흔들리지 않고 힘이 되어 주는 뿌리가 있다. 이 책은 수년간 학생들로 하여금 안주하지 않고 끊임없이 생각하고, 질문하고, 반문하도록 이끌어 주신 서숙 선생님의 미국 문학 수업과 필자 개개인이 선생님과 나눈 긴장된 대화의 산물이다. 비판을 위한 비판이 아니라, 한 개인으로서 한 독자로서 성실하게 작품과 마주할 때 진정한 비평가가 될 수 있음을 일깨워 주신 서숙 선생님께 이 책을 드린다.

2011년 4월

김민정

차례

제4부 사적 공간의 초국가적 역학

제5부 초국가적 도시 공간 만들기

제6부 국가/인종/성/문화의 경계 넘기

서론*

김민정, 이경란, 김영미 외

1. 왜 초국가주의인가?

"국가 경계선이나 국가의 이익을 넘어서는 것"이라는 사전적 의미를 담고 있는 초국가성은 최근의 현상만은 아니다. 자본주의 체계가 그 시작부터 세계적이었고, 서구의 제국주의가 국가 경계를 넘어 지속적으로 지배력을 행사해 왔기 때문에 우리는 이미 초국가적 현상을 경험했다고 할 수 있다. 최근에 초국가성에 대한 논의가 활발해진 것은 초국가적 현상의 성격과 범위가 이전 시대에 비해 확연히 달라졌다는 인식 때문이다. 금융 자본의 유동적 축적과 탈(脫)포드적 국제 노동 분업을 특징으로 하는 후기 자본주의 시대에 경계선 없는 단일 경제를 추구하는 세계화로 인해 자본, 노동, 상품, 기술, 문화 등은 전례 없이 빠른 속도로 국가 경계선을 넘나들게 되었다. 이동하는 인구와 재화의 양 역시 비할 수 없이 대규모여서 사람들의 일상적 삶이 크게 달라졌다는 인식이 최근 초국가 논의를 촉발시

* 이 글은 연구 과제에 참여했던 이승은, 이선주, 또 이 책의 마무리 작업에 도움을 준 이현경 씨가 보완한 것임.

키고 있다.

초국가주의의 어원을 살펴보면 이 용어는 1910년대 미국에서 이주와 정체성과 관련된 논의에서 처음으로 등장했다. 이후 1950년대 법률학을 비롯한 분야에서 현재 널리 쓰이고 있는 대로 '국가적 경계를 넘어가거나 국경의 한계를 넘어서는 이해 관계'라는 의미로 이해되었다. 1980년대 다국적 기업들이 '다국적'이라는 용어가 환기시키는 착취와 수탈로부터 거리를 두고자 스스로를 '초국가적' 기업으로 새롭게 명명하며 이 용어는 새로운 의미를 띠게 되었다. 1990년대에 초국가주의는 중미의 이민자들을 비롯하여 북미와 서유럽의 발달된 공업 사회의 노동 시장에 입성한 상대적으로 새로운 이민자 집단의 상황을 지칭하게 되었으며, 이후에는 자본 계층에게 확장되어 사용되었고, 국가적 경계선을 넘은 종교적인 공동체와 사회 운동들을 지칭하는 데 사용되었다.[1]

이렇듯 처음에는 국제적인 이주와 연관되어 사용되었던 초국가주의 개념이 이후에는 국가 간의 관계를 가리키는 대체적 용어로 쓰이다가, 이제는 국제적인 이주와의 연관성에서 어느정도 독립되어 질적으로 달라진 개념으로 쓰이고 있다. 물론 초국가주의는 여전히 현재 진행되는 '이주(migration)'를 지칭하는 용어로서 의미를 갖고 있지만, 현재 지구화 시대의 국민 국가의 종말을 표현하는 용어로 쓰이기도 하고, 최근에는 '이산적(diasporic)'이라는 용어와 동의어로 쓰이기도 한다. 그런 반면 신식민주의(neocolonialism)의 한 형태를 지칭하기도 하며 또한 사회 운동이 NGO화되는 현상을 가리키기도 한다(Grewal and Caplan, 2001: 664-666). 이처럼 초국가주의는 전 지구적 이주와 같은 가치중립적인 현실로부터 신자유주의의 억압적 현실과 진보적 담론에 이르기까지 넓은 범위의 의미로 쓰인다. 이 때문에 초국가주의와 관련된 논의는 혼선을 빚기도 하

1 초국가주의라는 용어의 등장과 발달 과정에 대해서는 패트리시아 칼빈(Patricia Calvin)의 논문 「초국가주의 정의하기(Defining Transnationalism)」와 빅터 루도메토프(Victor Roudometof)의 논문 「초국가주의, 세계시민주의, 그리고 지구지역화(Transnationalism, Cosmopolitanism, and Glocalization)」 등을 참조.

지만 복합적인 21세기의 현실을 잘 드러내고 있다고 할 수 있다.

이처럼 초국가주의에 관한 논의는 사회과학 분야에서 가장 먼저 대두되었으며 대표적으로는 국가 간 경계 넘기가 급속히 확산되었음에도 국가의 건재함에 주목한 관점(Ong 등)과 초국가적 시대의 국가의 소멸에 주목한 논의(Appadurai 등)를 들 수 있다. 전자의 관점을 대표하는 아이화 옹(Aihwa Ong)은 잘 알려진 유동적 시민권(flexible citizenship)의 개념을 통해 후기 자본주의 사회에서 초국가성이 더욱 강화되고 있다는 점, 세계화 시대가 정부뿐 아니라 개인에게도 초국가적 전략을 사용하도록 촉구하고 있다는 점을 제시한다. 하나 이상의 시민권을 가지고 있으면서 국가의 경계를 자유롭게 오가는 유동적 시민권의 개념은 아시아 태평양 지역에 새롭고 유동적인 자본주의가 출현하는 데 매우 핵심적인 역할을 한 중국계 기업인을 논하면서 언급된다. 이러한 논의는 초국가적 실천을 행하는 사람들의 정체성을 논할 때, 자본의 논리뿐 아니라 국가와 문화가 끼친 영향력까지 같이 논한다는 점에서 섣불리 국가 역할의 소멸을 말하지 않는 장점을 지닌다. 그럼에도 불구하고 이 이론은 중국계 기업인과 같이 상층 엘리트에 속하는 초국가적 주체를 대상으로 하고 하층 계층을 배제하고 있다는 점에서 계층적 한계를 보인다고 할 수 있다.

초국가적 정체성에서 국가의 소멸과 더불어 해방적 가능성을 보는 견해로는 아르준 아파두라이(Arjun Appadurai)의 논의가 대표적이다. 아파두라이는 초국가적 이주와 전자 매체의 발달이 탈영토화된 주체, 이산된 공공 영역을 산출하고 있으며, 이제 세계는 더 이상 균일하고 동질적으로 경험되지 않으며 탈구와 분리를 특징으로 한다고 본다. 그에 의하면, 이런 현상이 국가의 통제 영역을 붕괴시키고 있기 때문에 이제 더 이상 국민 국가의 중요성에 입각한 이론틀은 무력하다는 것이다. 그의 논의는 새롭게 대두되는 초국가적 주체, 초국가적 공간의 특징을 잘 지적하고 있음에도 불구하고, 국가 경계선의 중요성을 간과하는 한계가 있다. 국가 경계가 아무리 유동적이 되었다 하더라도 그 세계 내에 사는 사람들에게 국가 경계선은 아직 매우 현실적인 의미를 가지고 있기 때문이다. 그리고 문화적 흐름에 대한 그의 이론은 모든 사람이 똑같이 이동과 전자 매체의 이득을 누릴 수 있는 것 같은 환상을 줌으로써 옹과 같이 계층의 분화를 고려하지 않는 한계가 있다.

위의 입장과는 달리, 소수민족의 입장에서 초국가주의를 논함으로써 초국가주의가 가질 수 있는 저항성과 진보성을 부각시키고 있는 논의가 있는데, 이 책에서 가장 주목하고자 하는 논의는 바로 이 진보적 담론으로서 초국가주의 논의다. 프랑수아 리오넷(François Lionnet)과 슈 메이 쉬(Shu-mei Shih)는 초국가주의를 "위로부터의 초국가주의(transnationalism from above)"와 "아래로부터의 초국가주의(transnationalism from below)"로 분리하고, 후자를 "비주류 초국가주의(minor transnationalism)"라 부른다. "아래로부터의 초국가주의"는 기존의 개념이 자본을 가진 지배 계급의 입장을 대변해 온 점을 비판하면서, 소수민족, 이민 주체, 이산 주체 등의 입장에서 하나의 비판적 패러다임과 저항적 실천으로서 초국가주의를 주장한다. 인더팔 그루얼(Inderpal Grewal) 또한 세계화 담론과 기존의 초국가주의 담론 둘 다와 차별화된 초국가주의를 주장하고 있다. 담론적 실천으로서 초국가주의의 가능성은 이와 같은 "비주류 초국가주의" 개념에서 빛을 발한다고 볼 수 있다.

2. 초국가주의와 세계화, 그리고 세계시민주의

초국가주의와 세계화, 그리고 세계시민주의(cosmopolitanism)는 민족 국가의 경계선을 넘나드는 현시대에 비슷한 의미로 쓰이고 심지어는 서로 교환 가능한 의미로 쓰이기도 한다. 그러나 이 세 용어는 이 책의 논의에서 매우 핵심적인 개념이므로, 이 세 용어의 명확한 의미와 서로 구별되는 지점들을 구체적으로 설명하는 일이 매우 중요하다.

초국가주의는 흔히 세계화로 설명되는 몇몇 현상들—특히 자본, 노동, 상품 등이 국가의 경계선을 넘어 유동하고 있는 현상, 여러 국가의 협력을 필요로 하거나 여러 국가를 통제하기 위해 형성된 국제적 제도나 기관들—을 설명할 때 세계화와 구별 없이 쓰이곤 한다. 다국적 기업의 활동, 국제통화기금(International Monetary Fund: IMF), 세계은행(World Bank), 세계무역기구(World Trade Organization: WTO)와 같은 자본, 노동, 상품의 유동성을 뒷받침하는 제도들, 유럽연합체(European Union: EU), 초국가적 연대를 강조하는 인권운동, 환경운동, 페미니즘 운동, 이민자들의 초국가적 공동체 등 한 국가에 귀속되지 않는 정치기구나 정치운동, 혹은 인터넷, 할리우드 영화, MTV, CNN 등을 통해 전 세계에 유통되는 문화상품들을 묘사할 때 초국가주의와 세계화는 거의 구별 없이 사용되고 있다. 이렇게 초국가주의와 세계화가 구별 없이 사용될 때, 초국가주의 담론은 주로 국가 경계선을 자유롭게 넘나드는 현상, 국가 경계선의 무의미성, 국가의 규제력 상실 등을 강조하는 경향을 보인다.[2]

하지만 초국가주의 담론은 몇 가지 중요한 점에서 세계화 이론과 차이가 있다. 우선 세계화 담론은 보편주의적이고 중앙집권적이며 위계질서적이다. 세계화 담론에서는 자유 시장 논리와 민주주의 가치라는 서구와 미국의 가치를 보편적인 가치로 설정하여 전 세계로 확산시키려 한다. 이에 비해 초국가주의 담론들은 지배적 가치나 중심을 설정하지 않는다는 점에서 덜 규정적이고 덜 중심 지향적이다. 또한 초국가주의 담론은 세계화 담론이 강조하는 것처럼 국가의 경계선과 국가 권력의 역할이 약화되기만 하는 것은 아니라는 사실을 중시한다. 초국가주의 담론은 국가 정체성이나 국가 경계선의 문제를 섣불리 폐기해서는 안 된다는 점을 강조한다. "초/국가"라는 말 자체가 국가 경계선을 넘어선다는 의미와 국가의 건재함을 같이 포함하고 있는 개념이다. 20세기 후반부터 국가의 권력과 역할에 중요한 변화가 일어나고 있는 것은 사실이지만, 모든 국가에 동일하게 일어나고 있는 것은 아니다. 특히 미국은 여전히 법과 시민권 규정 등을

2 탈국가를 강조하는 이런 입장은 세계화/초국가주의 현상에서 긍정적인 가능성을 찾고자 하는 시각(Arjun Appadurai)과 이 현상을 부정적으로 바라보는 시각(Arif Dirlik) 모두에서 발견된다.

통해 자본과 이민의 흐름을 강력하게 통제하고 국가의 경계선을 엄격하게 감찰하고 있으며, 초국가주의 담론들은 이러한 점을 간과하지 않는다.

물론 초국가주의가 세계화 개념과 달리 국가의 기능과 국가 경계선의 건재함을 강조한다고 해서 이전의 국가/국가 경계선 개념을 고수하는 것은 아니다. 초국가주의 담론 역시 후기 자본주의 사회의 경계 없는 자본의 이동 현상 속에서 국가 개념이 변화하고 있음을 인지한다. 초국가주의는 의문시되고 있는 국가의 지위와 경계선 문제를 다각도로 부각시켜 심문하는 담론이다.

이렇게 국가 경계선을 다각도로 문제시하는 초국가주의는 미국 영토 내에 있으되 이방인 내지 외국인으로 살아갈 수밖에 없었던 소수민족들, 이민자들, 이산 민족들의 삶을 새롭게 조명하는 시각을 열어 준다.[3] 아시아계와 같은 비서구 이민자들이나 유럽 출신 이민자 중에서도 비서유럽계 이민자들은 미국 국가로부터 동화될 수 없는 존재로 규정당하거나 이류 혈통으로 간주되어 미국의 시민이 될 수 없거나 이등 시민으로 여겨졌다. 이와 같은 경우 이민자들이 모국을 품고 살아갈 수밖에 없도록 미국이 그들을 초국가적인 존재로 내몰았다고 할 수 있다. 초국가적 존재로 살아온 그들의 삶과 문화는 미국 국가가 만들어내는 미국적 가치나 미국적 정체성의 틀을 통해서는 이해될 수 없다. 이민자들은 미국과 그들 모국 간의 모순적이고 복잡한 관계 속에서 탄생되었으며 미국적 정체성으로 설명되지 않는 이들의 삶과 문화와 의식은 미국이 가하는 차별에 대응하는 그들 나름의 생존전략이었다. 그러므로 역으로 이민자들의 초국가적 의식을 분석하면 미국이 국가로서 행하는 폭력성과 자신이 내세우는 보편적 평등

3 한편 여성주의적 관점에서 탈영토적 유동성을 지나치게 이상화하고 해방적인 가능성을 열어 주는 것으로 낭만화하는 데 대한 비판이 제기되기도 한다. 여성주의자들은 민족 국가가 여전히 건재한다는 사실과 국가 경계선을 넘나드는 이주를 통해 오히려 가부장적 체제가 공간적으로 확장되고 재생산되기도 한다는 데 주목한다. 여러 현상과 요인들을 고려했을 때 초국가주의가 본질적으로 평등한 젠더 관계를 열어 준다는 보장은 없다는 주장(Pratt and Yeoh, 2003)은 설득력이 있다.

이상에 대한 실패를 드러낼 수 있다. 그런 점에서 초국가주의 담론은 미국 국가를 비판적으로 바라볼 수 있는 하나의 패러다임을 제공한다.

한편 흔히 초국가주의와 함께 논의되는 세계시민주의(cosmopolitanism)는 어원상 그리스어로 우주 혹은 세계(kosmos)와 도시민(polite)의 합성어 kosmoplite에서 유래되었다. 세계시민주의의 전통은 서구 세계에서는 디오게네스(Diogenes)와 견유(犬儒)학파로부터 시작하여 스토아 학파를 거쳐 계몽주의 철학자 칸트(Immanuel Kant)에게로 계승, 발전되었다. 세계시민주의는 공통적으로 국수주의나 편협한 지역주의적인 편견을 초월하고자 하는 태도를 의미하며, 이상적인 의미에서 "세계 시민"의 특징으로 세계의 많은 지역과 민족들에 대한 친밀함이나 익숙함을 들 수 있고, 문화적으로는 반(反)본질주의적인(anti-essentialist) 의미를 내포한다(Vertovec and Cohen, 2003: 13).[4] 국가 간의 경계를 넘나드는 활동이 일상화되고 있으며 환경 문제와 같이 국민 국가 단위를 뛰어넘는 협력이 요청되는 시대에 세계시민주의적인 태도는 새로이 조명을 받고 있다.

그러나 학자들은 초국가주의와 세계시민주의의 관계가 일직선적이지 않다고 지적하면서 이 두 개념이 연결되는 지점과 서로 다른 지점들을 지적해 왔다. 이에 대해 울리히 벡(Ulrich Beck)과 같은 학자는 민족 국가의 경계선을 약화시키는 일련의 사회적 과정들을 전 지구화 혹은 지구지역화(globalization/glocalization)로, 지구화의 조건 하에서 나타나는 사회적 삶의 현실을 초국가주의로, 이러한 새로운 현실의 결과로 나타난 개인적 태도에서 관찰되는 질적인 특징들을 세계시민주의로 지칭하고 있

4 이러한 세계 시민의 자질에 대해 이것이 서구 중심적인 기원을 가진 개념으로서, 중상류 계층의 엘리트에게만 개방된 여건에서 개발시킬 수 있는 것이라는 비판이 있다. 그러나 세계는 현재 이처럼 문화적 다원성을 만나는 환경이 엘리트에게만 개방된 것이라고 보기에는 충분히 다원화되어 있다. 또한 세계시민주의가 서구의 독점적인 전통이라는 주장에 대해 8세기와 9세기의 아바시드(Abbasid)와 오트만제국 전성기의 중동 도시들이 널리 찬양받는 세계시민주의적 환경을 갖추고 있었다는 점 등 비서구의 세계시민주의 전통이 재평가되고 있다(Vertovec and Cohen, 2003: 15).

다(Beck, 2002: 17).[5] 이러한 구분을 통해 초국가적 활동의 존재 자체가 세계 시민이 되어가는 과정으로 곧장 이어진다고 볼 수는 없으며, 국가의 경계를 넘나드는 집단이 반드시 성향면에서 세계시민주의적이라고 할 수 없다는 점이 부각된다. 급속하게 변하고 있는 통신과 교통의 발전으로 전 세계의 사람들이 국경을 넘어 손쉽게 이동하고 접근할 수 있는 초국가적인 물리적 요인에 따라 색다른 문화를 손쉽게 접함으로써 편견과 권력에 물든 편협한 사상들로부터 자유로워지고 세계시민주의의 궁극적 이상에 가까워진다고 보는 학자가 있는 반면, 고급 정보에의 접근성이 계층적 위계 질서에 의해 엄격히 제한되어 있으며 공간적인 이동이 자본주의의 지구화를 대변하고 지역 문화의 뿌리를 위태롭게 하는 규격화된 대량 소비에 의존하게 한다는 역기능에 주목하는 목소리 또한 높다. 또한 타문화에 노출될 기회가 많아졌다는 것이 궁극적으로 태도와 가치관의 변화로 이어진다는 점에는 의문의 여지가 있으며, 새로운 이민자 집단에 대한 반감이나 근본주의와 같은 반작용도 생겨난다. 세계시민주의가 극단적 민족주의나 인종주의, 민족 갈등과 같은 문제들에 대한 만능의 해결책을 제시할 대안이라고까지 보기는 어려우나 최소한 전 지구적으로 진행되고 있는 이주와 같은 현상들과는 구분되는 가치관과 태도의 문제라는 점은 주목할 만하다.[6]

5 한 예로 울프 해너즈(Ulf Hannerz)는 관광객, 망명자, 국외 거주자, 초국가적 고용인, 이주 노동자들과 같이 전 지구적으로 이동이 잦은 사람들과 '진정한' 세계 시민을 구분한다. 후자는 문화적으로 개방된 성향과 하나 이상의 세계시민주의적 과제에 지속적으로 개입하고 있는 사람들을 가리킨다. 이러한 구분이 세계시민주의를 엘리트주의적이고 계층주의적인 개념으로 축소시킬 위험을 안고 있지만, 세계시민주의가 국경을 넘나드는 초국가적인 현상과는 구별되는 일련의 태도와 가치관의 문제를 지적하고 있다는 점에서 의미가 있다.

6 최근에는 지구적/ 지역적 구분을 뛰어넘어 둘을 융합할 수 있는 지구지역적 세계시민주의(glocalized cosmopolitanism)라는 개념이 대두되었지만, 현실적으로는 사람들은 자신이 사는 고장에 대한 애착의 정도에 따라 타문화에 대한 경계심이 강화되기도 한다. 이에 대해 대부분의 사람들은 이 두 범주에 대해 매우 복잡한 태도를 보이고 있으며, 따라서 이 두 범주가 단일한 연속체를 형성하고 있는 것으로 개념화하는 것으로 보는 빅터 루도메토프(Victor Roudometof)의 견해가 설득력이 있다.

3. 미국 문학에서 국가, 초국가/초국가주의 논의

미국 국가의 설립은 민주주의 국가라는 이상에서 출발했지만 실제 역사의 과정 속에서 미국은 자본주의와 제국주의를 통해 국가적 영향력을 인식하고 확대해 왔기 때문에 미국 문학과 초국가와의 연계성을 탐구하는 것은 더 이상 낯설지 않다. 특히 1980년대 이후 글로벌 자본과 기업의 힘이 증가하면서 근대 정치 체제로서 국민국가의 본질이 변화하고 있다는 인식으로 인해 미국학 연구 부분에서도 초(超)대서양(transatlantic)학파나 혹은 초(超)반구(transhemispheric)학파에서 미국을 다른 지역과의 연계 속에서 연구해야 한다고 주장하는 "탈민족적 미국학(Postnational American Studies)" 혹은 "신미국학(New American Studies)" 움직임이 진행되고 있다.[7]

이와 아울러 미국 문학의 정전 작품들을 초국가주의 시각으로 읽어낸 논의가 있다. 한 예로 폴 가일즈(Paul Giles)와 같은 학자는 초국가적 시

7 이러한 "신미국학" 진영을 대표하는 학자로는 도널드 피스(Donald E. Pease), 에이미 카플란(Amy Kaplan) 등이 있다. 또한 최근 영문학을 국가 경계선에 국한시키지 않고 그 외연을 넓혀 "복합적이고 상호작용하는 영어권 문화"(Gagnier, 1999: 471)로 보면서 캐나다, 호주, 뉴질랜드 등 다른 나라에서 씌어진 영어 작품을 영문학에 포함시키자고 하는 경향과, 이와 유사하게 다언어주의의 관점에서 미국 문학과 역사를 재검토할 것을 요청한 논의(Werner Sollors)가 있다. 전자는 변화하는 세계에서 영문학의 정의와 지위를 다시 성찰해야 한다는 문제 의식을 보여 주지만, 국제 언어로서 영어의 위상과 지배력에 기반을 둔 것으로 서구 중심주의의 한계를 드러낸다. 한편 워너 솔러스(Werner Sollors)는 후자의 관점을 갖고 각기 다른 언어와 문화가 서로 상호작용하면서 만들어 온 것이 미국 문학과 문화라고 주장하며 다양성을 포용하는 미국 문학과 문화는 초국가주의의 시대에 부응하므로 미국 내에서 씌어졌으되 영어가 아닌 다른 언어들로 씌어진 작품들도 미국 문학에 포함시켜야 된다고 주장한다. 이러한 입장은 두 가지 점에서 문제가 있다. 첫째, 언어, 문화의 다양성에 초점을 두어 미국 사회의 다양성을 말하는 것은 미국 사회가 안고 있는 성적, 인종적, 계급적 문제들을 간과하는 위험이 있다. 둘째, 초국가주의를 다언어주의, 다문화주의와 곧장 연결시키고 있는 그의 관점은 초국가주의 개념 역시 미국 사회 내의 여러 현실적인 문제들과 무관한 추상적 개념으로 만든다.

각이 국가적 시각의 인식론적 한계를 드러낸다고 보기 때문에, 국가의 중요성을 인식하면서도 초국가적 시각을 강조한다. 초국가적 시각으로 미국 정전 작품들을 읽는 그가 중점적으로 하고 있는 일은, 이른바 미국적 특징을 가장 잘 반영하는 것으로 인정받고 있는 미국 정전 작품들에서 국가주의의 틀을 벗겨내고 초국가주의적 의미를 읽어내는 일이다. 예를 들어 그는 허먼 멜빌(Herman Melville)과 헨리 제임스(Henry James)와 같은 작가들을 미국 문학 전통 속에서만 읽거나 미국의 국가주의의 옹호자로 바라보는 관점의 한계를 지적하며, 이 두 작가가 초국가성이라는 거울을 사용해서 영국과 미국의 두 문화가 물려받은 형식들과 전제를 비추면서, 양 문화가 가지고 있는 자국 중심의 전제들을 벗기고 있기 때문에 초국가적 의식을 드러내고 있다고 주장한다. 이와 같은 가일즈의 작업은 초국가적 시각을 구체적인 작품 분석에 적용한 흔치 않은 예로서 초국가주의 논의를 활성화하는 계기가 될 수 있다.[8]

미국 소수민족 문학작품을 국가, 초국가/초국가주의의 맥락에서 읽기

다음으로는 이 연구에 대한 본격적 논의에 들어가기 전에, 미국 소수민족 문학을 초국가주의와 연관시켜 논의한 기존 연구에 대해 간단히 개관

8 그러나 가일즈의 논의는 몇 가지 점에서 아쉬운 점이 보인다. 첫째, 멜빌과 제임스를 미국 문학과 문화의 맥락에 국한시키지 않고 영국 문학과 문화에 연결시켜 논의하는 것은 기존의 비교문학적 시각과 크게 차이가 없어 보인다. 또한 그가 고려하는 초국가적 맥락은 영국과 미국의 관계에만 초점을 맞추고 있다. 영국과 미국이 깊은 관련 속에서 상호작용한 것은 사실이다. 하지만 영국과 미국의 국가 형성과 성격은 그들이 식민지로 삼았던 여타 나라와도 깊은 관련이 있다. 그러므로 다른 식민지 국가들과의 상호작용도 고려해야 영미 두 국가에 국한되지 않는 초국가적 시각을 확보할 수 있다. 다음으로, 그의 초국가주의적 논의는 주로 영국과 미국의 문화적인 영역에 국한되어 있다. 가령 멜빌과 제임스의 경우 두 나라의 비평계와 독자의 반응, 양국 작가들과의 교류가 논의의 중심을 이룬다. 이런 분석은 국민에게 실질적인 힘을 행사하는 장치로서 국가의 역할을 제대로 다루어내지 못하고 있다. 마지막으로, 그의 논의는 대부분 백인 남성 작가들의 초국가성에 초점을 맞추고 있다. 프레드릭 더글러스(Frederick Douglas)만이 유일한 예외다. 애초부터 초국가성을 경험할 수밖에 없는 이민 주체들의 경험은 그의 논의에서 제외되어 있다.

하고자 한다. 미국 소수민족 문학을 초국가주의와 연관시킨 기존의 논의에는 소수민족 문학작품을 연구할 때 국가의 틀이 여전히 매우 중요하다고 주장하며 초국가주의 현상을 강조하는 관점을 비판적으로 보는 입장과, 초국가주의 관점으로 읽을 때 국가적 정체성에만 초점을 맞춘 기존의 관점이 드러내지 못하는 소수민족 주체들의 의식과 존재 양태를 좀 더 잘 드러낼 수 있다고 보는 관점이 있다.

전자의 관점에서는 '초국가주의'라는 개념을 주로 자본의 성격을 설명하는 개념으로 쓰고 있다. 그러한 입장을 대표하는 예로, 데이비드 레이웨이 리(David Leiwei Li)는 미국이 1960년대 이후 독점 자본주의에서 초국가적 자본주의로 전환하고 있다고 보며, 국가가 구조적 장애물을 제거하고 국제적 자본의 유동성을 증대시키자 아시아계 미국인들의 역사적 현실에 큰 변화가 초래되었다고 본다. 그에 따르면 아시아계 미국인들의 인구 구성이 민족, 언어, 계층, 정치 성향, 교육 배경면에서 매우 다양해지자, 아시아계 미국인들의 역사적 경험을 국가의 패러다임 속에 놓는 것을 반대하며 국제 노동, 자본의 이동의 맥락에서 살펴보고자 하는 이론적 움직임이 일어났다고 말한다. 그 중 대표적인 흐름이 공통의 운명을 지닌 단일한 민족 정체성 개념에 반대하기 위해 생긴 이산적 주체를 강조하는 경향이라는 것이다. 이 이산적 주체 개념은 최근에 들어 국가와의 관련성을 더욱 해체하려는 경향을 보이며 이는 문제점을 안고 있다고 그는 주장한다. 그에 의하면 기존의 민족/국가적 전략은 아시아계 미국인 내부의 차이를 간과하고 있는 한계가 있지만 사회적 불평등에 대한 통찰과 사회적 변혁의 필요성에 대한 통찰을 보여 주고 있다는 점에서 아직도 중요하다는 것이다. 그는 우리가 살고 있는 시대가 탈식민주의의 시대가 아니라 초국가적 기업주의라는 낯선 탈을 쓴 강화된 식민주의 시대라고 한 마사오 미요시(Masao Miyoshi)의 주장(Miyoshi, 1993: 726)에 동의하면서, 국가의 의미가 아직 쇠퇴하지 않았으며, 경계를 해체하기보다 지배 계급적 이익을 반영하면서 다시 재편되고 있기 때문에 '국가'를 중심으로 '상상하는 일'의 중요성을 역설하고 있다.

이처럼 초국가주의와 자본을 연관시키는 입장에서는 초국가주의적 공간 속에 있는 작가들의 작품 속에 나타나고 있는 민족주의적 특징을 중요하게 지적한다. 한 예로 닐라 알리 칸(Nyla Ali Khan)은 초국가주의적 현상이 국가와 민족주의를 오히려 강화하고 있는 점을 강조한다. 그는 지리적, 문화적, 정치적으로 여러 세계에 걸쳐 있으면서 서구를 자신들의 새로운 조국으로 선택한 4명의 작가들—나이폴(V. S. Naipaul), 루시디(Salman Rushdie), 고쉬(Amitav Ghosh), 데사이(Anita Desai)—의 작품을 분석하면서, 이들이 모국과의 물리적 · 심리적 거리에도 불구하고 감정과 정신에는 서구의 영향을 받지 않는 모국의 영향이 존재한다고 주장한다. 이들 작가는 이전 고국의 정신적 · 신화적 자원들의 힘을 믿고 그것을 문화적 보고로 활용하고 있는데, 이 과정에서 그동안 서구 중심적인 지배 담론 속에서 왜곡되거나 지워져 온 역사를 회복시키고 있다는 것이다. 그런 의미에서 이들의 작업은 초국가적 영역 내에서 자신들의 모국을 다시 꿈꾸는 작업을 하고 있는 것이고, 이 작업은 기존의 지배 서사를 전도하고 그에 저항하는 서사를 만드는 것이 된다. 이와 같은 작업은 초국가적 실천들에도 불구하고 국가와 민족주의의 개념이 중요하게 작용하고 있다는 것, 그리고 그것이 소수민족의 열악한 현실을 변화시키는 데 매우 중요하다는 것을 주장하고 있다는 점에서 국가/초국가의 밀접한 관련성을 주장하는 이 연구의 입장과 크게 다르지 않다. 하지만 그들의 작업은 현실적으로 존재하는 초국가적 실천과 의식을 제대로 다루어내지 못하고 있다는 점에서 한계가 있고, 특히 칸의 경우 민족주의가 마치 서구의 영향을 전혀 받지 않은 채 본질적인 형태로 존재하고 있는 것 같은 오해를 불러일으킬 소지가 있다는 점에서 문제가 있는 것으로 보인다.

이에 반해 소수민족 작품을 초국가주의 논의 속에서 생산적으로 읽으려는 시도가 있다(Paul Gilroy, Kandice Chuh 외). 대표적으로 흑인들의 초국가적 특성을 분석한 폴 길로이(Paul Gilroy)는 영국 혹은 미국 흑인 문학으로 분류되던 기존의 작품들을 각국의 문화 전통 속에만 위치시키는 것에 반대하고, 미국 · 영국 · 아프리카 이 세 영토를 가로지르는 지적 문화 전통 속에서 읽을 것을 강조한다. 한 예로, 그는 윌리엄 듀 보이스(William E. Du Bois), 프레데릭 더글러스(Frederick Douglas), 리처드 라이트(Richard Wright)와 같은 대표적인 미국 흑인 작가들을 미국이라는 특수한 지리적 · 국가적 전통에 얽매인 작가로만 볼 수 없다고 주장한다. 길로이는 이들 작가가 미국을 벗어난 유럽의 지적 전통과도 교섭하며 서구의 근대성에 대한 비판적 개입을 했다는 점을 강조한다. 한편 아시아계 미국 문학 작품을 단순히 소수민족 문학이 아니라, 초국가주의적 미국 문학으로 읽어야 한다고 주장한 캔디스 추(Kandice Chuh)에 의하면 초국가주의와 아시아계 미국 문학이 국가 경계의 문제를 매우 민감하게 사고하고 있기 때문에 초국가주의 시각이 아시아계 미국 문학 연구에 특히 잘 활용될 수 있다고 한다. 추는 아시아계 미국 작품은 미국을 벗어난 시각으로 미국을 제시하며, 아시아계 미국인들의 작품에는 끊임없이 이전의 자신들의 문화로 되돌아가는 경향이 있다는 점에서 미국의 국가 정체성과 미국적인 것을 중요한 문제로 다룬 주류 작가들과는 다르다고 주장한다. 그녀는 이런 측면에서 아시아계 미국 문학의 초국가주의적 측면을 읽어낼 수 있다고 지적한다.

이와 같은 연구는 이산과 이주의 경험으로 인해 한 국가 정체성 내에만 속하지 못하고 초국가적 의식을 지니고 살았던 소수민족 작품 읽기에 초국가주의라는 관점이 매우 중요하다는 것을 보여 준 점에서 의의가 있다. 따라서 그들의 논의는 소수민족 출신 미국 작가들의 작품을 초국가주의와 관련하여 읽으려는 이 연구에 좋은 출발점이 되어 준다. 이 연구에서는 이민자들의 고국에 대한 그리움은 적응의 실패를 드러내거나 세대 간의 갈등을 야기하는 것이 아니라는 것을 보여 주고자 한다. 이렇게 볼 때, 이민소설 자체를 미국의 초국가적인 행사에 적극적인 반응으로, 이민자들과 고국 사이의 지속적인 관계가 능동적인 초국가적 주체의 형성의 기반이 되는 것으로 읽어낼 수 있는 통찰을 획득할 수 있다. 이런 작업은 이 연구가 주목하는 이민과 초국가적 현상과 소설의 관계를 더욱 깊이 있게 논의할 수 있는 계기를 제공할 것이다.

4. 미국 이민소설에 나타난 초국가성의 양상과 함의

미국 이민소설에 나타나는 초국가성이 여러 가지 양상과 의미를 갖고 있지만, 초국가와 미국 이민소설을 연결시키려는 이 연구는 우선 미국 국가 건설의 근간을 형성하는 이민 현상 자체가 미국이 초국가적으로 개입함으로써 초래된 결과라는 점에 주목한다. 미국은 자국의 영토 안으로 들어온 이주민들에게 시민권을 거부하거나 지연시키는 인종화(racialization)를 통해 국가 구성원의 경계를 배타적으로 엄격하게 통제하면서 국가의 힘을 공고히 해 왔다.[9] 그러므로 미국으로의 이민은 경계선을 넘나들며 행사되는 국가의 강력한 실체를 보여 준다는 점에서 초국가성의 산물로 간주되어야 한다.

또한 작품 속에 나타난 이민자들이 그리고 있는 모국의 황폐한 상황이 미국의 초국가적인 개입과 연결되어 있음을 볼 수 있다. 즉, 많은 이민자는 이주 이전에 이미 정치적, 경제적, 문화적으로 미국의 초국가성을 경험한다. 직접적인 식민지 통치뿐만 아니라 초국가적 관광산업의 형태 등 지역에 정치, 경제, 문화적인 강력한 영향을 끼치는 미국의 초국가적 개입 방식은 다양하지만 미국의 강력한 영향력은 흔히 지역 고유의 문화나 가치를 변질시키고 정치구조를 취약하게 한다.[10] 이민자들의 모국에서의 삶은 미국의 폭력적 개입의 역사의 결과 고통스러울 수밖에 없다.

그런데 역설적인 것은 이들이 고국의 상황을 이겨내기 위해 미국이라는

9 예를 들어 아시아로부터의 미국 이민은 산업화에 필수적인 값싼 노동력을 확보하려는 자본의 필요성에 의해 이뤄진 것으로, 곧 미국의 국가적 힘을 강화시키려는 전략이었다.

10 한편으로 미국과 식민지 지배/종속 관계에 놓여 있던 아시아계 미국인 2, 3세대들이 경제적 안정을 이루면서 제3세계로의 미국의 자본 투자나 생산 기지 이전에 직접 참여하는 상황도 재현된다. 이때 아시아계 미국인들은 더 이상 억압당한 제3세계 가난한 사람들이 아닌 실질적인 자본 소유자이자 환경 훼손의 참여자로 가담한다. 미국의 기업이 값싼 원자재와 노동력을 확보하기 위해 개발도상국과 맺는 관계 속에서 미국의 초국가성이 어떻게 작동하는지가 드러난다.

나라가 상징하는 것들을 꿈꾸며 이민을 갈망한다는 점이다.[11] 미국이 다양한 형태로 초국가적으로 개입했던 나라들에 사는 사람들이 대중 매체를 통해 간접적으로 경험한 미국은 민주주의 시민권이 보장되는 자유 민주국가였으며 다양한 상품 소비가 가능한 거대한 소비 사회였다. 식민주의와 전쟁의 격변으로 정신적 · 문화적 · 경제적으로 피폐한 삶을 살아가는 이 지역 사람들은, 미국의 상품을 구매하는 소비자가 되어 미국의 소비주의 문화에 참여함으로써 미국의 시민이 될 수 있다는 착각을 갖게 되었다. 이처럼 민주 시민으로서의 삶과 물질적 풍요와 소비가 가능한 이상적인 국가 이미지를 함축하고 있는 "아메리칸 드림"을 통해 이들은 이민을 꿈꾸게 됨으로써 미국이라는 국가를 영토 밖에서 초국가적으로 경험한다.

그러나 자국의 어려운 상황을 피해 미국 땅을 찾아간 이민자들은 미국에서도 또다시 국가의 권력을 경험하게 된다. 이민자들은 시민권을 거부당하고 미국의 구성원에서 배제되어 정착자(settler)도 방문객(visitor)도 아닌 상황에 처하게 된다. 주변인으로서 이들의 위치는 미국이 자유 민주주의 국가 이념을 그토록 강조하고 있음에도 불구하고, 비백인/비유럽/비앵글로색슨 이민자들을 제외시키는 앵글로색슨 중심의 백인의 헤게모니를 결코 약화시키지 않으려 한다는 것을 보여 준다. 이민자들의 경험에 핵심적으로 등장하는, 이민 이전에 경험한 미국과 이민 이후 실제로 겪게 되는 미국 사이에 놓여 있는 커다란 간극은, 결국 이민 이전에 경험한 미국의 초국가적 개입을 부각시키는 것으로 읽어낼 수 있다. 특히 이들이 미국에서 인종 차별 때문에 받는 충격은 민주주의를 표명하는 미국의 실체를 드러냄으로써 미국의 초국가적 개입이 초래한 문제적 현실을 보여 준다.

공통적으로 많은 미국 이민소설들이 어느 나라에도 온전하게 귀속하기

11 예를 들어 미국은 값싼 노동력과 원자재, 소비시장을 확보하기 위한 제국주의적 확장의 일환으로 아시아 태평양 지역과 카리브 연안 지역으로 진출했으며, 그 결과 막대한 경제적 이윤과 자본의 축적을 이룰 수 있었다. 그뿐만 아니라 이 지역에 수많은 할리우드 영화와 음악, 광고 등의 대중문화 매체 등 미국의 국가 이미지와 미국적 삶의 양식을 세계로 전파했다.

어려운 이민자들의 힘겨운 상황을 부각시키면서도 이민자들이 국가와 사회의 수동적인 피해자만은 아님을 드러낸다. 이민자들은 국가나 주류사회가 호명하는 소수민 혹은 주변인이라는 부정적인 정체성에 굴복하지 않고, 자신들의 정체성을 긍정적으로 구축하여 적극적인 행위자가 되고자 한다. 이민자들의 생존 전략 중 하나가 바로 이들이 실제적/상상적으로 창조해 낸 "초국가적 주체성" 혹은 "초국가적 공간 형성"이다. 즉 작품 속의 이민자들은 소수민이라는 자신들의 상황을 국가의 규제와 제약을 벗어난 의식과 공간을 형성함으로써 극복하려 한다. 미국을 넘어서는 의식과 공간은 모국과 연결된다는 점에서 초국가적이다. 그리고 그러한 초국가적 공간 혹은 주체 형성에는 자신이 떠나온 국가/문화/인종과의 연계가 중요한 한 축이 되고 있다. 이러한 초국가적 의식과 공간은 미국에 온전히 귀속되지 못하는 이민 주체들이 폭력적이고 차별적인 국가에서 살아남는 생존 전략이 된다. 또한 모국의 전통적 정신과 문화를 작품의 플롯이나 작중 인물의 중요한 정신적 원천으로 형상화하는 측면에서 초국가성을 살펴볼 수 있다. 이런 작품들은, 흔히 오리엔탈리즘에 편승되는 것이라 비판받는 요소들을 좀 더 적극적인 의미로 제시하고 있다. 즉, 신비주의적이고 이국적인 요소들은 작중 인물들로 하여금 이민자로서 겪는 차별과 소외를 극복할 수 있는 가능성으로 도입되고 있다.

무엇보다도 미국 이민 작가들이 작품 속에 모국을 끊임없이 등장시킨다는 행위 자체가 어떤 의미에서 초국가적인가를 고려해 볼 수 있다. 미국 속에 주변인으로 존재하는 이민 작가들이 모국을 지속적으로 작품 속에 등장시키는 것을 단순히 미국의 개입에 의해 초래된 모국의 억압적인 상황을 폭로하기 위해서만이 아니라, 미국이 국가적 기억 밖으로 밀어냈던 국가들을 미국 사회 안에 지속적으로 기억하고 의식해야 하는 존재로 새롭게 만들어내고 있다는 점에서 초국가적이라고 할 수 있다. 미국 이민소설이 보여 주는 이러한 공통적인 초국가적 양상과 함의를 염두에 두고, 연구자들은 미국 이민소설을 연구하면서 이민 작가의 모국과 미국과의 관계, 소설 속에 나타난 개인 주체와 이민 공동체의 다양한 초국가성의 양상, 다양한 국가 출신의 작가들이 작품 속에서 보여 주는 초국가성의 특징들을 읽어내고자 했다.

5. 미국 이민소설의 초국가적 역동성

이 책 『미국 이민소설의 초국가적 역동성』은 필자들이 살펴보는 작품들의 초국가적 양상의 유사성을 토대로 총 6부로 구성되어 있다. 각 부에서 다룬 주제와 작품들에 대한 특징들을 초국가주의와 미국 이민소설을 연결시키는 후속 논의를 위한 과제들과 더불어 간략히 설명하고자 한다.

제1부 "초국가적 역사와 포스트식민성"에 실린 세 편의 글은 미국의 군사적 · 정치적 · 문화적 (신)식민 지배를 받았던 필리핀과 카리브 해 출신 이민 작가들의 작품을 다룬다. 세 편의 글이 다루는 작가들은 모두 모국을 떠나 미국에 거주하고 있지만 미국과 모국의 불평등한 힘의 역학 관계에 대한 비판 의식과 정치적 저항 의식이 매우 강한 작가들이다. 그리하여 이들의 작품에 대한 분석들은 국가적 영향력을 지리적인 국경선 밖으로 확장했던 초국가로서의 미국에 의해 피식민지인들이 모국에서 뿌리뽑히는 상황과 이주민들이 미국에서 겪는 불평등과 차별의 재현에 초점을 두고 전개되고 있다. 작가 자신은 모국을 떠나 있으면서 작품 속에서는 모국의 식민 조건을 재현하고 모국에 거주하는 인물들의 주체적 행위의 가능성을 논하는 이민 작가의 복잡한 입지에 대해서는 좀 더 철저한 탐문이 필요한 것으로 보인다. 또한 여기에 실린 글들이 각 작품 주인공의 사적인 초국가적 이주와 이산 양상을 각 국가를 대표하는 전형성을 가지고 있는 것으로 그리고 있는데 과연 그러한 전형성이 어느 정도까지 정당성을 확보하고 있는지 더 넓은 역사적 맥락과 다른 텍스트와의 관계 속에서 지속적으로 검토되어야 할 사항이다. 그러나 미국의 초국가적인 영향력 행사로 포스트식민 모국에서 발생하는 다각적인 이산 양상을 탐구하고 이를 미국에서의 소외와 배제를 연계시켜 논의한다는 점에서 제1부의 글들은 이민소설과 초국가성의 역동성이 논의될 중요한 역사적 맥락을 부각시키는 의미있

는 작업을 하고 있다.

제2부 "이민자의 주체 형성과 초국가적 상상력"에 수록된 두 편의 글은 인도와 베트남계 미국 여성 작가가 쓴 이민소설을 중심으로 여성 주인공들이 미국 사회에서 인종적·성적 타자로서 당하는 배제와 차별을 극복할 원동력을 어떻게 초국가적 상상력을 통해 모국의 전통으로부터 가져오는지 살펴본다. 이민소설의 주인공과 작가들이 모국과의 유대를 유지하고자 하는 노력은 흔히 떠나온 고국을 낭만화하고 신비화함으로써 서구 독자들의 비서구 세계에 대한 이국 취미와 같은 오리엔탈리즘에 편승하는 시도로 비판받곤 한다. 하지만 이 두 편의 글은 이민자들이 모국과 지속적으로 맺는 유대가 많은 경우 미국 사회에서 겪는 소외와 배제를 극복하기 위한 자구책이면서 동시에 미국 사회의 불평등과 차별을 은연중에 비판하는 계기가 되고 있기 때문에 손쉬운 오리엔탈리즘에의 영합으로만 단순히 치부할 수 없는 의미를 가지고 있다고 주장한다. 물론 이민 작가들이 미국 사회에서의 소외를 극복하기 위한 방어 기제로 모국과의 유대를 사용하는 과정에서 서구 세계 독자들을 위해 기억 속의 모국을 전유할 함정이 존재하는 것은 사실이다. 여기서 다룬 작품에서도 고국과의 유대가 이민 공동체에 한정되거나 모국의 문화가 과거의 구술 문화나 이민 1세대가 전하는 모국에 대한 향수 어린 회고 등으로 제시되는 등 현재 변화하는 역동적 실체로서의 모국과의 교섭이 잘 나타나지 않는 부분이 있다. 그럼에도 불구하고 떠나온 고국과의 유대를 초국가적 상상력을 통해 유지함으로써 이민자로서 긍정적 주체를 형성하는 과정은 여전히 이민소설이 담고 있는 초국가적 역동성의 중요한 부분이다.

제3부 "주변인으로서의 초국가적 비판 의식"에 실린 세 편의 글은 한국, 중국, 일본 등 동아시아 출신의 미국 작가들이 쓴 소설을 주로 다루고 있다. 이 세 편의 소설은 공통적으로 물질적으로 풍요한 자유 민주주의 국가라는 미국의 공식적인 국가적 담론을 탐문하는 작품들이다. 필자들은 이 세 편의 이민소설 속에서 미국의 소수민족으로 편입된 등장 인물들이 미국의 인종 차별과 물질주의가 팽배한 현실에 문제 의식을 느끼고 소수민

족 간의 초국가적인 연대와 모국과 미국의 양자택일을 벗어난 복수적 정체성, 혹은 제3의 정체성을 통해 현실을 극복하려는 과정을 읽어낸다. 필자들은 등장 인물들의 이러한 이상을 미국 사회의 주변인인 소수민족이 획득할 수 있는 가치 있는 통찰로 평가한다. 미국 사회의 주변인이 가질 수 있는 초국가적 비판 의식에 초점을 맞춘 세 편의 논의는 '초국가주의' 혹은 '초국가성'을 긍정적인 의미의 범민족성(pan-ethnicity) 혹은 탈민족성(post-nationality) 등과 혼용함으로써 국가 경계선과 국가 정체성의 문제를 섣불리 단순화하는 위험을 안고 있는 것은 사실이다. 그럼에도 불구하고 미국이라는 초국가에 주변인으로 진입한 이민자들이 미국의 소수자로서 가지는 비판 의식을 부각시키는 필자들의 분석은 초국가적 의식의 비판적 기능에 주목한다는 점에서 의미를 가진다.

제4부 "사적 공간의 초국가적 역학"에서는 미국과 이주자의 모국 사이에 작동하는 초국가적 권력의 역학이 사적 공간인 가정에서 작동되는 방식들을 다룬 소설들을 분석하고 있다. 세 편의 글은 초국가적 입양 가정의 인종주의, 민족성을 둘러싼 이민 세대 간의 갈등, 모국의 가부장적 폭력을 재생산하는 이민 가정의 여성 문제 등 사적 공간에서 개인들이 다양한 형태로 경험하는 초국가적 힘의 역학을 분석함으로써 공적 영역과 사적 영역의 긴밀한 관계를 드러낸다. 물론 초국가적 이주로 인한 가부장제와 젠더 관계의 변화에 대한 작가의 문제 의식에 대한 심층적 탐색, 사회과학적 이론을 문학 텍스트에 적용하는 연구방법론의 위험성 등은 여전히 해결해야 할 문제로 남아 있다. 하지만 세 편의 글은 한국, 중국, 아이티 등 흔히 가부장적이고 여성에 대해 미국보다 더 억압적이라고 간주되는 국가로부터의 이주를 그려낸 작품들을 다루면서도 제1세계로의 이주가 반드시 가정 내의 불평등한 젠더 관계를 해결해 주는 것은 아니라는 점을 분석해내고 가부장제와 초국가적 이주가 복잡한 관계로 얽혀 있다는 점을 밝혀내고 있다는 점에서 주목할 만하다. 동시에, 초국가적 폭력이 사적 영역이라는 내밀한 공간에 작동할 뿐 아니라 개인의 주체성 형성에도 지대한 영향을 미치는 양상을 치밀하게 분석해낸 것도 의미있다.

제5부 "초국가적 도시 공간 만들기"에 실린 두 편의 글은 미국의 대표적인 메트로폴리스 뉴욕과 로스앤젤레스라는 대도시 공간을 중심으로 초국가 시대의 현란한 도시 일상을 실감나게 그린 작품들을 다루고 있다. 두 편의 글은 초국가적 이주와 자본, 전자 매체의 일상적인 국경 넘나들기 등 현대의 대도시 공간을 어떻게 변화시키는지 입체적으로 다루어내면서 동시에 이러한 초국가적 현상들이 도시 공간의 개개인들에게 미치는 양가적 영향도 분석한다. 물론 최후에 미국 메트로폴리스를 해방적 공간으로 설정한 작가의 의도나 소수민족에 대한 전형화에 대한 작가의 문제 의식에 대한 좀 더 철저한 탐색 등이 과제로 남는다. 하지만 초국가적 공간이 되고 있는 대도시에서 인종과 민족에 따른 계층 분화와 소수민족 간의 적대감을 은밀히 조성하는 백인 중심의 지배 문화와 초국가적 자본에 주목하고, 동시에 이런 현실을 극복하고자 하는 개인들의 의지를 부각시킴으로써 초국가적 도시 공간의 역동성을 포착하고자 했다는 점은 높이 살 만하다.

마지막 제6부 "국가/인종/성/문화의 경계 넘기"에서는 국가와 인종, 젠더와 성, 문화 경계선의 구성성에 주목하는 작품들을 분석함으로써 '넘어가는' 혹은 '넘나드는' 경계선의 존재를 당연한 것으로 가정하는 초국가적 논의를 심층화하는 시도들을 담고 있다. 특히 백인 정전에서도 혹은 소수민족 문학에서도 잘 가시화되지 않던 그리스계나 폴란드계 유대인 미국 이민소설 등에 대한 필자들의 논의는 미국 이민소설의 초국가적 역동성에 대한 이 책의 논의를 확장시킨다. 각각의 글에 나타난 문화 간 융합에 대한 이상적인 지향, 작가와 자서전적 화자 사이의 거리 문제, 백인 소수민족의 인종화가 담고 있는 특권적 지위에 대한 심층적 논의 등은 더 논의가 필요한 지점들이다. 하지만 세 편의 글이 문화와 예술에서의 국가적 경계선의 의미, 번역과 대화를 통한 새로운 주체의 형성 등 기존 이민소설 논의에서는 잘 다루어지지 않았던 문제들을 제기함으로써 초국가주의와 미국 이민소설 논의의 지평을 넓히고 있음은 주목할 만하다.

이상 여섯 부로 묶인 열여섯 편의 글들은 모두 국가의 경계선들을 넘고 교섭하는 초국가적 과정과 초국가적 연계성의 역동성에 대한 미국 이민 작가들의 재현을 탐구한 결과물들이다. 이 책은 이민소설의 등장 인물들의 삶이 더 이상 지리상 국가의 경계선 상에 묶여 있지 않다는 데 주목하고, 이와 같은 작품들을 초국가주의라는 틀에서 읽어냄으로써 각 개인들이 일상적 삶에서 체험하는 초국가적 현상들에 대한 폭넓은 이해를 돕고자 했다. 특히 이민 주체라는 소수민족의 입장에서 비판적인 패러다임 혹은 저항적 실천으로서의 초국가주의를 읽어내려고 하면서도, 자칫 초국가주의의 전복적 가능성에만 비중을 두어 그 억압적인 이면을 간과하는 위험을 경계하고자 했다. 또한 문학 텍스트가 사회과학적인 이론의 시험대로 환원되는 위험도 경계했다. 실제 작품 분석에서 필자들의 의식적인 경계가 얼마나 실현되었는지는 여전히 논의되어야 할 문제로 남지만, 이 책에 담긴 논의들이 문학 텍스트의 복합성을 더 깊이있게 포착한 이후 연구를 위해 의미있는 토대가 되기를 기대한다.

제1부

초국가적 역사와 포스트식민성

초국가적 역사와 초국가적 연계성:
피터 바쵸의 『세부』 _ 김민정

초국가적 이주와 인종화된 포스트식민 정체성의 정치학:
미셸 클리프의 『하늘로 통하는 전화는 없다』 _ 이경란

초국가적 대중문화와 비판적 읽기의 힘:
제시카 하게돈의 『개고기 먹는 사람들』 _ 박환희

초국가적 역사와 초국가적 연계성
-피터 바쵸의 『세부』* -

김민정

1. 필리핀(인)과 필리핀계 미국(인)의 초국가적 연계

피터 바쵸(Peter Bacho)는 그의 네 번째 소설 『출입(*Entrys*)』(2005)을 출판한 직후 한 인터뷰에서 미국 도서상을 수상한 첫 소설 『세부』(*Cebu*)』(1992)에 대해 다음과 같이 말한다. "당시 필리핀 작가들은 필리핀인과 필리핀계 미국인을 전혀 연계시키지 않았다. 나는 『세부』가 그 연계를 만들어내기를 원했다."[1] 이산(離散, diapsora), 혼종성(hybridity), 세계시민주의(cosmopolitanism) 등 인간의 정체성과 경험을 제한된 영토에 한정시켜 이해하는 것이 더 이상 가능하지 않음에 주목하는 용어들

* 이 글은 『미국학논집』 제42권 1호(2010)에 게재된 논문 "Transnational Histories and Connections: Representational Strategies in Peter Bacho's *Cebu*"를 수정 · 보완한 것임.

1 로빈 린들리(Robin Lindley), "Coming through Slaughter: Writer Peter Bacho on his new novel, his life as a writer, his youth in Seattle" (2006)에서 재인용. 린들리의 글에서 언급된 대로, 바쵸는 단편소설 모음집인 『짙은 청색 슈트(*Dark Blue Suit*)』(1998)로 머레이 모건 상과 워싱턴 주지사 작가상을 받았다. 그 밖에 그는 두 권의 소설 『넬슨의 달리기(*Nelson's Run*)』(2002), 『출입(*Entrys*)』(2005)을 썼으며, 논픽션인 『흑과 백의 권투(*Boxing in Black and White*)』(1999)를 썼다.

이 널리 통용되는 현재 상황에서, "연계"의 중요성에 대한 바쵸의 인식과 강조는 특별해 보이지 않을 수도 있다. 그러나 바쵸가 필리핀을 필리핀계 미국인의 경험이 지속되는 장으로 환기하는 것은 단순히 전 지구적 자본·정보·노동이 생산한, 유동적이고, 고정되어 있지 않고, 이질적인 주체들에 대한 언급만이 아니다. 그보다는 식민지 권력으로서 미국의 초국가적인 헤게모니가 필리핀에서 필리핀인과 필리핀계 미국인의 경험을 어떻게 미리 결정하고 규정하는지 그 독특한 특성에 대한 비판적 진술이다.

이 글의 『세부』 읽기는 바쵸가 어떻게 소설의 특징적인 구조와 스타일을 통해 "그 연계를 만들어내고", 문학적으로 형상화하는지 고찰하고자 한다. 특히 바쵸가, 시대에 뒤떨어지는 것으로 보이는, 그리고 자신들의 이데올로기적 비판을 뒷받침하는 실험적 기법에 관심을 가진 현대 아시아계 미국인 작가들과 소수민족 작가들에게 인기 없는, 3인칭과 전지적 목소리라는 서술 양식을 채택한 선택의 중요성과 함의를 숙고하고자 한다. 바쵸의 전지적 해설에 담긴 비극적인 결정론적 의식은 이민자들의 경험을 주조하고 사실상 지속시키는, 미국의 건전해 보이는 국가적 서사를 동요시키는 데 기여한다. 『세부』에서 필리핀을 배경으로 하는 부분에서는 필리핀인의 경험을 규정하는 비극적 행로가 서술적 목소리를 통해 전달된다. 미국을 배경으로 하는 후반부에서는 평등과 자유의 약속에 대한 필리핀계 미국인 주인공의 순진한 믿음에도 불구하고, 식민주의적 침략의 역사가 소수민족인들의 삶을 과도하게 규정하는 불가사의한 폭력의 분출과 순환으로 되돌아온다. 필자는 필리핀인의 국가적 경험과 필리핀계 미국인의 경험 둘 다를 규정하는 미국의 식민주의와 제국주의적 헤게모니의 초국가적인 작용을 예증하고자 하는 작가의 비판적 관심사가 어떻게 서사적인 양식과 구조를 통해 극화되어 있는지 고찰하고자 한다.

2. 소수민족 문학으로서 『세부』의 특수성

필리핀계 미국 문학에 대한 논의들은 미국의 식민주의 유산과 필리핀의 신식민적 조건이 필리핀 작가들과 필리핀계 미국 작가들의 문학적 재현에 미묘한 음영을 부여하는 중요한 특징임을 강조한다. 오스카 캄포메인즈(Oscar V. Campomanes)는 그의 자주 인용되는 논문 「미국의 필리핀인들과 그들의 망명 문학(Filipinos in the United States and Their Literature of Exile)」(1992)에서 미국에 있는 필리핀인들을 관습적으로 "필리핀계 미국인"으로 분류하는 것에 의문을 제기하고, 그들의 경험을 다른 아시아계 미국인 집단과의 연속선 위에 위치시키는 시도의 문제점을 지적한다. 그는 필리핀계 미국 문학을 아시아계 미국 문학의 "하부구조"로 논의하는 것이 "구성적 패러다임으로서 아시아계 미국 문학의 몇몇 주장들을 복잡하게 한다"(Campomanes, 1992: 49)고 지적한다. 캄포메인즈의 말을 인용하자면, "다양한 아시아계 이민자들의 출신국 중에서, 필리핀은 미국과 진실로 식민지적이고 신식민지적인 관계에 끌려 들어간 유일한 국가라는 점에서 차별화되며, 이런 이유로 필리핀은 미국적 순수(American innocence)의 진공 속으로 거의 완전히 흡수되어 왔다"(Campomanes, 1992: 52). 그러므로, "미국에서 필리핀인들의 곤경과 그 필연적인 결과로 그것이 만들어낸 문학적·문화적 표현의 환원할 수 없는 특이성"을 고려할 때, 필리핀계 미국인이라는 이름은 어떤 의미에서는 "부적절"하고 "모순어법적"이라고 캄포메인즈는 주장한다.[2] 산 후안(San Juan)도 "필리핀계 미국인은 각각의 가능한 조건들을 지시하는 두 용어 사이의 문제적 관계를, 종속과 지배의 관계를 의미하는 하이픈의 의미를 밝히지 않고는 정의될 수 없다"고 적절하게 지적한다(Campomanes, 1992: 50 재인용). 필리핀계 미국 문학에 관한 『멜러스(*MELUS*)』의 특별호 서문에서, 로시오 데이비스(Rocio G. Davis)는 필리핀계 미국 문학의 특징을 "비판적 지

2 캄포메인즈는 필리핀인들의 경우, 워너 솔러스(Werner Sollors)가 주장하는 미국 "소수민족" 문학의 전형적인 수사로서 "권리의 장소나 약속의 땅"으로서의 미국보다는 "역전된 목적, 반대 움직임"(Campomanes, 1992: 51)을 암시한다고 지적한다. 그래서 캄포메인즈는 "이민과 정착의 문학보다는 미국에서의 삶이 탈위치, 긴장, 관점을 위한 공간으로 기여하는 망명과 탈출의 문학"(Campomanes, 1992: 51)을 주장한다.

성"으로, 즉 "특정한 상황에 위치한 민족적 주체들의 재현에 대안적 접근법을 교섭하는 모델을 제시함으로써 필리핀계 미국 문학을 무차별적으로 성공적 통합의 서사로 개념화하는 시도에 의의를 제기하는 비판적 지성"(Compomanes, 1992: 5 재인용)[3]이라고 상기시킨다. 그래서 필리핀계 문학의 분석은, 데이비스의 지적처럼, "필리핀인이 미국과 미국 문학에 대해 가지는 양가적인 입장"과 문학을 "미국의 식민주의적 기획과 현재의 신식민주의적 맥락에서 역사적인 사건들에 비판적으로 참여하는 것"(Campomanes, 1992: 10 재인용)으로 보는 인식을 중심으로 이뤄진다.

바쵸는 그의 논문 「필리핀 역사의 비극적인 의식(The Tragic Sense of Filipino History)」에서 필리핀계 작가들의 문학적·문화적 생산이 스페인과 미국의 식민주의, 필리핀이 미국에 대해 맺고 있는 신식민주의적 관계, 그리고 필리핀에서 지속되는 정치적 부패와 경제적 문제들이라는 특정한 역사에 의해 어떤 영향을 받아왔는지를 설명하고 있다. 바쵸는 "아시아계 미국 문학"이 필리핀계 미국 문학을 포함하는 것이 과연 적절한 것인지 의문을 제기한다. 그가 보기에, 아시아계 미국 문학의 대표적인 작품들과 달리 필리핀 작가들에게는 "희망"에 대한 인식이, 그리고 "해결에 대한 희망"(Bacho, 1997: 5)이 부재하기 때문이다.[4]

3 로시오 데이비스는 "민족적 주체성을 각인하는 과정"은 다양한 문화적 작업들 안에 내에서 "이것이 주제적·이데올로기적·미학적으로, 필리핀계 미국인의 식민지적이고 디아스포라적인 양면성에 관여되는 방식"(Davis, 2010: 7)을 통해 나타난다고 지적한다. 그녀의 주장에 적절하게, 데이비스는 "영어로 된 필리핀 문학"과 필리핀계 미국인 문학 사이의 중요한 연관을 상기시킨다. 필리핀에서 카를로스 불로산(Carlos Bulosan)의 『미국은 가슴 속에 있다(*America is in the Heart*)』를 "문제의 여지없이 필리핀인 작품"으로 읽었던 자신의 경험을 인용하면서 데이비스는 영어로 쓰인 필리핀 작가의 작품과 필리핀계 미국인의 작품이 거의 동일한 시기인 1980년도에 나타났다는 것과 "아주 초기 작가들—호세 가르시아 비야(Jose Garcia Villa), 비엔베니도 산토스(Bienvenido Santos), 곤살레스(N.V.M. Gonzales)—중 몇 명이 필리핀과 미국 두 나라에 모두 살았었다는 사실이 영어로 된 필리핀 문학과 필리핀계 미국인 문학 사이의 연결을 강화시킨다"(Davis, 2010: 7)는 점에 주목한다.

4 바라티 무커지(Bharati Mukherjee)의 『재스민(*Jasmine*)』과 치트라 디바카루니(Chitra Divakaruni)의 『향료의 여사제(*The Mistress of Spices*)』에 대한 그루얼의 통찰력 있는

때때로 열리는 아시아계 미국 문학 수업에서, 필리핀 문학이든 필리핀계 미국 문학이든 필리핀인의 문학을 포함하는 것은, 최대한 잘 표현해도, 서로 어울리지 않는다. 일본계 미국 문학과 중국계 미국 문학의 초점은—그것이 이민자 어머니와 시민권자 딸들 사이의 관계에 관한 맥신 킹스턴(Maxine Kingston)이나 에이미 탠(Amy Tan)의 탐구거나 중국계 미국인 역사가 도적질당한 데 대한 프랭크 친(Frank Chin)의 분노거나, 일본계 미국인의 강제 수용으로 인한 공동체 내의 분열을 치유하고자 하는 노력에 관한 존 오카다(John Okada)의 묘사이거나—[필리핀계 미국 문학과는] 다르다. 이러한 것들은 그 주제의 성격상 최소한 해결의 희망을 간직한 자기 관찰적인 이야기들이다.

대조적으로, 필리핀 작가들의 소설에는 흔히 그런 희망이 보이지 않는다. 많은 필리핀계 작가들이 그들의 작품 속에 필리핀과 필리핀계 미국인의 현실을 풍부하게 사용하는 경향을 고려한다면, 그러한 성공이 그토록 도달하기 어려운 목표라는 것은 놀라운 일이 아니다. 대신 이 작가들은 주인공의 행동하고자 하는 결정에 찬양을 보내는 경향이 있다. 우리 독자들이, 불가피한 실망이나 종말에 대해 우리 자신을 대비시키면서 그 선택에 박수를 보내듯 (Bacho, 1997: 5).

사실 아시아계 미국 문학을 "해결에 대한 희망"을 구현하는 것들로 노골적으로 일축해 버리는 것에 대해서는 반박의 여지가 있다. 비록 탈위치(displacement), 동화(assimilation), 그리고 문화 변용(acculturation)이 아시아계 미국인 문학을 관통하는 공통적인 요소이기는 하지만, 아시아계 이민자 집단의 다양한 개인적 역사와 그들의 다양한 문학 생산물을 어떤 식으로든 일반화하는 것은 문제점을 안고 있다. 동시에, 많은 아시아계 미국 문학에서 등장 인물들은 이민자로서의 현실적 경험과 자유민주주의라

읽기를, 특히 이러한 소설들이 어떻게 동양과 서양이라는 특정한 이분법을 가지고 움직이는지를 참조.

는 이상 사이의 간극과 싸워야 하지만, 소설들은 자신을 새롭게 창조할 수 있는 약속의 땅으로서 미국을 보존한 채 끝을 맺는다. 더 나아가, 등장 인물들이 최초에 미국에 대해 느끼는 환멸은 그들이 고국에서 가져온 미국에 대한 이데올로기들에서 비롯되지만, 동양/서양, 전통/근대성, 억압/자유, 가난/풍요, 사회적 계층/평등의 이분법들이 아시아계 미국 문학을 떠받치는 경우가 많다. 미국에 대한 실망이 고국에서의 미국의 영향, 주로 미국의 경제적·문화적 제국주의 같은 정치적 구조들을 통해 비롯되지만, 이민과 이주는 미국은 분명 다를 것이라는 믿음과 희망에 의지해 이뤄진다. 인더팔 그루얼(Inderpal Grewal)이 주목하듯이 아시아인 이민자들의 많은 작품이 "제1세계 자유의 장소 미국과 제3세계 억압의 장소인 '아시아' 사이의 이분법적 대립 구도 안에 놓여 있다. 일본계 미국인들의 강제 수용 서사는 이 패러다임의 중요한 하나의 예외다"(Grewal, 2005: 63). 그루얼은 더 나아가 "아시아에서 온 남성 이민자는 20세기 전반기에 미국으로부터의 배제와 미국의 자유주의적 이상에 대한 희망 사이의 긴장을 통해 구성되었"지만, "아시아에서 온 여성 이민자는 가부장적 문화라는 감금 상태에서 미국의 자유주의적 시민사회 안의 자유"로 움직임으로서의 이주를 통해 구성되었다(Grewal, 2005: 63)고 말한다. 그루얼이 상기시키듯이, 비록 몇몇 서사는 이주를 "이주에 대한 동화주의적 관점에서처럼 투쟁을 해결하기보다는 투쟁을 낳는 움직임"으로 그려내지만, "전통과 근대성의 이분법"은 흔히 그대로 남아 "미국을 개인이 욕망과 선택권을 가진 개인으로 출현하는 장소로 만드는"(Grewal, 2005: 66) 서사를 구성한다고 말한다.

그렇다면 이런 맥락에서 읽었을 때 바쵸의 『세부』는 개인이 국가, 문화, 지리를 통해 생산된 차이의 조건들과 투쟁하는 것을 묘사하는 몇몇 전통적인 서사들—이러한 서사들이 이러한 구분에 반대하거나 혹은 복구하든지 간에—에서 주목할 만큼 벗어나 있다. 바쵸의 소설은 또한 미국의 민주주의 이상에 대한 특유의 믿음을 간직하는, 그리고 미국을 가난, 정치적 소란, 사회적 불평등으로 규정되는 출생 국가와는 동떨어진 공간으로 구성하고 있는 필리핀계 미국 문학 전통에 들어맞지 않는다. 곧이어 다루겠지만, 이 소설의 서사는 그 구조와 양식을 통해 미국을 낙관적인 욕망을 실현할 장소로 상상하는 순진한 희망을 손상시킨다. 『세부』는 2세대 필리핀계 미국인 남성 사제인 벤 루체로를 중심으로 전개되며, 그의 필리핀 방문과 시애틀에 있는 그의 교구로의 종국적인 귀환을 다루고 있다. 머리말과 다섯 부분으로 구성된 이 소설에서 I 부와 IV부는 세부와 마닐라를 배경으로 하고, V부는 미국으로 귀환한 후 시애틀에서의 벤의 경험을 다룬다.

표면상으로 이 소설은 미국에서 태어난 세대와, 이민 초기의 좌절에도 불구하고, 과거를 초월할 가능성을 굳게 믿는 그의 이민자 부모라는, 흔한 소수민족 소설의 주요 요소들을 갖추고 있다. 벤의 아버지 알버트 루체로(Albert Lucero)는 제2차 세계대전 중에 미군의 필리핀 연대에 입대한 군인으로, 미군과 미국에 계속 충성을 바친다. 벤의 어머니 레메디오스(Remedios)의 이야기는 좀 더 복잡하다. 레메디오스는 문자 그대로 섬나라 필리핀에 가해진 폭력적인 정치적 · 군사적 침입을 구현한다. 일본의 필리핀 점령 기간 동안, 레메디오스는 일본군 내의 한국 군인 무리에게 잔인하게 성폭행을 당한다. 그녀는 자신의 외상(外傷)적 경험을 가톨릭교에 대한 쇄신된 믿음과 미국의 자비로움에 대한 절대적인 희망으로 변모시킨다. 그녀는 필리핀을 해방시키겠다는 약속을 실현하기 위해 맥아더가 필리핀으로 귀환한 것을 신의 "지울 수 없는 신호"라고 이해한다. "그녀의 황폐한 삶에도 불구하고, 맥아더가 상륙했다는 말을 들었을 때 그녀는 가톨릭교의 보편적 성호로 십자를 긋고 또 그으면서 무릎을 꿇고 감사 기도를 드렸다" (Bacho, 1991: 30).[5] 따라서 그녀에게 알버트 루체로와의 결혼은 낭만적인 선택이라기보다는 미국에 대한 믿음과 미국에서의 삶이 그녀의 개인적인 상처에 대한 신의 자비의 표시라는 믿음의 표현이다. 미국은 한 개인의 이전의 경험과 자아로부터의 단절을 가능하게 하는 분리된 공간으로 여겨진다. 레메디오스의 어머니는 알버트와 레메디오스의 중매

5 앞으로 『세부』에서의 인용은 괄호 안에 인용된 쪽수만 기입한다.

결혼을 진행시키는데, 레메디오스는 처음에는 필리핀계 미국 군인과의 결합에 대해 저항하지만 "안전과 미국"(22)을 연관짓는 어머니 아우렐리아 아바르케스의 견해를 받아들인다. 따라서 벤의 사제직은 미국적 순수와 이타주의에 대한 레메디오스의 확고한 믿음이 낳은 것이며, 미국 역사를 형성한 종교적 결정론과 자기 창조의 공적 서사에 포함되고자 하는, 이민자로서 그녀의 개인적 열망이 구현된 것이다. "소년은 신의 것이었다. 그녀의 장자는 사제가 될 것이다"(24).

이렇게, 바쵸의 소설에는 소수민족 문학에 관례적으로 나타나는 긴장, 즉 자녀들에게 민족적 가치관과 관습을 전달하고자 하는 현지의 문화를 잘 모르는 부모들에 대한 이민자 자녀들의 투쟁이 빠져 있다. 오히려, 벤은 미국적 발전주의(American developmentalism)에 완전히 동의하는 부모의 자녀로서 이러한 내러티브를 무비판적으로 받아들이도록 양육된다. 소설이 시작할 때, 벤은 행복하게 문화적으로 동화된 필리핀계 미국인이다. 그는 이민자의 움직임을 전통에서 근대성으로, 가난에서 발달로 자비롭게 진전하는 것으로 구성하는 미국의 국가적 담론에 익숙해져 있다. 더불어 이 소설은 세대 간 갈등이나 이민자의 경험에 집중하지 않는다. 『세부』는 아시아계 미국 소설에서 흔히 발견되는 수사를 채택하지 않는다. 즉, 이 소설은 미국에서 태어난 2세대가 고국으로 돌아가 그동안 부인해 왔던 인종적 역사와 혈통과 화해하는 순간을 묘사하는 것으로 끝맺지 않는다. 비록 이 소설이 벤 루체로의 필리핀 방문을 보여 주고 있지만 그의 고국으로의 귀환은 소수민족 소설에 일반적인, 갈등의 해결에 대한 상징적 제스처로서 제시되어 있지 않다. 벤의 세부 방문은 자신의 고향 마을에 묻히고자 했던 어머니의 마지막 소원을 이뤄 주기 위한 것이다.

스타일의 측면에서 볼 때, 피터 바쵸의 『세부』는 난해한 형식에 익숙한 현대 독자들에게 특별히 도전적인 작품이 아니다.[6] 사실 현대 독자들은 형식적인 실험을 주제를 형상화하고 현실에 대한 비판적인 개입을 반영하는 것으로 받아들이는 경향이 있다. 『세부』에는, 소수민족 소설에 일반적으로 나타나는, 다양한 등장 인물이 그들 자신의 이야기를 1인칭으로 여러 개의 긴 단락에 걸쳐 이야기하는 특징이 발견되지 않는다. 스타일상의 화려함을 기대하는 독자에게는 다소 실망스럽게도 바쵸의 소설은 3인칭으로 서술된다. 비록 이 소설이 3인칭 이야기 외적 이종 화자(extradiegetic, heterodiegetic narrator)를 채택하고 있지만, 이 서술적 목소리는 마치 등장 인물처럼 기능한다. 이 서술적 목소리는, 제한된 전지적 3인칭에서처럼, 등장 인물들의 관점들을 오고간다. 이러한 통례적인 역할에 덧붙여, 이 목소리는 필리핀에 관한 권위 있는 지식을 제공하는 독특한 연설이 된다. 각 장들을 시작하는 부분에 자주 나타나는 필리핀에 대한 해설적인 논평은 필리핀계 미국인' 사제의 언어와는 근본적으로 다른 언어로 쓰여 있으며, 특정한 역사적 서사를 발언하는 대변자로서 기능한다. 이러한 자의식적인 삽입들은 분명하게 소설 외적인 작가의 목소리로서, 필리핀계 미국인이 받아들이는 미국의 국가적 서사를 탐문한다. 더 나아가, 필리핀에서 필리핀계 미국인의 존재는 필리핀을 배경으로 한 부분의 구조를 이루는 스페인 식민주의, 일본 제국주의, 미국 식민주의의 사회정치적인 역사와 화합할 수 없고 조화되지 않은 담론으로 제시되어 있다.

『세부』는 다음과 같이 전개되는 도입 단락으로부터 시작된다. "제트 여객기가 세부를 향해 날아가자 그것은 고속도로상의 낡은 포드 자동차와 같이 덜걱거렸다. 여러 해 전 이 여객기는 미국의 항공에는 안전하지 않은 것으로 여겨졌지만 다른 많은 미국의 낡은 것들과 마찬가지로, 그것은 필

6 필리핀계 미국인들이 산출한 문학작품 중에서도 제시카 하게돈(Jessia Hagedorn)의 『개고기 먹는 사람들(*Dogeaters*)』은 가장 선호되는 작품이었고, 부분적으로 소설의 주제와 그 양식 간의 성공적인 일치 때문에 아시아계 미국 문학 연구에서 정전화되어 왔다. 비록 몇몇 평자는 『개고기 먹는 사람들』이 서구 포스트모더니즘적인 감성에 영합한다고 비판했지만, 많은 사람이 소설의 양식적 기법을 소설의 사회 비판과 일치하는 것으로 여겼다. 레이철 리(Rachel Lee)의 유용하고 지적인 분석 『아시아계 미국 문학의 미국들: 국가와 초국가의 젠더화된 허구들(*The Americas of Asian American Literature: Gendered Fictions of Nation and Transnation*)』에 실린 「제시카 하게돈의 『개고기 먹는 사람들』에서 민족주의, 젠더, 섹슈얼리티를 가로지르기(Transversing Nationalism, Gender and Sexuality in Jessica Hagedorn's *Dogeaters*)」를 참조.

리핀에서 새 보금자리를 찾았다"(3). 이 몇 줄 안 되는 문장 속에 미국과 필리핀의 식민지적 관계의 억압적인 역사가 곧장 소개된다. 그것은 위험한 제트 여객기로서, 한때 미국에서 자동차와 산업주의적 발전을 대변했던 제품 이름인 "오래된 포드"의 이미지를 떠올리게 하는 미국의 영향의 유물이다. 따라서 『세부』에서 화자의 목소리는 여러 다른 인물의 의식을 이동해 가면서도 때때로 자신만의 명백한 위치를 만들어내는 별개의 주체성을 통해 규정되는 서술적 목소리로 보인다. 그러므로 소설의 도입 단락은 소설의 역사적이고 사회적인 맥락을 묘사하고 제공한다. 즉, 미국의 식민주의와 정치적인 체제가 자신의 권력을 세우고 유지하는 수단이 되는 차이의 위계들이다. 제트 여객기에 대한 화자의 묘사가 암시하는 식민주의 역사를 고려해 볼 때, 위에 언급된 세부행 비행기 탑승 경험에 대한 벤의 반응은 그의 즉각적이고 개인적이며 자기몰입적인 반응으로서 의미가 있다.

소설 시작 후 몇 단락 이후 나타나는 다음 부분은, 흔들리는 비행기와 세부로의 하강에 대한 벤의 반응을 묘사하는데, 소설에서 그를 소개하는 부분이기도 하다.

> "어휴," 그는 마지막 심한 충돌 후에 속삭였다. 벤은 영원한 생명에 대한 약속에도 불구하고 두려움에 거의 얼어붙었다. 여기서 지금 그는 아들로서 어머니에게 지켜야 할 약속이 있었으며, 그것은 조종사에 대한 믿음을 불러일으키기 위해 그가 할 수 있는 모든 것이었다. 신께 기도하는 것은 갑자기 과녁을 멀리 벗어난 것 같았다. 조종석으로 직통 전화를 거는 것이 더 표적에 맞을 가능성이 높을 것이다. 비록 작지만 그는 소리를 냈다. 그가 가장 하고 싶었던 것은 어떤 원시적이고 불경스러운 외침이었다. "오 주여, 이 인간들아, 이 털털이를 세부까지 데려다 놓으라고!" 그러나 그는 그러지 않기로 했다. 비록 압박을 받기는 했지만 그는 몇 마디의 말도 감당할 수 없다는 것을 알고 있었다. 게다가 십중팔구 조종사는 타갈로그어만을 할 수 있을 것이다. 그는 불만스럽지만 "어휴"라는 말로 만족하기로 했다(4).

벤의 첫 등장과 그의 "어휴"라는 표현은 앞서 나타난 화자의 언어와 그의 언어가 얼마나 동떨어져 있는지를 곧장 확인시켜 주는 문화적 특수성을 보여 준다. 덧붙여, 인용문 중간에 작가가 삽입한 벤의 직접 담화인 "……이 인간들아, 이 털털이를 세부까지 데려다 놓으라고!"는 다른 부분과의 조화를 방해하는 생경한 인상을 주며 이것은 명백히 벤이 미국과 동일시하고 있는 정도를 보여 주고 그가 미국의 태도와 말투를 완전히 수용하고 있음을 강조한다. 이러한 언어 사용과 언어학적인 표시를 통해 벤의 정체성이 드러난다. 더 나아가, 그의 존재는 화자의 목소리로부터 생경한 분열과 차이로 묘사된다. 따라서 벤이 미국적으로 동화된 정도와, 필리핀의 역사적 현실에 대한 그의 무지와 무관심은 그의 성격에 대한 별로 인상적이지 못한 소개 속에 특별히 강조되어 있다.

처음부터 벤은 미국적 말씨와 삶의 방식에 관해 지나칠 정도로 익숙한 인물로 그려진다. 위 인용문에 나타난 표현에 가장 잘 예시되어 있듯이 비행기 안에서 보이는 그의 초조함은 결과적으로 아시아에서 미국의 식민주의적 · 제국주의적 개입에 대해 이데올로기적으로 봉사했던 진보의 목적론에 벤이 얼마나 완전히 동의하고 있고 따르고 있는지를 전달해 준다. 『세부』에서, 벤의 미국적 발달주의 담론과 필리핀에 관한 해설적 비평의 불안한 공존 상태는 이 둘의 상이성과 공존 불가능성에 주목하게 만든다. 소설의 도입 문단에서처럼 아래 인용하는 부분에서 작가적 주체성(authorial subjectivity)은 이 섬나라를 괴롭히는 사회 정치적 현실에 대해 논평한다.

> 필리핀에서는 숲과 농지와, 마을이 시샘하듯 자신들의 으뜸가는 지위를 지키는 땅에서 탈선한 존재인 도시가 매끈한 피부에 난 사마귀와 같이 솟아 있었다. 대부분의 도시 거주자들에게조차도—이들은 자신들을 더 이상 먹여 줄 수 없는 심장부와 삶의 방식으로부터 도피한 사람들이다—옛 방식은 그들의 정신과 기억 속에 선명하게 새겨져 있었다. 세부에서 이들은 택시를 몰고, 거리를 청소하고, 부자들을 위해 음식을 요리했다. 그러나 그들끼리는 자신

에게만 중요하고, 다른 이들은 비록 돈 있는 부자일지라도 알지 못하는 일들에 대해 끝없이 이야기했다(68).

바쵸의 소설에서 지속적으로 나타나는 한 가지 패턴은 이러한 비평이 자주 필리핀을 배경으로 하는 장의 시작 부분을 특징짓는다는 것이다. 이러한 논평들의 두드러진 특징은 이 논평들이 서사나 인물의 의식에 분명한 방식으로 연결되어 있지 않다는 것이다. 비록 이런 비평이 다음의 서사에 맥락을 제공해 주기는 하지만, 이러한 설명들은 스스로 의식하는 입장을 취하고 있다. 비애와 체념의 어조로 이뤄지는, 세부에 사는 사람들에 대한 화자의 묘사는 근대화와 도시화 및 이러한 과정에 동반되는 경제적 불평등에 대한 비판이다. "매끈한 피부에 사마귀처럼 돋아난" 도시의 이미지는 분명히 "질투하듯이 자기의 으뜸가는 위치를 지키는"(68) 농촌 생활의 지역 역사에서는 달갑지 않은, 강요된 개발 상황이다. 이 부분은 근대성에 대한 요구와, 사람들을 정서적으로 지탱해 주는 형태의 공동체적 삶 사이에, 사람들의 소외를 야기하는 고립 상태가 존재함을 지적하고 있다. 부자와 가난한 자 사이의 격차가 그들의 삶의 방식에 대한 자세한 묘사로써 전달되기보다는, 가난한 자들이 부자들을 위해 이용되는 방식을 분명하게 비판하면서, 관광객들의 눈에는 보이지 않는, 섬나라의 표면적인 아름다움 속에 숨겨지고 억압된 이야기들을 공공연하게 드러낸다. 부자뿐만 아니라 독자들 또한 "그들 자신에게만 중요한 것들에 대해 끝없이 이야기를 하는" 가난한 사람들의 비공식적인 이야기에 대해 "속속들이 알" 길이 없다. 다시 말해서, 화자의 목소리는 비공식적이고 동화될 수 없는 담론들을 인정하지만 이들 담론의 존재는, 서구적 기준과 국가적 발전과 진보의 궤도에 부합하고자 열망하는 국가의 공식적 서사에 포섭되지 않는 과잉으로서 규정된다.

비록 소설이 벤이 세부에 도착하는 것으로 시작하지만, 전쟁의 폭력적 역사, 일본의 점령, 미국의 식민주의—특히 그의 어머니와 그녀의 친구 클라라(Clara)의 역사—를 이야기하는 각 장은 많은 부분 벤이 없는 가운데

서술된다. 벤이 세부에 도착한 후 클라라와의 만남을 서술하는 처음의 짧은 장은 클라라가 벤에게 그의 돌아가신 어머니의 이야기를 해 주는 자신의 의도를 설명하면서 끝난다. "네 엄마와 나는 서로에게 비밀이 없었고, 나도 너에게 아무것도 비밀로 하지 않겠다. 너에게 내가 아는 것을 이야기해 줄께"(17). 그 다음 장 "클라라와 레메디오스: 이야기되지 않은 이야기들(Clara and Remedios: Untold Tales)"은 벤이, 독자들과 함께, 이어지는 이야기를 통해 정보를 얻고 교육을 받는 익숙한 문학적 관례로 시작한다: "벤은 그 날 오후, 레메디오스뿐 아니라 클라라에 대해서도 많은 것을 배웠다"(18). 소설이 두 여성의 역사에 대해 많은 정보를 충실하게 제공한 것은 분명하지만, 클라라와 레메디오스가 일본 점령 기간 중 희생당하고 복수하는 참으로 비극적인 경험과, 정치적이고 사회적인 불안—예를 들어, 클라라가 어떻게 그녀의 부자 삼촌으로부터 상속을 통해 강력한 여가장(matriarch)이 되었는지, 그녀가 부를 유지하기 위해 취한 "투자 대상의 분산화—밀수, 잡다한 악덕, 책략"(22)과 같은 불법적인 방식, 레메디오스의 알버트와의 결혼, 레메디오스의 미국 이민 후의 두 여성의 서신 교환—을 어떻게 겪어냈는지 자세히 서술하는 그 다음 70페이지 동안에 벤의 존재는 전혀 느껴지지 않는다. 또한 일본군 점령 기간 동안 레메디오스가 당한 성폭행과 같은 참으로 소름끼치는 이야기와, 클라라의 게릴라 부대 참여, 그리고 한국 군인들에 대한 잔인한 복수 행위와 같은 이야기들이 더불어 이야기되고 있다. 클라라와 레메디오스의 과거를 묘사하는 이 부분들은 전쟁 동안에 저질러진 가장 폭력적인 범죄의 일부를 환기시켜 준다. 3인칭의 서술은 자주 클라라의 의식을 통해 걸러지며, 때때로 뚜렷한 특징을 가진 작가의 목소리가 등장한다. 예를 들어, 레메디오스의 성폭행 장면에 대한 소설의 언급은 클라라의 초점화(focalization)를 통해 소개되며, 이 부분에서 레메디오스의 이민 후 클라라가 레메디오스에게서 받은 편지를 상기시킨다. 클라라는 레메디오스의 편지가, 그녀 친구의 행복과 편안함을 확인시켜 주었음을 기억해낸다. 그 편지 안에서 레메디오스는 미국에서의 사소한 일상과, 미국의 삶이 그녀의 남편과 아이들에게 제공한 좋은 일들—남편의 진급, 딸의 소아마비 예방 접종(polio shot), 그리고 "벤의 신학교 입학"(26)—을 나열하고 있었다. 그런 후, 3인칭 서술은 갑작스럽게 이민자의 문화적 적응과 성공의 이야기를 다소 방해하는 클라라의 자유 간접 화법(free indirect discourse)으로 옮겨간다. 클라라의 기억은 레메디오스의 몸에 잔인하게 폭행을 가한 제국주의적 역사와 그와 동반되었던 침범 행위와 정면으로 맞선다. "무해한 일이야, 정말로. 클라라는 소리질렀다. 왜 레메디오스야? 왜? 왜 교회야? 너는 일본인들이 왔을 때 모든 것이 죽었다는 것을 기억하지 못하니? 그들은 죽였고 우리는 달아났지. 그렇지만 그들은 너를 잡았어, 소중한 친구 …… 그리고 이제 너는 그걸 전하고 싶니?……"(26). 클라라의 자유 간접 화법은 어린 레메디오스가 당한 성폭행과, 이후 친구를 도우려는 클라라의 힘겨운 노력을 3인칭으로 이야기하는 서술상 폭로로 이어진다.

> 레메디오스는 그녀의 작은 몸을 똑바로 세운 채, 빛이 흐릿한 방의 구석에 앉아 있었다. 서서히 흔들거리며, 그녀의 무릎은 그녀의 가슴에 기대어 꽉 붙었다. 그녀는 그 모든 것을 보았지만 아무것도 말하지 않았다. 그녀는 옷의 남은 부분으로 자신을 감쌌다—아니, 감싸려고 시도했다. 그녀는 무엇이 일어났는지 알아보지 못하면서, 클라라를 무덤덤하게 바라보았다.
>
> 클라라는 그녀의 손을 부드럽게 만지며, 손을 잡고 그들이 둘 다 아는 어린 소녀의 노래를 읊조렸다. 그녀는 부드럽게 친구가 일어서도록 도와주었고 계단을 내려가도록 도와주었다. 레메디오스가 아주 멀리 걷거나 아주 빨리 걸을 수 없다는 것은 분명했다. 그래서 클라라는 그녀를 목마를 태워, 군인들을 지나쳐 정글 안으로, 그들이 전쟁의 남은 기간을 보낼 산을 향해 갔다(29).

친구가 더 심한 고통을 겪지 않게 하고, 인간으로서의 본래 상태와 자아가 훼손되는 것을 막으려는 한 어린 소녀의 필사적인 노력에 대한 이 묘사는 인간의 군국주의 역사와 평범한 개인들 삶의 잔인한 파괴에 대한 매우 강력하고 통렬한 비판으로 읽힌다. 어린 클라라가 그녀의 친구의 몸과 영혼이 완전하게 파괴된 것을 목격하는 이 장면은 이어지는 클라라의 폭력적인 복수 행위와 공격적인 성격 형성에 맥락을 제공한다. 덧붙여, 소설에 나와 있는 다양한 이데올로기적 담론의 측면에서, 매우 충격적인 레메디오스의 성폭행에 대한 서술상의 폭로는 효과적인 반식민주의적 담론으로 기능하며, 벤의 미국적 주체성과 필리핀의 역사를 결정한 제국주의적 폭력의 역사들에 대한 그의 끔찍하게 순진한 무지와 두드러지게 불협화음을 이룬다.

이 구절 뒤에 비극적인 결정론적 인식을 전달하는 서술적 선언이 나온다는 사실은 더 의미심장하다.

> 이제까지 아무도 믿음과 비극의 관계에 대한 역설을 설명할 수 없었다—어째서 잔인함과 죽음이 때때로 가장 냉혹한 마음을 되돌릴 수 있는 동시에, 가장 진실한 신자의 마음을 잃게 할 수 있을까. 인간은 너무나 연약해서 그들은 무엇인가—아무것이나—그들 자신 외의 것이라면 믿을 필요가 있으며, 만약 제시될 수 있다면, 추측에 불과한 것이라도 경배할 것인가? 아니면 살아 있는 제멋대로인 신이 그의 신자들을 선택하여, 대다수는 버리고 몇몇만을 선택하는가?
>
> 이 두 가지 불쾌한 개념은 비극의 효과와 같이 때때로 대비적으로 그러나 자주 날카롭고 괴로운 모순 안에서 공존한다. 평화의 시기에는, 대비와 모순의 구별이 흐려진다. 질문에 대한 답이 중요하지 않게 보이기 때문이다. 그러나 전쟁 때문에, 이 어려운 질문들은 마지막 총알이 발사된 오랜 후에도, 생존자들의 정신 속에서 정글의 기억과 같이 살아 있을 수 있다(30).

여기에 더해, 전쟁 이후 레메디오스와 클라라의 다른 삶이, 본질적으로 그들의 삶을 괴롭힌 비극적 조건들에 대한 개인의 괴로운 반응이라는 사실을 이야기하는 대목에서 서술은 분명히 권위적이고 교의적인 어조를 띤다.

> 신자들을 어떻게 생각해야 할까? 역사적으로 신자들이 상반된 신조를 고백한다면, 더 힘 있는 분파가 필연적으로 더 약한 쪽을 이단자라고 규정했다. 그렇게 할 때 그들은 상대방의 신조의 정당성을 부인했다. 이것은 그들을 뿌리뽑는 첫걸음이었다. 신조가 없는 이단자들은 인간 이하가 되었다. 그들은 연못 안의 잉어처럼 처분될 수 있었다. 삼단 논법은 다음과 같은 노선을 따랐다. 인간은 신조를 갖고 있다. 이단자는 그렇지 않다. 따라서 이단자들은 인간이 아니다.
>
> 이 비뚤어진 논리가 기독교도들, 이슬람교도들, 그리고 정치적 이론가들 사이에 공통된 입장으로 발견되며 문화와 시대를 초월한다는 것은 경이롭지 않은가? 문제는 신조를 갖고 있지 않다는 것인가? 아니다. 그것은 적절한 시기에 적절한 신조를 갖고 있지 않다는 것의 문제다. "신자"와 "이단자"는 뚜렷이 대조되어야만 한다. 대신 그 용어는 바꿔 써도 상관이 없고, 쓸모없고, 굉장히 많은 것을 함의하고 있는 것 같지만, 사실은 의미를 정해 주는 것이 별로 없다. 전쟁 이후 필리핀에서는—다른 모든 이전의 전쟁터에서와 마찬가지로—신자와 이단자 둘 다를 위한 공간이 있었다.
>
> 외관상 신자인 레메디오스는 신을 믿었다. 의심할 바 없이 이단자인 클라라는 그녀 자신을 믿었다. 그녀는 신이 그녀에게 좋은 것을 해 준 것이 없다고 생각했다. 클라라가 믿음이 없었던 것은 아니다. 그렇지 않았다. 그녀는 단지 정복의 신을 공경하기를 거부한 것이다. 그래서 그녀는 주로 내면으로, 그녀에게로, 그녀가 알고 믿었던 사람에게로 돌아섰다(31).

위 인용문과 같은 삽입 부분의 특징을 이루는 것은, 등장 인물들의 삶을 좌우하는 불가피한 파멸과 국가를 위압하는 비극적 상황을 체현하는 개개인의 비극적인 역사에 대한 암시다. 바쵸는 종교적인 소속의 문제를 환기하며 결과적으로 "신자"와 "이단자"("그 용어들은 바꿔 써도 상관이 없고, 쓸모없고, 굉장히 많은 것을 함의하고 있는 것 같지만, 사실은 의미를 정해 주는 것이 별로 없다")의 관습적인 구분이 효력이 없음을 지적함으로써, 그러한 무익함과 불확실성의 조건을 낳은 지배 구조와 관계를 강력하게 비판한다. 더 구체적으로 말하면, 흔히 알고 있는 것과는 반대로 종교적인 믿음이 어떠한 깊은 헌신과 믿음에 대한 인식에서 나오는 것이 아니라, 억압과 폭력의 압도적인 조건 가운데서 의미를 찾아보려는 개인들의 투쟁을 반영하는 무계획적이고 우연한 선택임을 설명하는 바쵸의 비평은 "전후 필리핀"이라는 "이전의 전쟁터"에서 필리핀인의 경험을 지배하는, 필리핀에 만연한 고통, 두려움, 피해에 대한 신랄한 진술이다.

의문의 여지없이, 『세부』에서의 이와 같은 진술은, 어떤 형태로든 권위와 절대적인 지식에 대한 권리를 주장하는 것을 의심스러운 것으로 여기는 탈근대적이고 탈구조주의적인 문화적 맥락 안에 살고 있는 독자들에게는, 특히 현대의 서술 방식과는 조화를 이루지 않는 것으로 보인다. 서사학을 연구하는 많은 학자들은 "전지성(全知性, omniscience)"이라는 용어가 지지하는 도덕적이고 인식론적인 확실성에 우려를 표명하며 이 용어의 타당성을 탐문해 왔다. 조너선 컬러(Jonathan Culler)는 그의 논문 「전지성(Omniscience)」에서, 과연 어떤 서사가 성공적으로 "전지적" 서술이라는 범주에 속할 수 있는지, 현실의 문학작품 속에서 "신과 같은" 전지함이라는 형식적 범주를 찾을 수 있는지 묻는다. 그러나, "전지성"이라는 용어가 이론적으로 불안정할 수 있다는 사실에도 불구하고, 「현대 소설에서 전지성의 귀환(The Return of Omniscience in Contemporary Fiction)」에서 폴 도슨(Paul Dawson)의 주장은 바쵸의 소설을 이해하는 데 매우 적절하다. 도슨은 "20세기에 표면상 불필요한 19세기의 '전지적 서술'의 형식"(Dawson, 2010: 143)을 채택한 현대 텍스트에 대한 비판적 평가와 분석을 하고 있다. 전지성이 "서술적 권위의 특정한 수사학적 실행"이라고 주장하면서, 도슨은 "전지성의 현대적 부활"이 사실은 "포스트모던 소설의 특정한 기법적 실험이 더 발전되고 정제된 것"(Dawson, 2010: 144)이라고 주장한다. 그는 현대의 전지성이 "형식적인 서사상 특징"에서가 아니라, "이 서술적 목소리가 기능할 수 있도록 하는 문화적 권위에 대한 특정한 권리의 주장이라는 측면에서"(Dawson, 2010: 146) 18세기와 19세기의 "고전적인 전지성"과는 다르다고 주장한다. 도슨은 현대의 전지적 작가들의 권위를 좌우하는 것은 소설적 관습이 아니라, 공적인 지식인으로서 작가의 역할이라고 말한다. 도슨은 전지적 화자가 "작가의 대리인"으로서 "공적 담론에서 허구적 서사와, 소설 전반의 중요성을 환기하고 주장한다"(Dawson, 2010: 149)고 지적한다.

현대 전지성의 소설 외적인 맥락에 대한 도슨의 강조는 바쵸 소설의 해설들이 어떻게, 미국의 공적 발전 서사로부터 "동일 표준으로 잴 수 없음(incommensurability)"을 생산하는지 이해하는 데 중요하다. 소설에서 그것은 벤의 순진함과 역사적 기억상실증을 통해 포용되고 재생산된다. 벤의 목소리와 미국적 주체성이, 화자의 존재가 뚜렷이 각인되는 부분에서 소설로부터 사라진다는 것은 시사적이다. 흥미롭게도, 벤이 소설에 재등장할 때 그의 귀환에 대한 소개나 이행부는 없다. 벤이 그의 어머니나 그녀 친구의 역사에 대해 새롭게 알게 된 지식—클라라를 통해 이야기되는—을 환기하거나 인정하는 부분이 없다. II부로 끝나는 클라라의 과거 이야기는 레메디오스를 성폭행했던 한국 군인을 섬뜩하게 살해하는 것으로 끝난다. 게릴라 부대를 이끄는 클라라는 게릴라의 젊은 부대원 시토이(Sitoy)에게 그 군인을 죽이라고 명령한다. 벤이 III부의 중간에 다시 나타나는 것은, 필리핀인이 자신을 십자가에 못박아 죽게 하는 것을 재현하는 현지 관습에 대한 격분과 분노를 보이는 서술상 현재에서다. 벤은 우연히 클라라와 현지 사람들이 대화하는 현장에 들어가게 되는데, 그들은 클라라의 전쟁 기간 동안 친구였던 칼리토(Carlito)의 죽음에 대해 이야기하고 있었다. 칼리토는 불치병에 걸린 그의 손녀를 구하기 위해 스스로를 십자가에 못박아 죽게 하는 우탕(utang)을 신에게 바치려 한다. 격분한 벤이 이에 대해 구체적인 질문을 하자, 클라라의 첫 반응은 필리핀의 역사적·사회적 현실을 매끄럽게 다룰 수 없는 것처럼 보이는 이 젊은 필리핀계 미국인에게 현지의 방식과 관습을 알려 주지 않으려는 것이다. "'아무것도 아니야, 벤.' 클라라는 그 주제에 대해 일축하듯이 말했다"(76). 벤이 이 행위를 자기 희생의 신성 모독적 실행이라고 간주하면서 보이는 엄청난 충격, 놀라움, 혐오감은 과연 그가 독자들과 달리, 클라라와 레메디오스의 과거 이야기를 실제로 알고 있는 것인지 의심스럽게 한다. 여기서 주목할 만한 것은, 소설이 칼리토가 스스로를 십자가에 못박히게 하는 것을 이야기하는 것이 소설의 서술상 현재로서, 클라라와 레메디오스의 이야기로 구성된 II부에 곧장 이어지는 III부의 시작 부분이라는 사실이다. 칼리토의 이야기가 서술되는 시점에 벤이 그의 이야기를 모르고 있다는 것은 서술상으로 그의 어머니와 그녀 친구의 이야기가 진행되는 동안 벤의 존재를 끌어들이려는 서술적 욕망에도 불구하고, 그의 미국적 순진함이 명백히 그가 서사 내로 통합되는 것을 막고 있다는 것을 암시한다. 우상 숭배와 애니미즘에 대한 벤의 충격은 서구 가톨릭교에 대한 그의 절대적인 믿음에서 비롯되는 것으로, 필리핀에서 가톨릭 관습과 가톨릭교에 대한 벤 자신의 미국적 이해 사이의 메울 수 없는 간극을 암시한다. 벤이 얼마나 필리핀인들의 삶을 규정하는 현실에 적응할 수 없는가 하는 정도는 종교의 신성 모독적 매매에 대한 그의 고통스러운 신체적인 반응을 통해 더 강화된다. 벤은 클라라의 운전 기사인 레이(Rey)가 십자가에 못박힌 칼리토의 사진을 판다는 것을 알게 된다. 소설은 다음과 같이 쓰고 있다.

> 칼리토가 십자가에 못박힌 사진이 매매되고 있었다. 이것을 깨닫고 벤은 서서히 뒤로 물러났다. 그는 속이 뒤틀렸고 가까운 골목으로 달려갔다. 거기서 축축하고 미끌미끌한 벽에 대고 이마와 손바닥을 누른 채, 그는 토하려고 했지만, 아무것도 나오지 않았다. 그가 얻은 것이라고는 그의 내장과 목에서 으르렁거리는 소리뿐이었다.
>
> 몇 분 후, 그는 비틀거리며 뒷걸음쳐 햇빛 속으로 돌아갔다. 그는 술취한 사람 같았다. 그의 물기 있고 불그스레한 눈은 치후아후아(Chihuahua)처럼 불거져 나왔고 침은 그의 입가에서 번쩍였다. 무엇보다도, 벤은 세부를 떠나고 싶었다—가능하다면 오늘(88).

가톨릭 사제로서 벤의 격렬한 신체적 혐오감은 분명 이해할 만하고 정당한 것이다. 그러나 그의 반응이 이처럼 격렬하고 그러한 관습이 용인되는 곳에서는 한자리에 있을 능력조차 전혀 없다는 사실은 벤이 이곳에서 기능을 못하는 모순적인 존재로 남아 있음을 나타낸다. 클라라는 벤에게 이 지역의 방식을 알려 주려고 노력하지만, 그것은 그와 현지 관습과의 거리와 벤이 이곳에 동화 불가능하다는 것을 강조할 뿐이다.

> "오, 벤," 클라라는 실망하며 말했다. "이해해야 해. 여기서는 사정이 좀 다르거든. 필리핀 사람들은 죽은 사람의 사진을 찍어. 미국인에게는 이상한 일이라는 것을 나도 알지만, 여기서는 흔한 일이야. 좋아, 레이는 너무 지나쳤지. 그렇지만 여기서는 달라……"
>
> 클라라는 말을 끊고 벤을 쳐다보았다. 그의 표정—그토록 어리고, 외롭고, 미국적인—이 그녀를 움직였다(88).

클라라가 "미국적"이라고 말하는, 벤의 이해 불가능함과 혼란의 애처로운 표정은 필리핀인—특히, 클라라와 레메디오스의 주체성(subjectivities)을 구성한—의 삶을 이뤘던 끔찍한 폭력의 실제 현실과 상반된다. 벤이 잠깐 동안도 필리핀의 역사적 현실과 스스로를 연관지을 수 있는 능력이 없다는 사실은 반론의 여지없이 그의 제1세계적 감성의 표현이자 미국의 문화적 페다고지(pedagogy)와 가치를 받아들였다는 것을 의미한다. 게다가 십자가형에 대한 벤의 반응과 그가 그러한 사회적 상황 안에서 제대로 기능할 수 없다는 사실은, 클라라의 서술을 통해 밝혀진 폭력의 역사에 대한 소설의 묘사가 소설 속에서 벤의 존재와는 사실상 분리되어 있다는 것을 함축한다. 처음에는 소설이 벤의 참여자적 존재를 요청했지만 벤의 필리핀계 미국인으로서의 형성은 주의 깊은 청자로서 그의 존재를 불가능하게 한다. 더 나아가, 벤의 미국적 담론은 필리핀에 대한 담론에 그가 통합되어 들어가는 것을 불가능하게 만든다.

벤이 그가 압도적이라고 본 현실에 대한 해결책으로 "세부를 떠나는" 것은 놀라운 일이 아니다. 마닐라로 돌아온 후, 마치 사제직에 대한 헌신의 맹세가 위태로워짐을 예견하듯 그는 클라라의 아름다운 메스티자

(mestiza) 보조자 엘렌 라브라도(Ellen Labrado)와의 관계에 휘말리고 동정을 잃게 된다. 이에 대한 벤의 처방은 순진하게도 다시 한 번 갑자기 마닐라를 떠나는 것이다. "필리핀인들은 그로서는 도저히 감당할 수 없는 상대였고 이제 그의 유일한 소원은 떠나는 것이었다. [필리핀에] 도착한 후 처음으로 그는 집을 생각했다—그곳은 그가 들어온 정신병원보다 훨씬 안전한 성역이었다—그리고 얼마나 그가 시애틀의 시원한 공기, 깨끗한 거리, 그리고 질서에 대한 확고한 의식을 그리워했는지 모른다"(133). 그러나 소설은 여기서 끝나지 않는다. 소설의 3분의 1을 차지하고 벤이 세부와 마닐라를 떠난 후 경험을 중심으로 하고 있는 V부는 분리된 서사로 쓰여 있다. 비록 3인칭으로 이야기하고 있으며, 벤과 그의 어린 시절 친구인 테디와 같이 다양한 인물들을 통해 초점화되고 있지만, 이 부분에는 필리핀에서 발생했던 일을 다루는 부분에서 독특한 목소리를 이루는 전지적인 해설이 없다. 이 부분에서 벤의 목소리가, 필리핀 부분에서보다 훨씬 더 많이 들린다고는 해도, 그가 집에 돌아와서 겪는 경험은 시애틀이 필리핀이라는 "정신병원"에 대비되는 "성역"일 것이라는 그의 믿음이 얼마나 불합리한가를 강조해서 보여 줄 뿐이다.

V부에서는 과거와 현재를 번갈아가며 벤과 그의 친구들의 유년 시절 성격 형성 과정이 자세히 서술된다. V부에서 소설 속에 등장하는 벤의 친구들은 성공적인 동화와는 거리가 먼 인물들이며—지금은 벤의 교구에서 잡역부로 일하고 있는 필리핀인 베트남전쟁 퇴역 군인 테디(Teddy)와 그의 여자 친구 슈거(Sugar), 테오(Theo), 윌리(Willy), 조니 로메로(Johnny Romero), 아티(Artie), 아르세니오(Arsenio), 에두아르도(Eduardo), 코라(Cora)는 모두 이민자들이고 필리핀인, 혹은 멕시코인이거나 혼혈 혈통을 지녔다—사회 주변부에 머물러 있다. 이들의 삶은 범죄 조직의 폭력, 살인, 복수의 이야기다. 아이러니하게도, 벤이 자신의 삶을 질서와 안전의 모범으로 쉴새없이 꾸려나가려 함에도 불구하고 시애틀에 돌아오자마자 그의 삶은 최근에 도착한 필리핀인과 먼저 도착한 이민자들 사이의 폭력과 복수의 순환—"아직 끝나지 않은 폭력의 순환"(199) 속에

휘말려 들어가게 된다. 그의 어머니의 친구 아들은 "FOB"에 의해 살해되고, 이로 인해 살해 용의자와 그 부모들이 살해당하게 되며, 결국 어머니의 친구와 그녀의 둘째아들 또한 살해당하기에 이른다. 또한 소설은 벤의 비극적인 종말을 암시한다. 범죄의 악순환에서 한 역할을 했던 필리핀 태생의 젊은이가 그의 잔학한 범죄에 대해 신의 사죄를 받기 위해 "신부(padre)"인 벤을 방문한다. 미국은 다를 것이라는 환상에 집착적으로 매달려 있는 벤은 참회자의 죄를 사해 주기를 거부한다. 그 젊은 필리핀인은 벤의 충성심과 소속의 문제를 들이대며 벤에게 대항한다—"[당신은] 진짜 필리핀인 같지 않아요. 고향에서는 문제가 없었을 것입니다"(201). 벤은 젊은 참회자에게 "그대는 지금 고향에 돌아온 것이 아니오…… 여기서는 모든 게 다르오"(201)라고 말함으로써 미국은 구별되는 장소라는 그의 믿음을 냉혹하게 다시 확인할 뿐이다. 이 장면은 격분하고 굴욕을 당한 참회자가 벤을 향해 떨리는 손으로 연발 권총을 드는 장면으로 끝나고 뒤이어 테디가 벤이 순교당하는 꿈을 꾸는 장면이 뒤따름으로써 벤의 죽음을 시사한다. 엘리자베스 피사레스(Elizabeth Pisares)가 주목하듯이 "사제직과 독신주의에 대한 그의 헌신을 확인하고 젊은이를 용서하기를 거부하고 자신을 순교의 길에 의탁함으로써, 벤은 우탕 나 룹(utang na loob)으로 촉발된 폭력과 우탕이 대표하는 필리핀적 담론으로부터 거리를 두고자 시도한다"(Pisares, 2010: 92).

소설의 마지막 3분의 1을 구성하는 주제적 요소들은 사실상 벤이 필리핀을 규정한다고 생각한 "무질서"와 "탈선"—이성, 질서, 안전에 대한 그의 미국적 의식을 짓누르는—에 대한 인식과 미국에서의 벤의 삶이 긴밀하게 대응하고 있음을 보여 준다. V장에서 일어나는 사건들은 명백히 필리핀의 역사적 현실들, 즉 필리핀인의 미국 이민과 이주에 영향을 미치는 미국 식민주의와 필리핀의 정치적이고 경제적인 불안의 연속선 위에 놓여 있다. 이 부분을 그 자체로 떼어 아시아계 미국 문학 연구의 맥락에서 보면, 이민자들의 빈약한 지위와 이들이 미국에서 적법한 구성원 자격을 거부당하는 상황에 대한 증거가 된다. 이 부분에서 연속적인 죽음은 문자 그대로 미국의 타당한 국가적 공동체로부터 이민자들이 배제당한 것을 극화한 것이다. 그 결과 형성된 대안적 민족 공동체는 쉽게 자기 파괴적인 폭력으로 향한다. 이민자들이 공적이고 사회적인 참여를 위한 정당한 매개물과 기회로부터 소외되어 있기 때문이다. 앨런 펀잘란 아이작(Allan Punzalan Isaac)이 필리핀과 다른 소수민족 작가들의 소설 분석에서 예증하듯, 인종화(racialized)된 몸 위에 가해진 폭력은 소수민족 소설에 널리 퍼져 있다. 아이작은 육체적 폭력을 읽는 한 가지 방법으로서 미국의 국가적 공간에 속하고자 하는 투쟁이 식민지적 역사의 침입으로 좌절되는 것으로 보는 것이라는 데 주목하는데, 그것은 필리핀인들의 경우처럼 "이민에서 배제되지 않는"(126) 사람들에게도 그러하다.[7] 따라서 『세부』에서는 이민자/필리핀계 미국인 주체가 미국의 국가적 공간에 화합하는 의식이 없다. 벤의 이야기는 그가 미국에 다시 자리잡는 것이 그의 주변적 위치를 결정짓는다는 것을 밝혀 준다. 즉, 귀환 후에야 그는 자신의 필리핀성(Filipinoness)과 대면하게 되고, 그의 정체성은 미국의 국가적 공간으로의 통합보다 차이에 의해 규정된다.

3. 초국가주의와 『세부』의 서술 전략

『미국 계간지(*American Quarterly*)』 2008년 9월 특별호가 보여 주듯

7 아이작은 카를로스 불로산(Carlos Bulosan)의 『미국은 내 가슴 속에 있다(*America is in the Heart*)』와 피리 토머스(Piri Thomas)의 『이 누추한 거리를 걸어가며(*Down These Mean Streets*)』 독해에서, 그들의 서사가 "몸의 존재를 미국의 민족-국가 정치학의 주체이며, 그것에 종속되어 있는 것"으로, 그 안에서 "몸이 드러나 파괴되는"(Isaac, 2006: 147) 것으로 묘사한다는 데 주목한다. 토머스의 소설을 분석하며 아이작은 폭력의 사소한 분출이 결국 소설 속의 필리핀인으로 하여금 "총에 맞고, 모멸을 당하고, 침해당하고, 불필요한 육체로 취급당하도록"(Isaac, 2006: 136) 한다고 말한다. 아이작은 소설 속의 폭력과 불행의 장면들은 "필리핀인 주인공의 육체와 내면을 서서히 좀먹어 들어가는 인종주의의 잔인한 조건들에 대한 묘사"(Isaac, 2006: 136)라고 말한다.

이, 초국가주의는 미국학 연구에서 유용한 분석적 범주로 등장하고 있다. 편집자인 로라 브리그스(Laura Briggs), 글래디즈 매코믹(Gladys McCormick), 웨이(J.T. Way) 등이 지적하는 것처럼, 초국가주의에 대한 비판적 관심은 "국가적 경계들을 고정된 것, 암시적으로 무시간적인 것, 혹은 늘 유의미한 것으로까지 보는 역사 쓰기나 분석들"(Briggs, McCormick, and Way, 2008: 627)에 대해 의문을 제기하는 것과 관련된다. 편집자들은 설득력 있게 초국가라는 개념이 열어 주는 가능성에 주의를 집중시킨다. "어떤 이들이 패러다임으로서의 초국가주의가 부적절하다고 보는 바로 그것, 즉 민족주의의 힘이나 제국주의적 공격성에 대해 생각하지 못한다는 것을 다른 이들은 초국가주의의 강점으로 본다. 즉 민족주의와 제국주의를 무엇보다도 초국가적 과정으로서 본다"(Briggs, McCormick, and Way, 2008: 627). 이들은 계속해서 소수민족 연구와 학자들에게 이 개념의 유용성을 자세히 설명한다.

> 초국가주의는 자유무역 협정과 수출 가공 지대의 세계에 속하는 것만큼이나, 반식민지적 마르크시즘부터 하위 주체(subaltern) 연구와 제3세계 페미니즘과 유색 페미니즘까지 이르는 반제국주의적이고 반식민지적인 사고의 계보에 속한다. 초국가주의는 다양하고, 논쟁적이고, 학제적인 지적 운동으로서 그 몇몇 표현들은 특별한 통찰에 의해 묶여져 왔다. 즉 사물들(문학, 역사 등)을 연구하는 틀로서 국가를 취하는 오래되고 깊이 배인 모더니스트 전통 대신, 국가 자체가 문제시되어야 한다는 것이다—허위적이고 따라서 하찮다는 것이 아니라 시간에 따라 변화되는 이데올로기라는 것, 그것의 정교한 논리가 언제라도 전쟁, 경제, 문화, 사람들의 이동, 그리고 지배 관계에 깊은 영향을 끼쳐 왔다는 것이다(Briggs, McCormick, and Way, 2008: 628).[8]

8 프랑수아 리오넷(Françoise Lionnet)과 슈-메이 쉬(Shu-mei Shi)가 편집한 책을 참조하라. 이 책의 수전 제라트(Suzanne Gearhart)의 글은 "초국가주의"가 국가의 경계 '너머' 일어나고 있는 일이 "이제 국가의 경계 '내부'에서 일어나고 있는 일과 불가분하다"(Gearhart, 2005: 26)는 것을 나타낸다고 적절하게 지적한다. 그녀는 더 나아

이 중요한 기획에 바쵸는 중심적인 기여를 하고 있는 듯하다. 서사의 틀을 구성하곤 하는 작가의 설명은 국가를 영토화(territorialized)된 것으로, 정체성을 국지적인 것으로 보는 잘못된 인식에 비판적으로 개입한다. 바쵸의 해설은 사실상 헤게모니의 초국가적 충돌과 형식들의 사물인 필리핀의 "국가적" 이야기들을 상기시킨다. 게다가, 필리핀에서의 폭력과 필리핀인/미국 태생 필리핀인의 삶에서 일어나는 폭력 사이의 비극적인 연속성과 인접성은 미국에 살고 있는 많은 필리핀인에게 시민의 권리를 누릴 수 없게 하는, 인종 간 관계에 대한 강력한 비판이다. 식민주의가 필리핀에서 초국가적 영향력으로 작용한다면, 이 역사에 의해 영향을 받은 필리핀인의 경험은, 결과적으로 다시 폭력으로 되돌아오며, 이민자들의 경험을 한 국가를 통한 그리고 한 국가 내의 것으로 규정하는 것을 문제시한다. 그러므로 미국 소수민족 문학 연구의 관점으로 읽을 때, 바쵸의 소설은 미국의 국가적 포섭의 허상적 측면에 대한 비판적 진술로 기능하는데, 그것은 소설의 구조와 문체를 통해 탐구되고 묘사되는 초국가적 연관을 통해 이뤄진다. 이 점에서, 『세부』는 분명 "소설을 사회적/정치적/역사적 비평으로 사용하는 전통은 계속될 것"(Bacho, 1997: 7)이라는 바쵸의 믿음이 창조적으로 표현된 것이다. 하지만, 바쵸의 성취는 현대 세계에서 소설의 사회적 역할에 대한 그의 이해에 대한 실현뿐 아니라, 그의 이데올로기적 기획을 구성하는 문학적 · 양식적 성취에도 있다.

가 "초개인(transindividual)이 개인도 집단도 아닌 것처럼, 초국가적인 것은 국가적인 것도 국제적인 것도 아니다. 그보다 그것은 국가 내부에 있는 '국제성(internationality)'이며, 좋든 나쁘든, 국제적인 것 안에서 그리고 그것에 의해 극복되거나 용해되지 않는 '국가성(nationality)'이다" (Gearhart, 2005: 36).

초국가적 이주와
인종화된 포스트식민 정체성의 정치학
-미셸 클리프의 『하늘로 통하는 전화는 없다』* -

이경란

1. 초국가주의와 문학

최근 경제학이나 역사학, 국제 관계나 이산과 이주뿐 아니라 문화와 문학 연구에도 '초국가주의(transnationalism)', '초국가성(transnationality)', '초국가적(transnational)' 등의 용어가 자주 등장한다. 하지만 이 용어들은 한마디로 정의하기가 매우 어려운 모호함을 담고 있다. 사전적 정의로 보면, 'nation'은 국가 혹은 민족을, 'trans'는 '넘어서는' '횡단하는' 혹은 '변모된' 등을 의미한다. 한국에서 'transnationalism'은 흔히 '초민족주의' 혹은 '초국가주의'로 번역되며, '국가/민족을 넘어서는' '국가 경계선을 횡단하는' '그 과정에서 무엇인가 변모되는 혹은 변모시키는' 현상을 가리킨다. 그러므로 '초국가주의'는 문화, 정보, 사람, 자본 등이 국가와 민족의 경계선을 넘어 거대한 규모로 흐르는 현상을 설명하고, 그런 경계선 넘기 흐름들이 기존의 국민국가(nation-state)의 의미와 기능에 어떠한 방식으로 도전하는지, 국가와 그 안/밖에 살고 있는 거주

* 이 글은 『안과 밖』 제28호(2010)에 게재된 논문을 수정 · 보완한 것임.

자들과의 관계를 어떠한 양상으로 변모시키는지 그 다양한 가능성을 탐문하는 학문적 담론이라고 대략 정의할 수 있다.

하지만 '초국가주의'는 어떤 분과 학문적 연구 영역에서 어떤 현상을 지칭하느냐에 따라, 혹은 그런 현상을 어떤 관점에서 분석하고 평가하느냐에 따라 아주 다양한, 때로는 정반대거나 서로 모순되는 논의들이 튀어나오는 너슬너슬한 자루다. 몇몇 예를 들어보자. '초국가주의'는 흔히 '초국가적 기업' 혹은 '초국가적 자본'처럼 지구화와 신자유주의적 글로벌 기업과 관련된 현상을 지칭하며 사용된다. 하지만 초국가주의가 미국 중심의 지구화와 연계되어 사용될 경우, 이 용어는 누가 그 용어를 사용하는가에 따라 극단적인 긍정에서 극단적인 부정에 이르기까지 다양한 함의를 지닌다. 또한 초국가주의는 최근 지구화에 의해 야기되는 이주와 이산 연구에서 두드러지게 사용되는 개념이다. 이 경우에도 초국가주의 패러다임은 이주와 이산 현상 자체에 주목하기도 하지만, 초국가적 이주가 야기하는 특정 집단의 문화적 혼종성(hybridity)에 초점을 맞추거나 지구화 결과로 지구 곳곳에서 나타나는 일상적 삶의 초국가적 특성을 설명하기 위해 사용되기도 한다(Appadurai, 1996; Al-Ali and Koser, 2002; Kennedy and Roudometof, 2002; Jackson, Crang, and Ewyer, 2004 참조). 이렇게 국가 경계선을 넘나드는 자유롭고 거대한 흐름을 강조하는 초국가적 담론들은 흔히 국가의 죽음 혹은 국가 통제력의 약화를 강조하는 담론들을 생성해내는 경향이 있다. 하지만 국가 통제력의 약화를 시사하는 논의들 역시 다양한 반응을 불러낸다. 새로운 시민권(diasporic citizenship, cosmopolitan citizenship, flexible citizenship 등)과 세계 시민의 긍정적 가능성을 제시하는 담론으로 찬사를 받기도 하고, 이른바 '자유로운' 흐름들에 대한 강조가 국경을 통제하는 강력한 국가의 실체나 민족주의와 제국주의의 공격성을 간과한다고 공격받기도 한다. 국민국가의 죽음이라는 주장 자체가 지나치게 과장된 것이라고 비판을 받기도 한다(Miyosh, 1993: 726-751; Isin and Wood, 1999; Ong, 1999 참조). 초국가주의와 초국가적 현상을 미국 중심의 글로벌 자본주의나 중심/주변의 이분법적 패러다임 자체에서 빠내려는 시도들도 나타나고 있다. '아래로부터의 초국가주의(transnationalism from below)' 혹은 '소수자 초국가주의(minor transnationalism)' 같은 개념들이 그러한 노력의 산물이다(Smith and Guarnizo, 1998; Lionnet and Shih, 2005 참조).

로라 브리그스(Laura Briggs), 글래디즈 매코믹(Gladys McCormick), 웨이(J. T. Way) 등이 2008년에 발표한 논문 「분석 범주로서의 초국가주의(Transnationalism: A Category of Analysis)」는 초국가주의가 서로 다른 의미로 사용되는 혼란스러운 현실을 인정하면서도, 분석 범주로서 그것이 지니는 잠재력과 생산성을 살려내려는 대표적인 시도다. 브리그스 등은 고정되고 무시간적이며 그래서 신성한 것으로서 간주되는 '국가' 개념을 탈자연화하고 민족주의/국가주의 담론의 허구성을 폭로할 수 있는 초국가주의 담론의 가능성을 높이 평가한다. 초국가주의 담론이 국가가 발휘하는 통제력의 인위성과 폭력성을 드러내고, 지구화 혹은 초국가적 흐름의 불평등한 속성 등을 드러낼 수 있음을 부각한다(Briggs, McCormick, and Way, 2008: 625-648 참조). 기존의 긍정적 · 부정적 초국가주의 논의들을 생산적이고 저항적으로 수렴하고자 하는 브리그스 등의 시도는 초국가주의 담론이 어떻게 미국 중심의 지구화/초국가주의 담론을 비껴나가 국경을 넘나드는 유동적인 흐름과 국가적 통제력 둘 다를 분석하는 생산적인 담론이 될 수 있는지 진지하게 고민한다는 점에서 의미를 지닌다. 연구자가 미국 문학 텍스트 읽기에 적용하고자 하는 초국가주의 패러다임 역시 국경을 넘나드는 흐름이 야기하는 긍정적 · 부정적 결과들과 그러한 흐름을 통제하고 대응하는 국가의 기능 둘 다에 주목한다는 점에서 브리그스 등의 입장과 맥을 같이한다.

분과 영역마다 다른 의미로 사용되며 연구자들의 관점과 가치 기준에 따라 다른 잣대로 평가되는 '초국가주의'는 그러므로 '주의'라는 이름이 시사하는 정리된 이론 체계를 지닌 완결된 담론은 아직 아닌 듯하다. 더욱이 '초국가적'이라는 수사 자체가 '식민주의적' 혹은 '제국주의적'처럼 부정적이거나, '탈식민적' 혹은 '페미니즘적'처럼 저항적인 의식을 그 본질적 특성으로 지니고 있지 않다는 점이 초국가주의를 정의하고자 하는 시도를 더 혼란스럽게 만든다. 이론으로서의 초국가주의 논의를 "그림자와 권투하는" 것에 비유하는 브리그스는 "국가들 안에서 그리고 국가들을 횡단하는 과정들이 선과 악으로, 좌익과 우익으로 손쉽게 나뉠 수 있다면 얼마나 좋을까"라며 초국가주의 개념을 생산적으로 사용하고자 할 때 이론가가 부딪히는 어려움을 토로한다(Briggs, McCormick, and Way, 2008: 125-126). 하지만 이론적 작업의 어려움에도 불구하고 국경과 경계를 넘나드는 사람, 자본, 정보, 문화 등의 흐름에 관련된 현상과 국가의 경계선을 넘어 형성되는 초국가적 연계성에 대한 현대 연구자들의 관심은 지속되고 있으며, 초국가주의가 현대 세계를 설명하는 담론으로서 지닌 가능성에 대한 타진도 지속되고 있다.

문학 연구 영역에서도 예외가 아니다. 최근 국내외 영미 문학/문화 관련 학술대회 주제들을 보면 그러한 현상을 뚜렷하게 볼 수 있다. 2006년 한국영어영문학회와 한국아메리카학회 학술대회는 각각 '문학, 문화, (초)국가(Literature, Culture, and (Trans)Nation)'와 '아메리카의 내적 경계들 건너가기(Crossing America's Internal Borders)' 등을 주제로 개최되었다. 2010년 12월 한국영어영문학회 국제학술대회 주제는 '글로컬 초문화적 맥락에서 경계넘기 다리놓기(Crossing Borders and Building Bridges in Glocal and Transcultural Contexts)'다. 미국 아메리카학회 회장들의 기조 연설인 2004년 셸리 피슈킨(Shelly F. Fishkin)의 「문화들의 교차로: 미국학의 초국가적 선회」, 2006년 에머리 엘리엇(Emory Elliot)의 「미국과 해외에서의 다양성: 미국학이 초국가적이라 할 때 그것은 무슨 의미인가?」 등은 미국 문화와 문학 연구에서 초국가적 논의가 지니는 가능성과 잠재성을 다루는 많은 미국 국내외 연구자들의 관심을 대변한다(Fishkin, 2005: 17-57, Elliot, 2007: 1-22 참조).

초국가적 통찰력과 시각이 활발하게 적용되는 미국 문학 영역 중 하나로서 한국 연구자들의 주목을 끄는 분야는 아무래도 1965년 이민법 개정 이후 활발해진 미국 이민과 이주, 이산의 경험들이 풍부하고 중요하게 다뤄지고 있는 아시아계 미국 문학이다. 리사 로우(Lisa Lowe)의 『이민법』과 데이비드 팔럼보-뤼(David Palumbo-Liu)의 『아시안/아메리칸: 인종적 프론티어의 역사적 경계넘기』는 아시아계 미국 문학 연구에서 기념비적인 연구서다. 이 연구서들은 기존의 아시아계 미국 문학을 해석했던 동화(assimilation)나 미국적 주체 안으로의 문화 변용(acculturation) 같은 개념들이 태평양 횡단 경험을 안고 살아가는 아시아계 이주/이민 주체들의 실제 경험을 적절하게 드러내지 못한다고 지적함으로써, 초국가주의 개념이 아시아계 미국 문학 연구 안으로 들어올 수 있는 길을 연다(Lowe, 1995: Palumbo-Liu, 1999 참조). 이후 레이철 리(Rachel C. Lee)의 『아시아계 미국 문학의 아메리카들: 국가와 초국가를 둘러싼 소설과 젠더』, 캔디스 추(Kandice Chuh)와 카렌 시마카와스(Karen Shimakawas)가 편집한 『방향잡기: 아시아계 이산 연구 지도그리기』, 추의 『다르게 상상하기』, 인더팔 그루얼(Inderpal Grewal)의 『초국가적 아메리카』, 셜리 림(Shirley Geok-lin Lim) 등의 『초국가적 아시아계 미국 문학: 지점과 회로들』 등 아시아계 미국 문학/문화를 초국가주의와 국가, 이산과 포스트식민주의의 관점에서 다루는 연구서들이 꾸준하게 출판되고 있다. 이 연구서들은 아시아계 미국인이 어떻게 모국과의 관계를 통해 초국가적 정체성과 초국가적 공동체를 형성하는지 분석하고 그 과정에서 아시아계 미국 문학을 단순히 미국 내의 '소수민족 문학'이 아닌 '초국가적 미국 문학'으로 올려놓는 성과를 내고 있다(Lee, 1999; Chuh and Shimakawas, 2001; Chuh, 2003; Grewal, 2005; Lim, 2006 참조).

그러나 초국가주의는 이민문학에만 적용되는 시각은 아니다. 한쪽 끝에 폴 가일즈(Paul Giles)가 그의 두터운 연구서 『가상 아메리카들: 초국가적 허구들과 대서양 횡단 상상』에서 하고 있는 것처럼 허먼 멜빌(Herman Melville), 헨리 제임스(Henry James), 토머스 핀천(Thomas Pynchon) 같은 미국 고전 작가의 문학 텍스트를 초국가적 패러다임으로 재해석하는 시도가 있다면, 다른 쪽 끝에는 샤리 훈도르프(Shari M. Huhndorf)가 『아메리카들 지도그리기: 현대 토착문화의 초국가적 정치학』에서 하고 있는 것처럼, 미국 국가적 정체성 안에 포함되지 못하는 혹은 포함되기를 거부하는 아메리카 토착 원주민 문화/문학을 초국가적 정치학으로 읽어냄으로써 주변적인 것을 중심으로 가져오려는 시도들이 있다(Giles, 2002; Huhndorf, 2009 참조).

초국가적 관점은 미국 안과 밖의 아프리카계 문학 연구에도 중요한 통찰을 제공한다. 폴 길로이(Paul Gilroy)의 『검은 대서양: 근대성과 이중의식』은 프레데릭 더글러스(Frederick Douglass), 윌리엄 듀보이스(William E. B. Du Bois), 리처드 라이트(Richard Wright) 같은 미국 흑인 작가들을 미국 내의 인종 문제 틀을 넘어서서 미국, 영국, 아프리카를 가로지르는 지적 문화 전통에서 읽어야 한다고 주장하는 대표적인 저작이다. 이후 아프리카계 미국 작가들에 대한 초국가적 연구는 자연스럽게 그리고 필연적으로 카리브계와 남아메리카계 아프리카인 이산문학까지 포함하는 연구들로 확장된다. 몇몇 예를 들자면, 카리브계 작가들을 다루는 미리엄 챈시(Myriam Chancy)의 『안전한 공간을 찾아서: 아프로카리브계 망명 작가들(*Searching for Safe Spaces: Afro-Caribbean Writers in Exile*)』(1997), 안토니아 맥도널드-스마이스(Antonia MacDonald-Smythe)의 『서구/서인도제도 고향 만들기』, 남북아메리카 대륙 전체를 조망하는 지타 누네(Zita Cristina Nunes)의 『식인 민주주의: 아메리카 문학에서 인종과 민주주의』 등이 있다(Gilroy, 1993; Edmonson, 1999; MacDonald-Smythe, 2001; Nunes, 2007 참조).

이 글은 넓게는 미국의 흑인 문학, 즉 아프리카계 아메리카 문학의 일부를 구성하지만, 좁게는 카리브계 아메리카 이주 여성 작가 문학이라는 비교적 새로운 범주에 속하는 미셸 클리프(Michelle Cliff)의 소설 『하늘로 통하는 전화는 없다(*No Telephone to Heaven*)』(1997)를 초국가주의 틀로 읽어내려는 시도다. 이러한 작업의 목적은 초국가적 시각이 좁게는 미국 이주문학에, 넓게는 미국 문학 읽기에 어떤 유효성이 있는지 살펴보려는 것이다. 또한 그 과정에서 카리브계 미국 문학처럼, (신)식민주의와 제국주의, 초국가적 관광과 초국가적 자본, 인종화된 이주 소수자 등 국가 범주 안에만 국한되지는 않는 현상과 사건들을 담아내는 텍스트를 읽어내고자 할 경우, 초국가주의 패러다임이 포스트식민적 시각과 연계되어야 비로소 적절한 통찰을 풍부하게 제공할 수 있음을 드러내고자 한다.

2. 초국가적 텍스트: 미셸 클리프의 『하늘로 통하는 전화는 없다』

『하늘로 통하는 전화는 없다』를 쓴 미셸 클리프는 현재 미국 시민권자로 미국에서 활동하는 자메이카 태생 미국 여성 작가다.[1] 그녀는 메릴 슈워츠(Meryl F. Schwartz)와의 1993년 인터뷰에서 자신이 자메이카를 떠난 이후에야 비로소 글쓰기가 가능했다고 강조함으로써 미국 문학 공동체에서 얻는 이점들을 강조한다(Schwartz, 1993: 595-619 참조). 그녀의 다른 주요 작품인 『에이벵(*Abeng*)』(1985)이나 『자유 기획(*Free Enterprise*)』(1993)처럼 『하늘로 통하는 전화는 없다』도 기본적으로는 미국 독자를 대상으로 미국에서 영어로 출판된 작품이다. 주인공의 성장을 다룬 가장 핵심 부분은 소설의 중간 부분을 차지하는 주인공 가족의 미국 이민 경험이며, 유럽 제국주의 중심의 포스트식민주의 논의에서 간과되기 쉬운 카리브 지역에서 미국의 제국주의적 역할도 중요하게 다뤄진

1 미셸 클리프(Michelle Cliff, 1945~)는 안티과(Antigua) 출신의 자메이카 킨케이드(Jamaica Kincaid)와 더불어 현재 미국에서 활발하게 작품 활동을 하는 카리브계 미국 여성 작가다. 킨케이드가 흑인 여성으로서 부유한 뉴욕 가정의 아이보기라는 사회적으로 낮은 지위로 미국에 들어온 후 스스로 교육시켜 작가가 된 것과 달리, 클리프는 자메이카 백인 크리올이라는 비교적 특권적인 지위로 미국으로 이주해 영국과 미국 대학에서 공부한 작가다. 두 작가의 인종적 정체성의 차이는 작품에 반영되어 킨케이드 작품의 여자 주인공들은 자신의 인종적 정체성 자체를 거의 문제삼지 않는 반면, 클리프의 작품 속에는 백인처럼 보이지만 실제로는 혼혈인 자신의 인종적 정체성에 대해 혼란스러워하는 주인공들이 등장한다. 하지만 이렇게 서로 다른 인종적 정체성을 보이면서도, 두 작가는 카리브계 여성 이주 작가로서의 공통점을 보인다. 즉 두 작가 모두 미국에서 활동하면서도 작품 속에서 포스트식민 카리브 사회의 신/식민주의와 빈곤, 인종과 젠더와 정체성 문제 등을 지속적인 관심의 대상으로 삼고 있다. 하지만 고향 카리브에 대한 깊은 관심에도, 두 작가 모두 결코 그곳으로 되돌아가 거주하거나 그곳에서 작품 활동하는 것을 선택하지 않고 있다.

다. 이러한 점들을 고려한다면 이 작품은 분명 미국 문학이다.

동시에 이 작품은 자메이카라는 공간과 자메이카 현지 문제에 텍스트의 상당 부분을 할애한다. 시간적으로 자메이카 게릴라 활동에 참여하고 있는 주인공의 삶이 서사의 현재이며, 주인공이 미국과 영국에서 보낸 20여 년의 삶은 현재를 가능하게 한 과거로 회상된다. 형식적으로 현재/자메이카 부분이 과거/미국과 영국 부분을 앞뒤에서 샌드위치처럼 감싸고 있다. 자메이카에서 자메이카 문학으로 출판되었다고 해도 이상하지 않을 정도로 자메이카의 삶과 국가에 대한 문제 의식이 묵직하다. 더욱이 자메이카의 공용어가 영어이며 그래서 자메이카 사람들 역시 이 소설의 1차적 독자가 될 수 있다는 사실까지 고려한다면, 이 소설의 국가적 정체성, 즉 미국 문학으로 분류할 것인지 아니면 카리브 문학으로 분류해야 할 것인지의 문제는 그렇게 단순하지 않다. 클리프 자신도 위에 언급한 슈워츠와의 인터뷰에서 자신 같은 국경 밖 이산 작가들을 배제한다면 "이산으로 시작되었고 이산으로 지속되고 있는"(Schwartz, 1993: 596) 카리브 문학이 상당히 축소될 것이라고 지적한다.

하지만 클리프가 자신과 자신의 문학을 카리브와 카리브 문학의 일부로 정의하는 방식은 초국가적이다. 자신과 자신의 문학을 카리브 국경선 안으로 들여보내는 것이 아니라 카리브 자체를 자신과 같은 이산 작가들의 글쓰기까지 포함할 정도로 넓게 확장시킨다. 카리브와 카리브 문학이 국가 경계선을 초월해 존재한다고 주장할 수 있는 이유는, 클리프의 지적처럼 카리브의 기원 자체가 이산이며, 현재에도 여전히 국가와 지역을 넘나드는 자본과 문화와 사람의 흐름이 그 지역의 핵심적 특징이기 때문이다. 1492년 크리스토퍼 콜럼버스(Christopher Columbus)가 서인도제도를 '발견'한 이래 토착 카리브인 대부분이 멸절된 카리브해의 크고 작은 섬에는 유럽 대륙과 영국의 백인 식민주의자들, 아프리카에서 팔려 온 흑인 노예들, 아시아에서 건너온 계약 노동자들이 지속적으로 유입된다. 그 결과 카리브에는 세계 어느 지역에서도 볼 수 없는 다양한 인종, 피부색, 문화, 언어가 혼합된 독특한 혼종사회들이 만들어진다. 수세기 동안의 식민화로 그 혼종사회가 현재 상속받은 유산은 인종주의와 결합된 계급사회와 저개발이다. 독립국가가 된 현재에도 섬들을 오가는 계절 노동 이주와 경제적 · 정치적 · 문화적 기회를 찾아 유럽과 미국 등지로 떠나가는 해외 이주가 두드러진 사회적 현상으로 나타나고 있다. 클리프의 텍스트 안에서도 자메이카인들은 기회만 있으면 외국으로 나가려 한다. 가족과 친척들이 미국과 영국과 자메이카 각지에 흩어져 사는 일은 흔한 현상이다. 즉 과거와 현재의 이주와 이산이 카리브를 도서국가들의 국경선 안에 제한할 수 없는 초국가적인 공간으로 만들고 있다.

카리브의 초국가성이 카리브인들에게 미치는 중요한 영향 중 하나는 고향(home) 혹은 모국(motherland)에 대한 복합적이고 모순된 개념이다. 대부분의 사람에게 '고향'은 기본적으로 자신이 현재 살고 있는 혹은 뒤에 두고 떠나온 카리브해 지역이다. 하지만 어떤 이에게는 강제로 박탈된 아프리카가 여전히 궁극적 고향이며, 많은 사람, 특히 크리올들은 식민지 본국을 여전히 '모국'으로 간주하도록 배우며 성장한다. 하지만 이른바 '모국' 메트로폴리스에서 카리브는, 맥도널드-스마이스의 말처럼, "진정한 세계에서 추방된" 타자이며, "욕망하는 중심이지만 경멸받는 주변"이다. 그래서 카리브는 언제나 "목적지가 아닌 출발지"로 남게 되는 곳이다. 그 결과 해외의 카리브인들은 '이주자'이면서 동시에 '망명자'가 된다" (MacDonald-Smythe, 2001: 72). 자신의 자아를 한 장소에 제한하기를 거부하고 자신을 "초국가주의자(transnationalist)" (MacDonald-Smythe, 2001: 20)로 명명하는 클리프 역시 다른 많은 카리브 이민자처럼 이주를 망명으로 경험하는 이산 작가다.

미국으로 이주한 카리브인들이 카리브 친척들과 물리적으로나 감정적으로 긴밀한 관계를 유지하며 살아간다는 사실은 카리브뿐 아니라 미국도 초국가적 · 초민족적 공간임을 드러낸다. 미국도 카리브 국가들처럼, 토착 인디언들을 학살하며 땅을 차지한 유럽 각국의 식민주의자들이 아프리카계 흑인 노예들을 주요 노동력으로 수입하여 부리며 유럽 식민지로 출발한 국가다. 대서양 연안의 일정 지역에 기반을 둔 독립국가였던 미합중국(USA)이 현재의 대륙국가로 성장할 수 있었던 것도 세계 각지에서 지속적으로 유입된 이민자들 덕분이다. 클리프의 작품에 등장하는 카리브계 이민자들이나 이탈리아계 이민자들처럼, 세계 각지에서 미국으로 들어온 이민자들은 미국적 삶에 적응하면서도 고향과의 유대를 지속했고 자신들의 문화와 언어와 친족 관계를 끈질기게 유지했다. 영국계 미국인들이 영국계 미국 문화를 '미국성(Americanness)'의 규범으로 삼아 다른 국가, 인종, 민족 출신 이주민들을 이른바 '미국화'하려고 끈질기게 노력했지만, 현재의 미국은 여전히 과거의 미국처럼 다민족, 다인종, 다문화, 다언어로 구성된 혼종적 국가다. 초국가적 국경 넘기의 규모가 더 커지고 확대되면서 미국의 혼종성은 현재 더욱 뚜렷해지고 있다.

19세기 말 이후 미국의 이주민 유입은 많은 경우 미국이 국가적 경계선을 넘어 해외로 세력을 확장한 바로 그 통로를 거꾸로 타고 들어오고 있다. 이러한 상황을 고려한다면, 미국은 그 자체로 초국가적 공간일 뿐 아니라 세계의 많은 공간을 초국가적으로 만드는 국가적 힘을 지닌 초국가다. 『하늘로 통하는 전화는 없다』의 주인공 클레어 새비지(Clare Savage)와 그 가족의 초국가적 이민 서사는 미국의 인종 차별을 다루는 미국 내 이주자/소수민족 서사가 많은 경우 미국과 미국 문학의 초국가성을 담아내는 초국가적 서사이기도 하다는 사실을 효과적으로 보여 준다.

3. 초국가적 이주의 도전: 포스트식민 주체의 인종적 · 국가적 정체성의 재협상

작품의 주인공 클레어 새비지의 이주는 여러 국가의 경계선을 넘어가는 초국가적 이주다. 그녀의 초국가적 이주는 신/식민지 변두리 지역과 제국의 중심 메트로폴리스를 오가는 포스트식민적 이주이기도 하다. 그녀는 포스트식민 주체로서 초국가적으로 여러 국가의 경계선을 넘어간다. '검은 어머니'의 후손이지만 피부는 백인처럼 하얀 "백인 자메이카인(white Jamaican)"인 그녀에게 초국가적 이주는 포스트식민 혼종성이 제기하는 정체성의 문제를 인종적이면서 동시에 국가적인 용어로 대면하게 한다. 그녀와 같은 초국가적 이주자를, 웬더 월터스(Wender W. Walters)의 용어를 빌리자면, "자신의 것으로 주장하기도 하면서 동시에 배제하기도 하는 다양한 국가성과 타협할 것을 요구"(Walters, 1998: 219)받는다. 그래서 그녀는 초국가적 맥락에서 '나는 누구인가'라는 질문에 대답해야 하는 상황에 놓인다. 그녀는 자메이카인인가, 미국인인가, 영국인인가? 그녀는 흑인인가, 백인인가, 아니면 다른 무엇인가? 소설의 중간에 20대의 클레어는 "고향 땅의 방문자, 태어난 터에 답할 수 없는 자, 또 하나의 더 거대한 나라의 시민, 모국의 학생, 어머니 없는 자"(Cliff, 1997: 97-98)[2]라는 혼란된 정체성을 대면해야 하는 사람으로 그려진다. 카리브계 미국 여성 작가 클리프는 자신의 다른 자아인 주인공 클레어의 이주 서사를 통해 초국가적 이주가 이주자에게 어떤 도전을 제기하는지, 이주자들이 그런 도전에 대면하여 어떻게 자신의 인종적 · 국가적 정체성을 재협상하고 재주장할 수 있는지, 그 과정이 중심 대 주변, 메트로폴리스 대 식민지, 지배계층 대 하위 주체라는 식민주의적 이분법적 대립항들을 어떻게 흔들어 놓을 수 있는지 실험해 본다.

'살구색' 피부를 가진 클레어의 아버지 보이 새비지(Boy Savage)와 '망고색' 피부를 가진 어머니 키티 프리먼 새비지(Kitty Freeman Savage)는 하얀색에 가까운 피부색과 토지 소유가 사회적 지위를 결정하는 자메이카에서 중상류적 특권을 누리던 부부다. 아버지 보이는 아메리칸 드림을 꿈꾸며 경제적 기회를 찾아 가족을 데리고 미국으로 이주한다. 하지만 미국에서 그들 가족이 대면한 것은 피부색에 따라 정교하게 사회적 지위를 차별화하는 자메이카와 달리 흑인과 백인 이분법만으로 사람을 나누는 엄격한 인종 체제다. 미국 남부에 도착한 첫날 밤, 숙박하려고 찾은 모텔의 주인이 던진 첫 질문은 공격적인 어투의 인종적 정체성에 관한 질문이

2 앞으로 『하늘로 통하는 전화는 없다』에서의 인용은 괄호 안에 인용된 쪽수만 기입한다.

다. "어디서 왔소?" "유색인종은 설마 아니겠지?" "검둥이 말이오. 만약 당신이 검둥이라면 환영할 수 없소. 법에 어긋나는 일이오"(56). 호텔 주인의 폭력적인 인종 개념에 보이는 재빠르게 적응한다. 뮬라토(mulatto), 삼보(sambo), 쿼드룬(quadroon), 메스티(mestee), 메스테피나(meste-feena) 등 정교한 자메이카식 인종분류법을 버리고, 흑인과 백인으로만 나누는 미국식 이분법적 인종분류법에 자신을 맞춘다(56). 검은 아프리카계 모계를 부인하고 유럽계 백인 부계만을 인정하며 자신을 재창조한다. "나는 백인이오. 내 조상들은 사탕수수 대농장들을 소유했소"(57).

흑과 백으로만 사람을 분류하는 인종화의 엄격함은 미국 북부에서도 예외가 아니었다. 보이가 딸 클레어를 뉴욕의 한 학교에 넣기 위해 면담했던 교장 테일러(Mrs. Taylor)가 클레어에 대해 가장 궁금하게 여겼던 것도 그녀의 인종적 정체성이다. 할아버지가 대농장 주인이었음을 근거로 자신의 정체성을 백인으로 구축한 보이에게 교장은 그의 흑인 할머니들의 존재를 상기시킨다. 의사/과학자인 남편의 권위를 빌려 '하얀 피부의 흑인'인 보이와 클레어를 이해할 수 없는 기이한 존재로 규정하고, 미국의 엄격한 흑백 인종분류법 안에서 그들의 위치를 '백인이 아닌 흑인'으로 규정해 준다.

> "그[남편]는 당신을 하얀 초콜렛이라고 부릅디다. (……) 이해할 수 없다고, 이상하다고 생각하지요. 잔인하려고 그러는 것이 아닙니다. 새비지 씨. 하지만, 우리 체제에는 거짓말을 위한 여지는 없습니다. 사이존재들(in-betweens)의 자리는 없습니다"(99).

남부와 북부 모든 곳에서 미국 백인이 흑인성에 보이는 극심한 혐오를 목격하면서 보이는 부인과 딸들에게도 자신처럼 "백인으로 행세할 것(pass)"을 요구한다. 그러한 "백인 행세"가 단지 미국 생활의 "편리를 위해서"(52)라고 강조한다. 하지만 남편보다 피부가 약간 더 검은 키티는 흑인 혈통과 전통을 완전히 부인하는 남편의 선택에 침묵으로 공모함으로써 혹독한 대가를 치른다. 자메이카의 특권층이던 키티가 미국에 와서 겪는 어려움 중 하나는 사회적 지위의 전락이다. 세탁소 일보다 나은 일을 찾아 은행에 인터뷰를 하러 갔을 때 은행 매니저는 그녀가 자메이카에서 왔다는 사실을 알자마자 곧바로 미국에서 그녀의 '제자리'를 알려 준다.

> "아내와 나는 당신의 아름다운 섬을 방문하는 즐거움을 가지지 못했소. 하지만 우리 하녀에게서 그곳에 대한 모든 것을 들었답니다. (……) 아, 아마, 그녀를 알지 모르겠군요. 이름이 윈섬인데"(76).

자메이카를 미국 어딘가에 속해 있는 땅처럼 '섬'으로만 낮춰 부르는 매니저는, 자메이카가 그 안의 거주자들이 서로 모두 알 정도로 작은 곳이라고 경멸적으로 가정한다. 그리고 자메이카 '섬' 주민들이 미국에서 서로 만나는 접점을 '하녀'라는 하층의 사회적 지위로 국한한다. 흑인을 단지 "우리의 충실한 하인"으로만 만드는 미국의 인종화된 계층화는 키티가 한 오래된 교회에서 발견한 묘비명이 나타내듯 미국의 오랜 전통이다. 키티는 흑인/노예를 "우리의 충실한 하인"으로만 기억하는 묘비를 보면서 미국에서 흑인이 차지하는 주변적 위치로 자신이 규정될 가능성에 두려움을 느낀다.

하지만 사회적 지위의 격하보다 키티를 더 괴롭히는 것은 주변 사람들과 공동체적 관계의 단절이다. 이탈리아계 미국인 동네에 거주하게 되면서 백인으로 행세해야 하는 키티는 남편의 요구에 따라 피부색이 검은 카리브 친척들과의 왕래를 완전히 단절한다. 그 결과 그녀는 카리브 이민공동체와 고향문화에서 완전히 소외된다. 고향 냄새가 나는 음식도 감히 만들지 못한다. 동네의 백인 여성들과는 카리브 영어의 독특한 억양이 드러날까 두려워 말도 나누지 못한다. 자신의 흑인성을 밝힐 수 없어 세탁소에서 같이 일하는 흑인 여성들과도 진정한 인간적 관계를 맺지 못한다. 기회와 자유의 나라 미국에서 키티는 백인으로 통하기 위해 고향과 목소리를 상실한다. 그 결과 그녀는 모든 공동체적 관계에서 소외된다.

미국의 흑백 인종화 체제에 대한 키티의 좌절과 분노가 자기 목소리 되찾기로 나타난 것은 자연스러운 일이다. 하지만 남부에서뿐 아니라 북부에서조차도 흑백의 경계가 엄격한 미국에서 그 결과는 파괴적이고 치명적이다. 키티가 하는 일은 '화이트 위생 세탁소(White's Sanitary Laundry)'에서 허구적인 '화이트 부인(Mrs. White)'으로서 세탁 안내문을 적어 깨끗한 세탁물에 넣어 주는 일이었다. 중산층 백인 여성의 목소리를 대변하는 '화이트 부인'의 존재는 실제 세탁일을 하는 흑인 여성들의 노동을 불가시적으로 만들고, 혼혈인 키티의 존재를 백인 여성성 뒤에 감추고 침묵시킨다. 침묵과 거짓과 소외를 참을 수 없게 된 키티는 어느 날 자신의 목소리를 담은 쪽지를 세탁물 속에 끼워 세상에 내보낸다. "안녕하세요. 화이트 부인은 죽었습니다. 내 이름은 블랙 부인입니다. 내가 그녀를 죽였습니다(HELLO. MRS. WHITE IS DEAD. MY NAME IS MRS. BLACK. I KILLED HER)" (83).

자신 안의 검은 여성과 자기 자신의 목소리를 되살려낸 키티의 행위는 자신이 침묵으로 공모한 미국 인종 체제에 대한 나름대로의 저항이다. 하지만 키티의 은밀한 저항 행위는 즉각적으로 백인 손님들의 격분을 일으켰고, 바로 다음날 아침 세탁소에서 일하던 가난한 흑인 여성들이 누명을 쓰고 해고된다. 자신의 행위가 야기한 치명적인 결과와 미국의 흑백 인종 차별의 과도함에 충격을 받은 키티는 피부가 더 검은 작은딸만을 데리고 곧장 고향 자메이카로 돌아감으로써, 미국 대신 자메이카를, 백인성 대신 흑인성을 선택한다.

아버지는 백인성만을 선택하여 미국 주류에 합류하고, 어머니는 카리브 문화와 혼종적 피부색의 특권을 인정해 주는 자메이카로 되돌아갔지만, 미국에 남게 된 큰딸 클레어 새비지는 어머니나 아버지보다 더 혼란스러운 정체성 문제를 대면하며 성장한다. 국가적 경계선 넘기가 곧 인종적 경계선 넘기를 요구하는 상황에서 클레어는 백인으로 행세하며 미국인으로 살아간다. 하지만 10대의 사춘기 소녀로서 '검은' 어머니를 상실한 경험과 미국 내 인종 차별의 현실은 클레어의 자의식을 복잡한 인종적 정체성의 경계 영역에 머무르게 만든다. 사실 작가 클리프는 클레어의 인종적·국가적 정체성의 경계적 속성을 그녀의 이름을 통해 이미 시사하고 있다. 하얀색을 나타내는 이름 '클레어(Clare)'와 자메이카 대농장 소유자였던 백인 증조부의 성 '새비지(Savage)'가 결합된 그녀의 이름은 그녀가 하얀 피부를 가짐으로써 백인 문화와 특권의 적법한 자손으로 선택되었음을 나타낸다. 하지만 클레어의 아버지 보이에게 대농장 소유주 자손이라는 자랑스러운 정체성을 주었던 성 '새비지'는 백인/문명의 잔인함과 야만성을 시사하는 성이기도 하다. 대농장 주인이었던 보이의 할아버지는 노예를 해방시키기보다는 차라리 그들을 불태워 죽임으로써 자메이카 전역에 악명을 날렸던 사람이다. 하지만 '새비지'는 백인들에게는 열대 식민지 흑인들의 야만성을 시사하는 성이기도 하다. 그래서 클레어의 이름과 성은 클레어를 구성하는 혹은 클레어가 대면해야 하는 다양한 인종적·국가적·문화적 정체성 요소들을 시사한다.

미국에 사는 내내 아버지는 클레어에게 충고한다. "너는 이제 미국인이다. 그것이 무엇을 의미하는지 깨달아야 해. (……) 그들을 판단할 수는 없어. 우리에게 집/고향을 주는 것은 그들이니까"(102). 클레어의 아버지에게 미국인이 된다는 것은 자신을 "불가시적으로 만들고 비밀을 감추고, 자아를 지우고, 섞여들며, 위장을 사용하는 것"(100)이다. 하지만 백인성에 대한 아버지의 극단적인 강조는 역설적으로 클레어가 흑인과 흑인성에 대해 예민한 관심을 갖도록 자극한다. 자신의 이름이 담고 있는 그 복잡한 인종적·국가적 혼종성의 진실에 다가가도록 자극한다. 흑인인권운동, 킹 목사의 죽음, 버밍햄 흑인 교회 폭파사건과 그 사건에서 죽은 어린 흑인 소녀들에 대한 클레어의 강한 관심은 흑인성에 대한 클레어의 의식이 상실한 검은 어머니에 대한 갈망을 넘어서서 흑인인권운동을 야기한 미국의 사회적·정치적 현상에 대한 관심과 연결되어 있음을 나타낸다. 결국 인종과 인종적 정체성에 대한 관심을 통해 클레어는 아내가 '검둥이'에 대해 지나친 관심을 품었기 때문에 자신을 버렸다고 분노하는 아버지에게, 아버지가 타자화시킨 그 '검둥이'가 바로 어머니와 자기 자신의 정체성이라고 정면으로 대응할 정도로 성장한다.

클레어는 자신의 검둥이 정체성을 인정한 후에도 자메이카가 아닌 영국으로 건너간다. 영국이 자메이카 카리브인의 모국이므로 영국으로 가는 것은 당연한 "크리올의 논리"(109)라고 합리화한다. 미국을 떠나는 클레어의 선택은 미합중국이라는 국가가 구축한 극단적 인종 체제를 거부하는 행위다. 하지만 영국으로 건너가는 클레어의 행위는 크리올이라는 특권적 정체성 뒤에 숨어 자신의 인종적 정체성의 혼란을 봉합하려는 도피적 행위이기도 하다. 적어도 런던에서는 아무도 그녀를 미국에서처럼 "하얀 초콜렛"(99)이라고 부르지 않기 때문이다. 하지만 미국의 인종주의가 그녀의 혼종적 인종 정체성을 문제적인 것으로 만들었다면, 식민지 자메이카 사람들에 대한 영국인들의 차별은 그녀의 혼란스러운 인종적 정체성에 포스트식민 주체로서 국가적 정체성의 혼란을 부가한다.

'모국' 영국에서 클레어는 '백인 자메이카인'이라는 특권적 크리올 정체성이 어떤 토대 위에서 구성되어 있는지 대면하게 된다. 클레어가 영국 이민국에 영주권을 등록하러 갔을 때 이민국 직원은 클레어에게 "당신은 절대 우리 자메이카인은 아니지요?"(117)라고 여러 번 강조한다. 이민국 사무실에 긴 줄을 만들고 있는 가난하고 검고 환영받지 못하는 '우리 자메이카인'에서 클레어를 제외시킨다. 그녀의 피부가 하얗고 돈이 있기 때문이다. 하지만 클레어가 런던대학에서 르네상스 시대를 공부하려 할 때 그녀는 오리엔탈 및 아프리카 연구를 하도록 권유받는다. 그녀가 식민지 자메이카 출신이기 때문이다. 대학 캠퍼스에서 보수적인 민족전선(National Front) 사람들이 "영국을 백인의 나라로 지키자!(KEEP BRITAIN WHITE!)", "검둥이들 나가라!(NIGGERS, CLEAR OUT!)"라고 외칠 때(137), 클레어의 친구들은 그녀를 그들의 공격 대상에서 제외한다. 하얀 피부의 그녀는 흑인성이 "묽어진"(139) 혈통에 속하기 때문이다. 클레어가 흑인 이주자들을 공격하는 백인들의 행진을 르네상스 문화를 강의하는 고답적인 강의실에서 내려다본다는 사실 자체가 그녀와 흑인 이주민을 분리하는 그녀의 인종적 · 경제적 · 계급적 특권을 드러낸다.

하지만 이미 미국에서 자신의 흑인성을 인정한 클레어의 인종적 의식은 클레어를 지속적으로 혼란스럽게 한다. 클레어는 자신의 피부가 아무리 흰색이어도, 어머니 없이 자기 자리를 찾기 위해 고투하는 샬럿 브론테(Charlotte Brontë)의 주인공 제인 에어(Jane Eyre)와 동일시하고 싶어도, 자신이 결코 '영국인 제인 에어'는 될 수 없다는 사실을 인정하지 않을 수 없게 된다.

> 아니, 그녀는 제인이 될 수 없었다. 작고 하얀 영국인 (……) 그래 버사가 더 가까워. 포로. 잡탕. 잡종. 혼돈. 자메이카인. 칼리반. 카리브인. 식인종. 노예반란군. 그 모든 버사. 그 모든 클레어(116).

'혼종적 버사'를 자신의 정체성으로 수용하는 클레어의 선택은 자신의 인종적 혼종성에 대한 인정이다. 동시에 자신이 제국 안에서 경멸받고 왜곡당하는 식민지인이라는 사실에 대한 인정이다.

제국의 중심 런던에 와서 클레어가 피할 수 없이 목격하는 것은 제국과 식민지의 불평등한 권력 관계다. 런던에 도착한 첫날 클레어는 뜻밖에 공항 화장실을 청소하는 사리 입은 검은 여성들을 보고 눈을 돌린다. 런던 시내에서도 그녀는 허름한 영국식 옷 속에 카리브 고향의 얇은 옷들을 겹쳐 입고 백인들의 경멸적인 눈초리를 견뎌내는 가난한 흑인 여성들을 자주 목격하고 눈을 돌린다. 자신의 정체성에 도전하는 검은 여성의 존재를 잊으려 애를 쓴다. 하지만 템스 강 하구 마을 그레이브센드(Gravesend)에서 만난 포카혼타스(Pocahontas) 묘비는 제국의 일원이 되려고 애썼던 식민지 여성의 운명을 클레어에게 분명하게 상기시켜 준다. 영국에 와서 세례를 받고 레베카(Rebecca)라는 새 이름을 얻었으며 아들까지 둔 이 유명한 식민지 아메리카 인디언 여성은 영국인들에게 단지 "초기에 투쟁하던 식민주의자들을 고귀하게 구출하고 보호하고 도와 준 친구"(137)로만 기억될 뿐이다. 한 여성으로서, 한 개인으로서 그녀가 어떤 삶을 살았고 어떤 생각을 했을지에 대해서는 아무도 관심이 없다. 미국 북부에서 키티가 본 어떤 오래된 묘비가 흑인을 단지 "우리[백인]의 충실한 하인"으로만 기억하는 것처럼.

클레어가 미국에서 획득한 초국가적 전망이 인종적 정체성의 인위적 구성성에 대한 인식이라면, 클레어가 영국에서 획득한 초국가적인 전망은 제국 안 포스트/식민지인의 타자적 위치에 대한 분명한 인식이다. 클레어가 "검둥이들 나가라"는 공격에 "우리가 여기 있는 것은 너희들이 거기 있었기 때문이다(WE WERE HERE BECAUSE YOU WERE THERE)"라고 대답하던 흑인 대학생들의 통찰을 공유하게 되었다는 것(137)은 곧 과거에는 아프리카와 아시아 사람들을 식민지 노예 노동자로서 카리브로 이주시키고, 현재는 카리브인이 된 그들을 값싼 노동자로 제국의 중심으로 다시 유인하는 제국주의적인 세계 체제에 대한 넓은 관점을 획득하게 되었음을 의미한다. 그것이 클레어가 자신의 인종적 · 국가적 정체성을 혼란스럽게 했던 초국가적 이주를 통해서 얻은 전망이다. 그리고 이 초국가적 전망이 그녀를 고향 자메이카로 돌아가게 하는 힘이 된다.

클리프는 클레어의 영국 거주의 장 안에 클레어의 과거 자메이카를 방문했던 기억들과 자메이카에서 온 편지들을 삽입함으로써 자신의 온전한 정체성을 모색하는 클레어의 노력이 자메이카 고향으로의 귀환이라는 방향으로 나아갈 것을 암시한다. 하지만 "이주는 한 방향 여행이다. 돌아갈 고향은 없다. 결코 존재한 적이 없다"라는 스튜어트 홀(Stuart Hall)의 말처럼(Walters, 1998: 217 재인용), 그녀가 자메이카에서 발견하는 것은 그녀의 정체성의 문제를 손쉽게 해결해 줄 '고향'은 없다는 사실이다. 그곳 역시 미국과 영국에서 그녀의 정체성을 파편화하던 이데올로기인 백인성과 백인 문명에 대한 숭배와 피부색에 따른 차별이 작동하는 백인성 중심의 세계 체제의 일부이며, 초국가적 자본과 제1세계 국가들의 국가적 권력이 초국가적으로, 폭력적으로 작동하는 식민적인 포스트식민 공간이기 때문이다.

4. 카리브 포스트식민 공간의 초국가성

앞에서 클리프의 소설 『하늘로 통하는 전화는 없다』를 미국 문학이면서 동시에 카리브 문학으로도 볼 수 있다면, 그것은 단지 소설의 주인공이 국가적 경계선을 넘어다니는 이주자이기 때문만이 아니라, 그녀가 거주하는 각각의 국가적 공간들이 초국가적 특성을 두드러지게 보이는 공간이기 때문이기도 하다고 지적했다. 미국과 영국으로 이주해 거주하는 주인공 클레어를 좇아가는 서사의 흐름에 대한 분석은 외국인 이주자들을 지속적으로 국내로 유입시키는 제국주의적 국가들, 즉 미국과 영국의 초국가적인 속성을 엿보게 해 주었다. 하지만 제1세계가 카리브와 같은 제3세계와 맺는 초국가적 연계성의 속성을 가장 정확하게, 그리고 가장 적나라하게 드러내는 것은 카리브 공간이 담고 있는 초국가성의 신/식민지적 속성과 독립국가 자메이카의 무능과 곤경이다.

클레어의 성장을 따라가는 서사적 진행의 맨 마지막에 놓여 있으면서 소설의 플롯 구성에서는 첫 장면과 마지막 장면을 차지하는 자메이카 게릴라의 존재와 그들의 특성에 대한 다음과 같은 묘사는 자메이카 국가의 실패를 잘 보여 준다.

> 이 사람들—남자와 여자들—은 비슷한 옷들을 입고 있다. 그들에게 [이 옷들은] 유니폼처럼, 어떤 동의, 어떤 목적—그들이 함께 무엇을 하고 있다는 것—을 나타낸다. 이러한 옷들을 입은 상태에서는, 적어도 그들은 함께 어우러지는 듯하다. 이러한 유사성이 그들은 필요하다. 중요하고 필수적이기까지 하다 —왜냐하면, 그들의 피부색의 음영, 여행한 장소, 경험한 사건, 이해한 것, 그들의 몸으로 들어간 음식, 저지른 폭력적 행위, 읽은 책, 들은 음악, 사랑한 사람, 살아 있는 가족들이 아주 다르며 그들 사이에 존재했다. 그 모든 것은 당연하게 기대되는 것이었다—이 작은 국가의 일부인 이 섬에서는 많은 이들이 태어나면서 자동적으로 나뉘는 것이(4).

국가적 자부심과 정체성의 기원을 식민지 이전의 고유 문화에 의존할 수 없는 카리브 지역 신생 독립국가들의 문제점은 인종, 민족, 계층, 언어적으로 다양한 정체성과 경험을 지닌 사람들을 어떻게 하나로 묶어낼 것인가다. 그런데 위의 게릴라 집단 묘사가 보여 주는 것처럼 자메이카는 독립한 이후에도 여전히 사람들이 "태어나면서 자동적으로 나뉘는 것이 당연하게 기대되는" 그런 국가로 남아 있다. 게릴라들은 현재 자메이카 전설의 여전사인 내니(Nanny)를 왜곡되게 재현하려는 외국 자본의 영화 촬영을 저지한다는 공통 목적을 위해 행동한다. 국가의 힘 밖에서 자신들의 힘으로 초국가적 자본의 지배에 대항하고자 한다는 점에서 "독립국가 안의 새로운 하위 주체적 대항 국가"(Clarke, 2001: 150)의 가능성을 담고 있는 집단이다. 그런데 이러한 게릴라 집단이 서로 유사성을 만들어내기 위해 헌 미군 전투복에 의존하고 있다. 자메이카 사회가 피부색에 따른 엄격한 사회적 지위와 경제적 기회로 분리되어 있기 때문이다. 검은 피부의 게릴라 대장은 그들을 도우려는 클레어의 진심을 쉽게 믿지 못한다. 그녀가 자신들과 달리 하얀 피부이기 때문이다. "당신은 나 같은 피부색을 가진 사람보다 도덕적으로 우월하다고 생각하는가?"(190)라고 게릴라 대장은 묻는다. 자메이카에서 흑백의 차이는 곧 도덕적 차이로 해석되고, 흰 피부의 중산층이 검은 피부의 친척들을 멀리하는 것은 너무나 일상적인 일이다. 혈연 관계보다 피부색의 위계를 더 강력한 것으로 만든 것이 백인 중심의 식민지 역사라는 것을 기억한다면, 그 인종적 위계를 여전히 유지하는 독립국가 자메이카는 여전히 식민지적 공간이다.

이 국가의 중심 도시인 킹스턴(Kingston) 교외의 판자촌 "덩글(Dungle)" 즉 "똥덩어리 정글(dung-heap jungle)"(32)보다 더 포스트식민 국가 자메이카의 곤경과 무능을 잘 나타내는 것은 없다. 쓰레기 정글을 뒤지며 정글의 야수처럼 생존하는 온갖 색조의 검은 사람들, 몸의 겉에도 몸의 안에도 벌레들이 우글거리는, 배만 볼록한 마른 아이들, 그런 아이들과 여자들이 지은 녹슨 함석판과 종이로 된 판잣집들, 정부는 이곳을 단 하나의 입구와 단 하나의 출구만 있는 높은 함석 담장으로 막아 외국 관광객들의 눈을 가린다. 하지만 이곳의 삶은 높은 담장을 넘어 도시 전체로 흘러 들어간다. 굶주린 아이들을 위해 먹을 것을 찾는 검은 엄마들은 거리의 굶주린 개들과 싸우며 화려한 호텔들 뒤의 쓰레기통을 뒤진다. 구걸하는 검은 아이들은 관광객이 유람선에서 던지는 동전을 줍기 위해 목숨을 걸고 바다로 뛰어 들어간다.

클레어 서사와는 직접 관계가 없어 보이는, 그러나 그녀의 죽음에 직접적으로 연결되어 있는 크리스토퍼(Christopher)는 바로 이 덩글 출신이다. 그는 크리스마스 날 밤, 장례식도 없이 버려진 13년 전 죽은 할머니를 묻을 작은 땅 한 뙈기를 고용주 찰스(Charles) 가족에게 요구하다 비웃음으로 거절당하자, 그들 가족을 모두 무참하게 도끼로 살해하는 끔찍한 폭력을 폭발시킨다. 크리스토퍼의 폭력을 야기한 것이 흑인들에게 가난을 강요한 백인들의 폭력임을 드러내기 위해 작가는 동일한 살해 장면을 두 사람, 즉 찰스의 아들인 폴(Paul)과 그 집안의 일꾼 크리스토퍼 두 사람의 시각으로 그려낸다. 지금은 주인과 일꾼이지만 비슷한 나이로 소년 시절에는 같이 사냥을 다니며 친구처럼 지냈던 두 사람의 의식을 따로 좇는 서술 방식은 백인과 흑인 두 사람이 속한 두 세계가 얼마나 깊게, 폭력적으로 단절되어 있는지 보여 준다. 크리스토퍼가 진땀을 흘리며 할머니 영혼을 위해 '주인님'께 땅 한 뙈기를 애걸할 때, 폴은 부유층 자제들의 크리스마스 밤샘 파티를 즐긴다. "그의 주변을 깨끗하게 정리해 온 것이 더 검은 사람들"(22)이기 때문에 밤샘 파티의 '난장판'을 뒤로하고 폴이 포르쉐를 타고 새벽에 집으로 돌아올 때, 온갖 허드렛일을 하던 집안 일꾼 크리스토퍼는 백인 주인의 잘 정돈된 집을 '난장판'으로 만들고 있다. 처참하게 도끼로 난도질당한 아버지, 어머니, 여동생의 피범벅된 시체들과 "자메이카를 구성하는 물건들이 모두 섞여 난장판"(22)이 된 어머니의 부엌을 본 폴의 첫 결정은 '몇 달러면 무슨 일이든 하는' 검은 일꾼 크리스토퍼를 찾아 이 난장판을 치우도록 명하는 것이다. 하지만 백인 주인의 몸을 난도질하고, 부엌의 음식들을 무질서하게 헤쳐놓고, 하얀 부엌 벽에 오줌 자국을 남기며 자신이 의도적으로 만든 그 '난장판'을 완성하기 위해 폴을 기다린 것은 크리스토퍼다. 폴이나 다른 부유층은 이러한 사건을 단지 술 취한 어리석은 일꾼의 우발적인 사건으로 치부한다. 하지만 덩글에서 성장하고 다시 덩글로 돌아가는 크리스토퍼의 사적 역사는 크리스토퍼의 폭력이 덩글이 상징하는 다수 흑인의 비참한 가난과 찰스의 거대한 저택이 상징하는 소수 백인의 물질적 풍요가 폭력적으로 충돌한 결과임을 적나라하게 보여 준다.

하지만 크리스토퍼는 부유한 백인 찰스의 가족보다 그들의 흑인 하녀 메이비스(Mavis)를 더 가혹하게 처벌한다. 그 이유는 무엇일까?

> 그녀의 몸은 바닥에 있었다. 그의 가족 누구도 그렇게 베이지는 않았다. 너무 여러 번, 너무 여러 방식으로 도끼로 베인 메이비스의 몸은 갈색이라기보다는 붉은 색이었다. 그녀는 눈이 하나도 없었다(28).

메이비스가 폴의 집에서 살았던 시간은 5년도 넘는다. 하지만 그녀의 시체를 보고 있던 폴은 자신이 그녀에 대해 아는 것이 하나도 없다는 사실을 처음으로 깨닫는다. 고향의 아이들을 위해 매주 돈을 보낸다는 것 외에 고향도, 가족 관계도, 성조차도 아는 것이 없다. 통장도, 보험증서도, 출생신고서도, 주고받은 편지 한 장도 남긴 것이 없는 하녀 메이비스의 상황은 그녀도 크리스토퍼처럼 철저하게 박탈된 계층임을 보여 준다. 하지만 크리스토퍼의 의식을 따라가는 과정에서 폴의 세계와 크리스토퍼 세계 사이의 폭력적인 위계 질서를 목격해 온 독자는 어떤 상황에서도 "백인 주인의 충실한 하녀"이기를 멈추지 않는 메이비스를 통해 흑인들이 자메이카 사회의 흑백 위계를 유지하는 데 어떻게 공모하는지 보게 된다. 할머니 때부터 자기 집안이 그렇게 오랫동안 찰스 집안을 위해 일을 했다면, 죽은 할머니를 묻을 땅 한 뙈기 정도는 주어야 하는 것 아니냐는 크리스토퍼의 주장에 메이비스는 백인들의 논리를 반복할 뿐이다. "갚을 빚? 빚이 있다면 네가 있지. 그들이 너를 구원해 주었잖아"(48). 크리스토퍼가 인간으로서 권리를 주장하기 시작하는 바로 그 순간, 흑인 여성의 종속적인 지위를 완벽하게 내면화한 백인 주인의 하녀 메이비스는 그녀 자신을 억압하고 박탈하는 바로 그 계층구조를 지탱하기 위해 "새로 태어난 크리스토퍼"(Sethuraman, 2005: 265)를 지우려 한다. 그러므로 크리스토퍼가 메이비스에게 가한 끔찍한 폭력은 그가 없애려 한 것이 단순히 개별 부자들이 아니라 백인/부자들의 폭력과 권위를 유지시키는 백인성 이데올로기와 "주인의 과거를 자신의 것으로 취하는"(127) 포스트식민 사회의 식민지적 노예/하인 의식임을 보여 준다.

독립국가 자메이카는 식민지 유산을 해결하지 못할 뿐 아니라 초국가적 자본의 파괴적인 결과에 대응하는 것도 실패하고 있다. 자메이카를 지배하는 초국가적 관광산업의 실체가 그 사실을 보여 준다. 텍스트 안에 인용되는 자메이카를 관광지로, 초국가적 영화 촬영지로 선전하는 1984년 『뉴욕타임스(*The New York Times*)』 기사를 보면, 열대 섬의 아름다운 자연뿐 아니라 식민지 과거의 유산인 "스페인과 영국식 식민지 시대 건물들", "인종적으로 섞인 다양한 피부의 사람들"에 더하여 "부서질 듯한 슬럼들", "초가지붕 오두막 마을", "엑스트라를 원하는 수많은 사람들"(200) 같은 현재의 가난까지도 관광 상품으로 판매된다. 식민 시대의 해적을 주제로 구성된 관광객용 술집 페가수스 바(Pagasus Bar)는 초국가적 관광이 카리브해를 해적들의 파라다이스로 변화시키듯이 자메이카를 관광객의 욕망을 연기하는 "연극 무대(stage set)"(12)로 만들고 있음을 증거한다. 안젤레타 구다인(Angeletta K.M. Gourdine)의 말대로 카리브 지역을 관광하는 "관광객은 현지를 돌아다니며 토착적인 삶의 방식을 경험하는 듯하지만, 실제로는 그 터에 대한 정형화된 개념들을 확인하고 있을 뿐"(Gourdine, 2006: 89)이다. "과거를 특정한 방식으로 기억함으로써 과거를 지우고 왜곡"(Strachan, 2002: 234)하며 자신의 식민지 과거를 특정한 방식으로 만들어 외국인에게 파는 초국가적 관광산업은 그래서 "매춘업(whoreism)"(22)이다.

자메이카에서의 영화 촬영의 이점을 논하는 영국과 미국 영화 제작자들의 대화가 드러내듯, 자메이카가 빠진 위기는 단지 자메이카가 무능해서만은 아니다. 식민지 시절 해외 수출용 단일 작물만을 생산하는 대농장 체제는 카리브 지역의 자립이 아닌 제1세계 국가들의 필요를 채우는 것만이 그 목적이었다. 독립 후 대농장 체제를 대체한 초국가적 관광 역시 전적으로 외국의 자본과 외국인 관광객의 존재에 그 성패가 달려 있다. "IMF[와 같은 국제금융기관]에 모든 것이 묶여 있어"(201) "한푼을 위해 무엇이라도"(202) 해야 하는 자메이카의 곤경을 이용하는 초국가적 자본은 "자신들을 파는 데 익숙한 이 사람들"(202), 아니 자신들밖에는 아무것도 팔 것이 없는 이 사람들을 이용해서 이익을 최대한 챙기기를 서슴지 않는다. 19세기 말 이후 카리브 지역의 가장 두드러진 특징이 된, 미국의 국가 경계선을 넘는 세력 확장과 유럽의 신식민주의적 권력의 확장이 카리브의 초국가적 관광산업과 영화산업 등으로 나타나는 것이다.

게릴라들은 미국 군인들의 헌 군복을 입음으로써만 자신들의 통일성을 만들어내고, 미국 자본과 싸우기 위해 미국제 무기와 장비를 이용한다. "자유의 투사(freedom fighter)"로서 자신들의 이미지조차 미국에서 수입된 영화를 통해 얻어내고 있다(7). 이러한 게릴라들이 초국가적 영미 합작 자본으로 이뤄지는 영화 촬영장을 공격하는 것은 보기보다 역설이 아니다. 그들을 그렇게 만든 과거와 현재의 현실과 식민 시대부터 포스트식민 시대를 관통하여 자메이카 공간을 지배하는 제국주의적이고 초국가적인 백인 중심 이데올로기에 대한 저항의 어려움을 보여 주기 때문이다. 영화 제작자는 "시저너 트루스든 베시 스미스든 어떤 흑인 여주인공"(206)이라도 연기하는 여배우를 써서, 자메이카의 토착 마룬(Maroon) 전사인 내니의 저항 역사를 낭만적인 할리우드식 사랑 이야기로 왜곡하려 한다. 그들의 대단한 초국가적 자본은 자메이카에서 프랑스 해변의 환상을 창조하는 데 방해되는 "해변의 모든 검둥이 부랑배들"(203)을 완전히 제거할 뿐 아니라, 게릴라들의 움직임을 미리 알기 위해 게릴라 내부자를 매수하고, 자메이카 군대에게 자메이카 국민을 공격하도록 요구할 정도로 강력하다. 그리고 그렇게 강력한 만큼 부도덕하다. 고향 자메이카로 돌아가 백인의 눈으로 기술된 식민지 역사가 아닌 "나이든 사람들의 말, 인디언 터에서 발굴한 칼, 손으로 만든 항아리 색조들, 수풀 속에 숨겨진 암석들이 말하는 [자메이카] 역사"(193)를 발굴해 자메이카 학생들에게 가르치던 클레어에게 자메이카의 역사를 왜곡하여 전유하는 초국가적 영화산업은 피오나 반스(Fiona Barnes)의 말처럼, "카리브에서 신식민주의의 가장 새로운 그리고 가장 미묘한 형식"(Barnes, 1992: 23)이다. 클레어와 게릴라들의 영화 촬영장 공격은 결국 실패한다. 자메이카 정글 인간으로 캐스팅된 크리스토퍼의 울부짖음과 하늘에서 쏟아진 자메이카 정부군의 총격 속에서 모두 죽음을 피하지 못한다. 하지만 그들의 저항은 자메이카 토착 역사를 왜곡하고 상업화할 뿐 아니라 그 과정을 통해 자메이카를 신식민화된 초국가적 공간으로 전유하는 초국가적 자본과 자메이카 국가의 공모에 대한 탈식민적 저항이라는 점에서 의미가 있다.

5. 초국가주의와 포스트식민주의

작가 클리프는 주인공 클레어의 개인적인 국가 경계선 넘기를 카리브 지역의 집단적인 이주 양상의 재현으로 읽힐 수 있도록 많은 단서를 포함시킨다. 서구와 카리브 지역이 제국과 식민지로 얽혀 있던 역사적 관계, 현재 카리브 지역의 초국가적 관광산업이나 영화산업에 미치는 미국의 강력한 영향력, 그로 인한 카리브 지역의 빈곤과 타락, 이러한 문제들이 주인공의 이주와 정체성 문제의 핵심적인 배경으로 그려진다. 카리브 지역과 서구 국가들 사이의 식민주의적 관계를 주인공의 의식 속에서 되살려내고, 그러한 역사적 문제들을 그의 개인적 정체성 문제와 연결하는 작가의 작업은 (신)식민지로서 왜곡되고 침묵당해 온 카리브 공간을 모순과 빈곤과 저항의 공간으로 되살려 가시화하는 작업이다. 동시에 초국가적 이주 경험이 가능하게 하는 초국가적이며 탈식민적인 포스트식민 정체성의 정치성을 부각시키는 작업이다.

미국에서 흑인과 백인의 위계적이고 폭력적인 관계와 인종적 정체성의 구성성에 눈을 떴듯이, 영국에서 제국과 식민지의 관계에 눈을 뜨게 된 클레어는 어머니가 "나의 사람들(my people)"이라고 말한 가난하고 검은 자메이카 사람들에게 자신을 동일시하는 인종적으로 정치적인 선택을 한다. "자메이카 백인"으로서 메트로폴리스로 이주한 지식인 작가 클리프 자신에게 중요했던 정체성의 문제, 즉 주어진 정체성과 구성된 정체성, 주어진 흑인성과 흑인성과의 제휴 등의 문제를 주인공을 통해 실험적으로 다루고 있다고 볼 수 있다. 작가 클리프는 자신처럼 "자메이카 백인"인 주인공 클레어가 초국가적 이주를 통해 얻게 되는 통찰력을 강조한다. 클레어는 국가들의 경계선을 넘어 작동하는 인종주의와 식민지/제국 간의 관계를 인식할 수 있게 되면서 비로소 고향 자메이카에서 백인들이 특권을 누리고 흑인들이 억압받는 현실을 선명하게 이해할 수 있게 되고, 흑인성을 본질화하지 않고서도 흑인을 위해 투신하는 정치적 행위를 할 수 있게 된다. 클리프는 국가들의 경계를 넘는 경험을 통해 주인공 클레어가 발전시킨 초국가적 의식의 중요성을 부각시킴으로써 이산 지식인으로서 역할의 가능성을 탐색하는 셈이다.

초국가적 이주의 경험을 통해 세계와 자기 자신의 본질을 읽어내는 넓은 시각을 획득하는 여주인공을 그려내는 클리프의 텍스트는, 미국 이민 문학뿐 아니라 미국 문학을 연구하는 새로운 패러다임으로서 초국가주의 시각이 담고 있는 유용함을 드러내 준다. 카리브계 미국 이민자 주인공의 국경을 넘는 움직임과 그녀의 발전된 초국가적인 의식을 통해 카리브 지역의 문화와 역사를 미국 문학 안에 등장시키고 미국 사회를 미국 국경 밖의 시선으로 보게 하는 클리프의 시도는 미국이 지속적으로 기억 속에서 밀어내고자 하는 미국의 제국주의적·식민주의적 역사를 되살려낸다는 점에서도 의미가 있다. 동시에 클리프의 텍스트는 초국가주의가 '유동적 시민권'이나 '탈영토화' 등의 개념이 시사하는 긍정적 가능성을 포함하면서도 그것에 국한되지 않는 다양한 초국가적 양상들, 폭력적이고 억압적이며 불균형한 초국가적 흐름과 연계와 공동체들의 양상까지 제대로 드러내기 위해서는, 포스트식민주의 담론들이 제공하는 탈식민적 통찰과 결합되어야 할 필요성을 진지하게 드러낸다. 탈식민적 통찰과 결합된 초국가주의 담론은 기존의 다문화 담론을 보완하고 확장시켜 미국의 다문화적 속성을 세계사의 역사적 맥락에서 읽어내도록 촉구한다는 점에서 의미 있는 패러다임이 될 수 있다.

초국가적 대중문화와 비판적 읽기의 힘

-제시카 하게돈의 『개고기 먹는 사람들』-

박환희

1. 대중문화가 등장 인물들의 이산 현상에 미치는 영향

제시카 하게돈(Jessica Hagedorn)은 희곡판 『개고기 먹는 사람들(*Dogeaters*)』의 서문에서 다음과 같이 밝힌 바 있다. "라디오 멜로드라마, 유치한 광고 노래, 달콤쌉싸름한 쿤디만 노래들, 로큰롤 음악과 할리우드 영화는 모두 이 이야기 안에서 중요한 위치를 갖고 있다…… 미국, 가톨릭 교회와 페르디난드와 이멜다 마르코스라는 한 쌍의 망령들이 크게 자리하고 있다." 이는 소설판 『개고기 먹는 사람들』에서도 마찬가지다. 제시카 하게돈의 『개고기 먹는 사람들』의 등장 인물 대부분에게서는 전통적인 의미와는 약간 다른, 그리고 좀 더 부정적인 형태의 이산(displacement)을 발견할 수 있다. 작품 속 인물들은 남녀노소를 불문하고 대부분 영화나 라디오 드라마와 같은 대중문화의 산물에 심취한 것으로 묘사된다. 수많은 등장 인물은 대중문화가 만들어내는 화려하고 꿈 같은 세계에 취한 채, 엄연히 현실로 존재하는 독재나 미국의 문화적 식민화에 대해서는 신경조차 쓰지 않는다. 이에 더해, 실제 필리핀의 독재자였던 페르디난드와 이멜다 마르코스를 모델로 한 작품 속 독재자들은 적극적으로 이미지를 생산해 독재나 미 식민주의의 잔재와 같은 문제에서 국민의 관심이 멀어지게 한다. 필리핀 사회의 지도층에 의해 적극적으로 형성된 대중문화의 이미지들에 몰입한 많은 등장 인물은 실제 사회의 쟁점들에서 멀어져 미국 문화에 기반을 둔 가상현실(hyperreality) 안에서 살고 있다. 이처럼 이들이 가지고 있는 모국에 대한 소속감은 제한적이고, 그나마도 허구적인 이미지에 많은 부분 의존하고 있다.

독재 정권을 유지하기 위한 수용소에서의 고문 역시 신기한 이야깃거리로 삼을 정도로 현실과 유리된 세계에서 사는 작중 필리핀 사람들에 대해 읽으면서 독자들 역시 작품 속의 사회가 안고 있는 문제점들을 외면하기 쉽다. 하지만 작가는 소설 속에 이야기의 흐름을 끊는 신문 기사들을 도입해서 독자들이 화려한 대중문화의 세계에 너무 깊게 빠져들지 않게끔 한다. 『개고기 먹는 사람들』의 중간중간에 들어간 『일간 메트로 마닐라』의 기사들은 독자들에게 소설 속 세계에 대한 비판적인 읽기를 시행할 수 있는 계기를 부여한다. 대부분 리오 혹은 조이의 관점에서 진행되는 소설의 흐름에서 신문 기사들은 이전과는 다른 목소리를 내며 이야기의 흐름을 깨고 있다. 누가 봐도 편파적이고 문제가 있는 보도 내용은 독자들에게 이 기사들의 내용을, 그리고 이 소설의 세계를 진실로 여기거나 지나치게 몰입하지 말 것을 요구한다. 이처럼 일관된 흐름을 깨서 몰입을 방해하는 장치들을 통해 작가는 작중 필리핀과 같은 상황에서 의식의 전환을 가질 수 있는 방법을 제시하고 있다. 이 글에서는 작품 속 인물들을 분석해 대중문화가 등장 인물들의 이산 현상에 미치는 영향을 알아보고, 이에 대한 작가의 견해는 무엇인지를 작품 속에 등장한 허위의 신문인 『일간 메트로 마닐라』의 기사들을 통해 살펴보기로 한다.

2. 『개고기 먹는 사람들』의 시대 배경

『개고기 먹는 사람들』의 배경이 되는 1950년대에 필리핀은 미국의 식민 지배 이후 공식적으로는 독립국가가 되었으나, 경제나 문화 등 여러 면에서 대미 의존도가 심각했다. 이숙희는 이 시대를 "탈식민 기간에 진행된 또 다른 식민주의"라고 정의하며, 그 양상의 차이를 다음과 같이 정의한다: "첫째, 그것은 과거의 식민 모국과 피식민국이 이제는 원칙적으로 독립국가 대 독립국가의 외양을 하고 있기 때문에 그 관계 내에서 작용하는 힘의 흐름이 과거의 직접적 식민 통치의 시대에 비해 부드럽게 은폐되어 있다는 것이며, 둘째, 그 힘이 급속도로 발달한 미디어의 흐름을 타고 문화적 국면에서 광범위한 식민화를 조장한다는 사실이다"(이숙희, 2003: 220). 미국의 식민 지배가 끝나고 얼마 되지 않아 필리핀 정권을 장악한 페르디난드와 이멜다 마르코스 부부는 대중문화와 그 파생물을 통해 정권의 입지를 공고히 하고 국민과 세계가 독재 정권의 문제점에 초점을 두는 것을 막았다. 할리우드 스튜디오 시스템과 유사한 구조로 형성된 필리핀의 내국 영화산업은 마르코스 정권의 지원에 힘입어 급속히 성장했다. 『개고기 먹는 사람들』 연극판 말미에 첨부된 연표에서, 하게돈은 마르코스 부부에 대해 다음과 같이 말한다: "세련되고 스타일리시한 마르코스 부부는 그들만의 필리핀 판(版) '카멜롯'과 더불어 JFK와 재키처럼 스스로를 연출했다. 마르코스는 전쟁 영웅이었던 과거를 자랑스럽게 이야기하고, 이멜다는 멋져 보이는데다가 대중 앞에서 노래부르는 것을 좋아한다. 이처럼 매력적인 커플이라니! 이렇게 귀여운 아이들이라니! 모두들 희망에 차 있지만, 여기서부터는 모든 게 내리막길이다……" (Hagedorn, 2003: 120). 미인 대회 수상자였던 이멜다의 미모는 "정치가로서의 [페르디난드 마르코스의] 인기에 많은 영향을 미쳤다"(Hagedorn, 2003: 119). 화려한 이미지와 연출이 대중에게 얼마나 큰 영향력을 발휘하는지를 잘 알고 있었던 마르코스 부부는 대중문화 산물을 적극적으로 활용하여 자신들의 정권을 공고히 했다. 탈리타 에스피리투(Talitha Espiritu)는 마르코스 정권 하에서 필리핀 영화들이 캠페인 도구로 사용되었으며, "마르코스의 캠페인용 자전 영화는 관객을, 그리고 잠정적으로 유권자들을 끌어오기 위해 국내 영화계의 스타 시스템에 의존했다"(Espiritu, 2007: 157)고 밝히고 있다. 이들은 또한 스스로를 영화 속에서 튀어나온 것 같은 이미지로 꾸며 대중 앞에 노출시켰다. “페르디난드가 권력을 잡을 동안, 이멜다라는 스펙터클은 필리핀 관객들을 매료시키고, 국제 언론에 깊은 인상을 남겼으며, 미국 지도자들과 권력자들을 사로잡았다”(Mendible, 2002: para. 1). 특히 이멜다는 스페인 식민지였던 필리핀에 강하게 남아 있는 가톨릭 아이콘의 모습을 모방함과 동시에 미국이 상징하는 부와 풍요를 내재한 존재로 스스로를 연출했다. 엘리슨이 언급했듯이, “이멜다는 먼지투성이 구역에 반짝이는 장식이 달린 터노스(ternos) 차림으로 나타나 불법 점거자, 소다수 상인, 소작농들 모두가 공유하기를 원했던 부와 화려함에 대한 꿈을 시각적으로 강화했다”(Mendible, 2002: para. 2에서 재인용). 이처럼 스페인의 식민지였던 경험에서 비롯된 가톨릭교와 미국의 식민 지배에서 유래한 할리우드 드림을 형상화한 이미지로 스스로를 연출한 이멜다는 페르디난드와의 독재 정권을 20년 가까이 유지하는 데 성공했다. 이는 당시 필리핀 사회가 초국가적인 대중문화와 그로 인해 형성된 이미지들에 얼마나 취약했는지를 단적으로 보여 준다.

영화가 정치적 선전 도구로 사용된 전적이 있는 필리핀을 배경으로 하는 『개고기 먹는 사람들』은 국내 영화와 할리우드 영화, 그리고 여러 다양한 대중문화와 자본주의의 산물이 사람들의 인식에 어떤 악영향을 미치는지를 다루고 있다. 하게돈의 소설에 등장하는 인물들은 거의 대부분이 식민 상태를 인식하지 못하거나, 인식한다고 해도 그것을 행동으로 이어가는 데 한계를 보인다. 데브라 웰린(Debra T. Werrlein)은 『개고기 먹는 사람들』 속 가상현실은 “유아화된 사람들의 나라를 형성해, 소비로부터 비롯된 맥락에서 벗어난 즐거움이 호의적인 동화를 영속화한다”(Werrlein, 2004: 37)고 말한다. 『개고기 먹는 사람들』 속의 인물들은 마치 어린이들이 동화 속 세계에 빠져드는 것처럼 대중문화가 생성하는 이미지를 적극적으로 소비하고, 이러한 유아화(幼兒化, infantalization)는 이들의 독자적인 사고와 정치적인 행동을 불가능하게 만든다. 작중 야당 지도자로 나오는 아빌라 상원 의원은 필리핀이 “배신당하고, 이후 오로지 화려함에 대한 갈망과 할리우드 드림으로 인해 통일된”(Hagedorn, 1990: 101)[1] 나라라고 꼬집어 말한 바 있다. 이러한 '통일'은 작품 속 독재자들인 대통령과 영부인에 의해 적극적으로 추진된다. 대통령은 자신이 필리핀의 국민 라디오 드라마인 『러브레터』의 팬이라고 당당하게 말하고, 영부인과 필리핀 정부는 미인대회와 제1회 마닐라 국제영화제 등 각종 문화 행사를 주최한다. 영부인은 이러한 행사들을 통해 다양한 매체에 엔터테인먼트를 제공하고, 사람들의 시선을 독재에서 분산시킨다. 영부인은 한 외신 기자와의 인터뷰를 통해 아빌라 상원 의원의 비판과 정반대에 서 있는 견해를 내놓는다.

> "영화 없는 삶이 어떻겠어요, 견딜 수 없겠죠, *디 바*? 우리 필리핀 사람들은 말예요, 우리는 견디는 방법을 알기 때문에 영화를 온몸으로 끌어안죠. 영화가 있다면, 모든 게 오케이예요 *랑*"(224).

영부인의 이러한 태도는 독재 정권의 기득권층 아래서 탄압받는 사람들의 태도와 별반 다를 게 없어 보인다. 『개고기 먹는 사람들』의 수많은 인물은 영화관에서 다양한 국내 영화와 할리우드 영화를 보며 그 세계 속에 있는 자신들을 상상한다. 트리니다드와 로미오의 경우, 이들은 각기 자기 마음대로 되지 않는 삶을 살고 있지만 영화관에서 얻은 이미지들에 매달려 삶을 견뎌낸다. 결혼에 전혀 생각이 없는 로미오는 트리니다드가 결혼하자고 졸라댈 때마다 "네스토르 노랄레즈 영화를 보며 연구한" 대사들로 트리니다드의 주의를 돌리고, 로미오와의 결혼이 꿈인 트리니다드는 로미오가 결혼 이야기를 피할 때마다 마치 영화 속에서 남자 배우가 그리했듯 자신에게 결국 로미오가 돌아와 용서를 빌며 청혼할 것이라는 꿈을 갖고 있다. 이처럼 이 둘은 실제 삶에서 기대에 미치지 못하는 점들을 영화 속 이미지에 의존하여 메우고 있다. 극장 속에서 비롯된 여러 인물의 상상은 극장 밖의 세계에서도 그대로 이어지고, 영화 속 세계만큼 필리핀 사회에서 큰 비중을 차지하는 문제점들(문화적 식민주의, 독재로 인한 인권 탄압

1 앞으로 『개고기 먹는 사람들』에서의 인용은 괄호 안에 인용된 쪽수로만 기입한다.

등)은 외면당한다. 무엇보다 필리핀의 영화산업 시스템 자체가 미국의 모델을 모방한 것이고, 독재 정권이 권력을 유지하기 위해 더욱 적극적으로 미국 문화를 수입하고 재생산했던 만큼, 소설 속 인물들이 몰입한 대중문화 산물들이 미국 식민주의의 잔재라고 말하는 것은 과언이 아닐 것이다. 이처럼 소설은 영화 속에 몰입한 이들의 모습을 통해 국가의 경계를 뛰어넘는 문화 자본의 힘이 어떤 영향을 미치는지를 보여 준다. 독재와 식민지의 유산이 결탁하여 만들어낸 이미지의 세계에 몰입하는 과정에서 1950년대의 필리핀이라는 현실의 공간과 등장 인물들 간의 유대는 약해지고, 필리핀에 살고 있는 필리핀 사람임에도 불구하고 이들은 모국의 현실에서 멀어지게 된다.

3. 대중문화의 영향력

소설은 시작부터 영화로 대표되는 대중문화의 세계가 극장 밖의 현실과 얼마나 대조적인지를 보여 준다. 주인공인 리오 곤자가(Rio Gonzaga)와 사촌 푸차(Pucha)는 무더운 필리핀의 실제 여름과 정반대인, 에어컨이 서늘하게 돌아가는 최신 영어 영화 전용 극장에서 영화를 보고 있다. 극장은 미국이라는, 명목상으로는 필리핀 땅에서 철수한 식민 세력이 공고히 필리핀 사회에서 자리하고 있는 공간이다. 이숙희가 밝혔듯이, 리오와 푸차에게는 "미국의 자연 환경 및 라이프 스타일뿐만 아니라 주연 배우들의 외모, 의상, 심지어는 제스처까지가 모두 숭배의 대상이 되는데, 이 속에는 놀랍게도 자신들을 바라보는 식민 모국 여성의 '오만한' 시선도 포함되어 있다"(이숙희, 2003: 223). 이처럼 두 소녀는 영화관에서 할리우드의, 그리고 미국의 것을 숭배의 대상이자 매혹의 근원으로 받아들인다. 이처럼 미국과 직결되는 대중문화의 이미지를 숭배하는 것은 두 소녀뿐 아니라 소설 속에 등장하는 대다수의 인물에게서도 찾아볼 수 있다. 등장 인물들은 할리우드 영화와 필리핀 내수 영화를 보기 위해 자주 극장을 찾고, 그들의 실제 삶이 영화 속 세계와 동일해지기를 바란다. 영화와 같은 대중

문화의 영향력은 성별과 세대를 초월하는 것으로 나타나는데, 열 살인 리오는 자신의 호호백발 할머니가 라디오 드라마에 몰입하는 것처럼 할리우드 영화에 빠져 있다. 리오와 사촌 푸차는 『천국이 허락한 모든 것(*All that Heaven Allows*)』에 출연하는 여배우 글로리아 탈봇을 모방해 캐시미어 스웨터를 어깨에 걸치고 진주 목걸이를 걸며, 영화배우 지망생인 로미오는 비쩍 마르고 금니가 두드러지는 여자 친구 트리니다드와의 잠자리에서도 "그저 눈을 감고 격정적인 사이렌 롤리타 루나가 자신의 몸 아래에서 황홀경에 젖어 있는 것을 상상"한다(53). 필리핀을 점령한 대중문화의 가상 세계에 대한 비판적인 태도를 가지고 있는 유일한 인물인 아빌라 상원 의원 역시 그 영향력에서 완전히 자유롭지 않다. 그는 자신이 가장 아끼는 딸 데이지가 "영부인이 주최하고 정부가 승인한 미인대회"에 참가하는 것을 허락하고 시상식에 딸을 에스코트하기도 한다(101-102). 할리우드 영화는 말할 것도 없고, 필리핀 내수 영화 역시 할리우드의 시스템과 패턴을 그대로 답습한 미국적인 산물이다. 대부분 미국의 것을 모방한 대중문화 행사들은 작중 필리핀 사람들에게 적극적으로 받아들여지고 소비되며, 그 과정에서 이들은 필리핀에 살고 있으면서도 마치 전혀 다른 어딘가에서 살고 있는 듯 모국에서 이산된다.

『개고기 먹는 사람들』에 등장하는 많은 인물 중 영화배우인 롤리타 루나는 영화가 제공하는 화려한 세계에 깊이 빠져 독재나 인권 탄압과 같은 사회적 문제에 대한 인식이 희미해진 대표적인 예다. 소설 속에서 필리핀을 대표하는 육체파 여배우로 묘사되는 롤리타 루나는 영화계의 스타이자, 독재 정권의 핵심 인물인 레데스마 장군의 정부(情婦)다. 그녀는 소설 속 필리핀 사회의 이중적인 측면의 양쪽 모두와 물리적으로 가까운 위치에 있다는 점에서 여타의 인물과 차이를 보인다. 그녀는 독재 정권의 만행에 대해 알고 있고, 마음만 먹는다면 더 잘 알 수 있는 특수한 위치에 있지만 대중문화의 세계에 빠져 현실에서 멀어진 인물로, 대중문화에 몰입해 사회의 이면을 보지 않는 소설 속 필리핀인들의 이산 현상을 분석하는 데 중요한 모델이라고 할 수 있다. 대중문화 상품을 통해 하나의 성적 아이콘으로 존재하게 된 롤리타는 다른 한편으로는 필리핀을 지배하는 권력에 의존해 자신의 생활을 유지한다. 영국인 은행가의 정부였다가 필리핀 독재 정권의 실세인 레데스마 장군의 정부가 된 롤리타는 전자에게서 아들을 얻고 후자에게서 돈과 권력의 비호를 받는다. 권력층과 애정 관계 이상으로 강한 손익 관계로 묶여 있는 롤리타는 필리핀 사회의 문제점에 남들보다 더 가까이 위치해 있지만, 그녀 자신이 식민 지배자들의 직접적인 비호를 받고 있는 만큼 자신이 가까이하는 이들의 문제점에 눈을 감는다.

롤리타의 판단력을 흐리는 다른 이유는 그녀 자신이 필리핀 사람들의 환상의 세계를 형성하는 중요한 대중문화의 아이콘이라는 점이다. 그녀는 필리핀의 대중문화가 만들어내는 이미지의 중심에 서 있고, 실제 자기 자신과 광경(spectacle)으로서의 자신을 분리해서 생각하지 못한다. 롤리타가 대중문화 매체에서 보여 주는 이미지는 그녀 자신마저도 자기 실제 모습에서 이산시킨다.

> 그녀는 재능 있는 배우지만, 그녀 자신은 그걸 알지 못한다. 그녀는 자신의 성공이 두드러지는 성적 매력과 훌륭한 몸매 덕이라고 말하는 이들과 동감한다. 항상 그랬듯이, 그녀의 생각은 제한되어 있다(171).

이처럼 롤리타는 자기 자신이 어떤 가능성을 지니고 있는지를 알지 못한 채, 대중문화 산업이 자신의 몸을 통해 만들어내는 이미지가 곧 자신 그 자체라고 믿고 있다. 이처럼 만들어진 이미지로서의 자신만을 받아들이는 롤리타는 다른 심각한 문제들 역시 이미지로, 이야기로 받아들인다. "항복(Surrender)"이라는 이름의 장(chapter)에서 롤리타가 레데스마 장군의 일에 대해 알고 있음이 드러난다. 필리핀 독재 정권의 실세인 레데스마 장군은 "롤리타를 매료시키는 고문 전문가로서 명성"(97)을 가지고 있다. 장군의 일과 그가 운영하는 수용소는 아빌라 상원 의원과 같은 소수의 사람들로부터 비인간적이라고 공격받지만, 롤리타는 그의 일이 매력적이고 재미있는 이야깃거리라고 생각한다. 마치 어린아이가 자기 전 동화

책을 읽어달라고 보채는 것처럼, 그녀는 고문과 수용소에 대한 구체적인 내용들을 이야기해 달라고 조른다.

> "말해 줘요," 그녀는 마치 어린아이가 자기 전 이야기를 해달라고 조르는 것처럼 빈다. "그들이 말하는 게 진실인가요? 당신 그걸 즐기나요? 당신네 그 캠프에서 다른 무슨 일을 하죠?"
>
> 장군은 그녀의 변태적인 선망에 놀란다. "잘못되었어," 그는 그녀에게 말한다. "절대로 잘못되었어. 왜 그런 끔찍한 질문들을 하는 거지? 롤리타." 그는 그녀에게 경고한다. "당신 조심해야 해. 더 은밀하게끔 노력해야지……" (97).

허구적인 미디어에 의해 형성된 세계의 가장 깊은 한가운데에서 존재하는 인물인 롤리타는 현실을 직시하는 능력이 부족하다. 가상 현실이 제공하는 화려함과 편안함은 그녀가 중독되어 있는 약물보다 더 심각하게 그녀의 판단력을 흩뜨려 놓는다. 그러므로 롤리타는 장군의 수용소에서 행해지는 인권 침해를 심각하게 받아들이지 않고, 실제가 아닌 유흥거리로, 영화나 마찬가지인 허구적인 "이야기"로만 받아들인다. 이러한 롤리타의 태도는 소설 속에서 묘사된 필리핀 사람들이 겪는 이산 현상의 가장 극단적이면서도 대표적인 예다.

롤리타는 마닐라와 필리핀을 떠남으로써 자신의 성을 착취하는 영화의 허구적인 세계를 벗어날 수 있을지도 모른다는 것을 알고 있지만, 떠나는데 실패하게 된다. 그러나 그녀가 떠나고자 하는 곳 역시 식민 모국인 미국이다. 미국이라는 장소 선정의 문제점 외에도, 그녀는 자기 혼자만의 힘으로 마닐라를 벗어나는 데 어려움을 겪는다. 기분 전환이 필요하다면 쇼핑 여행을 다녀오라고 말하는 레데스마 장군에게 롤리타는 다음과 같이 말한다: "이건 휴가가 아니에요. 새로운 삶이라고요. 당신 나보고 항상 변하라고 말하잖아요. 그러니 나 지금 변하고 싶어요. 마닐라에 머무른다면 그럴 수가 없다고요……"(171). 그러나 장군은 롤리타가 미국행 비자를 얻도록 도와주지 않는다. 롤리타는 새로운 나라에서 새로운 삶을 꾸리는 데 필요한 돈을 벌 다른 방법을 알고 있지만, 이는 기존에 자신이 출연했던 영화보다 더욱 심각한 강도로 그녀의 성을 착취하는 영화에 출연하는 것이다. 이숙희는 이에 대해 롤리타는 “전 지구화된 자본주의 체제 아래서 제3세계 여성이 살아남는 전략을 교묘하게 구사”하고 있으며, 그녀의 궁극적 목표인 미국행 비자를 얻기 위해 “때로는 자신의 몸으로 레데스마의 권력을 사기도 하고 포르노 자본을 사기도 하는 것”이라고 정의한다. “이들은 수동적이고 무력한 타자들이 아니라 자신의 지식과 삶, 그리고 전략들을 끌어들이고 구사하면서 지배 담론의 요구와 경쟁하고 교섭해 가는 역사적이고도 능동적인 개체들이다”(이숙희, 2003: 232-233). 그러나 롤리타의 행동은 스크린 속에 보여졌을 그녀의 이미지에 몰입한 이들의 행동과 크게 다르지 않다.

> 그녀는 거울 속 자신의 가무잡잡한 구릿빛 이미지에, 비인간적인 화려함 속에서 그녀의 살이 빛나는 것에 매료된다(178).

이처럼 자신의 몸이 만들어낸 이미지에 설득당해 “늘 그렇듯이, 생각이 제한되어 있는” 롤리타는 거울 속에 비치는 자신의 매력적인 몸에서 눈을 떼지 못한다. 그녀가 자신의 목적을 달성하기 위해 능동적으로 자신의 이미지를 이용한다고 보기에 그녀의 태도는 자신의 몸에 매료된 수많은 이들의 태도와 다를 바 없어 보인다. 이처럼 현실의 자신보다 화장실 조명과 거울이 만들어낸 이미지로서의 자신에 빠진 그녀는 자신이 당면한 현실—문 밖에서 소리치고 있는 살인과 고문, 독재를 일삼는 장군—을 단순화하고 왜곡해 “그저 또 다른 노인 한 명”(178)으로만 인식한다. 이처럼 롤리타는 대중문화의 이미지로 인한 이산 현상을 단적으로 보여 주고 있다.

4. 사회 불안을 숨기는 왜곡된 신문 기사들

『개고기 먹는 사람들』의 내러티브 사이사이에 삽입된 노골적으로 왜곡되어 있는 신문 기사들에서 볼 수 있듯, 슬럼가에 페인트칠을 하듯 문제점을 가리는 행위는 대중문화 외에도 이른바 객관적이고 공정해야 하는 뉴스 미디어에서도 발견할 수 있다. 『일간 메트로 마닐라』의 첫 번째 기사인 "떠다니는 시체들"은 여성 둘과 한 아이의 시신이 강물에 떠내려 온 사건을 다룬다. 도심을 가로지르는 강물을 타고 목 없는 시신 세 구가 뭍에 다다른 사건이니만큼 엄청난 사회적 이슈가 될 수 있지만, 신문 기사는 이 사건이 심각하거나 중요한 일이 아닌 것처럼 묘사한다. 앞서 다른 시신이 강물에 떠내려 온 일들을 언급하면서, 신문 기사는 다음과 같은 문단으로 끝을 맺는다.

> 정부 설문에 의하면, 목이나 사지가 잘린 시신들이 강가에 떠내려 오는 빈도의 증가는 이러한 우려되는 발견 전까지는 호황을 누리는 어시장의 중심 중 하나였던 마쿠핏에서 잡힌 생선에 대한 수요를 감소시켰다. "불행한 일입니다," 리베라 소령은 마쿠핏의 성심성당 앞에서 급히 열린 기자 회견에서 기자들에게 말했다. "주부들이 마쿠핏 강에서 잡힌 생선을 사지 않으려고 합니다. 우리는 이 상황이 일시적인 것이리라고 믿습니다"(46).

이처럼 이 기사는 왜 수많은 시신, 그것도 사회적 약자에 속하는 여성과 청소년의 시신이 사지가 잘린 채로 발견되는지에 대한 어떤 정보도 내놓지 않고 있다. 그저 생선에 대한 수요를 감소시킨 불행한 사건으로 보도하는 이 신문 기사는 필리핀의 언론이 사회적 불안을 어떤 식으로 숨기는지를 보여 준다. 정부가 행한 이 어이없는 설문과 인터뷰를 보면, 마치 정부가 이와 같은 익명의 죽음에 대한 국민의 공포심과, 사망의 배후를 밝혀내지 못하는 무능한 정부에 대한 불신, 그리고 이 죽음을 야기한 원인에 대한 의심 등을 억누르기 위해 보도를 통제한 것으로 보인다. 이 세 건의 죽음을 시간이 지나면 자연스레 해결될 일처럼 보도함으로써, 『일간 메트로 마닐라』는 독자들을 희생자들로부터 멀어지게 하고 이들의 죽음이 영화와 TV 드라마가 만들어내는 신나는 세계에 들어오지 못하도록 차단하는 역할을 한다.

작중 다른 신문 기사들은 마닐라의 인권운동의 중요성을 약화하고 사복경찰과 같은 독재 정권의 음모를 미화시켜 독재 정권을 유지하는 노력을 앞장서 하는 것으로 보인다. "인권운동 논란 끝에 아빌라 체포(Avila Arrested after Human Rights Rally Dispute)"란 제목의 기사는 소설 속 필리핀에서 대중문화 외의 언론 매체들이 사회의 문제점을 어떻게 다루는지를 보여 준다. 소설 속 야당 지도자인 아빌라 상원 의원은 롤리타와 같은 사람들을 매료시켰던 레데스마 장군의 고문 캠프에 반발하는 길거리 시위를 기획하고 이끈다. 이 사건을 보도하는 신문 기사는 시위대의 목적에 대해서는 자세히 설명하지 않는다. 기사에는 "오스왈드 카레온(Oswald Carreon) 중령을 포함한 다수의 걸출한 특수 대대 사관들은 인권 탄압으로 고발당했다"고 언급되어 있지만 구체적으로 어떤 인권이 어떻게 탄압을 받았는지는 언급하지 않고 있다. 이처럼 고의적으로 시위대의 동기를 보도에서 생략함으로써 신문 기사는 시위대의 가상 재판이 단순한 "불법 집회"처럼 보이게 한다. 무엇보다도, 시위대를 이끈 아빌라 상원 의원은 "또 문제를 일으켰다"고 보도된다. 이러한 어투는 마치 아빌라 상원 의원이 무책임하게 항상 문제를 일으키는 인물인 것처럼 보이게 한다. 그와 그의 동료들의 행동은 "증오와 법질서에 대한 무시라는 부정적인 사회 분위기를 조성"(99)한 죄로 고소된다. 이러한 모호한 표현들을 통해 신문 기사는 사회주의 운동과 인권 보호운동이 제기하고 있는 필리핀의 문제점과 그 심각성을 감추려 한다. 경찰과 『일간 메트로 마닐라』는 이 사건을 반란이나 사회 비판이 아닌 단순한 "명예 훼손"으로 치부하는 것 역시 반대 세력의 힘을 무시하려는 정권의 의도에서 비롯되었다고 할 수 있다. 신문 기사는 흔히들 객관적이고 사실을 그대로 전달한다고 믿겨지지만, 『개고기 먹는 사람들』 속 인물들에게는 이러한 왜곡 보도를 일삼는 신문만이 있을 뿐이다. 이러한 허구적인 신문 기사를 통해 하게돈은 작품 속 필리핀에서 볼 수 있는 이미지의 세계가 대중문화를 넘어 이른바 공식적 미디어에까지, 그리고 나아가 작품 속 인물들 전체에까지 그 영향을 미치고 있음을 알린다.

세 번째 『일간 메트로 마닐라』 신문 기사와 마지막으로 등장하는 『셀레브리티 피노이(*Celebrity Pinoy*)』의 기사는 자극적인 보도로 현실의 쟁점을 가려 필리핀인들의 이산 현상을 심화하고 있다. "임무를 가진 남자(Man with a Mission)"는 "인기 있는" 니카시오 V. 레데스마 장군이 반란군 소탕 캠페인을 시작하겠다고 밝힌다. 기사는 장군이 "개인적인 임무"이자 "놀라운 도전"(125)이라고 표현한 말들만 보도하고 있다. 레데스마 장군의 작전은 사복 차림의 군 부대원이 산 속의 농민들에게 접근해 이들이 게릴라 부대를 도운 적이 있음을 실토하게 만드는 유도 심문에 불과하지만, 이 기사는 마치 이 캠페인이 사람들의 "마음과 생각"을 얻고 반란군을 소탕할 수 있는 기발한 생각인 듯 보도하고 있다. 인터뷰 내내 장군은 기자들과 농담을 주고받고 카메라를 향해 미소를 지으며, 그의 "반(反)반란군 캠페인"이 문제점이라곤 없는 "유람(tour)"인 것처럼 행동한다. 이 기사에는 장군의 임무를 기리기 위해 대통령이 주최한 파티와 거기 참석했던 유명 인사들의 이름이 언급되어 있다. 롤리타 루나, 조지 해밀턴, 반 클리번, 그리고 대통령과 영부인 등 자극적이고 유명한 이름들은 독자들의 관심을 장군의 전략이 가진 문제점에서 멀어지게 만든다. 또한 작중 악명 높은 쇼 호스트인 코라 카마초가 쓴 것으로 언급되는 "데이트라인: 마닐라(Dateline: Manila)"라는 제목의 기사는 아빌라 의원이 암살당하고, 그 용의자로 몰린 로미오가 길거리에서 사살당하는 사건 직후에 등장한다. 일련의 충격적이고 의심스러운 죽음 뒤에 등장하는 기사는 롤리타 루나와 신인 여배우의 갈등에 대한 가십거리만을 다루고 있다. 독재 정권의 가장 큰 위협이었던 야당 지도자가 암살당하고 백주에 아무런 증거 없이 민간인이 살해당한 사건과, 인기 여배우와 떠오르는 신인의 말다툼이 기사로 보도되는 일은 작중 필리핀 사회의 양면성을 보여 주는 예다. 또한 이 장들이 나열된 순서를 보면, 마치 앞서 "임무를 가진 남자"의 기사가 긍정적인 표현과 유명 인사들의 이름으로 문제점이 많은 군의 전략을 덮은 것처럼 "데이트라인: 마닐라"가 온갖 화제를 몰고 다니는 여배우의 소소한 말다툼을 보도해 사람들의 시선을 의문점 많은 죽음들로부터 교란시키는 역할을 한다. 이처럼 작품 속에서는 영부인의 미인대회와 영화제뿐 아니라 신문과 잡지 등의 미디어 역시 정권의 치부를 드러낼 수 있는 사건들을 은폐하는 데 동참하고 있다. 이처럼 각종 미디어에서 적극적으로 사회의 한 부분을 가리려고 노력하는 와중에, 사람들은 자신이 살고 있는 사회의 한 부분으로부터 멀어져 이산 현상을 겪는 이민자들과 다름없는 상태가 된다. 다른 점이라면, 이들이 흘러들어온 장소는 다른 나라가 아닌, 이미지로만 가득한 모국 내의 가상현실이라는 것이다.

신문 기사와 소설 속 인물들의 이야기가 중첩되면서 독자는 미디어가 만들어내는 세상이 작중 인물들에게 어떤 영향을 미치는지 알 수 있다. 세 번째 『일간 메트로 마닐라』 기사 바로 뒤에 나오는 장에서 인용되는 로미오 로잘레스의 편지는 허위 보도를 하는 신문 기사의 어법을 그대로 모방한 예다. 로미오는 어머니에게 보내는 편지에서 "임무를 가진 남자"의 신문 기사와 동일한 기법을 사용해 진실을 가리고 좋은 부분은 지나치게 확대하고 있다. 로미오는 편지에서 자신이 쇼 비즈니스에서 제법 잘 나가고 있고, 트리니다드와의 관계 역시 더할 나위 없이 좋다고 자신있게 말한다.

> *한동안 편지 드리지 못해 죄송해요. 하지만 컨트리클럽에서 일하는 게 너무 바빠서요. 제가 운 좋게도 서빙하는 분들을 모셔야 해요. 마닐라 대주교님, 아바드 하원 의원, 그 부인 그리고 아름다운 딸들, 수많은 영화배우들, 이들 중 몇몇은 절 이름으로 불러요. 그리고 물론 왕회장님 알라크란 씨, 알라크란 씨는 항상 친절하세요. 웨이터에서 데스크 업무로 승진할 수도 있다고 넌지시 말씀하셨어요! 하지만 받아들일지는 잘 모르겠어요. 곧 제 친한 친구 티토 알바레즈를 통해 스크린 테스트를 받을 기회를 가질 테니까요……. 트*

리니다드는 좋은 여자, 열심히 일하는 여자예요. 하지만 저희 중 누구도 결혼하는 데는 아직 관심이 없어요. 트리니다드는 U. P.에서 선생님 될 공부를 계속하고 싶어해요……(128).

그러나 독자들이 이미 알고 있듯이 로미오는 TV 탤런트 쇼에서 보기 좋게 탈락했고, 어린 시절 친구이자 현재 영화계의 스타인 티토 알바레즈와의 연줄을 되살리려는 시도 또한 실패로 끝났다. 그러나 편지를 쓰면서 로미오는 이러한 점들을 모두 생략하고, 다른 오디션을 준비하고 있다는 것과 일하고 있는 컨트리클럽에서 승진할 가능성이 있다는 것, 그리고 트리니다드가 학위를 따 선생님이 될 수 있다는 등 매사가 좀 더 긍정적으로 보이게끔 포장하고 있다. 물론 늙으신 어머니가 걱정하지 않게끔 좋은 소식만 골라 전하는 로미오의 심정은 이해가 가나, 그가 택한 어법은 자신을 둘러싼 미디어가 사회의 부정적인 면모를 감추기 위해 사용하는 어법을 그대로 모방한 것이다. 이 편지는 소설 속의 필리핀 사람들이 다양한 미디어가 전달하는 편파적인 정보뿐 아니라, 편파적인 정보를 만드는 어법 역시 체득했음을 보여 준다. 작가는 이처럼 신문 기사라는 공식적인 미디어와 아들이 어머니에게 보내는 편지와 같은 사적인 텍스트를 중첩해 작중 필리핀 사회의 문제점을 부각시킨다.

작가는 주류 사회에서 거리를 유지하는 것이 인물들로 하여금 자신들의 상황을 좀 더 잘 파악할 수 있게 한다고 암시한다. 이들의 이산 현상은 사회가 강제한 것이나 마찬가지다. 그러므로 독재자들과 식민 잔해가 만들어낸 대중문화의 가상현실에서 벗어날 수 있는 방법은 이러한 가상현실을 강제하는 사회에서 벗어나는 것이라고 할 수 있다. 비록 제한적이지만, 작품 속에서 조이 샌즈는 이미지로 가득한 사회에 완전히 통합되지 않은 채로 비판적인 관점을 제시하고 있다. 영부인이 짓는 필름센터에 대한 조이의 코멘트를 보면, 그가 정부 주도적으로 형성되는 가상현실에 대해 비판적인 것을 알 수 있다. 제1회 마닐라 국제영화제를 개최하기 위해 영부인은 도시와 슬럼가에 새로 페인트칠을 하고, 창문을 꽃으로 단장하고, 길거리를 깨끗하게 청소하도록 지시한다. 조이는 이 변신에 대해 이렇게 말한다.

> 웃기는 건, 이 모든 게 가짜처럼 보인다는 거다. 아무도 가 보려고 하지도 않을 슬럼가에 페인트칠한 풍경이라니—하지만 뭐 어떤가, 우리 모두 다 신나게 놀게 되었으니 그만이지(130).

비록 그는 "가짜"를 간파하는 능력을 더 이상 발전시키지는 않으나, 최소한 슬럼가라는 세계 안에 가상현실 공간을 구성하는 것의 문제점을 인식하고 있다. 이는 그 자신이 미국인과 필리핀인 사이에서 태어난 혼혈이며 미국과 필리핀 어느 쪽에도 완전히 소속되지 않은 변방의 인물인데다, 필리핀 주류 사회가 아닌, "아무도 가 보려고 하지도 않을 슬럼가"에서 생활하기 때문일 것이다. 물리적으로 어느 정도 필리핀의 일부분을 이루는 이미지의 사회에서 떨어져 있는 조이는 제한적이지만 어느 정도 문제 의식을 갖고 있다. 물리적인 거리두기보다 더 중요한 것은 이미지의 사회를 비판적으로 보는 관점을 기르는 것이다. 작가는 이를 『일간 메트로 마닐라』의 기사들을 통해 독자들에게 해결책으로 제시하고 있다.

5. 작가가 제안하는 비판적 읽기

비록 소설 속 인물들 중 누구도 대중문화의 이미지로 인한 이산 현상에 대한 뚜렷한 대안을 제시하지 않지만, 『개고기 먹는 사람들』의 독자들은 내러티브 사이사이에 삽입된, 노골적으로 왜곡되어 있는 신문 기사들을 읽으며 비판적인 사고를 할 수 있다. 신문 기사의 개입은 독자들을 내러티브와 작중 캐릭터들의 생각으로부터 멀어지게 해 캐릭터들이 당면한 문제점을 좀 더 객관적으로 볼 수 있게 한다. 많은 경우 1인칭 시점에서 전개되는 다른 에피소드들과 달리, 신문 기사들은 객관적인 듯한 3인칭 시점에서 보도된다. 갑작스러운 화자의 변화는 독자들의 몰입을 깨뜨리고, 소설 속의 세계에 너무 깊게 빠지지 않게끔 한다. 첫 번째 신문 기사인 "떠다니는 시체들"을 보면, 이 기사는 리오가 미국 영화배우 리타 헤이워스(Rita Hayworth)를 닮은 자기 어머니가 미모를 유지하기 위해 들이는 온갖 노력을 이야기하는 장과 조이 샌즈가 물에 빠져 죽은 자기 어머니에 대해 남들이 하는 이야기를 되뇌는 장에 이어 등장한다. 이후에는 3인칭 관점에서 서술되는 트리니다드와 로미오의 이야기인 "세레나데"가 나온다. 이름 모를 3인칭의 기자가 쓴 『일간 메트로 마닐라』의 기사는 각기 다른 화자들에 의해 작품 속 인물들에 대한 이야기가 진행되는 다른 장들과 동떨어져 있다. 이러한 노골적인 허구의 장치는 독자들에게 소설 속에 등장하는 다른 모든 내러티브들 역시 허구이며, 작중 인물들이 심취해 있는 대중문화의 이미지들 역시 허구이자 경계의 대상임을 암시하는 듯하다. 이는 독자들이 소설에서 보여 주는 사회상과 인물들의 생각에서 비판적 거리를 유지할 수 있게끔 함으로써 독자들이 소설에서 영화 속에 빠진 인물들과 같은 오류를 범하는 것을 경계한다. 비록 롤리타나 로미오와 같은 소설 속 인물들은 사회 전반에 걸쳐 형성되어 있는 왜곡된 이미지의 세계를 내재화해 비판적 사고를 하는 데 어려움을 겪지만, 중첩된 내러티브를 통해 독자와 소설 속 세계와의 거리를 둔 작가는 독자들이 책 속의 세계와 비판적 거리를 둘 것을 주문하고 있다. 『일간 메트로 마닐라』의 기사들은 누가 봐도 문제점이 빤히 보이는 편파적인 보도를 통해 독자들의 비판적 읽기를 유도한다. 목 없는 시신이 떠내려 오는 상황에서 물고기 판매량이 줄어드는 것을 걱정하는 신문 기사나, 사복 군부대의 산골 침투를 "놀라운 임무"라고 보도하는 기사들은 어느 정도 주의 깊은 독자라면 누구나 말이 되지 않는다고 생각할 법하다. 소설 속 필리핀의 상황을 고려한다면, 이러한 비논리성에 숨어 있는 현실 왜곡의 의도는 더욱 명확해진다. 하게돈이 이러한 신문 기사를 읽는 독자들에게 기대한 반응이 무엇이었을지는 소설 서두의 "작가의 말"에서 짐작할 수 있다. 서문에서부터 이 신문 기사들이 허위임을 분명히 밝힌 하게돈은 이 허황된 기사들을 언제든지 비판이 가능한 픽션으로 독자들에게 제시한다.

> 이 책은 허구다. 인물, 사건, 대화들은 작가의 상상력의 산물이며 현실로 이해되어서는 안 된다…… 신문들에서 인용된 것으로 제시된 자료들은 허구이며, 『일간 메트로 마닐라』 역시 마찬가지다("작가의 말").

소설임에도 불구하고 그 내용이 허구임을 굳이 강조하는 작가는 독자에게 픽션을 읽을 때 취할 수 있는 비판적 시선을 작품을 읽는 내내 유지할 것을 주문한다. 다양한 화자를 통해 전달되는 이야기들을 중첩된 구성과, 1인칭 화자 사이에서 어울리지 않는 듯 배치되어 있는 3인칭의 신문 기사들은 지속적으로 독자의 몰입을 방해한다. 그러나 작가는 객관적인 듯한 목소리로 보도되는 신문 기사들이 이미 다른 모든 내용과 같이 허구임을 밝힌 바 있다. 중첩된 내러티브와 작중 누구도 아닌 화자의 목소리를 통해 독자들이 소설 속 세계에서 멀어지게끔 한 작가는 소설 속 이미지와 스펙터클로 가득 찬 세계가 숨기고 있는 것이 무엇인지, 그 행간을 읽게끔 유도한다. 이를 통해 마련된 비판적 거리는 독자들이 새로운 시각으로 신문 기사들의 행간을 읽게끔 유도한다. 『일간 메트로 마닐라』의 기사들은 이러한 행간 읽기의 장으로, 노골적으로 편파적인 보도는 자연스레 독자들이 좀 더 신중한 반응을 보이기를 요구한다. 하게돈은 이러한 비판적 읽기를 통해 작품 속 세계의 문제점을, 대중문화와 공식 미디어를 통한 모국 내의 이산 현상을 고발하고 이로부터 벗어나기 위한 대안을 제시한다.

『개고기 먹는 사람들』에서 하게돈은 극장 밖에서까지 지속되는 대중문화의 이미지들로 인해 필리핀 사회의 다른 모습을 보지 못하거나 보려 하지 않는 인물들을 통해 이산 현상의 다른 면을 조명하고 있다. 비록 작중 필리핀에서는 수많은 반인권·반민주적 행위가 정부에 의해 행해지고 있지만, 사람들은 유명인들에 대한 소문, 외모를 가꾸는 것, 그리고 할리우드와 자국 영화에 빠져 있다. 필리핀 사람들이 빠져 사는 대중문화의 이미지의 세계와, 거기에 가려 있지만 엄연히 존재하는 정치적 불안함이나 독재 등의 문제는 상반되어 있는 것 같지만, 로미오가 아빌라 상원 의원의 암살자로 몰려 죽는 것을 보면 알 수 있듯이 서로 밀접하게 연결되어 있다. 비록 영부인은 "영화만 있으면, 모든 것이 오케이예요 *랑*"이라고 말했지만, 작중 인물들이 영화 등의 대중 매체가 만들어낸 세계에 몰입해 사회의 다른 면을 무시하는 것을 보면 영화가 있기 때문에 모든 것이 문제투성이라고 할 수 있을 정도다. 필리핀 사회를 형성하고 사람들의 인식에 영향을 미치는 수많은 픽션에 더해, 하게돈은 제대로 된 신문이라면 응당 가져야 할 기능을 전혀 갖추지 못한 허위의 신문을 만들어냈다. 이를 통해 작가는 작품 속 필리핀 사회의 이산 현상은 비단 대중문화에서만 비롯된 것이 아니고, 정부와 공식 미디어 역시 사람들을 이산시키는 이미지의 세계를 형성하는 데 일조하고 있음을 비판한다. 『개고기 먹는 사람들』의 신문 기사들은 소설 속 인물들이 당면한 문제점에 대한 비판적인 시각을 갈고 닦을 수 있는 장으로 활용되고 있다. 노골적으로 왜곡되어 있는 기사들과 작중 인물들이 가상현실 속에서 살아가고 있는 모습이 중첩되면서 독자들에게 필리핀 사회에서 이미지의 세계로 인한 이산 현상이 초래하는 문제점들은 더욱 명확해진다. 1인칭 내러티브의 흐름을 방해하는 3인칭 신문 기사들의 개입은 독자들을 인물들의 관점과 사고에서 멀어지게 해 작품 속 상황을 좀 더 객관적이고 비판적인 시각으로 볼 수 있게 한다. 필리핀 사회뿐 아니라 전 세계적으로 팽배해 있는 대중문화의 이미지와 그 유혹은 사람들의 시선을 사로잡아 자신이 살고 있는 사회의 다른 문제점들을 외면하게 만들기 쉽다. 이에 대한 구체적인 대안을 찾는 것이 쉬운 일은 아니겠으나, 하게돈이 『개고기 먹는 사람들』의 독자들에게 제시하는 것처럼 이미지와의 거리를 유지하고 비판적인 사고를 수행하는 것이 그 첫걸음이 될 수 있을 것이다.

제2부

이민자의 주체 형성과 초국가적 상상력

초국가적 의식과 여성 공간
-치트라 배너지 디바카루니의 『향료의 여사제』* -

이승은

1. 초국가주의와 인도계 미국 이민/이주 문학

후기 자본주의 시대에 경계선 없는 단일 경제를 추구하는 세계화로 인해 자본, 노동, 지식, 상품, 기술, 문화 등이 전례없이 빠른 속도로 국가 경계선을 넘나들고 이와 더불어 대규모의 인구가 국가 경계선을 가로질러 이동하는 21세기의 변화를 설명하기 위해 새롭게 부각되어 온 개념이 초국가주의(transnationalism)다. 그동안 초국가주의에 대한 논의가 활발하게 진행되어 왔음에도 불구하고 초국가주의가 무엇인가에 대한 명확하고 단일한 정의를 내리기 어렵다. 이것은 초국가적 현상에 대한 연구가 세계화로 인해 생긴 이주에 대한 사회과학적 연구 형태 혹은 아리프 더릭(Arif Dirlik)의 저서처럼 초국가적 자본주의에 대한 비판 담론의 형태로 나타나거나, 아르준 아파두라이(Arjun Appadurai)의 『고삐 풀린 근대성(*Modernity at Large*)』처럼 세계화의 영향을 받아 문화 영역에서 발생하는 문화적 혼종성에 대한 연구 등 다양한 방향으로 진행(Chuh, 2003:

* 이 글은 『영미문학교육』 제14집 1호(2010)에 게재된 논문을 수정 · 보완한 것임.

164)되어 왔기 때문이다. 또한 초국가주의는 세계화 개념과 혼용되는 경우가 있어서, 가령 자본, 노동, 상품 등이 국가 경계선을 넘어 움직이는 현상이나 이러한 현상을 뒷받침하는 국제통화기금(International Monetary Fund: IMF), 세계은행(World Bank)과 같은 국제기관들, 초국가적 연대를 강조하는 인권운동이나 환경운동, 페미니즘운동, 이민자들이 형성하는 초국가적인 정치운동들, 또는 할리우드 영화, MTV, CNN, 인터넷 등을 통해 전 세계에 유통되는 문화상품들을 묘사할 때 초국가주의와 세계화가 거의 구별 없이 사용되고 있다.

그럼에도 불구하고 초국가주의와 세계화의 차이점을 구분하려는 시도가 있어 왔다. 프랑수아 리오넷(Françoise Lionnet)과 슈메이 쉬(Shu-mei Shih)에 따르면, 세계화의 논리가 자유시장 논리와 민주주의 가치라는 서구 중심적 가치를 보편적인 규범으로 상정하고 다른 국가 혹은 민족의 문화를 판단함으로써 자신의 규범과 다른 특정한 문화 사이에 위계 질서를 생산하는 반면에, 초국가주의 담론은 지배적 가치나 중심을 설정하지 않고 여러 문화의 교환과 참여가 이뤄지도록 한다(Lionnet and Shih, 2005: 5). 또한 세계화 담론이 국가의 경계선과 국가 권력의 역할이 약화되고 있음을 강조하는 것과 다르게, 초국가주의 담론은 국가의 기능과 국가 경계선의 문제를 쉽사리 무시할 수 없음에 주목한다. 니나 글릭 쉴러(Nina Glick Schiller)는 국가의 경계선을 넘나드는 현상의 조건들을 결정하고 틀짓는 데 여전히 국민국가(nation-state)가 지속적인 힘으로 작용한다고 지적한다(Jackson, 2004: 5 재인용). 이런 점에서 일부 학자들은 초국가주의 담론을 이민 주체들의 삶을 조명하는 적합한 패러다임으로 간주한다. 리오넷과 쉬는 문화의 "맥도날드화", 경악할 만한 빈부 격차 등 서구 자본주의의 헤게모니 확장이 가져온 부정적 결과에 주목하면서 그 결과로 고통받는 소수민족과 이산인들의 입장에서 생각하는 초국가주의의 중요성을 강조하며(Lionnet and Shih, 2005: 6), 캔디스 추(Kandice Chuh) 역시 초국가주의 담론이 특정 지역에 기반을 둔 대안이나 저항적인 사회적 실천들을 고찰하기 위한 비판적 패러다임을 제공한다고 주장한다

(Chuh, 2003: 166). 더욱이 세계화가 국민국가의 종말 혹은 탈영토화된 국민국가를 가져올 것이라는 주장에도 불구하고, 실제로 각 국가들이 자본과 이주자들의 유입과 유출에 대해 여전히 강력한 통제력을 행사하고 있음을 고려할 때, 국가 경계선의 건재함을 인식하는 초국가주의 담론의 유용성이 더욱 분명해진다. 가령 신자유주의 세계화 담론의 중심에 서 있는 미국의 경우 특정한 비백인 집단의 유입을 엄격하게 통제하면서 국가 경계선을 강화해 왔다.[1] 이런 의미에서 초국가주의 담론은 미국 영토 내에 거주하면서도 이방인 내지 외국인으로 살아가는 미국 이민 주체들의 삶을 조명하고 이를 통해 미국이라는 국가를 비판적으로 바라볼 수 있는 유용한 패러다임을 제공한다. 미국 문학 분야 중에서 초국가적 시각이 적극적으로 적용되는 분야는 미국으로의 이주와 이민 경험을 풍부하게 다룬 아시아계 미국 문학이다. 가령 리사 로우(Lisa Lowe)의 『이민법(*Immigrant Acts*)』(1996)과 데이비드 팔럼보-뤼(David Palumbo-Liu)의 『아시안/아메리칸: 인종적 프론티어의 역사적 경계넘기(*Asian/American: Historical Crossings of a Racial Frontier*)』(1999)는 그동안 아시아계 미국 문화를 읽는 틀로 이용되어 온 동화(同化, assimilation) 개념이 아시아계 이주/이민 주체들의 현실을 적절하게 드러내지 못한다고 지적하면서 초국가주의 개념의 유용성을 언급하며, 캔디스 추의 『다르게 상상하기(*Imagine Otherwise*)』(2003)와 인더팔 그루얼(Inderpal Grewal)의 『초국가적 아메리카(*Transnational America*)』(2005)는 초국가주의의 틀로 아시아계 미국 문학을 접근하는 대표적인 연구서다.

이 글에서는 영국의 식민 통치를 경험했고 독립 이후에 영국이나 미국으로 대규모로 이주했던 인도가 초국가성에 대한 논의에서 간과될 수 없

1 2000년 9·11 사태를 겪은 후 미국 정부는 2001년 9월 이민자의 수를 제한하고 특히 남아시아, 중동, 아프리카 출신의 이민자들에 대한 새로운 형식의 감시 체제를 도입했을 뿐 아니라, 취업 비자(H-IB)의 발급을 제한해서 연간 발급 숫자가 2001년 195,000건에서 2003년 10월 65,000건으로 현저하게 감소했으며, 미국에 들어오는 난민의 수 역시 2001년에서 2003년 사이에 60% 감소했다(Grewal, 2005: 14).

는 지역이라는 점에 주목하여, 최근 아시아계 미국 문학 분야에서 중요한 위치를 차지하고 있는 남아시아계, 특히 인도계 미국 이민소설을 다루고자 한다. 인도, 파키스탄, 방글라데시, 네팔, 스리랑카, 부탄 등의 여러 국가에서 온 남아시아계 미국 이민자 중에서도 특히 인도인들은 2000년 미국 인구조사에서 아시아계 이주민 범주에서 세 번째로 큰 집단으로 부상했고 미국 사회에서 가시적인 성과를 거두고 있다(Schlote, 2006: 388). 최근 미국 문단에서 부각되어 온 인도계 미국 작가로는 바라티 무커지(Bharati Mukerjee), 아미타브 고쉬(Amitav Gosh), 미나 알렉산더(Meena Alexander), 비트램 세스(Vitram Seth), 치트라 배너지 디바카루니(Chitra Banergee Divakaruni), 줌파 라히리(Zhumpa Lahiri) 등이 있다.[2] 그러나 최근까지 비평적 관심은 주로 바라티 무커지의 작품에 제한되어 왔는데, 아시아계 미국 문학에 대한 고전적인 비평서로 평가받는 사우링 신시아 옹(Sau-ling Cynthia Wong)의 『아시아계 미국 문학 읽기(*Reading Asian American Literature*)』(1993)는 인도계 미국 문학이라는 제목으로 무커지의 소설 『재스민(*Jasmine*)』(1989)만을 논의하며, 십년이 지난 후 로버트 리(A. Robert Lee) 역시 『다문화적 미국 문학(*Multicultural American Literature*)』(2003)에서 『재스민』만 다루고 있다(Schlote, 2006: 390 재인용). 그러나 모국 인도를 억압적인 전통과 폐습의 상징으로 설정하고 인도에서 미국으로의 이주를 전통이 주는 억압

2 남아시아계 미국 작가들 중에서 일찍이 주류 평단에서 인정받은 예로는 바라티 무커지의 단편집 『중매인 외 단편들(*The Middleman and Other Stories*)』(1988)이 전미도서비평가상을 수상했고, 소흐라브 호미 프라시스(Sohrab Homi Fracis)의 단편집 『민토로 가는 표: 인도와 미국의 이야기들(*Ticket to Minto: Stories of India and America*)』(2001)은 2001년도 아이오와 단편소설상을 수상했다. 아킬 샤르마(Akhil Sharmar)의 소설 『순종적인 아버지(*An Obedient Father*)』(2000)는 같은 해 헤밍웨이재단상과 펜상을 수상했고, 줌파 라히리의 단편집 『질병 통역가(*The Interpreter of Maladies*)』(1999)는 2000년도 퓰리처상을 수상했으며, 디바카루니의 단편집 『중매결혼(*Arranged Marriage*)』(1995)은 펜 오클랜드 조세핀 마일즈상과 전미도서상을 받았다(Srikanth, 2004: 8-9).

과 갈등에서 벗어나 자유와 개체성을 획득하는 희망의 과정으로 묘사하며 미국적 삶과 가치에 동화하려고 애쓰는 주인공의 여정을 찬양한다는 점에서 무커지의 작품이 인도계 미국 작가들의 대표적인 글로 제시되는 것은 문제점을 안고 있다. 사실 『재스민』이 남아시아계 미국 작품들 중에서 가장 널리 읽히고 호의적인 평가를 받을 수 있었던 것은 동화주의라는 미국의 지배 담론을 되풀이하기 때문이라는 비판이 있어 왔다(Grewal, 2005: 74). 다행히 최근 들어 서구 주류의 시각에 치우치지 않고 아시아계 미국 여성 문제에 초점을 두는 출판물이 증가하면서[3] 남아시아계, 인도계 미국 이민 여성들의 현실에 대한 좀 더 객관적인 조명이 가능해졌다.

이 글에서는 인도계 미국 여성 작가 중에서 비평가들의 주목을 받아온 치트라 배너지 디바카루니의 작품으로, 미국의 주요 신문과 잡지에 서평이 실렸고 샌프란시스코 지역에서 베스트셀러 목록에 선정되기도 했던 (Grewal, 2005: 76) 장편 『향료의 여사제(*The Mistress of Spices*)』(1997)를 초국가주의 틀로 읽어내려 한다. 인도 캘커타에서 출생하여 청년기를 보낸 후 버클리대학에서 르네상스 문학으로 박사학위를 취득하고 미국에 정착한(Farmanfarmaian, 2001: 46) 디바카루니는 단편집 『중매결혼』을 통해 모국의 전통적 가치들과 씨름하면서 자아를 찾아가는 인도 여성 혹은 인도계 미국 이주 여성의 문제를 다루고 있다. 향료의 마법적인 치유력을 소재로 미국에 이주한 인도인들의 삶을 조명하는 『향료의 여사제』는 인도의 전통 사회와 미국이라는 두 공간을 넘나드는 이주민들의 삶을 통해, 또 미국의 인종화가 이주민들에게 미치는 파괴적 힘들을 통해 미국의 건재한 국가적 힘을 드러낸다는 점에서 초국가적 담론으로 접근해 볼 수 있는 텍스트다. 먼저 인도인들의 미국 이주 동기와 미국의 인종화가 미치는 영향을 통해 미국의 초국가성을 고찰하고, 인도계 이주민 특히 이

3 대표적인 선집으로 남아시아계 미국 여성이 직면하는 섹슈얼리티, 가정 폭력, 여성 노동의 문제들을 다룬 『패치워크 숄: 미국 남아시아계 여성들의 연대기(*A Patchwork Shawl: Chronicles of South Asian Women in America*)』와 『우리의 발이 하늘을 걷는다(*Our Feet Walk the Sky*)』 등이 있다(Schlote, 2006: 390).

주 여성들이 소외와 차별을 극복하는 과정을 통해 작가가 어떻게 초국가적 의식과 초국가적 여성 공간을 하나의 저항 전략으로 제시하는가 살펴볼 것이다. 그리고 이를 통해 초국가주의 시각으로 작게는 미국 이민소설, 크게는 미국 소설을 읽어내는 작업이 갖는 궁극적 의미를 생각해 보고자 한다.

2. 초국가로서의 미국

『향료의 여사제』는 환상과 현실, 실제와 비실제의 세계가 뒤섞여 있는 신비주의적이고 이국적인 분위기의 소설이다. 주인공 틸로는 인도 민속신앙이 전하는 대로 얼굴에 막을 뒤집어쓰고 태어나서 사람들의 마음을 읽고 미래를 예견하는 능력을 갖고 있다. 틸로가 그녀의 투시 능력을 전해들은 해적에게 잡혔다가 태풍을 만나 해적선이 침몰하지만 바다뱀들에게 구출되어 향료의 섬(the island of spices)에 도착한 뒤 그곳에서 향료의 힘에 대한 교육을 받고 향료의 여사제가 되어 미국 오클랜드의 가게에 노파의 모습으로 새롭게 태어난다는 플롯은 다분히 비현실적이고 신비주의적이다. 손에서 천둥을 내보내고 향료에서 힘을 불러내는 "첫째 어머니(First Mother)"가 지배하는 향료의 섬도 마법에 걸린 섬과 같으며, 틸로가 향료를 이용해서 사람들의 고통과 갈등을 치유한다는 설정 자체도 이국적이다.

디바카루니는 한 인터뷰에서 왜 작품에 신비주의적 요소를 도입했는가라는 질문에 대해 "삶과 죽음, 일상과 신화의 경계뿐 아니라 우리가 우리의 삶 속에서 만들어낸, 커뮤니티와 사람들을 갈라놓는 경계선을 없애고 싶었다"(Vega-Gonzales, 2003: 2 재인용)고 말한 바 있다. 즉 현실과 환상의 경계를 허물고 뒤섞어 놓음으로써 작가는 미국 사회의 갈등을 야기하는 인종, 성, 계급 등의 경계 허물기를 시도한다. 안은 젊은 여성이지만 겉은 늙은 여자의 모습으로 다시 태어나는 틸로는 젊음/늙음, 인간 세계/상상 세계, 삶/죽음의 대립되는 것들의 경계가 허물어지면서 하나로 합쳐진 상태를 상징한다(Vega-Gonzales, 2003: 3). "가게는 이곳에 일 년밖에 있지 않았다. 하지만 이미 많은 사람이 이 가게를 보고 항상 존재했다고 생각한다"(Divakaruni, 1997: 4)[4]는 틸로의 언급에서 드러나듯, 현재와 과거를 넘나드는 소설의 시간 차원도 직선적인 서구의 시간 의식이 아니라 과거, 현재, 미래의 경계가 무너져 공존하는 순환적인 힌두교 시간 의식을 반영한다. 여기서 작가가 비현실적인 공간 옆에 미국 캘리포니아의 도시 오클랜드라는 실제 공간을 병치시키고 신비롭고 환상적인 이야기 옆에 오클랜드에서 힘겹게 살고 있는 이민자들의 실제 삶을 나란히 놓고 있음에 주목할 필요가 있다. 틸로가 운영하는 인도 잡화점 스파이스 바자(Spice Bazaar)가 일 년 전의 화재로 그을린 호텔과 중국인이 운영하는 수선점 사이에 위치하고 있는 데에서 드러나듯이, 이곳은 "갖지 못한 것에 대한 분노로 몸이 굳어 있고, 머리 안에서는 원하지만 갖고 있지 못한 것을 소리치면서 밤거리를 어슬렁거리는 소년들이 들어오지 못하도록"(62) 가게 문을 단속해야 하는, 미국 사회의 주변부에 속한 하층 이주민들의 거주 구역이다. 틸로가 오클랜드의 이 지역을 선택한 목적은 주변화된 이주민의 고통을 덜어 주고 그들에게 희망을 주기 위한 것으로, 자신을 "이민자의 꿈을 건축하는 사람"(28)으로 명명한다.

이처럼 현실과 환상의 경계가 불분명한 소설의 공간에서 이민 공동체의 삶이라는 현실적인 문제를 다루는 디바카루니의 서사에 대해 기타 라잔(Gita Rajan)은 환상적인 요소와 일상적인 사건들, 실제와 비실제를 한데 묶어서 정치적인 불평등과 불의에 주의를 기울이는 마술적 리얼리즘의 요소를 성취한다(Rajan, 2002: 216-217)고 논평한다. 물론 『향료의 여사제』는 마술적 리얼리즘의 시각에서 충분히 접근할 수 있는 작품이지만, 여기서 묘사되는 인도인의 미국 이주 동기, 미국의 영토 안으로 들어온 후 이주민들이 겪는 삶과 국가의 관계에 주목할 경우, 국경선을 가로질러 발휘되는 국가의 강력한 힘을 증거하는 초국가적 텍스트로 읽혀질 수 있다. 국

4 앞으로 『향료의 여사제』에서의 인용은 괄호 안에 인용된 쪽수만 기입한다.

민국가 미국의 강력한 힘은 국내 노동시장의 요구로 값싼 이주 노동력을 받아들인 후 다시 자국의 이해 관계에 따라 국경을 강화해 이민을 제한하는 이민법과 이민 정책을 통해 드러난다. 리사 로우에 따르면, 아시아계 이민자들이 역사적·경제적으로 미국을 건립하고 유지하는 데 절대적으로 중요한 역할을 담당해 왔음에도 불구하고 미국은 아시아인을 문화적·인종적 타자로 정의하는 오리엔탈리즘 담론에 근거해 다양한 이민배제법과 귀화법, 시민권의 제한 조치들을 통해 아시아인을 주변화시켜 왔다.[5] 인도인의 미국 이주는 19세기 후반 수산업과 농업의 발달로 값싼 노동력에 대한 미국의 수요가 커지면서 당시 가뭄과 기근으로 고통받던 인도 펀잡 농장 지대의 시크교 남성 노동자들이 일자리를 찾아 미국으로 이주함으로써 시작되었다(Shukla, 2003: 33). 그러나 1904년에서 1924년 사이 미국과 캐나다의 태평양 연안에 이주 노동자로 정착한 시크교 남자 농부들의 경우, 이들의 저렴한 노동력만을 필요로 했던 미국 정부는 이 하층 이주자들이 미국에 정착하지 못하고 다시 모국으로 돌아가도록 이민 제한을 두어 아내를 데려올 수 없게 만들었다. 디바카루니의 시집 『유바 시를 떠나면서(*Leaving Yuba City*)』(1997)에 수록된 여러 편의 시는 인도에 남아서 몇십 년을 기다려야 했던 시크교 이민 남성의 아내들을 묘사하거나, 이민제한법으로 고향에서 신부를 데려올 수 없게 되자 멕시코계 미국 여성과 결혼할 수밖에 없는 이주 남성 노동자들의 고통을 포착한다(Katrak, 1997: 194 재인용). 또한 교육받지 못한 하층 이주민들의 증가를 원치 않았던 미국은 1924년부터 출신 국가의 이민자 수를 할당하는 이민법에 따라 비유럽인의 이주를 제한했다가, 1965년 새로운 이민법이 시행되고 저렴한 IT 노동력에 대한 미국 자본의 요구가 커지면서 영국 식민

5 미국 정부는 자국의 이해 관계에 따라 아시아인 이민의 허용과 규제를 반복해 왔다. 1882년의 중국인 이민 금지, 1917년 인도인 이민 금지, 1924년 일본인과 한국인 이민 금지, 1934년 필리핀인 이민 금지를 시행했고, 1943년과 52년 사이에 아시아인 배제 폐지(Asian Exclusion Repeal) 법안이 통과되면서 비로소 아시아 이민 남성에게 시민권이 허용되었다(Lowe, 1996: 6-7).

지 교육을 받아 기술과 유창한 영어 구사력을 갖춘 엘리트 계층(Katrak, 1997: 194), 즉 인도의 중상류층 전문직 종사자에게 다시 이주의 문을 개방했다.[6] 현재 미국에서 활동하고 있는 남아시아계 미국 작가 대부분이 이 계층에 속하며, '모범적인 소수민족(model minority)'으로서 인도계 미국인의 공적인 이미지 역시 바로 1960년대와 70년대에 이주한 교육받은 도시 인도 이민자들에 근거한 것이다.

경계를 넘나드는 미국의 강력한 국가적 개입은 자본과 기술, 정보와 더불어 전파된 미국 문화의 강력한 영향을 통해 미국 이주에 대한 인도인들의 욕망을 부추긴다는 점에서도 드러난다. 데이비드 팔럼보-뤼(David Palumbo-Liu)가 지적하듯, 미국에서 아시아 태평양 지역은 자국의 산업화에 필수적인 값싼 노동력과 원자재를 확보하면서 동시에 이를 바탕으로 생산한 상품과 자본의 과잉 축적을 해소할 수 있는 소비 시장의 역할을 담당했다(Palumbo-Liu, 1999: 17-19). 이런 연유로 지금까지 미국의 아시아 지역으로의 진출은 제국주의적 확장의 일환으로 간주되어 왔지만, 동시에 이 과정은 국가 경계선을 넘어 미국의 강력한 자본과 문화가 이동하는 초국가적 과정으로 이해될 수 있다. 1980년대부터 미국을 중심으로 한 외국 자본의 투자와 다국적 기업의 진출을 허용하고 개방된 시장정책을 펴는 인도 경제의 자유주의화가 가속화되면서 인도 사회에 확산된 미국 소비문화는 새로운 '초국가적 소비 주체'들을 양산했다. 미국의 자본, 정보, 기술과 더불어 급속하게 전파된 광고, 할리우드 영화, 케이블 TV의 영향으로 인도인은 미국 사회가 풍부한 소비와 민주적 시민권, 일자리를 제공해 줄 것이라는 '아메리칸 드림(American dream)'에 빠져 미국으로의 이민을 동경하게 되었다(Grewal, 2005: 4). 국경선을 넘나드는 미국 자본과 문화의 가공할 만한 위력은 인도에 세워진 미국 기업의 해외 콜센터

6 1965년 이후 첫 십 년 동안 의사, 엔지니어, 전문직 과학자들의 미국 이민은 인도 정부로 하여금 인도의 경제 성장에 필요한 두뇌가 유출되는 현상을 걱정하게 만들 정도로 그 규모가 상당했다(Shukla, 2003: 57).

에서 근무하는 인도 직원들이 '미국 영어' 악센트를 사용하도록 훈련받고 미국의 대중문화와 스포츠에 친숙해지도록 노력하는 등 인도에 거주하면서도 '미국인으로서의 삶'을 살아가는 현상(Srikanth, 2004: 32)을 통해 잘 드러난다.

디바카루니는 『향료의 여사제』에서 미국인으로서의 삶을 열망하는 인도 소녀의 심정을 통해 인도인들에게 무차별적으로 가해지는 미국 문화의 영향력을 포착한다.

> 앞뜰에 꽃이 피어 있고 창가에 빨래가 널려 있지 않은, 두 사람이 한 침대에서 자지 않아도 될 만큼 방이 충분히 있고, 뜨거운 물이 나오고 오래오래 사용할 수 있을 만큼 욕실이 충분한 커다란 이층집, 금빛 휠캡이 있고 고양이 털 같은 흰색 시트가 깔린 번쩍이는 새 차가 갖고 싶어……. 그리고 나는, 나는 많은 바비 인형, 나이트가운을 입은 바비와 무도회복을 입은 바비, 은빛 하이힐을 신고 립스틱을 바르고 가슴이 나온, 수영복 입은 바비. 가는 허리와 금빛 머리카락, 새하얀 피부 빛의 바비…… 저 미국인의 피부와 저 미국인의 머리카락, 저 미국인의 파란 눈동자를 갖고 싶어. 모두들 나를 보면 와 하고 감탄할 수 있도록(66).

여기서 인도 소녀가 미국인의 외모와 삶을 갈망하는 이유는 미국 사회에서는 편리하고 안락한 집에서 풍요로운 소비를 누릴 수 있는 중산층으로서의 삶이 가능하다는 믿음, 즉 아메리칸 드림에 대한 믿음 때문이다. 풍요로운 물질 소비가 가능한 미국 사회의 단면은 틸로가 처음으로 가게 밖으로 나와 시어즈백화점에 들어가 상품들이 쌓여 있는 매장 복도를 걸으면서 "필요하지 않아도 손을 뻗으면 물건을 집고 또 집을 수 있는 것에 도취되어 의식하기도 전에 카트가 물건으로 가득 차 있는 것을 경험"(138)하는 대목에서 분명하게 드러난다. 즉 미국의 국가 경계선 밖에 있는 사람들이 대중문화 매체를 통해 간접적으로 경험하는 미국 사회는 다양한 상품 소비와 물질적 풍요가 가능한 소비사회다. 카슈미르 지방에서 미국인과 유럽인 관광객을 태우는 뱃사람으로 지내다가 내전으로 저항군의 손에 가족이 살해당하고 관광객의 발길이 끊기면서 삶의 터전을 잃자 미국으로의 이민을 결심하는 하룬(Haroun)의 이민 동기 역시 새로운 기회의 땅으로서 미국이 주는 꿈과 관계된다.

이처럼 미국이 전파한 '아메리칸 드림'에 이끌려 다양한 민족의 사람들이 이주함으로써 미국의 국가 경계선이 개방되어 있는 것처럼 보이면서도, 자본과 기술, 노동, 문화가 자유롭게 국경선을 넘나드는 시대에 여전히 국가의 힘이 강력하게 건재하고 있다는 사실은 미국이 자국의 영토 안으로 들어온 이주자들에게 시민권을 거부하거나 지연시키는 인종화 정책[7]을 통해 이주민을 주변화시켜 온 데에서도 분명하게 드러난다. 라지니 스리칸스(Rajini Srikanth)는 아무리 여러 세대에 걸쳐 미국에서 살았고 아무리 여러 개의 미국 국기를 게양한다 해도 아시아계 미국인은 미국인의 상상력과 의식 속에서 영원한 주변인 내지 이방인으로 각인되어 있다고 지적한 바 있다(Srikanth, 2004: 5). 가령 IT산업에 종사하는 전문직 인도인들이 옛 인도나 중국의 하급 노동자, 아시아 출신의 저임금 미숙련 노동자를 지칭하는 용어를 빌려 "컴퓨터 막노동자(computer coolies)"로 불리었다는 사실(Grewal, 2005: 6)은 인종화된 미국 사회의 단면을 반영한다. 『향료의 여사제』에서 자유로운 시민으로서 풍요로운 삶을 동경하며 미국의 국경 안으로 들어온 인도 이민자 역시 미국 사회의 인종화로 고통받는다. 아직 미국의 언어와 문화에 익숙하지 않아 모국의 관습과 언어를 갖고 살아가는 이주자들이 겪는 차별과 소외는 소년 재그짓(Jagjit)의 학교생활을 통해 묘사된다. "야생 대나무처럼 키가 크지만"(40) 어린아이처럼 엄마 옷자락을 잡고 뒤편에 서 있을 만큼 소심하며, 녹색 터번을 쓰고 다니고 펀잡어만 사용하는 재그짓은 학교에서 배운 첫 영어 단어가 "백치", 그 다음 단어가 "바보"이고 선생님조차도 그를 정신지체아 옆에 앉힐

7 1924년부터 1943년까지 모든 아시아인에게는 귀화를 통한 시민권이 거부되었다(Katrak, 1997: 193).

정도로 놀림과 차별의 희생자가 된다. 인도계 이주민들이 겪는 삶의 고통은 고된 노동에 인종 차별이 중첩되면서 한층 심화되는 것으로 묘사된다.

> 아무도 우리에게 아메리카에서의 삶이 이렇게 힘들 거라고 말해 주지 않았다. 하루 종일 기름으로 찌든 바닥을 문지르고, 까만 기름이 떨어지는 엔진 밑에 누워 있거나, 타르로 우리 폐를 코팅하는 듯 매연을 뿜어내는 괴물 같은 트럭을 운전한다. 희미한 모텔 카운터 뒤에 서서 창녀들에게 열쇠를 건네 주며 미소지어야 한다. 맞다. 항상 미소지어야 한다. 사람들이 "우리 일자리를 훔치는 나쁜 외국인 자식"이라고 말할 때에도, 부자들이 사는 구역으로 잘못 들어왔다는 이유로 경찰들이 우리를 세울 때에도(65).

인도인 역시 중국인, 일본인 노동자들과 마찬가지로 백인 노동자의 일자리를 빼앗는 인종적 타자로 간주되어 '증오 범죄(hate crime)'에 희생된다. 택시 운전사 하룬은 어느 날 인도 이민자들에 대해 반감을 갖고 있는 손님에게 으슥한 골목으로 유인당한 뒤 폭행을 당하며, 모한(Mohan)은 아내가 만들어 준 인도 음식을 수레에 싣고 장사하다가 10대 백인 소년들의 습격을 받아 오른쪽 눈을 실명하고 다리가 불구가 된다. 백인 소년들의 변호사는 법정에서 인도 남자가 먼저 싸움을 시작했다는 거짓말로 소년들의 정당방위를 주장하고, 모한은 병실에 누워 소년들의 석방 소식을 듣는다. 틸로가 신문보관함에서 그동안 아시아계 이주민들에게 수없이 가해진 공격을 보도하는 기사를 발견하는 대목을 통해 작가는 모한의 이야기가 사실은 미국에 이주한 모든 사람의 이야기임을 강조한다. 신문더미에서 "가게 창문이 돌멩이로 깨진 것을 발견하고 증오로 가득 찬 메모 조각을 주워 읽는 남자, 안전한 교외의 집 밖에서 독살당한 개를 발견하고 흐느끼는 아이들, 평생에 걸쳐 모은 재산이 사라지고 검게 그을린 모텔을 지켜보는 남자"(183)들에 대한 기사를 읽으면서 틸로는 기사화되지 않은, 셀 수 없이 많은 다른 이야기가 더 있다고 생각하고, "불구가 된 사람들을 위해서, 잃어버린 팔다리를 위해서, 짓뭉개진 혀를 위해서, 침묵을 지키는 마음을 위해서 정화의 기도를 속삭인다"(183).

3. 초국가적 상상력

앞서 살펴보았듯이 『향료의 여사제』에서 묘사되고 있는 인도계 미국 이민 주체들의 현실이 미국의 초국가적 개입의 결과 즉 국가 경계선을 넘나들면서 발휘되는 미국의 강력한 국가의 힘의 산물이라면, 작가는 이러한 현실에 대처할 수 있는 길을 어떻게 모색하고 있는가? 닐라 알리 칸(Nyla Ali Khan)에 따르면 이민자들의 모국은 이민자들의 충성을 유지하고 그들의 자원을 다시 고국으로 끌어들이기 위한 방편으로 해외에 거주하는 자기 국민들에게까지 정체성을 확대시키는데(Khan, 2005: 2), 그 좋은 예가 인도 정부에서 국외에 거주하는 인도 국적이나 혈통을 가진 사람을 'NRI(비거주 인도인)'라는 범주에 포함시켜 이들로부터의 투자를 유치하는 정책이다.[8] 웨스트우드(Sallie Westwood)와 피재클리(Annie Phizacklea)에 의하면, 이민자들 역시 "모국과 거주 국가를 연결하는 다양한 사회 관계를 만들고 국경을 넘나드는 네트워크를 형성해 정치 · 경제 · 사회적으로 '이중적 삶'을 살아가는 초국가성"(Schlote, 2006: 392 재인용)을 보여 준다. 요컨대 이주/이민을 보낸 국가와 모국을 떠난 이주민/이민자들 모두 국가 경계선을 넘나들며 상호 유대의 끈을 유지하고 있고 이주민들에게 미치는 모국의 국가적 영향력이 여전히 건재하다는 점에서 초국가적 의식을 형성한다.

마찬가지로 디바카루니는 그것이 모국에 두고 온 가족이건 모국의 문화 혹은 정신적 유산이건 이주자들이 모국과의 지속적인 관계를 통해 미국 사회에서 살아갈 힘을 얻는 것으로 그린다. 이주민들이 모국으로 정기적

8 이것은 1980년대 중반 라지브 간디(Rajiv Gandhi) 정부가 시행한 경제 자유화 과정의 일부분으로 NRI에게 주식시장에 투자할 수 있게 만드는 인센티브와 세제 특혜를 주고 부동산 구매 및 제조회사 설립을 위한 행정적 제한을 완화시키는 것 등을 포함한다(Grewal, 2005: 88).

인 송금을 하거나, 부두 노동자 아후자(Ahuja)가 사진 교환을 통해 인도에서 신부를 구하는 초국가적 결혼 광고를 이용하고, 백인의 폭력으로 불구가 된 모한이 그 소식을 듣고 돈을 모은 인도 친척들의 도움을 받아 다시 모국으로 가는 등 미국에 거주하는 이주민들은 여전히 본국과 끈끈한 관계를 유지한다. 특히 디바카루니는 고대 인도로부터 내려오는 향료의 치유력이라는 모국의 전통 문화를 작품의 구성틀로 설정하고 이민 주체들의 갈등을 해결하는 힘의 원동력으로 제시함으로써 모국의 전통적인 문화 유산과의 끈을 놓지 않는다. 소설의 각 장 제목이 향료의 이름으로 되어 있을 뿐 아니라, 향료의 마술적 힘은 사람들의 정신적 상처를 치유하는 데 이용된다. 아이들의 놀림거리가 되는 것이 싫어 학교에 가지 않으려는 재그짓을 위해 틸로는 그의 고통을 보지 못하는 선생님의 눈이 열리도록 바람결에 소두구 향을 뿌려 주고, 그의 어머니에게는 아들에 대한 연민이 불러일으켜질 수 있도록 정향나무의 향을 주며, 그의 터번 속에는 친구를 만들어 주는 계피향을 넣어 준다. 반복되는 남편의 폭력에 시달리는 아후자의 아내는 틸로가 준 심황의 영향으로 그동안의 긴 침묵을 깨고 자신의 이야기를 할 수 있게 된다. 이 때 작가는 향료에 대한 고대 인도의 지혜를 단순히 도입하는 데 그치지 않고 이것을 재창조한다. 인도를 비롯한 동남아시아 국가에서 향료 무역의 역사는 동양에 대한 유럽의 식민 지배 역사와 중첩되면서 곧 억압과 고통의 역사를 의미한다. 그런데 디바카루니는 서양에서 동양으로 향하는 향료 무역로를 역전시켜 향료의 여사제를 인도에서 미국으로 보낼 뿐 아니라, 향료를 식민화된 사람들의 무력함의 상징이 아닌, 이주민의 고통을 치유하는 무한한 힘으로 재창조한다(Rajan, 2002: 23).

이처럼 모국의 문화 유산을 끌어와 재구성하는 작업은 "남아시아 이민자들에게 전통에 대한 믿음이야말로 인종주의와 동화에 대항하여 투쟁하는 데 중요하다"(Grewal, 1993: 228)고 보거나, "아시아계 미국인이 미국 안에서 자신들의 위태로운 위치를 인식할 때 모국의 역사와 유산에 대한 기억을 보존하는 것으로 정체성을 유지한다"(Srikanth, 2004: 54)고 보는 입장과 같은 맥락이다. 즉 디바카루니는 미국에 거주하면서 국가 경계선을 넘나드는 초국가적 상상력을 통해 모국의 전통과 정신적 유산을 가져와 문제적 현실에 대응하는 생존 전략으로 제시하고 또 문화적인 측면이지만 모국 인도의 국가적 힘이 여전히 건재하다는 것을 보여 줌으로써 초국가적 의식을 성취한다.

인도계 이주 여성 틸로가 미국 원주민 남성 레이븐(Raven)을 사랑하고 그와 맺어지는 구성 역시 초국가적 의식과 관련지어 이해될 수 있다. 레이븐은 하룬이 그를 처음 보았을 때 백인 남자로 생각할 정도로 백인의 외양을 갖고 있으나 미국 원주민 혈통의 어머니와 백인 아버지 사이에서 출생한 혼혈인이다. 작가가 틸로와 그 주변 이주민들의 서사를 통해 인도계 혹은 남아시아계 미국 이주민의 삶을 조명한다면, 레이븐과의 관계를 통해서는 미국 원주민의 문제에 주목한다. 미국 원주민의 문제는 미국 시민권을 갖고 있으면서도 미국이 규정하는 '미국적인 것(Americanness)'에 들어가지 않거나 스스로 들어가기를 거부함으로써 지리적 경계를 넘어 다른 국가로 이동한 것은 아니더라도 미국이라는 공간 안에 주류 사회가 그어놓은 문화적 경계를 넘나드는 "눈에 보이지 않는 이주자(invisible immigrant)"(Domergue, 2000: 79)의 삶을 살아간다는 점에서 초국가적 담론의 틀로 이해될 수 있다. 틸로가 건네 준, 마음속 비밀을 말하게 만드는 능력을 지닌 페퍼콘(Peppercorn) 향료를 먹고 레이븐이 털어놓는 그의 개인사는 미국 사회에서 미국 원주민이 처한 궁핍한 현실과 백인과 원주민 혼혈인들의 삶이 어떠한가를 가늠하게 한다. 레이븐의 어머니 셀레스티나(Celestina)는 인디언 마을의 누추한 삶에서 탈출해 백인문화에 동화하기를 갈망하면서 쪽지 한 장 남기기 않고 도망 나온 후 직모 머리를 파마하고 에비(Evvie)라는 본명을 늘 갈망해 오던 이름 '셀레스티나'로 바꾸고 간이식당에서 만난 정련소 노동자 백인 남자와 결혼한 뒤 가족들이 다 죽은 것으로 행세하면서 살아왔다. 공장 노동자와 부두 노역자들이 주를 이루는 지저분한 동네에 살면서도 강박적으로 집안 청소에 매달리거나, 가끔 동네 아이들을 집으로 초대해서 레이븐과 놀게 하면서도 아이들이 가자마자 "마치 그들의 흔적을 깨끗하게 지워버리려는 듯이 아들의 얼굴과 팔, 다리를 씻게 만드는"(165) 셀레스티나의 행동은 백인문화에 동화하기 위한 처절한 몸짓이다. 셀레스티나는 자신뿐 아니라 아들까지도 그들의 뿌리를 형성하는 인디언 문화에서 단절시키고자 한다.

작가는 할아버지가 죽어가고 있다는 소식에 어쩔 수 없이 찾아간 인디언 마을의 모습을 통해 셀레스티나가 평생 벗어나고자 애썼던 인디언의 삶을 포착한다. 레이븐이 목격하는 인디언 마을은 "세탁기에 너무 오래 방치되었던 젖은 빨래처럼 곰팡내 나는 작은 판잣집들이 서 있고"(168), "현관 앞에서 남자들은 뻣뻣한 더러운 청바지를 입고 병째 무엇인가를 마시거나 튀긴 도넛을 먹으며", "엉덩이와 넓적다리가 살찐 여자들이 기둥처럼 앉아 있고 한 여자가 치맛자락 끝을 집어 들어 아이의 코를 닦아 주는"(220) 곳이다. 죽어가는 할아버지가 셀레스티나 즉 에비와 그 아들을 부른 것은 비록 손녀는 조상의 삶의 방식을 따르지 않았지만 증손자에게 삶의 방향을 선택할 수 있는 기회를 주기 위해서다. 증조 할아버지의 손이 그의 손을 잡자 방 안 가득히 펼쳐지는 모습들, "찌는 듯한 태양 아래 강가에 앉아서 뿌리를 캐거나 바구니를 엮을 나뭇가지를 자르고", "모닥불 앞에 앉아 건강을 기리는 노래를 부르는" 사람들의 비전(vision)을 보면서 레이븐은 전통적인 인디언의 삶이 "어머니가 그렇게 혐오했던 모든 것과 반대되는 것"으로, "궁색함과 더러움, 가난과 술보다 더 진정한 진실이었다"(229)고 느낀다. 즉 백인의 시각에서 불결함과 가난으로밖에 보이지 않는 인디언의 삶에서 레이븐은 다른 정신적 의미를 찾아낸다. 하지만 백인으로서의 삶과 인디언 선조들의 삶 중에서 선택해야 하는 순간 어머니의 "안 돼!"라는 외침으로 비전은 사라지고 할아버지가 죽으면서 레이븐은 원주민으로서 살아갈 수 있는 삶의 방향을 상실한다. 아버지의 죽음 이후 어머니와의 모든 유대를 끊어내고 레이븐이 선택한 길은 아이러니컬하게도 어머니가 추구하던 백인의 삶의 방식이었다. 경영학을 전공한데다가 돈의 논리를 손쉽게 이해하는 투자 능력 덕분에 부(富)를 얻게 된 레이븐은 "요트, 오클랜드의 야경이 한눈에 내려다보이는 펜트하우스, 포르쉐,

구찌 속옷, 리비에라나 라스 베이거스에서 보내는 휴가"(261)로 대변되는 부자들의 전형적인 삶을 살아간다.

여기서 주목할 점은 이미 물질적 성공을 이뤘고 백인으로 행세할 수 있는 외적 조건을 갖추고 있어서 충분히 백인문화 안으로 편입되어 살아갈 수 있음에도 불구하고 레이븐으로 하여금 그러한 삶에 권태를 느끼고 삶의 진정성을 추구하도록 만드는 계기가 바로 그의 뿌리를 이루는 원주민 전통이라는 점이다. 사실 레이븐은 대학 시절에 원주민에 대한 은밀한 관심을 갖고 있었다. 그는 교내에서 원주민 문화에 대한 강연이나 행사가 있을 때마다 참석해서 미국 원주민 권리재단의 중요성이나 미국 부족청년회가 하는 사업에 관한 연설을 들으면서 그들의 투쟁을 높이 평가하고 그들의 열정을 동경하기도 했다. 레이븐으로 하여금 "자신의 인생이 완전한 낭비"(266)였다는 인식에 도달하게 만드는 계기는 원주민 버섯을 먹고 꿈속에서 "유칼립투스, 소나무, 캘리포니아 메추리, 사슴, 달콤한 물로 가득 찬 협곡, 다시 강해지고 순수해지는 야생의 장소, 그곳을 망가뜨릴 사람이 없는 장소"(268), 즉 인간의 탐욕으로 훼손되기 전의 자연을 간직한 낙원에 대한 비전을 보는 것이다. 이 때 레이븐을 이 장소로 데려다 주는 것이 그가 증조 할아버지의 방에서 어머니 때문에 붙잡지 못했던 갈가마귀라는 점, 그가 물질적인 것에 대한 추구를 사소한 것으로 본다거나 인간의 개발로 인한 자연의 훼손을 거부하고 있다는 점은 그의 내면에 잠재되어 있던 원주민 전통의 힘이 그에게 작동했음을 의미한다. 결국 작가는 미국의 초국가적 확장의 산물인 이주민 틸로와 미국의 서부 확장 정책의 희생자인 원주민 혼혈아 레이븐이라는 두 인물의 상징적인 결합을 통해 국민국가 미국의 강력한 힘이 초래한 억압적 현실에 주목할 것과 이 현실에 저항하는 방법으로 모국 혹은 전통과의 관계를 지속하고 민족적 · 인종적 경계선을 넘어서는 유대를 가져야 할 필요성을 강조한다. 이처럼 디바카루니는 미국에 있으면서도 초국가적 상상력을 통해 '고향'이라는 전략적 공간을 창조하여 '고향'과 미국이라는 서로 다른 공간에 동시에 거주함으로써 억압적 현실을 살아내는 힘을 획득할 수 있다고 제시한다.

4. 초국가적 여성 공간

앞서 논의했듯이 디바카루니는 미국에 이주한 인도인들이 모국의 전통, 문화와의 연결을 통해 인종화에 대항할 수 있는 힘을 얻는 것으로 제시한다. 그런데 모국의 전통이 가부장적 폐습을 안고 있다면, 인도 이주 여성들은 모국과 어떤 관계를 가질 수 있을 것이며, 인도계 이주 여성 작가들은 모국을 작품 속에서 어떻게 묘사할 수 있는가? 디바카루니는 인도에 거주하는 여성이건 미국으로 이주한 여성이건 모두 성차별주의의 희생자임에 주목한다. 영국의 식민 통치와 더불어 서구식 교육과 근대화가 도입되었음에도 불구하고 전통적인 가부장제의 통제를 받던 인도 여성의 위치는 크게 변화하지 않았다. 이것은 민족주의자 남성들이 가정이라는 여성적 공간을 피식민인이 식민 지배에 저항할 수 있는 공간으로 생각하면서 여성에게 인도 전통을 수호할 의무를 부여하고 여성들이 서구화되는 것에 반대했기 때문이다(Singh, 2003: 173). 소설 전편에 걸쳐 작가는 가부장적 인도 사회에서 여성들이 겪는 억압과 고통을 언급한다. 향료의 대여사제가 견습생들에게 보여 주는 비전(vision)에는 “아버지에 의해 팔려가 허리가 구부정하고 주름진 늙은 신랑을 처음으로 보는 어린 신부,” “이마에 핏빛 동전 같은 결혼 표지가 찍힌 채 창살이 쳐진 창문 밖으로 닿을 수 없는 세상을 바라보는 여자”(55)의 모습이 나타나며, 틸로의 부모는 지참금 때문에 빚을 지게 하는 것 말고 딸아이가 집안에 도움이 되지 않는다는 생각에서 낡은 천으로 아이를 싸서 바닥에 엎어놓고 죽기를 바란다. 또한 아들을 낳지 못한다는 이유로 남편에게 쫓겨난 하미다(Hameeda), 도망을 생각해 보기도 하지만 집을 떠난 여자들은 결국 거리의 삶으로 끝날 수밖에 없는 현실 때문에 하는 수 없이 결혼을 하는 아후자의 아내의 경우에서 드러나듯이, 인도 사회에서 여성의 존재 의미는 결혼을 통해 남자아이를 출산해서 가문을 이어가는 역할과 가사 노동력을 제공하는 데 있을 뿐이다.

문제는 개인의 자유와 권리가 보장되는 듯이 보이는 미국이라는 새로운 공간으로 이동했음에도 불구하고 인도 이민 커뮤니티에서는 여전히 여성들에게 가부장적 관습과 전통적인 성역할이 요구되고 있다는 점이다.[9] 가령 우수한 성적으로 대학을 졸업하고 엔지니어 회사에서 일하는 젊은 여성 지타(Geeta)조차도 가부장제적 관습으로부터 자유롭지 못하기는 마찬가지여서 전형적인 가부장적 남성인 그녀의 할아버지는 손녀를 캘커타의 오래되고 명망 있는 브라민 계층 집안의 청년과 중매 결혼시키려 한다. 그런데 스리칸스에 따르면, 인도 여성은 이주한 후에도 전통적인 여성의 역할이 고향에서 이탈한 남성에게 가정과 뿌리의 안정감을 제공함으로써 남성으로 하여금 낯선 사회 안에서 그 자신을 정의할 수 있게 하고 경제적 · 사회적으로 도전할 수 있게 만든다는 생각을 받아들여 궁극적으로 그들 자신의 종속에 공모한다(Srikanth, 2004: 134). 가령 간호사로 일하는 다크샤(Daksha)는 직장 업무와 가사노동이라는 이중의 의무에 시달리면서도 '싫다'는 말을 하지 못하며, 바느질 재주가 있는 아후자의 아내는 자기 가게를 갖고 싶어하면서도 아내의 일을 반대하는 남편의 뜻에 순종하느라고 하루 종일 외로움과 침묵에 갇혀 있고, 부두 경비원으로 지내는 미국에서의 삶에 대한 좌절감을 밤마다 아내를 구타하고 겁탈하며 감시하는 것으로 분출하는 남편과의 끔찍한 생활을 견디어 낸다.

그루얼은 남아시아계 미국 이민 여성의 삶의 궤적을 묘사하는 서사의 대부분이 미국으로의 이주를 모국의 가부장적인 전통 사회에서 억압받는 희생자의 위치에서 벗어나 선택의 기회가 제공되는 자유로운 근대 사회로의 이동으로 그려낸다는 점에서 서구의 자유주의적 페미니즘과 밀접하게 연관되어 있다고 본다(Grewal, 2005: 65). 그런데 대부분의 아시아계 미국 여성 작가들과는 다르게 디바카루니는 모국 인도나 미국 내 인도 이주

9 아나야 배타차지(Anaya Battacharjee)는 「인도 이민 커뮤니티에서의 여성, 국가와 정체성(Woman, Nation and Identity in the Indian Immigrant Community)」이라는 글에서 남아시아계 여성들의 가정 폭력을 다루는 행동주의 단체 사키(Sakhi)가 뉴욕에서 열린 힌두교의 새해 디발리(Divali) 기념행사에서 연극을 공연하려 했으나 그 주제가 너무 정치적이고 장소가 부족하다는 이유로 '전국인도연맹협회(NIFA)'로부터 거부당했다고 지적한다(Katrak, 1997: 209 재인용). 사키의 이러한 주변적 위치는 미국 내 인도 이민 커뮤니티에서의 여성에 대한 차별을 반영한다.

사회가 갖고 있는 가부장적 폐습을 인식하면서도 모국의 전통 사회를 완전히 거부하지 않는다. 대신 모국의 전통인 고대 인도의 향료에 대한 지혜를 이주민들의 상처와 갈등을 치유하는 힘으로 차용하면서 동시에 이 전통을 여성 중심적 시각에서 다시 쓴다. 향료의 섬을 관장하는 사람은 "첫째 어머니"라고 불리는 대여사제이며 향료의 치유력에 대한 지식도 대여사제로부터 여자 견습생들에게 전해진다. 틸로는 자애로운 "첫째 어머니"의 보살핌과 가르침, 여자 견습생들과의 친밀한 관계 속에서 가족과 보냈던 불행한 삶과 뚜렷하게 대조되는 배움과 평화의 삶을 살아간다. 따라서 틸로에게 향료의 섬은 향료에 대한 지식을 습득할 뿐 아니라 "다른 여성들의 사랑과 격려로 힘을 얻는 여성 중심적 공간"(Domergue, 2000: 72)이다. 게다가 견습 과정을 마친 여자들이 여사제가 되기 위해 마지막으로 통과해야 하는 샴파티 불길은 살아 있는 아내를 죽은 남편의 시신과 함께 화장하던 힌두교의 가부장적 풍습 사티(Sati)를 연상시키지만, 작가는 틸로가 불 속으로 들어가 죽는 것이 아니라 불멸의 여사제로 다시 태어나는 것으로 변형시킴으로써 여성을 희생자로 몰아가는 가부장적 담론에 저항한다. 틸로가 베푸는 향료의 치유력이 가장 크게 발휘되는 대상도 여성 인물들이다. 지타는 향료의 마술적 힘 덕분에 부모가 강요하는 중매 결혼 전통에 대항해 멕시코계 남성과의 사랑을 지켜내며, 아후자 부인은 "마음의 슬픔을 위한 방패이자 재생에의 희망"(16)을 가져다 주는 심황을 먹고 그동안의 침묵을 깨고 남편과의 결혼생활을 털어놓는다. 용기를 내지 못하는 그녀에게 틸로는 "남편이건 아니건 어떤 남자도 당신을 때리거나 강제로 성관계를 요구할 권리가 없다"(108)라고 말하면서 "정신적 힘을 주는"(108) 회향 주머니와 그 밑에 있던 잡지를 준다. 잡지를 통해 '매 맞는 여성을 위한 쉼터'가 있다는 것을 알게 된 아후자 부인은 남편의 폭력에서 벗어나 쉼터를 찾아간다. 아후자의 아내가 보낸 편지에는 "항상 울고 있거나 말을 하지 않거나 쉼터를 떠나는 것을 두려워하는 여자들," 남편에게 펜치로 맞아 두개골이 골절되었으면서도 "남편을 떠난 것을 용서해 달라고 기도하는"(288) 여자들이 묘사된다. 이를 통해 작가는 인도계 미국 이민 사회에서 아내 구타와 같은 가부장적 폐습이 지속되고 있음을 폭로하며 여성에게 가해지는 보편적 폭력에 저항하는 여성 중심적 연대와 행동주의의 필요성을 강조한다.[10]

인도 신화나 서사시 역시 여성 중심적 시각에서 다시 구성된다. 여사제들에게 "첫째 어머니"가 새 이름을 지어 주는 관례에도 불구하고, 틸로는 자신의 이름을 틸로타마(Tilotama)로 지어달라고 요청한다. 인도 신화에서 브라마(Brahma)는 틸로타마를 인드라 궁전의 무용수로 만들면서 절대 남자를 사랑해서는 안 된다고 경고하지만, 틸로타마는 신의 명령에 복종하지 않은 벌로 지상으로 추방되어 질병에 시달리고 늙을 수밖에 없는 인간의 몸으로 일곱 번의 생을 살아야 했다고 전해진다(45). 즉 인도 신화에서 틸로타마는 여성의 순종이 갖는 중요성을 강조할 목적으로 언급된다. 하지만 디바카루니는 틸로타마의 저항적 성격을 부각시켜서 틸로라는 여성 인물을 가부장적 사고를 내면화한 여성이 아니라 전통적인 여성적 역할에 순응하지 않는 독립적이고 저항적인 여성으로 창조한다. 향료의 여사제는 절대로 가게의 경계선을 넘어 외부 세계로 나아가서는 안 되고, 사람들과 신체적 접촉을 해서도 안 되며, 욕망을 일으키는 거울을 보아서도 안 된다는 금기 사항을 준수해야 하며, 만약 이러한 규제와 의무를 저버릴 경우 다시 샴파티의 불길 속으로 걸어 들어가 영원히 파멸되거나 평범한 인간으로서 궁핍한 삶을 살아가야 하는 벌을 받는다. 그런데 틸로는 이주민들의 고단한 삶을 직접 목격하고 "그들의 희망과 슬픔이 마치 면도날처럼 피부 밑으로 미끄러져 들어오는"(102) 것을 경험하면서 도움을 주는 대상과의 적절한 거리를 유지해야 하는 규범과 사람들에 대한 연민 사이에서 갈등한다. 그녀는 동족의 고통만을 도와주어야 한다는 규칙을 어기고 다른 인종 또는 다른 종교를 믿는 사람들에게까지 도움을 베푼다. 그

10 버클리대학에서 박사과정을 이수하는 동안 여성문제를 의식하게 된 디바카루니는 '학대받는 남아시아 여성을 위한 베이 에어리어 핫라인' 마이트리(Maitri)를 공동으로 창설한다(Farmanfarmaian, 2001: 46).

녀는 인도인이 아닌, 미국 흑인 크웨지(Kwesi)가 가게 안에 무술 교습 포스터를 붙이도록 허락하며, 인도 정부의 차별을 받아온 카슈미르 지방 출신인 무슬림 하룬이 자신이 운전하게 될 택시를 구경하라고 부탁하자 규정을 어기고 처음으로 가게 문을 나서서 그의 택시를 칭찬한다. 또한 다가올 위험에 대해 경고해 주기 위해 수소문 끝에 하룬의 아파트로 찾아가기도 하며, 지타와 가족들의 갈등을 풀기 위해 지타의 사무실을 직접 방문하기도 한다. 또한 크웨지의 가라테(唐手) 교습 포스터에 관심을 보이는 재그짓에게는 가게를 운영해서 번 돈 천 달러를 선물로 주어 갱단 친구들로부터 벗어나게 만든다.

고대 신화의 틸로타마가 궁전의 무용수라는 주어진 역할을 위해 자신의 욕망을 부정하지 않는 것처럼, 틸로 역시 주변 사람들의 고통을 덜어 주고자 일하는 과정에서 자신을 희생하거나 자신의 욕망을 부정하지 않는다. 틸로는 불멸성과 향료의 마술적 힘을 얻는 대가로 "모래 빛깔의 피부색을 지닌 등이 굽은 노파"(4)의 모습으로 살면서 모든 개인적 욕망과 바람을 자신이 섬기기로 맹세한 다른 사람들의 욕망에 종속시켜야 하는, 철저한 자기 부정의 삶을 견뎌야 한다. 그러나 "씁쓸하건 달콤하건 모든 사물을 그녀 자신의 혀로 맛보고자 갈망하는, 삶에 대한 욕망"(86)을 갖고 있는 틸로는 그녀에게 주어진 자기 부정의 길을 거부한다. 레이븐을 사랑하는 대가로 벌을 받아야 한다는 것을 알면서도, 여성으로서의 욕망과 쾌락에 대한 금기를 깨뜨리고 레이븐과의 사랑을 완성하기 위해 향료의 주문을 걸어 자신을 아름다운 젊은 여성으로 변신시키기까지 한다.

또한 틸로의 서사에는 인도의 서사시 『라마야나(*Ramayana*)』에 등장하는, 라마(Rama) 왕의 아내로 모든 힌두교 여성으로부터 아내로서 가져야 할 미덕의 상징으로 존경받는 시타(Sita)(이은구, 2003: 152)의 삶이 재구성되어 있다. 틸로의 이야기에는 시타 이야기를 환기시키는 부분들이 있는데, 마치 틸로가 샴파티의 불길로 걸어가듯이, 사티는 라바나(Ravana)에게 유괴되어 그의 궁에서 감금생활을 하다가 남편에 의해 구출된 후 자신의 정숙함을 세상 사람들에게 증명하기 위해 불길 속으로 걸어 들어간다. 그러나 시타가 왕궁의 안락한 삶을 누릴 수 있음에도 불구하고 숲으로 추방된 남편을 기꺼이 따라가는데 반해(라자고파라차리, 2005: 156), 작가는 틸로와 레이븐이 그들이 꿈꾸는 이상향을 향해 함께 떠나는 것으로 그려냄으로써 독립적인 틸로의 모습을 부각시킨다. 라마 왕이 아내 시타의 정숙함을 믿으면서도 다른 남자의 궁에서 오랫동안 지낸 여자를 계속 아내로 두고 있다는 세상 사람들의 비난을 의식해 시타를 추방하는 것에서 보여지듯 힌두 서사시는 가부장적 질서에 의해 지배되는 세계다. 그러나 디바카루니의 서사에서는 틸로와 레이븐이 지상낙원에 대한 비전을 공유할 뿐 아니라, 이 비전을 좇아 지진으로 폐허가 된 오클랜드를 떠났다가 남아 있는 이주민들을 위해 다시 오클랜드로 돌아가기로 결정하는 사람은 여성 틸로이고 레이븐이 그녀 뒤를 따르는 등 성역할 모델이 전도된다.

요컨대 디바카루니의 작업은 무커지의 경우처럼 가부장적 질서를 안고 있다는 이유로 모국의 유산을 전적으로 거부하는 것이 아니라, 그 안에 내포된 가부장적 유산을 여성 중심적 시각에서 재구성하여 극복하면서 모국의 전통 문화와의 유대를 지속하는 것이다. 모국과의 유대가 갖는 중요성은 평범한 중년 여성으로 다시 탄생한 틸로가 폐허더미에 놓인 이주민들의 고통을 덜어 주기 위해 오클랜드로 되돌아가기로 결심하고, "인도와 미국 두 공간에 속하기 때문에 두 공간을 모두 아우르는"(336) 새 이름 마야(Maya)를 취하는 구성에서 확인된다. 라다크리슈난(R. Radhakrishnan)은 국경선 밖에서 모국 인도에 대해 글을 쓰는 작가들이 지배 문화에 동화된 관점에서 과거, 모국, 공동체를 버리고 싶어하거나 이주 또는 이민 주체가 갖는 혼종성을 무비판적으로 상품화하는 오류에 빠질 수 있으며, 종종 모국의 현실에 대한 무지나 향수로 인해 모국에 대한 잘못된 이미지 혹은 모국의 근대 역사와 관련 없는 이상화된 인도를 만들어낼 수 있다고 지적한 바 있다.[11] 이주/이민 작가들이 모국을 바라보는 시각의 문제에서 디

11 인도 밖에서 글을 쓰는 작가들이 인도 민족정부의 무능함을 인식하지 못하거나, 힌두교 근본주의가 세를 확장하면서 무슬림에 대한 체계적인 박해를 자행함으로써 민족

바카루니는 인도계 이주민들의 삶에 초점이 두어 모국 인도를 단편적으로 묘사하고 있음에도 불구하고, 틸로의 과거 회상 부분과 이주민들에 대한 묘사를 통해 모국을 가부장제 사회로, 동시에 이주민들의 고통을 덜어 줄 정신적 · 문화적 힘의 근원으로 제시함으로써 객관성을 확보해낸다. 이렇게 해서 디바카루니는 인도계 이주 여성들로 하여금 미국 사회에서 인종주의와 성차별주의에 대항할 수 있게 하는 힘을 서구 페미니즘이 아닌, 모국의 전통적 지혜에서 구하고, 고대 서사시라는 모국의 문화를 여성적 시각에서 다시 쓰고 여성적 유대의 필요성을 제시함으로써 초국가적 여성 공간을 성취한다.

5. 초국가적 읽기

초국가적 의식, 초국가적 여성 공간을 통해 미국 사회의 인종적 · 성적 차별에 대항할 수 있는 힘을 구하는 디바카루니의 전략은 모국의 전통을 낭만화하고 신비화함으로써 백인 독자들의 오리엔탈리즘을 자극해 상업적 이익을 얻는다는 비판의 여지를 갖고 있다. 작가 자신은 이러한 비판의 가능성을 의식하고 있는 것으로 보이는데, 한 예로 틸로가 "인도 문화권에서 왔으니 당신은 부모에 대해 이렇게 무례하게 행동하는 것은 상상도 할 수 없을 것이다"(226)라고 말하는 레이븐을 보면서 그가 자신을 사랑하는 것이 그가 인도인에 대해 갖고 있는 낭만적이고 신비화된 편견 때문이 아닌가라고 염려하는 대목을 통해 독자가 갖고 있을 수 있는 오리엔탈리즘적 태도를 환기시킨다. 특히 모국의 전통적 가치나 정신과의 연결을 통해 이민 주체의 문제를 해결하려는 입장은 1960년대 이후 아시아계 미국인이 소수민족으로서의 권익을 주장하는 과정에서 형성한 '문화적 민족주의(cultural/ethnic nationalism)' 담론과 유사하게 보일 수 있다.

주의가 위기에 봉착하고 수많은 지역 풀뿌리운동이 선거정치에 영향을 주지 못하는 인도의 현실을 반영하지 못하는 경우가 있다(Radhakrishnan, 2003: 124, 128).

이것은 문화적 민족주의 담론이 개인의 정체성 확립 문제에서 미국 내 민족 공동체와의 유대 관계 그리고 모국의 전통적 가치 및 문화를 중요시하기 때문이다. 그러나 문화적 민족주의 담론이 주로 소수민족 남성들의 목소리를 대변하며 범아시아인의 유대를 강조하고 아시아인의 민족적 다양성을 배제함으로써 비판받은 것(Chuh, 2003: 20)과 다르게, 디바카루니는 인도라는 특수성을 부각시킬 뿐 아니라 여사제들의 삶, 틸로와 아후자 부인의 관계를 통해 여성 인물들의 유대가 갖는 긍정적 힘에 주목한다.

초국가적이라는 용어는 한 국가의 자본 · 기술 · 문화 · 사람들이 국가의 경계선을 자유롭게 넘나든다는 의미를 갖고 있으며, 동시에 한편으로는 전 지구적으로 확장되는 미국 소비주의 문화의 영향력이나 미국 영토 내에서 이뤄지는 인종화 정책을 통해, 다른 한편으로는 이주 혹은 이민자들이 모국 문화에 대해 갖는 끈끈한 유대감을 통해 국가가 여전히 굳건한 힘을 행사하고 있음을 드러낸다. 이렇게 볼 때 초국가적 읽기는 미국 문학 수업에 유용하게 접목될 수 있을 것으로 보인다. 미국 이민소설에 대한 기존 연구에서 논의의 초점이 주로 미국 사회로의 동화 내지 적응, 아시아계 미국인으로서의 정체성 찾기 등에 주어졌음을 고려할 때, 미국 이민소설과 초국가/초국가주의를 연관시켜 보는 시도는 이러한 논의의 폭을 넓혀서 국가의 힘을 부정하려는 세계화 시대에 미국이라는 국가적 힘의 중요성을 성찰하게 하여 서구 헤게모니에 대한 비판적 패러다임을 제공하고 모국과의 연결을 통해 소수민족 혹은 이주민들의 저항적 실천에 주목하게 함으로써 미국 소설을 읽는 새로운 패러다임으로 평가받을 수 있을 것이다.

베트남 디아스포라의 상상적 초국가주의

-란 카오의 『멍키 브리지』* -

이현경

1. 베트남 디아스포라와 상상적 초국가주의

미국으로 이주한 이주민 중에서도 베트남인 이민자들, 특히 1975년 남베트남 공화국이 붕괴되면서 미국으로 망명한 1세대와 베트남에서 유년시절을 보낸 1.5세대 베트남 디아스포라 공동체는 특수한 예에 속한다. 그것은 대부분의 이주민이 더 나은 삶을 추구하며 미국에 왔지만, 이들은 동맹국이었던 미국이 개입했던 전쟁에서 패하고 정치적인 이유로 미국으로 이주한 "망명자"들이기 때문이다.[1] 따라서 이들은 엄청난 상흔을 갖고 이주생활을 시작하며, 타의에 의해 떠나온 고국에 대해 더욱 깊은 회한을 갖고 정치적 상황이 역전되어 고국으로 귀환하고자 하는 갈망을 지니고 살아간다. 그런 만큼 이들이 개인적으로나 집단적으로 베트남의 민족적

* 이 글은 『현대영어영문학』 제54권 4호(2010년 11월)에 게재된 논문을 수정 · 보완한 것임.

1 망명자는 비자발적으로 자기 나라를 떠난 사람으로, 극도의 가난 등의 이유로 떠난 사람을 가리키기도 하나 고전적인 의미로는 정치적 이유로 자신과 가족에게 가해지는 박해를 피해 떠난 사람을 가리킨다(Shklar, 1993: 187-188).

요소를 간직하고 문화적으로 미국과 베트남의 경계를 가로지르는 주체로 살아가는 것은 극히 자연스러운 일이라 하겠다.

이러한 베트남인 망명자들의 미국에서의 삶을 다룬 문화적 생산을 탐구하는 데는 개인의 정체성이 특정 지리상에 존재하는 국가를 넘어선다는 것을 전제하는 초국가주의(transnationalism)에 입각한 연구가 유용할 것으로 보인다. 현대 사회에서 국가 간의 경계를 넘나드는 활동이 일상사가 됨으로써, 현대인의 삶을 규정하는 담론으로서 초국가주의가 점점 더 주목을 받고 있지만 특히 미국의 문화적 · 경제적 · 군사적 영향력을 강하게 받고 있는 아시아 지역에서 미국으로 이주한 이민자들에게 정체성을 영토적 제한을 넘어서는 것으로 파악하는 초국가주의는 이들의 생활 자체라고 할 수 있다. 이들의 삶은 미국으로 이주하기 이전부터 고국에서 미국의 영향력에 의해 깊은 영향을 받았으며, 이들이 미국에 이주한 후에는 모국의 전통을 재창조하고 모국과의 연대를 유지함으로써 초국가적 주체로 자리매김하게 된다. 특히 1970년대 미국에 정착한 베트남인 망명자들의 문화적 생산물을 탐구하는 데에는 옌 리 에스피리투(Yen Le Espiritu)와 톰 트란(Thom Tran)의 "상상적" 초국가주의 개념이 도움을 줄 수 있을 것으로 보인다.

> 우리는 초국가주의를 (고국 방문, 친족 간의 유대, 송금의 형태로 이뤄지는) 실질적인 초국가적인 활동과 (선택적인 기억, 문화적인 재발견, 감상적인 갈망을 통해) 상상 속에서 고국으로의 귀환을 둘 다 포함하는 것으로 개념화한다. 즉, 우리는 초국가주의가 축자적일 뿐 아니라 상상적인 층위에서도—상상, 공유하는 기억, "전통의 재창조"(Hobsbawm and Ranger, 1983)—이뤄진다고 주장한다. 동일선상에서 고국을 단지 이민자들과 그 자녀가 방문하고자 돌아가는 물리적 장소일 뿐 아니라 개념이자 갈망—즉, 상상을 통해 돌아가는 공간으로 생각한다. 케투 카트락(Ketu Katrak, 1996: 201)은 상상을 통한 귀환을 "지리의 동시성…… 여기서 육체로는 살고 있지만 다른 곳에서 정신과 상상을 통해 살아갈 수 있는 가능성"으로 묘사했다

(Espiritu and Tran, 2002: 368).

사실 이 '상상적 초국가주의'는 단순해 보이는 개념이지만, 전쟁 이후 미국으로 망명한 베트남 이주자들과 같이 모국을 방문할 수 없는 난민들의 삶을 이해하는 데 유용한 개념이다. 물론 중요한 것은 이러한 초국가적인 행위가 이들 베트남 디아스포라가 미국에서 현실을 타개해 나가는 데에 힘과 주체성을 부여해 주는 것인가 하는 점이다.

1.5세대 베트남계 미국인 작가인 란 카오(Lan Cao)의 소설 『멍키 브리지(*Monkey Bridge*)』(1997)는 베트남인 망명자들의 초국가주의적 활동을 탐색하는 데 흥미로운 텍스트다. 이 소설에서 1975년 남베트남 붕괴 직전에 베트남에서 미국으로 이주한 소설의 주인공 마이의 이야기는 1세대 베트남인 난민 커뮤니티에 속해 있다가 어머니의 죽음과 함께 이 커뮤니티를 나와 백인 중산층 가정으로 편입되는 이야기의 구조를 취하고 있다.[2] 셜리 림(Shirley Geok-lin Lim)은 『멍키 브리지』와 같은 "아시아계 미국인"의 작품을 "국가"라는 틀로 한정하는 것은 불완전하며 "아시아계 미국인"의 주체성을 뒷받침하고, 설명하고, "아시아계 미국인"의 주체성이라는 개념을 미국 밖으로 확장하는 역할을 하는, 미국에 오기 이전의 국가적 · 문화적 요소들을 고려해야 한다고 말한다(Lim, 2000: 351-352). 마이는 베트남에서 보낸 유년 시절의 기억을 충분히 간직하고 있을 만큼 성장한 후에 미국으로 왔기 때문에 베트남에서의 경험을 바탕으로 미국에서의 경험을 재해석하며 베트남을 방문하거나 베트남에 남아 있는 친척과

2 '난민'은 지난 몇 세기 동안 사회적으로 극심한 정치적 위기나 급속히 경제적 · 사회적 · 민족적 정체성을 근본적으로 재정의하는 과정에서 사회로부터 배제된 사람들이 집단적으로 탈출한 무리를 가리켰다. 그러나 20세기 이후로 '난민'은 불관용이나 전쟁, 다른 인적 요인으로 망명을 강요당하거나 자기 나라 내부에서 탈위치된, 뿌리뽑힌 사람들을 가리키는 말로 확대되어 사용되었다(Zetter, 1988: 1). 이 글에서 대상으로 삼고 있는 미국의 1세대와 1.5세대 베트남인 커뮤니티를 지칭하는 데에는 이 단어를 전자의 의미로 사용하는 것이 논리적으로 타당하다고 판단하여 이 명칭을 '망명자'와 교환 가능한·고전적인 의미로 사용할 것이다.

연락을 계속할 수는 없지만 끊임없이 고국에서의 어린 시절과 문화적 유산을 의식적으로 기억해낸다. 이 과정에서 마이와 같은 개인이 미국에서의 현실을 타개해 나가는 데 사용하는 상상적인 초국가적 활동이 어떠한 조건에서 이뤄지고, 베트남인 난민들에게 어떻게 힘을 부여하는지가 드러난다. 이 글에서는 우선 이 작품에 드러난 베트남인 망명자들의 초국가주의적 활동이 어떤 조건에서 이뤄지고 있으며, 어떠한 의미를 가지고 있는지 살펴보고자 한다.

2. 베트남 디아스포라의 초국가주의 가능성과 한계

미국이 적국과의 무역 금지 조항에 의해 공산주의 베트남을 "적국"으로 선언하고 베트남 정부는 1986년 도이 모이(Doi Moi) 정책을 수립하기 전까지 재외 베트남인을 환영하지 않았으므로, 미국에 망명한 베트남인들은 1975년부터 1994년까지 모국을 방문한다거나 모국에 송금을 한다든지 하는 실질적인 초국가주의를 실천할 수 없었다. 이러한 상황의 특수성은 미국 거주 베트남 망명자들 사이에서 상징적인 형태로서 초국가주의가 발달하도록 조장했다(Espiritu and Tran, 2002: 268). 『멍키 브리지』에서 베트남계 망명자들이 형성하는 "리틀 사이공(Little Saigon)"이라는 미국 내 베트남계 이민자 공동체의 이름이나 소설 속에 등장하는 "메콩 식료품점(Mekong Grocery)"이라는 이름은 이들이 상상 속에서 모국을 재구성하는 데 참여하고 있음을 암시해 준다. 무엇보다 이들은 미국에서의 삶을 일시적인 것으로 생각하고 있으며, 모국에서의 정치적 상황이 역전되면 언제든 모국으로 귀환하려는 의사가 있고, 문화적으로 미국이 아니라 베트남에 뿌리내리고 있다는 점에서 이들의 삶 자체가 모국으로 귀환하고자 하는 상상적 초국가주의에 기반하고 있다고 할 수 있다.

이 "리틀 사이공"에서는 흥미로운 방식으로 "전통의 재창조"가 이뤄진다. 이곳에서는 "메콩 식료품점"에서 채소를 팔고 있는 마이의 어머니가 여전히 이전 베트남에서의 사회적 지위에 따라 교수의 부인으로 존중을 받는다. 반면 이곳에서 망명자들은 베트남에서의 자신의 신분을 속이고 행세하기도 한다. 마이는 사이공에서 미군들이 드나들던 나이트클럽의 호스티스가 작은 마을의 명망 높은 유교 선생으로 행세하거나 반(反)베트콩 정서가 팽배해 있는 베트남 난민 공동체에서 징집 기피자와 평범한 보병들이 유명한 전투에서 훈장을 받은 군인으로 속이고 다녔다고 진술한다(Cao, 1998: 40).[3] 개인의 역사를 다시 쓰는 과정에서 부끄러운 과거는 전통적인 베트남의 가치에 좀 더 잘 들어맞는 보수적인 삶의 내러티브로 대체된다(Stocks, 2004: 84-85).

> 리틀 사이공은 옛 세계에서 방금 떨어져 나온 아직 연약한 부분이었다. 옛 조국에서 멀리 떨어진 여기에서 우리의 혼은 우리가 한때 몸담고 있었던 옛 인격에서 떨어져 나와 돌아다닐 수 있었다. 이 변모에는 자기 정당화라는 기이한 요소가 있었다. 옛 폐허에서 새로운 인격이 덜그덕거리는 소리가 나왔다. ……그것은 아메리칸 드림의 베트남적 변형이었다. 우리는 미국에서 우리가 원하는 것은 무엇이든 될 수 있었을 뿐만 아니라, 과거 베트남에서의 자신을 바꿀 수도 있었다. 우리는 그것을 과거를 재탄생시키는 것이라고 부르며 신들과 다른 불멸의 존재들에게만 한정된 그 능력을 자기 것으로 주장했다(40-41).

이처럼 베트남 난민들이 과거의 신분을 위장하는 것은 물론 이들이 과거 베트남에서의 가치와 기준에 맞춰 삶을 꾸려 나가려고 하기 때문이다. 이렇게 과거의 가치 기준에 따라 자신의 신분을 마음대로 바꿀 수 있었기 때문에 마이는 이들의 행동이 "아메리칸 드림의 베트남적 변형"(41)이라고 말하고 있는 것이다. 그러나 마이는 이러한 베트남 망명자 공동체에서 신분의 위장과 거짓말이 빈번하게 일어나는 좀 더 근본적인 이유를 꿰뚫어본다. 미국 사회는 베트남 망명자들을 차별하고 소외시키면서 동시에

3 앞으로 『멍키 브라지』에서의 인용은 괄호 안에 인용된 쪽수만 기입한다.

패배한 전쟁이라는 당혹스러운 기억을 환기시키는 존재인 이들을 다른 이민자와 달리 골칫거리로 대함으로써, 이들이 가능한 한 자신의 존재를 거슬리지 않는 존재로 만드는 데 신경을 쓰도록 은연중에 강요했다.

이렇게 패배한 전쟁을 환기시키는 껄끄러운 존재로 미국이 반기지 않는 손님인 이들 베트남 난민이 베트남으로 귀환하고자 하는 갈망이나 이들이 망명할 때 지니고 온 모국에 대한 기억을 토대로 전통을 재구성하는 행위는 미국에서 살아갈 수 있는 정신적 자양분이 된다. 집단적으로 모국을 상상 속에서 방문하거나 재구성하는 행위는 미국 사회에서 차별과 소외를 겪고 있는 베트남계 이민자들이 힘을 얻고 생존해 나가는 데 커다란 힘을 부여한다. 베트남인 커뮤니티 "리틀 사이공"에서 이뤄지는 행위 또한 함락 전 사이공에서 팔았던 과자와 같이 고국에 대한 향수를 일깨우는 상품을 만들어 팔거나 경제적 자조(自助)모임인 후이(hui)를 만들어 미국 은행에서 대출을 받을 수 없는 불이익을 극복하고, 비개인적인 미국식 금융 거래 시스템으로는 채울 수 없는 친밀한 관계에 대한 갈망을 실현함으로써 베트남계 이민자들은 이러한 행위를 통해 소속감과 힘을 얻기도 한다.

그러나 작가는 한편으로 이 베트남인 망명자 커뮤니티가 배타적이고 경직된 커뮤니티가 될 가능성에 대해 경고한다. 이들 베트남인 망명자 커뮤니티를 결속시켜 주는 가장 중요한 요인인 반공 이념과 공산주의 베트남에 대한 적개심은 때로 경직된 모습으로 표출되며, 이는 작가에 의해 암시적으로 비판의 대상이 된다. 이들은 미국이 참여한 전쟁에 반대한 미국인이 체포되지 않을 리가 없다며 반전 운동가인 미국 여배우 제인 폰다(Jane Fonda)의 의도의 진정성을 의심하는데 작가는 "(이들에게) 정통적이지 않은 정치적 표현에 대한 관용은 이념적으로 고려할 수 있는 대상이 아니었다"(155)라는 마이의 아이러니한 진술을 통해 이들의 경직성에 대해 풍자한다. 마이는 중국과 공산주의 베트남과의 국경 분쟁이 벌어지자 리틀 사이공의 어른들이 중국 정부가 공산주의 베트남을 붕괴시켜 주기를 바라는 데 대해서도 불편한 심기를 가진다. 그녀는 "언제 우리의 민족주의적 기질이 맹목적인 반공주의와 맞바꾸게 되었단 말인가?"(203)라고 의아해 한다. 또 마이의 어머니 탄(Than)은 커뮤니티 내의 강력한 반 베트콩 정서 때문에, 마이가 외할아버지로 알고 있는 바바 콴(Baba Quan)이 사실은 탄의 친아버지 칸 아저씨(Uncle Khan)를 죽인 베트콩이라는 사실을 죽기 직전까지 딸에게조차도 숨긴다. 이것은 전쟁이 베트남의 가족을 분열시켰다는 것을 직시하고, 이를 포용하는 데 이르지 못한 망명자 커뮤니티의 경직성에 대한 암시적인 비판으로 보인다.

결국 어머니의 죽음 이후 마이는 이 베트남 난민 커뮤니티를 나오게 된다. 마지막으로 마이는 어머니와 친구들, 즉 베트남 난민 커뮤니티 사람들이 국가 공동체를 상실한 상처와 과거 베트남에서의 삶에 매몰되어 있는 사람들이라고 말한다(255-256). 이처럼 모국을 상실한 것을 인정하지 않고 과거의 삶에 매달려 살아가는 것은 이들이 정상적인 방법으로 상실을 애도하는 절차를 밟지 못했다는 것을 의미한다. 그 결과 어머니는 조국의 상실을 애도하지 못하고 우울증에 걸려 있다(247). 물론 여기에는 과거에 대한 이들의 집착뿐 아니라 이들로 하여금 정상적인 애도 절차를 밟도록 허용하지 않는 미국에서의 정치사회적 상황도 크게 작용한다. 그러나 작가는 베트남 망명자 커뮤니티가 마이에게 희망을 약속해 주는 장소가 되기에는 부족하다는 점을 암시한다. 작가는 베트남인 난민들의 국가에 대한 갈망이 이들에게 결속력과 소속감을 부여해 주는 것이 사실이지만, 이들이 붕괴된 국가에 대한 귀속 의식에 집착하고 있을 때 현실 세계 속에서 오히려 힘을 잃게 되는 것을 보여 준다. 사실 이들은 미국에서 살아가면서도 상상 속에서 베트남과 미국의 경계를 가로지르는 초국가적 활동에 참여하고 있지만 이들의 의식은 국가 단위의 틀을 넘어서지 못한다는 점에서 초국가적 주체로서는 한계를 갖고 있다.

3. 마이의 주체성 확립과 초국가주의

반면 마이를 통해 작가 카오는 베트남계 난민의 다음 세대에 희망을 기약하고 있다. 카오는 마이가 상상 속에서 베트남과 맺고 있는 유대를 통해 힘과 주체성을 얻는 것을 보여 준다. 민족 국가를 고정된 장소에 국한되지 않는 탈영토화된 국가로 보는 것은 마이와 같이 베트남의 민족성(ethnicity)을 간직하고 있지만 탈위치(displacement)된 망명자들에게 국가의 일원으로 참여할 수 있는 기회를 주어 이들에게 소속감을 부여해 준다. 실질적 초국가주의 활동을 할 수 있는 통로가 막혀 있다는 점에서 마이는 다른 베트남 망명자와 같은 상황에 놓여 있지만, 그녀는 어른들보다 더 유연한 생존 전략을 택한다. 앞서 언급했듯이 마이는 미국에서 자신이 정착해 살아가야 하는 상황이라는 것을 어른들보다 빨리 직시하고 미국 생활에 필수적인 영어 구사력과 생활 능력을 갖춰 나가기 시작한다. 그러면서도 마이는 고국에서의 기억을 바탕으로 어른들보다 더 효과적으로 미국인들의 베트남에 대한 편견과 스테레오타입에 저항하는 것이다.[4]

우선 마이는 모범적인 소수자의 이면에 두 문화에 대한 지식을 갖고 원하는 것을 얻어내는 영리함을 보인다. 데이비드 코워트(David Cowart)가 지적하듯이 마이는 영어를 빨리 습득하고 우수한 학교 성적을 갖춰 대학에 서둘러 진학하고자 하는데 이것은 아시아계 미국인에 대한 '모범적인 소수민족 신화(model minority myth)'에 스스로를 맞추는 듯이 보이지만 그러한 전형과 상투형을 뛰어넘는다(139). 이와 같은 외형적 조건을 갖추는 것은 모범적인 소수민족 신화에 스스로를 끼워 맞추는 듯이 보이지만 마이와 같은 처지에서 미국에서 살아가기 위해서는 가장 안전하고 보장된 길이기도 하다. 한 예로 탄이 아파트의 반대 방향에 거대한 안테나가 설치된 것을 보고 아파트에 저주가 걸려 있다며 마이에게 임대 지배인을 찾아가 다른 집으로 바꿔달라는 말을 통역해 달라고 요구하자 마이는

4 이것은 물론 마이가 아직 어리기에 공산주의 이념이나 남베트남 공화국에 대한 충성도와 같은 이념을 내재화한 강도가 어른들과는 다르고, 또 어른들이 자유롭게 구사하지 못하는 영어를 구사할 수 있다는 점에 기인하는 바 크다. 그러나 비록 마이가 직접 언급하거나 인정을 하지는 않지만 마이의 유연한 생존 전략은 베트남에 있었을 때부터 베트콩과 미국 사이의 대안의 세력인 제3 세력이었던 아버지의 영향이 크다고 볼 수 있다.

어머니의 위신을 건드리거나 지배인에게 웃음거리가 되지 않으면서 어머니가 원하는 것을 얻어내는 방법을 고안한다.

나는 그의 얼굴을 빤히 바라보며 나의 신세계적인 속임수에 집중했다.
"안녕하세요." 나는 내가 아는 가장 명확하고, 똑똑 끊어지는 영어로 이야기했다. 그의 고무 구두창이 식탁에서, 두 거대한 스니커즈가 진흙처럼 더러워진 음양(陰陽)의 절반처럼 번쩍이고 있었다. "우리 어머니는 배수관에서 나오는 초록 뱀을 어제 보셨고 오늘 아침에도 또 보셨어요. 화장실에 도저히 발을 들일 수가 없어요. 어머니는 뱀에 대해 공포증을 갖고 계시거든요." 나는 "공포증"이라는 말을 분명히 강조하며 덧붙였다. 마이클 아저씨는 심리학이 미국의 새로운 종교라고 언젠가 말했었다(22).

여기서 마이는 단편적이지만 "공포증"에 대한 강박증을 가진 미국 사회에 대한 지식을 갖고 집주인을 추켜세워 주면서 원하는 것을 얻어내는 영리한 모습을 보인다. 한편 마이는 자신이 지어낸 이야기를 통해 어머니의 권위를 지켜 주는 사려 깊은 모습을 보인다. 이러한 마이의 모습은 두 문화 사이를 넘나들며 자신에게 힘을 부여해 줄 수 있는 방식으로 협상하는 문화 중개인의 모습이다.

또한 마이는 베트남과 미국 문화의 경계를 가로질러 자신에게 힘을 부여해 줄 수 있는 여성을 찾아 양 문화에 모두 존재하는 성차별적인 요소를 극복하려는 노력을 기울인다. 마이가 미국의 인기 텔레비전 시리즈물인 〈바이오닉 우먼(*Bionic Woman*)〉을 베트남에서의 기억과 연관시켜 개인적인 이야기를 창조해내는 것이 그 한 예다.

우리 어머니는 〈바이오닉 우먼〉을 좋아했다. 제이미는 서랍, 천장, 그리고 벽에서도 아주 잘 나타날 수 있었다. 어머니와 제이미는 둘 다 생체 공학적인 귀를 지녔다. 나의 어머니는 당신의 귀가 그녀로 하여금 아무도 들을 수 없는 것을 듣도록 하는 능력을 준다고 믿었다. 중국인들과 마찬가지로, 베트남인들은 큰 귀가 장수와 행운을 가져온다고 믿었다. 예를 들어 붓다는 그의 얼굴 길이의 반에 걸친 귀를 갖고 있었으며, 나의 어머니는 자부심을 갖고 모든 그림이나 동상은 그를 인자하게 길고 완전히 계몽된 귀를 갖고 있는 것으로 그렸다고 말했다. 바이오닉 우먼은 소림사 쿵푸를 미국의 기기 및 실제적인 기술과 섞어 놓은 것이었다(9).

여기서 마이는 바이오닉 우먼이라는 미국 대중문화의 아이콘을 어머니의 귀와 동일시하고 있다. 그 접점은 물론 두 사람 다 초인적인 귀를 가졌다는 믿음이며, 베트남에서 어머니의 귀와 같이 길다란 귀가 가지는 문화적인 의미로써 제이미를 해석하고 평가하는 것을 볼 수 있다. 그러나 더욱 중요한 것은 소설 속에서 탄의 귀가 가지는 의미다. 마이의 외할머니 투옛(Tuyet)은 딸 탄이 긴 귀를 갖고 태어나자 이에 대해 극도의 가부장적 사회 체계 속에서 희생당한 여성들의 원통함이 영광스럽게 부활한 것이라 여긴다(52). 베트남의 가부장적 봉건 농촌사회에서는 신혼 첫 잠자리에서 여성이 순결을 입증하지 못하면 완전히 사회에서 추방되었고, 그들의 치욕은 혼수로 가져간 돼지가 귀가 잘려 그녀와 함께 돌아오는 것으로 상징되었는데, 투옛은 탄의 귀가 그 잘린 돼지들의 귀를 부활시킨 것으로 믿는다. 즉 탄의 귀는 전통의 이름으로 희생을 강요당한 베트남 여성들의 저항의 상징인 것이다. 따라서 마이가 탄의 귀와 같이 "생체 공학적인 귀"를 가진 것으로 묘사하는 바이오닉 우먼은 성차별적인 가부장적인 사회에 대한 여성의 저항을 성취해내는 존재로서의 의미를 새롭게 부여받고 있다고 볼 수 있다.

마이는 여기서 더 나아가 스스로 원래의 바이오닉 우먼의 이야기를 변형시키고 새로운 이야기를 창조한다. 어머니와 함께 〈바이오닉 우먼〉의 한 에피소드를 보다가 어머니에게 그 이야기를 통역해서 들려 줄 때 마이는 자신이 원하는 내용으로 새로운 이야기를 지어낸다. 원래 그 에피소드는 어머니의 바람과는 반대로 수영을 하러 나간 마이 또래의 여자아이가 물에 빠지자 바이오닉 우먼이 구해 주면서 소녀에게 다음 번에는 어머니의 말을 귀담아 들을 것을 약속하게 하는 내용이었다. 그러나 마이는 이 내용을 바이오닉 우먼이 여자아이를 호수에서 구해 줬지만 소녀가 경찰견을 구하려고 물 속에 뛰어들었기 때문에 그녀의 훌륭한 행동을 칭찬해 준다고 바꾼다. 마이가 지어낸 부분에는 분명 어머니로부터의 독립을 바라는 마이의 바람이 투영되어 있다. 그러나 더 중요한 것은 미셸 주넷(Michele Genette)이 지적하듯이, 좀 더 강하고 독립적이며 영웅적인 젊은 여성이 이러한 자질들로 인해 연장자인 여성에게서 칭찬을 받는 마이의 개작을 통해, 남성이 창조한 병기와 (남성) 상사를 위해서만 그 힘을 사용할 수 있었던 바이오닉 우먼의 페미니즘적 요소가 강화된다는 것이다(Genette, 2001: 71). 즉, 투옛이 탄에게 부여한, 강하고 자립적인 여성의 자질이 다시 탄에게서 마이를 통해 이어지기를 바라는 마이의 소망 충족적 바람이 투영된 것으로 읽을 수 있다.

카오는 폴린 뉴턴(Pauline T. Newton)과의 인터뷰에서 베트남 문화는 분명 남편을 위한 여성의 희생을 장려한다는 점에서 전통적이지만 백설 공주가 백마를 탄 왕자를 기다리듯이 남성의 도움을 바라는 것으로 그려져 있지 않으며, 많은 면에서 여성이 억압되어 있는 것은 사실이지만 여성의 정체성이 완전히 남편이나 아버지에게서 나오는 것으로 보지는 않는다고 말했다. 베트남 역사에는 항상 여성 전사가 있었으며 여성이 연약하다는 사상이 존재하지 않는다고 말한다(Newton, 2005: 181) 그녀는 또한 〈바이오닉 우먼〉이 자신이 베트남에서 읽었던 전사들의 이야기책에 나오는 여성 전사들이 육화된 것이라고 여겼다고 말한다(Newton, 2005: 180). 이처럼 카오가 베트남에서 자신에게 힘을 부여하는 여성상이었던 여성 전사에 대한 문화적 기억을 갖고 〈바이오닉 우먼〉을 재해석한 것은 여성이 남성들의 구조를 기다리는 대상물로서 존재하는 일부 서구 전통에 대한 비판적인 의식을 갖고 미국에서 자신의 삶을 개척해 나가는 데 힘을 부여한 것으로 볼 수 있다.

바이오닉 우먼을 "소림사 쿵푸를 미국의 기기 및 실제적인 기술과 섞어 놓은 것"이라고 표현한 데서도 짐작할 수 있듯이 마이 또한 카오와 마찬가지로 바이오닉 우먼에게서 자립적인 베트남의 여전사(女戰士) 전통을 기억해내며 자신이 취할 하나의 모델로서 받아들인다. 백인 중산층 사회로의 진입 관문인 명문 여대 마운트 홀리요크 대학(Mount Holyoke College)에 입학 허가를 얻은 마이는 상상 속에서 베트남으로 돌아가 자신을 이 여전사의 한 사람이라고 생각하고 힘을 얻는다. 마이의 경우에는 성차별에 더해 베트남에 대한 미국인의 특수한 편견과 정형화에 맞서야 하기 때문에 베트남의 민족적인 영웅인 트룽 자매(Trung sisters)와 자신을 동일시하며 적에 비해 수적 열세였던 트룽 자매의 군대가 승리하는 데 썼던 전략을 자신의 상황에 맞게 이용하고자 한다. 이 인터뷰에서 그녀를 인터뷰하는 마운트 홀리요크 대학의 인터뷰 담당자 에이미 레이튼은 베트남에 대해 참혹한 전쟁의 이미지만을 상상하는 데 익숙해져 있다.

> "너 거기에 1975년까지 있었니?" 그녀가 물었다.
>
> 나는 어물쩍거리며 그렇다고 속삭였다. 트룽 자매의 전략은 우리의 약한 부분을 보호하고 눈에 띄지 않게 지키는 것이었다(126).
>
> ……
>
> "세상에, 얼마나 엄청난 충격이었을까. 거기 사는 것은 어땠니?"
>
> "그것은…… 여기와는 달랐어요." 나는 잠시 멈추었다가 말했다. 나는 가장 안전한 경로는, 술취한 원숭이 스타일로 전혀 눈에 띄지 않는 경로를 채택하는 데 있다는 것을 깨달았다. …… 가능한 한 비껴 서는 것이 내 이익을 위해 좋았다. 나는 그녀의 선입견에 정면으로 맞서지 않을 것이었다. 트룽 자매의 전략, 유연함과 부드러움의 전략은 회피하고 주의를 분산시키는 기술을 익히고 무자비한 힘이 아니라 기회를 봐서 여세를 몰아가는 것이었다(128-129).

인더팔 그루얼(Inderpal Grewal)에 따르면, 아시아인 이민 여성 작가의 소설 장르를 특징짓는 요소는 아시아 여성의 미국으로의 이주를 가부장적 문화 내의 감금으로부터 미국의 자유로운 시민사회 내의 자유로의 이동으로 구성했다는 것이다(Grewal, 2005: 63). 그러나 미국에서 인종적 · 성적 타자인 마이에게 힘과 주체성을 부여해 줄 수 있는 여성상이 미국의 대중문화뿐만 아니라 베트남의 전통 속에도 있다는 사실은 비록 베트남이 귀 잘린 돼지들로 상징되듯이 여성에 대한 엄청난 억압과 질곡이 존재하는 장소이지만 동시에 베트남의 전통 속에는 서구 사회에 존재하는 여성에 대한 편견을 극복할 수 있는 요소가 있음을 보여 준다.

또한 마이는 자신이 체화한 베트남의 문화적 전통을 갖고 문화적 인종주의라고 부를 수 있는 미국에서 이뤄지는 베트남에 대한 부정적인 문화적 재현에 대해 비판한다. 베트남에서 아버지의 가장 가까운 친구였던 마이클 아저씨(Uncle Michael)와 함께 보러 간 영화에서 베트남이 순수한 미국 청년들을 타락시키는 배경으로 묘사되자 마이는 자신이 지닌 베트남에서의 기억을 바탕으로 이 영화의 편향된 재현에 비판을 가한다.

> 가상의 베트남 구어로 이뤄진 알아들을 수 없는 중얼거림이 이어지는 곤혹스러운 배경에서, 환각적인 장면이 연속되며 베트남 자체와 같이 제멋대로고 볼상식한 총의 룰렛과 같은 회전이 미국적인 순수의 삶과 죽음을 명령할 것이었다. 베트남은 모든 원초적인 것들이 흡수되는 우의적인 하나의 커다란 블랙 홀이 되고 있었다(100-101).

영화의 제목이 직접 언급되지는 않았지만 많은 비평가가 지적하듯 마이클 치미노(Michael Cimino) 감독의 〈디어 헌터(*The Deer Hunter*)〉임이 확실한 이 작품의 베트남 재현에 비판적으로 반응하며 대신 베트남에서의 기억을 의식적으로 환기함으로써 미국의 부정적인 베트남 재현에 대응한다. 리사 로우(Lisa Lowe)는 "문화란……비록 파편화되고, 불완전하고, 거부된다고 하더라도 과거가 돌아오고 기억되는 역사의 한 매개자이자 장소"(Lowe, 1996: x)라고 지적한다. 베트남이라면 로켓포와 시체 운반용 부대가 전부인 줄 알고 있는 마운트 홀리요크 대학의 인터뷰 담당자 에이미 레이튼이나 베트남을 미국적 순수함을 타락시키는 원초적 악과 혼돈의 세계로 묘사하는 영화와는 달리 마이가 의식적으로 기억해내는 베트남에서의 삶은 전쟁 중이었지만 일상의 삶이 유지되었고 즐거운 추억으로 가득하다. 마이가 기억하는 중추절 축제나 집에 대한 묘사는 미국에서 이뤄지는 베트남 재현에 대한 대안적인 재현이라고 할 수 있다.

물론 이러한 베트남에 대한 마이의 기억은 어린 시절에 대한 향수로 인해 실제 그녀의 생활보다 미화되었을 수 있다. 그것은 무엇보다도 마이가 외할아버지인 줄 알았던 바바 콴을 이상화하는 데서 볼 수 있다. 마이는 바바 콴을 메콩 삼각주의 비옥한 쌀 재배 지역인 고향에 대한 깊은 애착을 가지고 이곳을 떠나는 것을 싫어하는 전통적이고 독실한 유학자라고 믿는다. 마이의 기억 속에서 그는 조상들의 영령이 선조 때부터 이어온 땅에 머물러 있기 때문에 항상 조상들의 묘지를 돌보는 데 몰두하는 베트남의 전형적인 농부로 기억된다. 그가 마이에게 해 준 빈랑나무 전설 이야기도 조상의 영령이 깃든 땅과의 연관을 강조하는 것이다.

> "후손들에게 보살핌을 받지 못할 때 영혼은 슬퍼진단다." 바바 콴은 설명했다. "우리가 묘자리의 흙과 물로부터 멀리 떨어져 방황할수록 조상들과의 유대가 약해지고, 그렇게 분리되는 것은 영혼에 좋지 않지. 그것은 심장에서 피를 빼내고 우리 혈관의 중심에 심각한 공허함을 남기지"(59-60).

그러나 비록 마이는 깨닫지 못하지만, 이처럼 후손들은 조상의 땅에서 머물며 조상의 영령을 지켜야 한다는 바바 콴의 가르침이 마이와 같은 망명자들에게는 매우 잔인하게 들리는 것이기도 하다(Bacholle-Bo, 2002: 271). 이것은 개인의 정체성을 영토가 고정된 한 국가에 국한된 것으로 보는 틀에서 벗어나지 못하는 것으로, 마이와 같이 좋건 싫건 미국과 베트남의 국가 간 경계를 벗어나는 초국가적 주체로 살아가야 할 이들에게는 구속이 되는 것이다.

바바 콴으로 대표되는 베트남 전통에 대한 마이의 이상화에 대해 균형을 잡아 주는 것이 어머니 탄이 마이에게 남긴 일기와 편지다. 탄의 일기와 편지를 소설 속에 삽입한 것과 관련하여 카오는 그것이 이민자로서의 경험과 관련이 있다고 말한다. 카오는 자신이 글을 쓸 때 과거와 현재 사이를 교차하는 것은 자연적 성향이며, 이민자로서 문화적 짐을 지고 있기 때문에 거의 동시에 사건을 두 개의 다른 문화적 렌즈를 통해 본다고 말한다(Cao, 2005: 174). 이렇듯 카오는 탄의 편지와 같이 한 사건에 대해 서로 다른 문화적 시각에서 동시에 기술하는 기법이 순수한 기법의 문제라기보다는 미국 사회에서 이민자가 처한 역사적 · 사회적 조건에 대한 자연스러운 반응임을 강조한다. 이렇게 하나의 상황에 대해 동시에 베트남의 관점과 미국의 관점에서 바라보는 것은 그 자체가 국가 간 경계를 가로지르는 상상적 초국가주의적인 활동이라고 볼 수 있다. 마이가 주로 미국에서의 삶을 묘사하는 과정에서 베트남에서의 삶을 묘사하는 어머니의 일기와 편지를 접하는 것은 마이에게도 미국에 살면서 베트남과의 연대를 유지하게 하는 역할을 한다고 볼 수 있다. 특히 탄의 일기와 편지는 바바 콴으로 대표되는 베트남 전통에 대해 미화된 기억을 간직하고 있는 마이에게 베트남에 대한 좀 더 현실적이고 균형잡힌 그림을 제시해 준다는 점을 지적할 수 있다.

어머니의 편지에서 볼 수 있듯이 베트남인 망명자가 기억하는 베트남에서의 삶에서는 수많은 질곡이 존재한다. 어머니의 편지에는 어머니의 친아버지인 봉건 지주 칸 아저씨의 소작농 착취, 소작인 바바 콴과 봉건 지주 칸 아저씨 사이에 이뤄지는 소작인 아내의 성매매, 공산주의 명분을 내세우며 사적 원한을 복수하는 소작농 바바 콴, 남편과의 첫날밤에 혼전 순결을 입증하지 못한 여성에게 가하는 마을의 집단적인 폭력 등 베트남에서의 삶의 질곡을 담고 있다. 그러면서도 미국의 팽창주의가 기반하고 있는 '명백한 운명(Manifest Destiny)'과 베트남인이 멸망시킨 참파 왕국에 대한 죄의식과 도덕적 책임감을 중시하는 '카르마(karma)'를 대비시켜, 윤리적 관점에서 미국의 팽창주의를 비판하는 등 베트남인으로서의 관점을 부각시킨다. 비록 운명론적으로 보이는 면이 있지만 도덕적 의무와 자기 객관화를 중시하는 카르마와 같은 탄의 사고 방식은 마이에게 미국의 역사를 보는 관점에 균형을 잡아 주며 베트남의 전통을 선별적으로 수용할 수 있도록 도와 준다고 볼 수 있다.

소설은 마이의 어머니가 마이에게 자신의 출생과 관련한 비밀과 바바 콴에 대한 진실을 털어놓은 편지를 남기고 죽은 후 마이가 마운트 홀리요크 대학에 입학 허가서를 받고 자신이 사실은 마이클 아저씨에게 입양되어 있다는 것을 아는 시점에서 끝난다. 표면적으로 이 같은 결말은 마이의 베트남과의 모든 접촉이 끊어지고 백인 중산층 사회에 편입된 것으로 보인다. 특히, 어머니의 편지로 인해 베트남에 남은 친족 중 유일하게 마이가 애착을 갖고 있는 대상이자 마이에게 베트남의 전통을 육화한 존재였던 할아버지 바바 콴에 대한 마이의 이상화된 갈망은 철저히 부서지게 되었다. 마이는 바바 콴 이외에는 특별히 베트남에 남아 있는 친척이나 친구와 연락하려고 하지 않으며, 미국에서도 가장 가까운 친구는 베트남 망명자 커뮤니티 내의 또래 친구가 아니라 백인인 보비(Bobby)다. 이런 상황에서 미국에 함께 온 유일한 혈육이었던 어머니가 죽고, 베트남인 커뮤니티를 나오고, 백인 중산층 가정에 입양되는 것은 마이에게는 베트남과의 접촉점이 모두 끊어지는 것처럼 보인다.

그러나 마이가 입양되는 마이클 아저씨를 살펴보면 마이가 백인 중산층 사회로 진입하는 것이 베트남과의 연대를 끊는 것이 아님을 암시한다. 우선 베트남 주둔 미군 대령이었던 마이클 아저씨는 "평균적인 미국인이 아닌 사람"(77)으로 묘사되어 있다. 그는 남베트남 정부와 베트콩의 대안 세력인 제3 세력(The Third Force)의 멤버였던 마이의 아버지 빈(Binh)의 가장 친한 친구로, 빈처럼 극단주의를 피하고 복잡함을 즐길 줄 아는 인물로 그려져 있다.

> 그들의 토론은 확신으로 흘러 넘쳤지만, 분명하게 밝혀 주지는 않았다. 즉답이나 유클리드 기하학과 같은 진리는 없었다—명백하게 고상한 의도도 없었으며, 부인할 수 없이 악한 계책도 없었다. 미국의 폭압, 미국의 선의. 누가 더 이상 그 차이를 알 수 있겠는가?(79)

이로 볼 때 마이를 입양한 마이클 아저씨는 미군으로서 미국의 박애 정신에 입각한 해외 개입을 옹호하지만 단선적이지 않고 비판을 수용할 수 있는 인물로 그려져 있다. 그러나 베트남을 탈출한 자신을 맡아 준 마이클 아저씨에 대해서도 마이는 예리한 시선으로 암시적인 비판을 가한다. 마이가 그와 함께 〈디어 헌터〉를 보고 난 후에 마이클 아저씨가 정말로 사람들을 쏜 적이 있는지 묻는다. 이에 대해 그는 베트남의 정글에서 죽어가던 소년이 자신들에게 수류탄을 던질 듯이 손을 하늘로 들어올리자 그를 향해 총을 쏘아 죽어가고 있던 소년을 두 번 죽였다고 이야기한다(104-105). 마이클 아저씨에게 질문을 던져 이 이야기를 이끌어내는 과정에서 마이는 마이클 아저씨로 대표되는 호의적인 미군이 저질렀던 돌이킬 수 없는 실수에 대해 암시적으로 비판한다.

이처럼 마이클 아저씨의 베트남에 대한 선의를 인정하면서도 그가 베트남에서 저지른 잘못에 대한 비판 의식을 유지하는 것은 마이가 마이클 아저씨 부부에게 입양되어서도 베트남과의 모든 정신적 유대를 끊고 백인 중산층 사회의 가치를 흡수하지는 않을 것임을 암시한다. 반면 어머니의 편지를 통해 어머니가 베트남에서 겪은 삶의 질곡을 알게 된 마이는 이전처럼 바바 콴으로 상징되는 베트남의 전통을 미화하지도 않으며, 자신의 현실을 타개해 나가는 데 필요한 두 문화의 요소들을 선택적으로 적용할 수 있다. 이러한 마이는 셜리 림이 말한, 한 나라의 국민과 외국인, 미국인과 아시아인을 양자 택일의 문제로 보지 않고 아우를 수 있는 초국가적 주체의 정체성에 적합한 유연한 의식을 지닐 수 있다(Lim, 2000: 354).

4. 초국가적 상상력을 통한 미래 가능성

작품의 결말에서, 마이는 꿈 속에서 어머니와 재결합하며 어머니에게서 딸에게로만 전해지는 특수한 유전자가 어머니에게서 자신에게로 전해지고, 따라서 어머니의 일부가 자신을 통해 영원히 살아남을 것(259)이라고 진술한다. 마이는 1983년 마운트 홀리요크 대학 입학생에게 주는 책자에서 자신의 미래를 본다. 그리고 창 밖에 어머니의 굽은 등과 베트남의 국토 모양을 연상시키는 해마 모양의 달을 보면서 소설은 끝난다. 이러한 결말은 카오가 이민자들에게서 자연스럽다고 말한 "동시성의 기법"을 보여주는 한 예다. 또한 서구 자유주의 페미니즘을 상징한다고 볼 수 있는 미국의 선구자적인 명문 여대인 마운트 홀리요크 대학에서 자신의 미래를 개척하는 것을 상상하는 딸 마이를 통해, 성차별적인 남성 중심의 사회에 대한 어머니의 저항이 다른 나라와 문화 속에서 계속 이어질 것임을 함축한다. 마이는 비록 상징적인 백인 중산층 가정에 입양되었지만 미국에서 자신의 진로를 개척하는 데 미국과 베트남의 경계를 가로지르는 초국가적 상상력을 통해 힘을 얻을 것임을 암시하는 것이다.

란 카오의 『멍키 브리지』는 마이로 대표되는 베트남 망명자들이 나라를 잃었다는 상흔을 안고 미국에서 편견과 차별을 극복해 나가는 과정을 과장 없이 그려내며 국가 간의 경계와 교섭하고 가로지르며 초국가적 주체를 형성해 나가는 것을 보여 준다. 작가는 망명자 커뮤니티 내의 1세대들의 모국과의 상상적 연대를 통해 미국의 고단한 현실을 극복해 나갈 힘을 얻는 한편, 이 상상적인 연대에 집착하고 있을 때에 현실과 유리될 수 있음을 직시한다. 반면 마이가 베트남과 미국 양 문화의 지식을 활용해 자신의 주변부적인 위치를 극복해 나가는 과정을 통해 개인이 자신의 문화적 뿌리와 현실 둘 다로부터 유리되지 않으면서도 스스로에게 힘을 부여해 줄 수 있는 요소들을 선별적으로 취할 수 있는 하나의 작은 가능성을 발견하게 한다.

제3부

주변인으로서의 초국가적 비판 의식

초국가적 정체성 추구:
강용흘의 『동양이 서양으로 가다』 _ 유소연

초국가주의적 교섭과 대화:
기쉬 젠의 『전형적인 미국인』 _ 김옥례

일본계 미국 문학 연구에서 초국가주의 담론:
모니카 손의 『니세이 딸』 외 _ 권혁경

초국가적 정체성 추구
-강용흘의 『동양이 서양으로 가다』-

유소연

1. 이중적인 아시아인

1620년 영국의 청교도인들이 미국에 첫발을 내딛는 순간부터 시작된 미국 이주의 역사는 1900년대 초 아시아계 이민자들이 급속도로 미국에 유입되면서 절정을 이룬다. 1862년 링컨의 '노예 해방 선언'으로 흑인 노예제도가 공식적으로 종식되자, 1800년대 필리핀계 노동자가 주축이 되어 아시아계 이민자들은 흑인을 대체하는 노동력으로 대거 미국에 정착하게 된다. 실제 미국 역사 속에서 하와이의 사탕수수밭을 일구고 미국 대륙을 횡단하는 철도 건설에 일차적인 직접적 노동력으로 주요한 역할을 했던 이들은 아시아계 이민자들이었다. 그러나 이들은 미국에 정착한 이후부터 끊임없이 모국으로부터의 일탈과 새로운 정착지에서의 귀속감 문제에 봉착하게 된다. 초국가적 이주를 통해 미국의 경제 성장과 산업 발달에 직접적인 공헌을 했음에도, 아시아계 이주민들은 미국 사회에 오랫동안 내재해 온 백인과 흑인의 인종 논리 속에서 흑인과는 또 다른 의미의 '보이지 않는 인종'으로 존재해 왔다. '동양인은 흑인인가, 백인인가'라는 질문은 백인과 흑인 어느 쪽에도 속하지 않기에 결국에는 양쪽 그룹 모두로부터 배척되거나, 혹은 경우에 따라 두 그룹 중 어느 쪽에도 속할 수 있는 이중적인 아시아인의 위치를 나타낸다(Okihiro, 1994: 31).

미국 내 아시아인이 이중적 타자로서 겪었던 귀속감의 문제와 초국가적 이주로 인한 갈등은 최근 국가라는 담론이 흔들리며 지구화와 다문화주의가 전 세계적으로 도래하고 있는 현실의 시점에서 더욱 주목할 만하다. 실제로 서구 사회에서 단일 인종의 순수한 민족국가는 거의 존재하지 않으며, 한 국가를 이루는 구성원은 인종과 지역에 근거한 다수의 소수민족과 같은 복수의 인종이다(Smith, 1995: 95). 과거 미국을 상징하는 표어처럼 받아들여졌던 '용광로(melting pot)' 개념은 1960년대에 접어들면서 각각의 재료의 특성이 살아 있는 '샐러드 접시(salad bowl)' 이론으로 대체되었지만, 국가의 경계를 넘어선 초국가적 현상들이 전 지구적으로 행해지고 있는 현재, 여전히 한 국가를 구성하는 구성원들에게 미국이라는 국가 담론이 건재하다는 점은 시사하는 바가 크다.[1] 특히 미국 이민 작가들의 작품에는 이민자들의 초국가적 이주로 인한 문제점과 떠나온 모국과 현재 삶의 터전인 미국 사회에서의 갈등 상황이 잘 드러나 있다. 이러한 점으로 강용흘(Younghill Kang, 1903-1972)의 작품 『동양이 서양으로 가다: 동양인의 미국인 되기(*East Goes West: The Making of an Oriental Yankee*)』(1937)[2]에 나타난 1920년대 미국 사회에서의 한국인을 비롯한 아시아계 이민자들의 삶과 당시의 미국 사회상을 살펴보는 것은 더욱 의미가 깊다.

강용흘의 『동양이 서양으로 가다』는 동양인으로는 드물게 서구의 문단에서 성공을 거둔 그의 1931년 작 『초당(*The Grass Roof*)』에 이어 발표

1 영국의 극작가 이스라엘 장윌(Israel Zangwill)이 1908년에 발표한 미국을 다룬 희극 〈용광로(The Melting Pot)〉는 당시 미국을 상징하는 표어와도 같이 받아들여졌다. 용광로의 불꽃을 통해 동질적으로 만들어진 사람의 이미지를 담고 있는 '용광로' 개념은 출신 국가가 다양한 이민자들에게 미국적 특색을 갖춘 '동화(assimilation)'를 강조했는 데 반해, 후에 이를 대체한 '샐러드 접시' 이미지는 미국 사회 내 상이한 인종 집단이 각기 자신들의 특색을 간직하고 있음을 의미한다(유선모, 1994: vi-vii).

2 이하 『동양이 서양으로 가다』로 칭한다.

된 작품이다. 강용흘의 전기적 사실을 바탕으로 한 자서전적 소설이라는 평과 함께 두 작품에는 모두 그의 또 다른 자아로 일컬어지는 한국인 한청파(Chungpa Han)가 화자로 등장한다. 청파가 한국을 떠나는 『초당』의 결말과 연결하여, 『동양이 서양으로 가다』는 중국인, 한국인, 일본인 등 아시아인의 이민을 금지하는 1924년의 '이민법(Immigration Act)'이 발표되기 이전인 1920년대 초반, 미국으로 건너간 청파가 일본에 의해 주권을 잃은 변방의 지식인의 입장에서 겪게 되는 미국 사회의 현실을 다룬다. 미국의 이민 역사가 시작된 후 많은 아시아계 이민자가 노동력이라는 경제적 수단으로 미국 사회에 발을 들여놓기 시작한 것과는 달리, 초기 한인 이민사회를 이루던 다수는 일본의 한국 합병으로 인한 정치적 망명자나 학문을 목적으로 한 유학생들로 구성되었다(Choy, 1979: 69). 청파 역시 돈을 벌기 위한 경제적 의미에서의 이민이 아니라, 영문학에 대한 열정과 주권을 빼앗긴 고국의 답답한 상황에서 벗어나고자 미국행을 택했기에 그는 진보와 개혁, 꿈과 희망의 상징으로 여겨지는 뉴욕에서 본격적으로 서구의 지식을 습득하고자 하는 열망에 부풀게 된다.

정체된 동양의 대안으로 선택한 서구에 대해 낙관적인 이상과 희망을 품고 있는 청파는 서구의 지식 습득을 통해 미국 사회에 새로이 뿌리내리길 원한다. 미국 내 대부분의 한국인이 고국으로의 귀향을 꿈꾸며 주권 회복을 위한 독립 자금을 후원하는 반면, 청파는 한국이라는 국가와 한국인이라는 민족성에 얽매이지 않는 모습을 보인다. 청파와 일반적 한국인들은 미국에 대해 각각 영원한 삶의 터전과 잠시 거주하는 곳이라는 인식의 차이를 보이지만, 가난한 동양인으로 미국 사회에서 주변화되는 점에서는 공통의 경험을 한다. 이렇듯 민족성에 얽매이지 않은 채 미국 사회에서 그가 만나게 되는 무수한 주변인들의 삶을 객관적으로 바라봄으로써, 청파는 한국인을 넘어선 소수민족의 일원으로 스스로를 인식하게 된다. 이러한 주변인으로서의 인식을 통해 청파는 아시아계 이민자들과 마찬가지로 주변인의 삶을 살아가고 있는 또 다른 차별과 폭력의 피해 집단인 흑인들의 삶에 대한 이해와 공감에 도달한다.

청파의 눈에 비친, 미국이라는 거대 담론의 기저에 위치한 서구 백인 중심 사상은 각각의 소수 인종에게 각기 다른 모습으로 영향을 끼친다. 소수 인종이 보이는 차별에 대한 저항은 평상시에는 극도의 절제로 억눌려 있다가 술이라는 기제에 힘입어 폭발하기도 하고, 우월한 서양, 열등한 동양이라는 이분법적 논리에 입각해 이들 스스로 서구 사회, 서구 문물에 대한 무비판적인 칭송과 찬양의 모습을 보이기도 한다. 소수 인종으로서 겪는 억눌림은 때로 억압자를 향한 극도의 증오심과 잔인함이라는 왜곡된 형태로 발현되기도 한다. 처음 청파가 지녔던 무한한 가능성, 희망 찬 미래와 동일시되던 미국에 대한 꿈은 그를 비롯한 동양인과 흑인들, 그리고 비서구권 이민자들에게 공통되는 주변화의 경험을 통해 이상과 현실 사이의 괴리를 더욱 깊게 하는 기제로 작용한다.

작품 내에는 또한, 청파와 마찬가지로 한국이라는 고국에 자신의 정체성을 두는 것을 넘어 미국 사회에 자리잡기를 시도하는 조지 점(George Jum)과 김도원(To Wan Kim)이 등장한다. 조지와 김도원은 동양인이지만, 미국 사회의 하층 계급으로 열등함을 경험하는 다른 일반적인 소수민들과는 달리 어느 정도 미국의 주류 사회와 교류하는 인물로 제시된다. 청파와 마찬가지로 이 두 사람은 초국가적 정체성을 지니고, 동양인이지만 각각 백인 여성과의 사랑을 경험한다는 점에서 미국 사회로의 정착에 가장 근접하게 된다. 그러나 미국이라는 국가에 온전히 귀속될 수 없는, 동양인이라는 이들의 상황은 결국 아시아계 이주민이 시도하나 도달할 수 없었던 초국가적 정체성의 한계를 드러낸다. 이와 같은 초국가적 정체성의 한계는 8년간의 미국 사회 여정의 끝에서 제시된 청파의 꿈을 통해 상징화된다. 다양한 경험 습득과 영문학에 대한 끊임없는 탐구를 통해 균형 잡힌 동서양의 시각으로 인문학자의 길을 걸으려 했던 청파의 노력에도 불구하고, 결국 그에게 부여되는 사회 내 위치는 백인의 박해와 차별을 받고 있는 흑인과 동일선상에 놓일 수밖에 없다는 현실이 흑인들과 함께 지하실에 갇혀 백인들의 공격을 받을 찰나 깨어나게 되는 청파의 꿈으로 압축되고 있다. 따라서 이 글에서는 청파로 대변되는 아시아계 이민자가 지닌 미국에 대한 이상과 꿈이 소수민들을 주변화시키는 미국의 현실과 어떤 식으로 괴리를 보이며, 이 과정에서 소수민들이 추구하는 초국가적 정체성의 추구와 그 한계를 백인 중심 사고가 내재해 있는 1920년대 미국 사회의 틀 안에서 분석해 보고자 한다.

2. 구세계로서의 모국, 뿌리로서의 모국

진보와 발전에 대한 열린 시각을 보이지 않는 동양을 황무지로 인식하고, 이에 대한 대안으로 새로운 가능성을 품고 있는 서양을 선택한 한국인 한청파는 서구의 지식을 탐구하는 학자로서 미국 사회에 받아들여지기를 희망한다. 고국으로의 귀향을 바라지 않으며 한국인으로서 정체성을 유지하는 데 연연하지 않기에, 청파는 자신의 꿈, 희망과 동일시되는 뉴욕에 도착한 후 이곳에 적응하고 뿌리를 내릴 때까지 망명객(exile)의 삶을 살아가게 된다. 청파가 미국에 도착해 처음 접하게 되는 주변인들의 삶의 실상은 뉴욕의 한국인 사회를 통해 보여진다. 대부분의 한국인이 처음 미국에 도착한 후 사회에 적응하기까지 여러모로 의존하게 되는 한인 사회에서 청파는 이들과 동질감을 지니기보다는 오히려 더욱 깊은 고립과 단절을 느끼게 된다. 같은 한국인이지만 일반적인 한국인의 삶의 양상을 거리를 둔 채 바라보는 청파의 시각에서도 나타나듯이, 뉴욕의 한국인들과 청파 사이의 구분은 미국을 삶의 터전으로 택하게 된 청파의 동기에 상당 부분 기인한다.

청파는 18세의 나이로 수중에 4달러만 지닌 채 미국행 배에 오르게 된다. 동양의 한시와 고전에도 깊은 조예를 지녔으나 청파가 열망한 것은 미션 학교와 일본인 학교를 통해 만나게 된 서구의 지식이었다. 자연과 운명에 대한 순응이라는 동양의 사고를 벗어나 서구로부터 개척정신을 수혈받은 청파는 부모가 주선한 집안끼리의 전통적인 결혼을 거부하고, 희망과 기회로 상징되며 미완성이기에 무한한 가능성을 품고 있는 뉴욕을 꿈꾸게 된다. "기민함, 자유로운 행동, 유동성, 무정형의 새로움"을 희망했던 젊은 청파에게 뉴욕이란 도시는 전통과 순응이라는 동양의 이미지와는 상반되는, 희망과 발전 가능성이 내재해 있는 초승달의 이미지로 다가왔던 것이다(Kang, 1997: 6).[3] 청파의 이와 같은 개인적 성장에 대한 희망과 서구의 지식 습득에 대한 열망과 함께, 한국이 일본에게 주권을 빼앗기게 되었다는 사회적 상황 역시 더욱 그의 뉴욕행을 부추긴다. 일본에 의해 전통이 파괴되는 한국과 급속한 서구화를 겪은 일본 사이에서, 그는 고국을 잃은 울분으로 순교자로서 무익한 피를 흘리기보다는 자유와 진보, 성장을 찾아 뉴욕으로 향한다. 실제로 청파와 같은 나이인 18세 때 한국을 떠난 강용흘은 「오리엔탈 양키(Oriental Yankee)」라는 글에서 자신이 미국을 택한 것은 억압된 고국의 상황을 벗어나기 위함도 있지만 개인의 자유로운 성장에 대한 열망이 더 크게 작용했음을 밝힌다.

> 내가 미국을 택한 이유는 분명하다. 나의 모국이 인종적 탐욕과 억압을 설파하는 나라의 희생양이 되었을 뿐 아니라 무엇보다도 성장을 위한 자유가 곧 나의 진정한 종교였기 때문이다. 미국 이주민으로 나는 아시아의 억압으로부터 도망쳤다. …… 나는 미국이 나의 나라라고 느낀다(Kang, 1941: 62).

주권을 빼앗긴 억압된 고국의 상황을 벗어나 마음껏 성장할 수 있는 자유를 꿈꿨던 강용흘이 미국을 자신이 살아갈 나라로 선택했듯이, 청파 역시 한국으로의 귀향을 바라지 않은 채 절실히 그가 동양의 대안으로 선택한 미국 사회에서 뿌리내리고자 한다. 새로운 땅인 뉴욕에서 모든 것을 새롭게 시작하고픈 청파는 자신이 떠나온 죽은 구세계의 요소들을 외면할 뿐만 아니라, 가능하다면 내면까지도 다 씻어버리고 싶어한다(11). 이렇듯, 모국으로의 귀향을 꿈꾸는 다른 한국인들과는 달리 돌아갈 곳이 존재하지 않기에 청파가 앞으로 적응하고 살아남아야 하는 곳은 바로 이곳 미국 사회인 것이다.

3 앞으로 『동양이 서양으로 가다』에서의 인용은 인용된 쪽수만 기입한다.

한국이라는 국가(nation)와 한국이라는 민족성(nationality)에 얽매이지 않은 채 자신이 선택한 제2의 국가인 미국에 새로이 정착하고자 하는 청파의 특징은 국가와 민족성이라는 개념에 대한 새로운 고찰을 이끈다. 서구 사회와의 소통을 단절시킨 채 미국 내 한국인들을 오히려 고립시키는 것으로 작용하는 이들의 강한 국가관과 민족주의의 실체는 다음과 같이 지적할 수 있다.

> ……국가의 정의: 국가란 상상된 정치적 집단이다. …… 국가란 가장 작은 국가의 구성원조차 그들의 동료들을 알거나, 만나거나, 심지어는 들어보지도 못했으나 각자의 마음속에 그들이 공유하는 이미지가 있다는 점에서 상상된 것이다. …… "민족주의란 자의식에 대한 국가들의 각성이 아니라 실제 존재하지 않는 국가들을 창조하는 것이다"(Anderson, 1991: 6).

즉, 국가와 민족성, 민족주의는 고정된 실체가 아닌 하나의 형상화된 개념인 것이다. 한 국가의 국민을 강하게 결속시켜 주는 민족주의조차, 실재 존재하지 않는 국가를 정치적 · 이념적으로 창조하고 이를 유지시키기 위한 기제로서 작용한다. 청파가 오로지 '한국인'이라는 민족적 테두리 안에서만 존재하는 일반적인 한국인과 스스로를 분리하고 있음은 이와 같은 국가, 민족성, 민족주의 개념의 허구성에 기인하고 있음을 알 수 있다. 따라서, 작품 속에서 청파는 한국인을 넘어선 아시아계 미국인(Asian-American)으로서 좀 더 보편화된 정체성을 지니는 것으로 나타난다. 더 나아가 청파의 초국가적 정체성은 소수민들에게 폭력적이고 억압적인 백인 중심 사회의 실체를 경험하게 된 후 스스로를 차별받는 흑인과 동일시하게 되는 청파의 소수민족으로서의 총체적 정체성(pan-ethnicity)으로 이어진다.

자신의 고국을 정체되고 발전 가능성이 없는 황무지인 구세계로 인식하고 미국을 미래의 삶의 터전으로 선택한 청파와는 달리, 한국의 뿌리를 고수하며 고국을 위한 독립자금을 후원하는 일반적 한국인들은 유학생과 망명객들의 집합지인 '한국인협회(The Korean Institute)'를 중심으로 자신들만의 고립된 집단(ghetto)을 이루며 살아간다. 첼시(Chelsea) 거리에 위치한 한국인협회는 한국 전통 음식을 제공하는 지하식당과 기독교도 한국인들을 위한 홀, 게임을 즐길 수 있는 클럽실과 한국 유학생들을 위해 저렴한 가격으로 제공되는 방들로 이뤄진 낡은 건물로 제시된다. 가난한 이와 부유한 이, 무신론자나 독실한 기독교인 등 모든 부류의 한국인이 모이는 이곳은 처음 미국에 도착한 한국인에게 일자리를 소개해 주는 등 한인들의 미국 생활에 중심이 되는 곳이다. 이곳에 모이는 다양한 군상의 한국인은 각자 나름의 방식으로 미국 사회에 적응하고 있으나, 경제적인 궁핍함 속에서 미국 사회의 주변부에 머물고 있다는 공통점을 동시에 보인다. 이 중 한국인 박(Pak)과 린(Mr. Lin)은 모국에 강한 뿌리를 두고 한국인으로서 정체성을 고수하며 서구 사회로부터 고립, 단절된 삶을 살아가는 전형적인 한인으로 그려진다. 15년간 한국의 독립과 고국으로의 귀향만을 꿈꿔 온 박은 자신의 존재를 오로지 한국적 요소로만 규정짓는 완강한 민족주의자로 제시된다.

> 그(박)는 전형적인 한국인, 정신적이 아닌, 단지 신체상의 망명객이었다. 서구 문명은 마치 바위에 물이 흘러내리듯 그의 몸을 타고 흘렀다. 그는 매우 강건한 민족주의자였다. 어렵게 번 돈으로 그는 일본으로부터 한국의 독립을 위해 애쓰는 모든 단체를 지원했다. …… 15년간 그의 유일한 열망은 한국으로 돌아가 정착하는 것이었다. …… 그러나 그는 귀향과 결혼, 안정되게 정착할 수 있는 충분한 돈을 모으지 못했다. 이 점이 그를 언제나 삶의 어두운 면만을 보는 우울하고 고통스러운 이로 만들었다(54-55).

서구의 영향력이 스미는 것을 거부하며 한국의 뿌리를 강하게 고수함은, 곧 박이 경제적 궁핍함 속에서 주변인으로 머물 수밖에 없는 미국 사회에서 살아갈 수 있는 생존 기제로 작용한다. 초국가적 정체성을 지니고자 하는 청파의 눈에 그러나 한국만을 모든 가치 판단의 중심에 두는 이러한 박의 특징은 언제나 어두운 분위기를 지니고 부정적인 면만을 보는 고립된 민족주의자로서 비춰진다.

박에게서 보이는 개인적 차원의 민족주의자적 성향은 한국인 린의 경우 좀 더 적극적이고 맹목적 형태의 민족주의로 나타난다. 린이 일본의 스파이라고 단정지은 채 공격한 친완(Chinwan)은 한국 태생으로, 오래 전 일본으로 건너가 교육을 받고 일본화되었지만 한국어뿐 아니라 한국의 상황에도 능통한 인물이다. 한국인과 결혼했기에 한국 사회와 계속 인연을 맺고 싶어하는 그는 일본 정부를 위해 일하나, 특별히 일본의 입장에도 한국의 입장에도 서 있지 않은 중립적 위치의 인물이다. 하지만 일본의 스파이를 향한 한국의 복수라는 명목으로 친완을 공격한 린의 행위는 이후 미국 내 한국 신문들과 유럽과 아시아 본토로부터의 전보를 통해 영웅적 행동으로 칭송받는다. 그러나 청파는 이러한 행위를 한 린을 "국제적인 도시에서 좁은 세계에 살고 있는"(69) 인물로 평한다. 다양한 인종이 모여 살고 있는 넓은 세계에서 마치 섬과 같이 고립된 상태로 존재하는 린은 넓은 의미의 명분을 갖춘 행동이 아니라 개인적 차원에서의 희생물을 만들었다며, 청파는 그의 행위를 야만적일 뿐 아니라 무익하고 편협한 민족주의의 산물이라 말한다.

떠나온 모국을 구세계로 인식하고 더 나은 미래를 위해 이와 단절하고자 하는 청파의 행동과 모국에 자신들 존재의 뿌리를 두고 민족성을 바탕으로 강하게 결속하는 한국인들의 행동은 겉으로 보기에는 상반되나, 그 내면에는 둘 다 초국가적 이주로 겪게 되는 갈등 상황을 극복하고자 하는 노력이 공통적으로 존재한다. 미국을 향한 무한한 희망과 꿈을 품은 채 뉴욕에 도착한 지 얼마 지나지 않은 청파의 눈에, 자신들만의 집단을 이루고 고립된 채 살아가는 한국인 사회는 소통이 부재하는 구세계의 연장으로 비춰진다. 그러나 한국인이라는 민족성을 주축으로 강한 유대감과 결속을 이루고 있는 한국인 게토 사회는, 또한 소수민들을 주변화시키는 미국 사회의 차별과 억압을 견디고 이겨낼 수 있는 초국가적 공간으로서 의미를 지니는 것이다.

3. 소수민들의 현실: 주변인으로서의 삶

한국인의 정체성을 넘어 서구의 지식을 습득하는 인문학자로서의 초국가적 정체성을 지닌 채 미국에 자리잡기를 희망하는 청파가 뉴욕에서 처음 갖게 된 일자리는 미국 가정의 하인(houseboy)이었다. 백인 가정의 하인 일을 처음 하게 된 청파에게 한국인 동료가 "전통적인 한국 새색시처럼 소극적이 된 채" 물러나 있으라는 충고는 주변인으로 받아들여질 수밖에 없는 서구 사회에서 생존을 위해 성 정체성의 전환을 겪는 아시아계 남성들의 현실을 반영한다.[4] 인격을 지닌 인간이 아닌, 오로지 집안일을 위해 존재하는 그림자와 같은 존재를 강요받는 청파가, 자신의 상태를 모든 것을 관망하고는 있으나 존재감이 인식되지 않는 개나 고양이와 같은 위치에 비유함은 곧 사회에서 주변부로 내몰리는 수많은 소수민의 상황과 연결된다. 이후 청파는 가난한 동양 유학생들을 구제해 주는 차원에서 차 판매를 주도하는 쑨(Hsun)의 사무실 비서와 동양 물건을 수입해 백인에게 판매하는 성(Sung)의 가게에서 판매원, 그리고 중국 음식점에서 웨이터로 일하게 되나, 이러한 그의 경험들은 모두 사회 내 중심이 아닌 주변부의 성격을 띠고 있다는 공통점을 지닌다. 특히 선교사 루터(Mr. Luther)의 도움으로 캐나다 핼리팩스(Halifax)의 마리타임(Maritime)대학을 다니게 된 청파가 겪는 경험들은 지금껏 뉴욕에서 겪었던 동양인에 대한 주변화와는 또 다른 성격의 억압과 차별을 보여 준다.

동급생 캐나다인들에게 청파는 언제나 관심과 도움을 필요로 하는 동양인으로 대우받는다. 이는 청파가 이들의 배려로부터 따뜻함과 인간애 대신 항상 고독과 외로움을 느꼈고, 동시에 자선장학금을 받고 있는 자신의 처지를 끊임없이 되새기게 되었다는 점으로 뒷받침된다. 동급생이 집에서 케이크를 받았을 때에도 청파에게는 언제나 두 조각의 케이크가 전해졌다

4 실제 아시아계 이주민이 미국에 정착하던 당시 많은 수의 동양인 남성은 그들이 과거 여성의 일이라고 일컬어 오던 직책을 생계 수단으로 택함으로써 남성성의 거세를 경험하기도 했다.

는 경우와 같이, 청파에게 행해지는 지나친 호의와 친절은 실제로 멸시와 배척이라는 상반된 태도와 마치 동전의 양면처럼 상통하게 된다. "식민지에 대한 백인들의 부담"으로 이들의 호의와 친절의 본질을 꿰뚫고 있는 청파는 이로 인해 그가 뉴욕에서 겪었던 배척과 차별보다 더욱 깊은 심리적 상처를 입는다. 동양인에 대한 백인 중심 사회의 직접적인 차별뿐 아니라 오히려 이들을 동정과 보호의 대상으로 여기는 이중적 의미의 차별 이면에는 동양인을 동등하게 대할 수 없다는 폭력적 서구 중심 사상이 내재해 있는 것으로 해석된다.

처음 청파가 서구에 대해 지녔던 진보와 발전, 개인의 자유와 평등한 기회에 대한 기대와는 달리, 그가 만나는 사람뿐 아니라 그의 경험들은 캐나다에서의 경험을 비롯해, 서구 사회의 중심에는 도달하지 못한다는 특징을 지닌다. 특히, 청파가 접하게 되는 흑인과 비서구권 이민자들의 주변화된 삶의 양상은 궁극적으로 백인 중심의 인종적 배타성이 내재된 미국 사회의 본질을 보여 주며, 이를 통해 미국이란 나라에 대해 막연한 기대만을 지니고 떠나온 청파가 미국이라는 사회의 현실에 눈을 떠가는 과정에서 중요한 의의를 지닌다. 동양인 청파와 마찬가지로 미국 사회 내 흑인들 역시 주류 사회로의 통로가 차단된 채 주변인으로서 경험을 한다는 점으로 두 그룹은 타자의 위치를 공유하게 된다. 청파의 흑인에 대한 시선에는 백인이 지니고 있던 편견과 차별 의식이 부재하며, 청파가 오히려 이들의 차별받는 심리에 대한 이해를 보인다는 점은 주목할 만하다. 또한 뉴욕에 도착한 직후 청파는 YMCA에 소개장을 들고 가지만 동양인과 흑인에게는 제공할 자리가 없다는 말을 듣게 되는 점 역시 미국 사회 내에서 동양인과 흑인이 백인 중심 사회에서 동일한 주변인으로 여겨진다는 점을 반영한다.[5] 주변인의 입장을 공유하기에 동양인과 흑인들의 교류에서 보이는 서로에 대한 이해의 가능성은 청파의 눈에 흑인의 거주지인 할렘(Harlem)

5 동양인과 흑인이 지배 계급에 종속적인 위치를 공유하고 있다는 점에서, 동양인은 흑인의 그림자이며 흑인은 동양인의 그림자다(Okihiro, 1994: 34).

이 백인이 주류를 이루는 맨해튼(Manhattan)보다 더 생명력과 생동감을 지니는 곳으로 비춰진다는 점으로도 뒷받침된다.

> 모든 곳에서 웃음은 더 따뜻했으며, 공기는 더 풍부했고, 감정으로 더 충만했다; 색상들은 더 깊이가 있고, 소리 역시 마찬가지였다. 조명 역시 다양하지는 않았지만, 더 부드럽고 화려하며 아름다웠다. 아프리카의 향취가 공기 중에 떠돌았다(18).

백인 사회보다 다양성과 생명력, 감정적인 따뜻함이 살아 있는 할렘의 특성은 또한 미국 사회 내에서 주변부로 일컬어지는 차이나타운(Chinatown)의 특징과도 일치하는 것으로 제시된다. 미국 속에 위치하고 있으나 결코 미국이 아니며, 동시에 중국과도 구분되는 차이나타운은 동양과 서양이 각각의 특성을 고스란히 간직한 채 만나는 곳이다. 동서양의 물건이 함께 전시되어 있으며 상점의 글씨가 중국식으로 상하가 아닌, 서구식으로 좌우로 씨진 이곳은 "동양과 서양의 요소가 합쳐진 이국적 혼합물"(27)로서 미국 사회 내에 존재하는 초국가적 공간으로 제시된다. 벨 훅스(Bell Hooks)는 이러한 열린 시각으로 다양성과 생명력의 유지, 그리고 각각의 특성을 간직한 동양과 서양의 만남이 서구 사회의 중심이 아닌, 할렘이나 차이나타운과 같은 주변부에서 이뤄지고 있음에 주목한다(Koo, 2002: 129 재인용).

흑인 요리사 로렌조(Laurenzo), 법대생 왜그스태프(Wagstaff)와 청파와의 만남은 타자성의 공유를 바탕으로 한 동양인과 흑인 간의 공감과 이해의 가능성을 보여 준다. 청파가 여름방학 동안 학비 마련을 위해 슈미트(Mr. Schmitt) 씨의 개인 서가 정리를 도와주던 중 만나게 된 가정 요리사인 로렌조는 평상시 그림자와 같은 존재로 자신의 직분에 충실하지만, 주말이 되면 가장 좋은 의복에 빈 여행 가방을 들고 외출한다. 빈 술병을 한가득 채워 오는 로렌조는 청파를 자신의 방으로 불러 "술에 취하는 것만이 이 사회에서 흑인이 왕처럼 느낄 수 있는 유일한 길"(262)이라 고백한다. 아무리 학문적 지식을 많이 쌓고 사회 내 중심부로의 진출을 꿈꾼다 해도 흑인은 오로지 요리와 시중들기만을 부여받는다는 로렌조의 비난은 소수민에게 배타적인 미국 사회의 현실에 대한 고발이다. 로렌조와 청파가 공유하는 타자성은 로렌조로 하여금 백인을 향한 분노의 목소리를 청파에게 드러내게 하고, 동시에 청파 역시 이러한 그의 폭발을 스스로의 존재감에 대한 자기 표현으로 받아들이게 이끈다.

술을 통해 자기 파괴적인 자아 표출을 했던 로렌조와는 달리, 법대생 왜그스태프는 인종 차별적 미국 사회에서 살아가는 흑인 지식 계층의 심리를 보여 준다. 운반인(porter)과 엘리베이터 맨(elevator man)으로 일했던 그는 근면함과 확고한 의지로 보스턴대학을 졸업했지만, 인종적 잣대가 존재하는 이 사회에서 대학 교육을 받은 흑인이 가질 수 있는 직업은 백인에 대한 복종의 직업일 뿐이라는 말로써, 청파가 기대한 평등과 자유라는 미국 사회의 이상과는 괴리를 보이는 미국 사회의 현실을 드러낸다. 자신이 태어난 미국이 그의 고국이라는 확신을 지닌 채, 피부색에 대한 고정 관념이 확연히 존재하는 미국 사회에서 흑인이 지녀야 하는 자아에 대해 끊임없이 탐구하는 왜그스태프가 청파와 나누는 대화는 지식인 흑인 계층의 심리와 백인 사회에서 배척받는 그림자와도 같은 흑인의 존재, 그리고 흑인을 법적 혹은 불법으로 차별하는 현 미국 사회상이다. "두 얼굴의 사회(two-faced world)" 속에서 흑인은 생존을 위한 거짓말을 강요받기에 사회 내에서 힘을 지니는 것이 진리이자, 곧 자신의 존재에 대한 정당성과 연결된다는 왜그스태프의 비난은 맹목적인 기대와 희망만을 품고 온 청파로 하여금 미국의 본질에 눈을 뜨도록 이끈다.

미국 사회의 차별과 억압에 의한 주변화의 경험은 흑인의 경우뿐 아니라 청파와 같은 동양계 이민자에게도 두드러진다. 백인에 의한 차별과 배제로 인해 이들은 미국에 뿌리내리지 못하고 고향으로 돌아가기를 희망하거나, 혹은 동족 인종과의 교류만을 유지하곤 한다. 청파와 함께 보스턴대학에 다니는 태국인 마히디아(Mahidia)는 언제나 털코트로 몸을 감싸고 다니지만 항상 심하게 몸을 떠는 모습을 보인다. 마히디아의 이와 같은 심각한 추위 탐은, 청파에게 단순히 기후적이기보다는 심리적인 요인이 작용하는 것으로 여겨진다. 비판적이고 적대적 기질의 백인들로 이뤄진 보스턴 사회에서 마히디아는 동양계로서의 이질성을 인식했기에, 결코 미국에 영구 정착하기를 원하지 않으며 언젠가는 그의 고향인 태국으로 돌아갈 수 있다는 희망에서만 살아갈 힘을 얻는다. 적극적으로 선교 사업에 참여하는 미국인에게 입양된 중국인 유진 청(Eugene Chung) 역시 미국 사회 내 소수민에 대한 편견과 차별로 상처입은 인물이다. 미국인 양아버지의 재정적 도움으로 중국에서 대학을 마치고, "형제애와 산타클로스에 대한 기대를 품은 채" 서구 사회로 오게 된 그에게 실제 미국 사회는 명백한 인종적 편견을 지닌 사회로 다가왔다. 이로 인해 유진은 YMCA 활동에 대한 모든 의욕과 관심을 잃고, 마히디아와 마찬가지로 자신과 같은 인종으로 이뤄진 모국으로 돌아가기만을 바란다. 필리핀인 로페스(Lopez)는 YWCA의 무도회장에 단골로 참여할 정도로 춤을 좋아하나, 국제 무도회장에 존재하는 인종적 편견은 그에게 단 한 명의 여자 파트너도 허락하지 않는다. 이후 현실에서의 세속적인 즐거움을 포기한 채 필리핀인에게 근본주의(fundamentalism)를 가르치는 침례교도인으로 돌아가고만 로페스의 경우는 미국 사회의 차별과 배제로 인해 같은 인종과의 교류만을 할 수밖에 없는 주변화된 소수민의 현실을 드러낸다.

흑인 요리사 로렌조의 술이라는 기제를 통한 억눌림의 분출, 마히디아와 유진이 보이는 모국으로의 귀향에 대한 희망, 그리고 로페스의 개인적 체념과 함께 미국 사회의 소수민에 대한 억압과 폭력은 일본인 미야모리(Miyamori)와 인도 학생 센자(Senzar)가 보이는 무조건적인 '찬양'과 극도의 '공격성'이라는 극단적인 반응으로 제시된다. 한 서구 단체로부터 미국 내 일본인 학자들을 위한 장학금을 수혜받고 있는 미야모리는 그 어떤 동양인보다 미국 문명에 대한 무비판적인 찬양을 보인다. 고층 건물, 지하철, 자동차, 위생 시설, 거대한 백화점과 같은 서구의 물질문명은 그에게 마치 이상향(utopia)처럼 여겨진다(296). 미야모리의 경우와 같이 백인이 주도한 열등한 동양, 우월한 서양이라는 고정 관념과 인종적 편견은 오히려 타자화되는 이들로 하여금 자신의 문화를 거부하며, 자신을 주변화시키는 주체의 문화를 더 우월한 것으로 받아들이는 부작용을 야기한다.

미야모리의 극단적인 칭송의 태도와 달리, 인도 학생 센자의 경우는 식민 경험으로 인해 좀 더 복잡한 심리를 보인다. 영국뿐 아니라 인도에서조차도 영국인 학교를 다녔다는 센자는 뛰어난 학문적 재능을 지니고 있다고 제시되지만, 인도인이라는 그의 혈통이 백인 사회에서는 결코 무시될 수 없는 요소라는 점이 그의 복잡한 심리를 통해 드러난다. 고국인 인도에서는 선망의 대상인 동시에 자신들을 지배하는 영국의 영향을 지나치게 받았다는 점에서 배척되며, 자신이 자리잡고픈 영국의 주류 사회에서는 인종으로 인한 주변화를 겪을 수밖에 없기에 센자는 결국 어느 곳에도 진정한 뿌리를 내리지 못한 채 영원한 타자로 남게 된다. 이러한 불안정한 상황으로 인해 센자의 스스로에 대한 방어 수단은 극도의 공포에 기인한 공격성과 잔인성의 형태로 나타난다. 억압받는 타자로서 센자의 억눌린 자아는 영국인들을 "거짓말쟁이들, 사기꾼들, 위선자들, 악마들"이라고 부르며 총으로 영국인들을 곧 몰아낼 것이라 단언하는, 영국인을 향한 증오의 형태로 폭발한다(298). 서구 문물에 대한 무조건적인 찬양을 보내는 미야모리와 서구인에 대한 적개심을 보이는 센자의 불안정한 상태, 그리고 주변인으로 살아갈 수밖에 없는 흑인과 비서구권 이민자들의 삶을 보며, 청파는 자신이 품었던 자유와 평등의 이상적인 모습과는 괴리를 보이는 미국 사회의 실상을 점차 인식하게 된다. 청파가 만나게 되는 사람들 모두 사회 내 주변부에 머무르는 타자들이며 청파가 겪는 경험들 역시 동양인으로서의 이질성을 느끼게 한다는 점은 이민자로 구성된 초국가적인 미국이 소수민에게 가하는 폭력과 차별의 결과인 것이다.

4. 초국가적 정체성의 추구와 그 한계

정체된 동양의 대안으로 서구 사회를 택한 청파는 처음 뉴욕에 도착한 후 한국인으로서의 정체성에 국한되지 않은 채 미국 사회에 자리를 잡기 위해 노력한다. 그가 만났던 대부분의 한국인이 고국과의 강한 연결고리를 지닌 채 단지 신체적으로만 망명객이었기에 뉴욕의 한국인 사회에서 고립감과 단절감을 느꼈던 청파는 조지 점과 김도원과의 만남을 통해, 지금까지 만났던 이들과 다른 사고 방식을 지닌 한국인들과 교류하게 된다. 조지와 김 역시 청파가 앞으로의 삶의 터전으로 미국을 택한 것과 마찬가지로 현재 이들이 살고 있는 미국 사회에서 뿌리내리기를 바란다는 점에서 청파와 공통점을 지닌다. 또한 두 사람은 일반적인 미국 내 한국인들이 경제적 궁핍에 시달리며 주변부에 머무르는 것과는 달리, 어느 정도 미국 주류 사회와의 교류도 유지하며 백인 여성과의 사랑을 경험한다는 점에서 다른 한국인과 구분된다.

동양인이라는 주변인의 위치에서 한국인 조지가 택한 미국 사회에서의 생존 기제는 완벽한 서구화를 통한 '동화(assimilation)'로 제시된다. 한국인임에도 서양식 이름을 택하고 스스로 모든 동양적인 요소를 무(無, nought)로 돌린 채, 조지는 외모와 태도에서 동양적 요소를 거의 보이지 않는다. 특히, 청파가 처음 그의 집을 방문했을 때 그의 무수한 소유물에 놀라게 됨은 조지가 추구하는 서구화가 상당 부분 그의 외모와 물질적인 면에 기반을 두고 있음을 보여 준다.

> 붉은 가죽 슬리퍼를 신고 검은 색과 회색의 넥타이 실크로 줄무늬가 있는 두툼한 목욕 가운을 입은 조지 점은 상당히 미국화되어 보였다. 옷장은 신발, 모자, 양복, 외투로 단정하게 가득 차 있었다. "이것이 모두 다 당신 거예요?" 나는 놀라서 물었다. "그렇지, 하지만 어느 것도 유별난 건 없지……" "오, 욕조도 있잖아요! 호화스러워라!" …… 나는 조지의 욕실 선반을 봤다. 머리, 치아, 얼굴 등 사람의 몸에 바르는 용품을 일평생 그렇게나 많이 본 적이 없었다. "이건 뭐죠—이거는요—" 나는 경탄했다(32-33).

외모에 완벽함을 유지하도록 신경쓰는 등 삶의 방식에서 완전히 미국식의 삶을 답습하고자 하는 조지의 서구화가 수많은 재화에 기초하고 있다는 점은, 거꾸로 미국 사회를 규정짓는 특징이 바로 물질주의라는 점을 드러낸다. 외형적 면에서 미국식 삶을 답습하는 조지에게는, 지적인 면조차 사회의 흐름과 유행에 도태되어서는 안 되는 영역으로 여겨진다. 그가 싱클레어 루이스(Sinclair Lewis)와 셔우드 앤더슨(Sherwood Anderson)의 소설들, 유진 오닐(Eugene G. O'Neill)의 극작품을 읽는 것은 지적인 욕구에서가 아니라 최근 미국 사회의 경향과 특성을 공유하기 위해서다(72).

조지가 바라는 철저한 서구화는 실제 백인 여성과 연애를 경험한다는 점에서 본격적으로 시도된다. 백인 중심의 미국 사회에서 주변인으로 머물 수밖에 없는 이민자 동양인 남성에게 백인 여성과의 교제는 사회적 의미상 미국 사회의 중심부로 진입할 수 있는 하나의 통로로 작용한다.[6] 그러나 조지가 아무리 외모상 서구화되었다 하더라도 동양 남성과 백인 여성의 교제는 "나쁜 취향(bad taste)"으로 서구인들의 눈에 비춰진다. 동양 남성과 백인 여성의 연애로 인한 이종 간의 결혼(miscegenation)의 가능성에 대해, 청파가 판매술(salesmanship)을 익히기 위해 머물렀던 백인 가정집의 라이블리 부인(Mrs. Lively)은 "신(Lord)이 의도한 바가 아니다"라는 말로써 완곡하게 이를 부정한다. 동족끼리의 결혼만을 긍정하는 라이블리 부인의 말은 동양계 이민자들이 백인들의 직접적인 삶의 반경으로 들어오는 것을 거부하는 백인의 배타성을 드러낸다.[7] 그가 백인 사회의

6 아시아계 남성의 이민문학에서 백인 여성은 "자유, 서구 문화, 문명(freedom, Western culture, civilization)"과 같은 미국의 이상(ideal)을 상징한다. 그러므로 백인 여성에게는 새로운 거주지로의 수용, 복지, 안전과 안락이 보장되는 미국 사회로의 동화라는 남성 이민자들의 꿈이 내재하게 된다. 이러한 맥락에서 백인 여성과 아시아계 남성의 교제와 결혼은 동양과 서양의 문화적 접합을 암시한다(Wong and Santa Ana, 1999: 179).

7 다수의 아시아인이 거주하던 캘리포니아와 같은 주에서는 아시아계 남성과 백인 여성과의 결혼을 금지하는 '이종 간의 결혼금지법(anti-miscegenation laws)'이 통과되기도 한다. 결국 1922년부터 1936년까지 귀화가 금지된 아시아계 남성과 결혼하는 미국 여성은 시민권을 박탈당했다(Chan, 1991: 59-61).

중심으로 들어가지 못함은 훗날 할리우드에서 연기를 할 때에도 그에게 돌아오는 배역은 단역일 뿐이라는 점으로도 뒷받침된다. 결국 그는 "게으른 원숭이들이 일하는 것 없이도 견과류를 줍는" 하와이에 정착해 한국적 요소와 서구의 생활 방식을 함께 갖춘 한국계 미국 여성과 약혼을 한다. 조지의 낙관주의는 자신의 삶에 대해 "단지 성공하지 못했을 뿐이지, 실패한 것은 아니다"(367)라는 평을 내리게 하나, 그를 하와이에 정착하게끔 이끌었던 미국 사회의 배제와 편견은 그 이면에 뚜렷이 존재하는 것이다.

조지가 완벽히 서구화된 외형을 비롯한 물질적인 면모를 통해 미국 사회에 정착하고자 했던 반면, 김도원[8]의 미국 사회와의 주된 교류 통로는 동양 예술가로서 그의 면모다. 특히 일레인 김(Elaine H. Kim)은 작품의 원제목이 김도원을 의미하는 "한 망명객의 죽음(Death of an Exile)"이었다며, 그의 존재와 경험이 작품 내에서 지니는 중요성을 지적한다(Kim, 1982: 287). 두 사람의 만남에서 청파는 김으로부터 그가 추구하고픈 미지의 사고와 지식을, 김은 청파로부터 과거 자신의 젊고 희망찬 모습을 인식함은, 앞으로 두 사람의 관계뿐 아니라 서로에게 미칠 영향력을 암시한다. 조지와의 만남이 청파에게 미국식 외형적 삶의 단면을 보여 줬다면 김과의 만남은 미국 사회에서 동양계 지식인의 삶에 대한 인식과 연결된다는 점에서 청파의 미래와, 나아가 미국 사회의 본질에 대한 깨달음으로 이어진다.

청파와 마찬가지로 동양 고전에 대한 지식을 갖추고 서구 문학을 탐구하는 인문학자라는 점에서 김은 자신의 경험에 기인한 충고와 가르침을 전하고 서구 사회를 호의적으로만 바라보는 청파가 균형 잡힌 시각을 갖출 수 있도록 도와 준다. 학식적인 깊이에서뿐 아니라, 고국의 독립을 바라고 후원하는 대부분의 한국인과 김이 구분되는 것은 그가 세계 곳곳을 자신의 삶의 터전으로 삼아 살아온 그의 지난날에 기인한다. 김이 지니는 동양 예술 세계의 깊이뿐 아니라, 그가 여행한 다양한 국가와 그의 무수한 경험의 폭은 그를 다른 동양인 이주민들과는 간극이 확연한 존재로 만든

8 이하 '김'이라 통칭한다.

다. 그러나 그의 삶과 경험이 아무리 국가와 인종의 경계를 초월한 광범위한 것이라 해도 동양인이라는 그의 인종적 특징은 그가 살아온 서구 사회에서 그를 정의하는 일차적 주요 요소로 작용한다. 즉, 한국인으로서 정체성을 초월하고 있으나, 삶의 터전인 서구 사회에서도 타자로 취급되는 김은 또 다른 의미의 정신적 망명객으로 살아간다. 이처럼, 김은 동양과 서양 어디에도 완전히 정착하지 못하기에 서서히 뿌리가 시드는 고립되고 외로운 지식인의 모습으로 제시된다(Yun, 1992: 85).

청파와 마찬가지로 김 역시 처음에는 새로운 미, 새로운 삶, 새로운 종교를 찾기 위해 서구 사회를 택한 후 18년 동안 이곳의 삶에 뿌리를 내리도록 이끄는 뚜렷한 지표를 찾기 위해 노력해 왔지만, 결국 자신의 이상과는 괴리를 보이는 서구 사회의 진실에 대해 깨달았음을 밝힌다. 수많은 이민자가 미래에 대한 희망을 품고 서구 사회로 오지만 이곳 역시 인류가 진정한 뿌리를 내릴 수 있는 튼튼한 토양을 제공하지 못함은 그들이 떠나온 동양 세계와 마찬가지인 것이다. 그러나 과거 삶의 터전으로 돌아갈 수도, 그렇다고 현재 살고 있는 신세계에도 뿌리를 내릴 수 없는 상황에서 김은 과거 자신과 마찬가지로, 서구에 대한 희망을 지닌 채 동양을 떠나온 청파 역시 자칫 "또 다른 잃어버린 세계에서 길을 잃은 채 떠도는" 미래를 지닐지 모름을 걱정하며(166), 청파에게 동양 고전, 동양 전통과의 연결고리를 잃지 말고 동양과 서양의 양쪽 입장에 입각한 균형 잡힌 시각의 동양인 학자로 서구 사회에 다가갈 것을 충고한다.

> 동양서, 서양과 동양의 시각으로 쓰인 모든 것을 읽게. …… 자네는 동양에 다가가는 서양인처럼 되어야 하네. …… 아마 나처럼, 노력하지 않아도 서구의 과장과 편견을 보게 될 걸세. 그러나 잘 균형 잡힌 마음을 유지함으로써 아마도 자네는 동양의 과장과 편견 역시 보게 될 거네. 두 반구의 예술, 종교, 문학을 공부할수록 자네는 더 광범위하고 더 융통성 있는 존재가 될 거네. 이식된 학자로서, 이것만이 자네가 행복하게 살아남을 수 있는 유일한 길이네(257).

동양 고전의 바탕 위에 서구의 지식을 받아들여 동양과 서양 두 세계 모두의 조화를 이룬 지식인으로 거듭나길 바라는 김의 충고는 청파가 희망했던 국가와 인종의 범위를 넘어선 초국가적 정체성의 본질과 닿아 있다. 이처럼 미국 사회에서 살아남을 수 있는 생존 기제로 동양과의 연결고리를 강조했던 김 역시 자신의 동양 예술에 대한 조예와 깊이를 통해 미국의 주류 사회와 교류한다. 김의 예술 세계의 가치를 알아본 백인 브라운(Mr. Brown)은 그를 만난 뒤 동양 예술을 가장 최상으로 평가하나, 김은 이러한 그의 태도가 동양 예술에 대한 진정한 이해와 공감이 아닌 서양 예술에 대한 대체물이라는 점 역시 간파한다. 브라운이 보이는 동양 예술에 대한 관심이 청파가 기대하던 동등한 입장에서 이뤄지는 동양과 서양의 진정한 교류라기보다는 서구인의 전형적인 오리엔탈리즘(Orientalism)에 기인했음은 김이 모국에서의 경제적 보조를 더 이상 받지 못하고 그가 유일하게 삶의 희망으로 여겼던 백인 여성 헬렌(Helen)과의 사랑이 이뤄지지 못한 채 경제적 · 정신적으로 몰락하게 되자 둘의 교제가 끊어졌다는 점으로도 뒷받침된다.

헬렌과의 사랑에 있어 그녀의 부모가 김에게 보낸, 딸 곁을 떠날 것을 종용하던 편지에서 "진입 금지(no trespassing)"의 메시지를 김이 간파하는 것은 배제와 차별로 인해 미국에 온전히 뿌리내릴 수 없는 소수민의 현실을 대변하는 것이다. 깊은 경지에 다다른 동양의 예술인이자 동서양을 아우르는 해박한 지식인이었던 김은 결국 자신의 아파트에서 자살하게 되고, 신문에 한 일본인의 자살로 오보된 그의 죽음은 무덤조차 찾을 수 없는 비참함으로 종결된다. "동양과 서양의 구분이 없는 인어(mermaid)의 나라"를 꿈꾸었던 김의 몰락을 청파는 단순히 개인적인 차원의 것이 아닌 "외부 요인(outside force)"에 의한 것으로 본다(362). 집안의 몰락으로 인한 경제적 파산 역시 원인이나, 무엇보다 그를 자살이라는 극단적인 결론으로 이끈 것은 동양인이라는 이유로 그의 자리를 열어 주지 않던 미국 사회의 배타성과 폐쇄성인 것이다. 김이 도달한 예술 세계와 해박한 지식, 그리고 서구 문화에 대한 날카로운 통찰력과 비판은 한 개인이 도달하기에 결코 쉽지 않은 것이었지만 결국 그의 삶이 자살로 종결됨은 궁극적으로 동양과 서양의 구분을 넘어 존재하는 진정한 세계인의 가능성이 차별적인 미국 사회에 의해 파괴되었음을 보여 주는 것이다.

여전히 모국의 영역에서 살아가는 일반적인 한국인들, 그리고 이들과는 달리 조지와 김처럼 초국가적 정체성을 지녔으나 주변인으로 살아가는 미국 내 소수민들의 삶에 대한 인식을 통해, 청파는 점차 자신이 미래의 삶의 터전으로 택한 미국 사회의 실체를 파악해 간다. 1920년대 초기의 미국 사회를 지배했던 자본주의, 물질주의와 산업화는 그가 겪은 호텔의 주방 세계와 백과사전 판매업, 그리고 백화점 근무를 통해 구체적으로 제시된다. 특히, 오로지 재화, 판매, 돈만을 고려하며 이윤 창출을 최대 목적으로 삼는 백화점 세계의 비인간적인 본질을 통해 청파는 미국 사회를 규정짓는 특징 중 하나인 자본주의의 실체를 깨닫게 된다. 피곤한 몸을 이끌고도 다른 판매원에게 고객을 빼앗기지 않기 위해 억지 미소를 지으며 바쁘게 움직여야 하는 판매업 세계를 겪으며, 청파는 소년 시절 자신의 꿈 속에서 보았던 미국 사회의 "모든 매력과 낭만, 영광스러운 비전"은 모두 어디로 갔는지를 토로한다. 결국 8년에 걸친 미국 사회의 여정이 거의 끝나갈 무렵, 청파는 브리태니커 백과사전의 편집자로 일할 정도로 어느 정도 미국 사회에 자리를 잡고 경제적으로 안정되기에 이른다. 18세의 젊은 나이의 눈에 막연한 동경으로 여겨졌던 생명력이 가득 찬 서구 사회는, 더 이상 무한한 희망과 기대를 품을 수만은 없는 곳이었다. 자유가 억압당한 고국과 정체된 동양의 대안으로 택했던 서구 사회 역시 해결책이 될 수 없었음을 깨달은 청파는 이제 양쪽 세계를 객관적으로 직시하는 시각을 지니게 된 것이다. 특히 작품의 종결부에 제시되는 청파의 꿈은 그가 8년간의 미국 사회에서의 여정을 마치고 난 후 얻게 된 깨달음을 함축한다.

꿈 속에서 어린 시절 동무들인 윤구(Yunkoo)와 작두쇠(Chak-doo-shay)의 부름을 받고 결코 닿을 수 없는 곳처럼 보이는 흔들다리 건너편의 마을로 가고자 높은 나무에 오르던 청파가 꼭대기에 도달한 순간, 그의 주머니에서는 돈과 자동차 열쇠, 계약서와 사업 편지와 같은 것들이 굴러

떨어진다. 이 중 돈과 자동차 열쇠는 반드시 찾아야 한다는 청파의 태도는 자본주의와 물질주의로 상징되는 미국 사회의 본질과도 연결된다. 결국 이를 찾기 위해 덤불을 헤집던 청파의 꿈은 어둡고 비밀스러운 지하실로 내려가는 것으로 연결되고, 이곳에서 청파는 자신이 겁에 질린 듯한 흑인들과 함께 지하실에 있음을 깨닫는다. 지하실은 곤봉과 칼을 든 사람들의 공격을 받을 찰나에 놓여 있는 것이다.

> 다른 사람들이 지하실에 나와 함께 있었다—겁을 먹은 듯이 보이는 흑인들로 기억된다. 뒤돌아 보았을 때, 나는 위쪽을 향한 쇠창살 너머로 곤봉과 칼을 든 사람들을 보았다. 지하실로 곧 쳐들어오고 흑인들은 집단으로 공격을 당할 것이었다. 나는 문을 닫고 빗장을 지르며 나의 겁먹은 동지들에게 문을 잡고 있는 것을 도와달라고 외쳤다. "불, 불을 가져와," 밖에서 붉은 얼굴의 사람들이 소리쳤다(369).

지하실이 공격받으려 하는 순간 청파가 자연스레 자신과 함께 지하실에 갇혀 있는 흑인들을 "나의 겁먹은 동지들"이라고 받아들이며 함께 공격을 막아내려 했다는 점은, 그의 정체성이 한국인으로서 정체성을 넘어 동양계 미국인, 더 나아가 소수민 전체로서의 초국가적 정체성으로 확장됨을 보여 준다. 사회 내의 타자들이 지하로 대변되는 주변부로 몰려 있는 미국 사회의 현실을 강하게 암시하는 청파의 꿈은, 미국에서 8년간 생활하며 다양한 경험을 겪고 어느 정도 미국에 자리잡았으나, 결국 마지막에 도달하는 곳은 사회 내 타자들이 위치한 주변부임을 깨닫는 청파의 인식의 산물이다. 인종과 국가에 얽매이지 않은 채 서구 사회에 위치한 인문학자로서의 자리매김을 희망했던 청파가 처음 미국 사회에 품었던 열망과 희망이 컸기에, 그의 이상과 깊은 괴리를 보였던 미국의 현실을 반영하는 그의 꿈은 더욱더 충격적으로 표현되는 것이다.

이러한 백인 중심 사회 내 타자로서 청파의 깨달음은 작가 자신의 경험과도 연결된다. 작가 강용흘 역시 작품 속 청파와 같은 나이인 18세에 처음 미국에 도착한 이후, 영문학에 대한 열정을 지닌 채 학문 세계를 통해 미국 사회에 자리를 잡고자 시도했다. 비록 훗날 동양인 최초로 구겐하임 장학금이라는 재정적 지원을 받고 미국 대학의 강단에서 가르치기도 하나, 그의 미국 시민으로서의 귀화 신청은 끝내 받아들여지지 않았다. 배타적인 인종의 장벽이 존재하는 미국 사회의 현실을 상징하는 청파의 꿈은, 그러나 청파 스스로 자신이 흑인들과 불태워지는 꿈을 마치 불 속에서 태어나는 불사조(phoenix)에 비유함으로써 그 충격이 완화된다. 동양에서는 꿈 속에서 죽음을 경험하는 것을 길조로 보며, 특히 불교 철학에서 죽음은 성장과 새로운 재탄생을 의미한다는 언급으로 청파는 자신의 꿈에 대한 해석을 내린다. 강용흘은 비록 이와 같은 청파의 모호한 꿈 해석으로 작품을 끝내고 있지만, 실제 중요한 것은 청파 자신의 해석이 아니라 꿈 내용 그 자체다. 월터 류(Walter K. Liu)가 지적한 바와 같이, 실제 청파의 꿈을 통해 제시되는 미국 사회의 현실에 대한 강한 고발성은 "희망과 초월을 우스꽝스럽게 주장하고 상징화한 동양적인 결말"(류, 1995: 37)로 그 충격이 완화되지만, 꿈 속에서의 상징적 죽음을 통해 새로 태어남을 바라는 것은 청파의 희망일 뿐 정작 중요한 꿈 속의 내용이 부인되지는 않는다.

5. 여정의 끝, 새로운 가능성

미국에 대한 희망을 품고 뉴욕에 도착한 한국인 유학생 한청파의 미국에서의 여정을 통해, 작가 강용흘은 1920년대 동양계 이민자와 흑인으로 대변되는 소수민의 삶을 물질주의와 자본주의가 팽배한 미국 사회의 단면들과 함께 『동양이 서양으로 가다』에서 제시하고 있다. 초국가적 이주를 통해 미국에 정착한 이민자들은 소수민을 차별하고 배척하는 미국 사회에서 살아가기 위한 기제로 모국과의 연결고리를 강하게 맺고 자신들만의 초국가적 삶의 공간을 이루며 살아가기도 하고, 서구 사회에 자리잡고자 하는 강한 열망으로 인해 고국의 영향력을 거부한 채 외모상의 서구화를 지향하기도 한다. 청파가 보여 주듯이 국가와 인종에 얽매이지 않고 초국가적 정체성을 지닌 채 미국 사회에 뿌리를 내리고자 노력하기도 하나, 이와 같은 소수민의 노력은 궁극적으로 배타적이고 억압적인 미국 사회의 인종적 잣대와 충돌하게 된다. 비록 미국 사회에 대한 모든 경험의 마지막에 가서, 자신 역시 백인 중심 사회 내 주변인들과 동일한 존재였다는 청파의 깨달음이 꿈이라는 매개를 통해 간접적으로 그려지나, 강용흘이 보여 준 1920년대 미국 사회에 대한 통찰과 비판은 작품 속에 뚜렷이 제시된다. 또한 그가 지니는 국가와 민족성을 넘어선 소수민 전체로서의 정체성은 오늘날과 같은 초국가 시대에 정체성에 관한 새로운 고찰을 이끌어 냄과 동시에, 주류 사회를 향해 나아가는 소수민들끼리의 연계 가능성으로도 이어진다는 점에서 강용흘의 『동양이 서양으로 가다』는 미국 이민 작가들의 작품에 대한 활발한 연구가 진행되고 있는 오늘날 새로운 정전(canon)으로서의 의의를 지닌다.

초국가주의적 교섭과 대화
–기쉬 젠의 『전형적인 미국인』* –

김옥례

1. 초국가주의적 패러다임의 중요성

현대 지구화 시대에는 인간의 정체성을 전 세계와 자연계 속에서 보려는 접근 방식, 즉 민족과 국가 중심의 시각을 뛰어넘는 초국가주의적 패러다임의 필요성이 더욱 요구되고 있다. 초국가주의적 패러다임은 국가를 바라보는 새로운 인식의 틀로서 기존의 국가를 부정하는 것이 아니라 국가를 본질화하는 민족주의적인 사고 방식을 비판하는 시각이다. 동질적인 가치가 흩어져 버리는 것이 오히려 민족의 특징이라는 호미 바바(Homi Bhabba)의 주장처럼 인종과 민족이 사실 동일한 특성만을 지니는 것은 아니다. 가령 단일 혈통의 신화와 유토피아적 국가 건설을 기반으로 한 미국 국가주의 탄생 저변에는 독립전쟁 기간 중에 국가 수립의 정당성을 합리화하고자 하는(벨러, 2007: 96) 정치적인 목적이 내포되어 있다. 특정 집단이나 개인에 대한 왜곡된 신화를 만들어 대중으로 하여금 비판 의식 없이 이를 수용하게 하는 것이다. 대표적인 중국계 미국 작가인 기쉬 젠

* 이 글은 『미국소설』 제16권 2호(2009)에 게재된 논문을 수정 · 보완한 것임.

(Gish Jen)은 현대인은 전 세계 속에서 자신의 국가와 자아의 위상, 그리고 환경문제를 논하는 등 거시적인 시각에서 인류의 문제를 진지하게 고민한다(Satz, 1993: 133-134)고 인터뷰에서 밝힌 바 있다. 지구적 차원의 교류와 소통이 일상화되고 있는 현대 사회에 긴요한 초국가주의적 패러다임의 필요성을 제기하고 있음에 주목해 그녀의 첫 장편 소설인 『전형적인 미국인(*Typical American*)』을 분석해 보고자 한다.

1980년대 초반에 작품을 발표하기 시작한 젠은 존 업다이크(John H. Updike), 조이스 캐럴 오츠(Joyce Carol Oates), 존 치버(John Cheever) 등에 버금가는 대표적인 현대 미국 작가다(Huang, 2003: 106). 그녀는 자신을 소수민족(ethnic) 작가로 속단하며 모국의 유산을 지키고자 애쓰는 사람들만을 다루는 것으로 자신의 작품을 분석하는 기존의 비평들에 불만을 토로(Matsukawa, 1993: 114)하며 진정한 미국 작가로 평가받기를 희망한다. 그녀는 작품에 왜 실제 미국인은 등장하지 않느냐는 질문을 받곤 했으며 가령 세 번째 소설집인 『누가 아일랜드 사람인가?(*Who's Irish?*)』는 외국인의 시각에서 미국을 분석한 이야기라고 규정되기도 했다. 텍스트의 배경이 되는 중국의 시대 상황에 대한 구체적인 서술 없이 그저 전해 받은 기억과 상상력으로 중국을 묘사하는 왜곡된 오리엔탈리즘 수사학을 찾아볼 수 없는 젠의 작품에서 소수민족 작가의 한계를 뛰어넘고 있는 그녀의 특성이 드러난다. 젠은 중국이라는 이국적인 문화를 감상할 수 있는 구경거리를 작품에 담기보다는 독자로 하여금 주인공의 자아 발견 여정에 동참하도록 하는 데 더 주안점을 두고 있다. 또한 백인들만이 등장하는 「파산(Bellying Up)」(1981), 「탐식(Eating Crazy)」(1985) 등에서 볼 수 있듯이 중국 이민자만을 집필 대상으로 삼고 있는 것이 아니다. 아울러 중국계 미국인의 경험만을 다루는 것이 아니라 타인종 간의 결혼, 직장 여성의 육아문제, 노인문제, 부부 갈등, 여성들의 직업 성취욕 등과 같은 일반적인 현대 사회문제들도 다룬다.

젠은 중국 상하이(上海) 출신의 성공한 이민자 가족의 일원으로 5형제 중 둘째로 1955년 뉴욕 시에서 태어났으며, 용커즈(Yonkers)와 스카즈데

일(Scarsdale)에서 성장했다. 본명은 릴리언(Lillian)으로 고등학교 시절 여배우 릴리언 기쉬(Lillian Gish)의 이름을 따라 자신의 필명을 지었으며 그 이후 이를 계속 사용해 오고 있다. 작가가 되기로 결심한 계기는 하버드대학 영문과 재학 시절 로버트 피츠제럴드(Robert Fitzgerald) 교수의 작시법 강좌를 들을 때 갖게 되었다고 한다. 숙제로 제출한 시를 읽은 교수가 그녀의 재능을 알아차리고는 앞으로 문학에 전념하라는 조언을 해줬으며 매주 시를 써오도록 했다. 1977년 학부 졸업 후 스승의 추천으로 더블데이(Doubleday) 출판사에 들어갔으나 출판일이 자신에게 맞지 않음을 곧 깨닫게 되었다. 의사, 성공한 사업가의 길을 걷던 형제들처럼 젠도 부모의 권고로 1979년 스탠퍼드의 MBA 과정에 들어가게 된다. 그러나 학업에 적응하지 못하고 1년 뒤 자퇴함으로써 부모와 많은 갈등을 겪게 된다. 실망한 부모는 그녀에 대한 경제적 지원을 끊었고 특히 어머니는 거의 1년 동안 말을 건네지 않았다고 한다. 그 뒤 중국에 들어가 1년간 영어를 가르치고 돌아와 아이오와대학 창작 프로그램에 들어가서 1983년 M.F.A를 획득하게 된다. 1985년 캘리포니아에서 케임브리지로 이사왔으며, 래드클리프대학의 번팅연구소(Radcliffe's Bunting Institute)의 펠로십을 얻게 되었고, 이 때 첫 장편 소설, 『전형적인 미국인』 집필을 시작해 1991년에 출판하게 된다. 아이오와 대학원 시절에 작가생활을 시작한 젠의 단편들은 『예일 리뷰(*Yale Review*)』, 『뉴요커(*New Yorker*)』 등 여러 문학 잡지에 발표되고 문학 선집들에 포함되어 있으며, Transatlantic Review Award(1983), National Endowment for the Arts Award (1988), Prizes from the Katherine Ann Porter Contest(1987) 등의 상을 받은 바 있다.

중국과 미국이라는 두 문화권의 관계를 갈등과 불평등의 양상으로 파악하기보다는 모국 문화의 정당성에 초점을 맞추는 중국계 미국 작가 프랭크 친(Frank Chin)의 경우(Rachel C. Lee, 1999: 7)와 달리 젠은 비교적 중립적인 입장에서 두 세계의 가치관이 어떻게 대립 충돌하며, 융합해 나가는지를 다룬다(Huang, 2003: 105). 따라서 그녀의 작품은 문화적인 이

중성을 대면함으로써 지니게 되는 인물들의 심리적인 혼란을 잘 그려냈다는 평을 받아오고 있다. 그녀의 대표적인 장편 소설들이 공통적으로 담고 있는 메시지는 현대 초국가주의 시대에 기존의 앵글로 색슨계 백인 위주의 편협한 시각에서 벗어나 다양한 인종적 · 문화적 배경을 지닌 사람들을 적극 포용하는 새로운 미국 문화 형성이 더욱 필요하다는 주장이다. 『전형적인 미국인』의 주인공 랠프(Ralph)가 작품 말미에서 결국 "미국은 지금까지 생각해 왔던 미국이 아니다"(Jen, 1991: 296)[1]라며 그 배타적인 현실을 깨닫게 되듯이, 2004년에 발표한 최근 소설 『애첩(*The Love Wife*)』에서는 이에서 더 나아가 미국이 이런 특성에서 벗어나야 할 당위성을 더 뚜렷하게 제시한다.

『애첩』에서는 1924년의 이민법에 담겨 있는 미국인의 정체성 규정을 비판함으로써 이에 대한 포용력 있는 시각을 가질 필요성을 주장한다. 1924년 미국 의회는 1910년 기준으로 미국에 거주하던 외국 출신들을 그 국가별 인구의 3%에 해당하는 수로 이민을 제한한 국적별 이민 쿼터제를 통과시키게 된다. 또한 이빈법은 이민자들의 땅 소유권과 귀화문제에 엄격한 제한을 두게 되는데 이는 다양한 이민자들의 독특한 종교, 인종, 언어가 미국에 소개됨으로써 기존의 질서를 혼란시키는 것을 기존의 백인 지배 계층이 경계했음을 보여 준다. 이민법이 제정된 이후 미국인의 정체성은 귀화해서 획득할 수 있는 것이라기보다는 부모로부터 선천적으로 부여받는 유전적인 것으로 널리 인식하게 된다. 다시 말하면 이민자는 미국 시민권자가 될 수 있어도 진정한 미국인은 될 수 없다는 것이다(Michaels, 1995: 8). 이런 관점을 비판하는 젠의 시각은 그녀의 작품들에서 반복적으로 제시된다. 『애첩』에서는 다양한 인종적 · 문화적 배경을 지닌 사람들로 구성된 가족을 통해 작가가 그리는 이상적인 미국의 모습이 그 대안책으로 제시된다. 즉 자신의 집 문 앞에 버려져 있던 아시아계 소녀를 양녀로 받아들이고 또한 중국에서 둘째 딸을 입양하며 혼혈의 친자식을 둔

1 앞으로 『전형적인 미국인』에서의 인용은 괄호 안에 인용된 쪽수만 기입한다.

중국계 카네기(Carnegie)와 아일랜드계 블론디(Blondie) 부부의 가족은 "미국 사회의 새로운 모습"(Jen, 2004: 81)으로 묘사된다. 이 작품에서 족보는 미국 이민법의 모순을 극명하게 드러내는 상징으로 쓰이는데, 카네기 집안 대대로 내려오는 족보는 친자손임을 입증해 주는 중요한 자료다. '전형적인 중국인'이라고 자부해 왔던 카네기는 자신의 이름을 족보에서 발견하지 못하자 당황하게 되며 아울러 임종 직전 어머니의 "자연스러운 혈통이란 없는 것이야, 없어"(Jen, 2004: 376)라는 말에서 자신처럼 입양되는 일은 중국에서 흔하게 일어났던 일이었음을 인지하게 된다. 또한 젠의 두 번째 장편 소설인 『약속의 땅에 사는 모나(*Mona in the Promised Land*)』(1996)에서도 중국계 이민자인 랠프의 딸, 주인공 모나는 유대교로 전향하게 된다. 이에 당황해 하는 어머니 헬렌(Helen)에게 "미국인이 의미하는 바는 자신이 원하는 것을 무엇이든지 할 수 있다는 것이며 자신은 우연히 유대인이 되기로 결정한 것일 뿐"(Jen, 1996: 49)이라고 설명함으로써 그녀는 미국인의 정체성을 재규정하게 된다. 즉 모나는 국가나 종교적인 정체성은 누구든지 자신이 마음먹은 대로 바꿀 수 있는 것이라며, 인종적인 정체성이라는 것이 불변의 것이라는 당대 지배적이던 견해를 반박한다.

『전형적인 미국인』에 제시되고 있는 중국계 이민자인 랠프 가족의 인식의 변모 과정을 통해 초국가주의 시대를 살아가는 작가로서의 임무에 천착하고 있는 기쉬 젠의 면모를 좀 더 구체적으로 파악해 보도록 하겠다.

2. 『전형적인 미국인』: 모든 미국인에 관한 이야기

『전형적인 미국인』은 중산층에 속하는 중국계 이민자 가정의 이야기를 중심으로 평등한 삶과 경제적인 풍요를 보장한다는 미국 신화의 실체를 드러내며 그들이 전형적인 미국인이 되어 가는 과정에서 왜곡되는 모습을 묘사한다. 이 소설은 냉전 시기였던 1950년대와 1960년대 초반을, 좀 더 구체적으로 말한다면 1947년에서 1965년의 기간을 시대 배경으로 하고 있다. 다른 작가들과 달리 젠은 이 소설에서 중국의 시대 상황을 작품 속에 구체적으로 제시함으로써 그저 전해 들은 기억과 상상력으로 중국 사회를 묘사하는 것이 아니라 역사적으로도 정확한 내용을 담게 된다. 냉전 시대에 일어났던 세계사적인 사건들이 소설 하부 구조의 많은 부분을 구축하고 있으며 이는 등장 인물들의 평범한 일상사에 대한 묘사들을 통해 제시된다. 1949년 중국 혁명이 일어나고 난 뒤에 미국에 유학 온 중국 학생들이 고국에서 거처를 잃게 된다. 미국이 다른 국가들을 설득해 자국의 민주주의 모델을 따르게 하려는 조치들은 랠프 가족이 미국에서 체류를 연장해 재정착하게끔 하는 데 영향을 미친다. 즉 제2차 세계대전 이후 이민법에 변화가 생겨 미국은 아시아 이민자들에 대한 그동안의 제제를 중지하도록 하는 일련의 조치들을 취한다. 다시 말해서 국제 공조의 필요성 때문에 기존의 이민법이 변화되기 시작하는 것이다. 20세기 중엽 미국 의회는 중국인이 시민권자가 되도록 허용하는 특별법과 교육 수준이 높은 부유한 특권층 출신의 중국 이민자를 받아들이는 법을 통과시키게 된다(Rachel C. Lee, 1999: 45-46). 이들 중상류층 출신의 이민자들은 공산주의 지배 하에 들어간 고국을 떠나 미국에서 피난처를 찾아 대학이나 연구실 등에서 일자리를 구하고 사업을 하거나 교외에 집을 구입했다(Chan, 1991: 141).

작가 자신도 『전형적인 미국인』이 이민자 이야기일 뿐 아니라 미국의 신화와 현실의 의미를 재고하게 되는 모든 미국인에 관한 이야기로 받아들여지기를 바란다고 말한 바 있는데(Satz, 1993: 133), 미국 성공 신화를 담고 있는 이 소설의 플롯은 헨리 제임스(Henry James)의 『미국인(*The American*)』, 윌리엄 하월스(William Dean Howells)의 『사일러스 라팜의 출세(*The Rise of Silas Lapham*)』의 영향을 받았다고 평가되기도 한다. 『전형적인 미국인』은 "미국인에 관한 이야기다. 자신의 생각에 빠져 이를 실현시키고자 하고, 또한 공학도가 되기 이전에, 더욱이 자수성가한 백만장자 친구 그로버(Grover)처럼 몽상가가 되기 전에, 즉 중국에서 어린 소년이었을 때 그는 아버지의 아들로서 부끄럽지 않은 사람이 되려고 애썼다"(3)라는 구절로 시작되는데 여기서 중국 이민자인 랠프가 물질주의적인 아메리칸 드림을 추구하게 될 것임을 함축적으로 제시한다(Kafka, 1997: 80). 주인공 랠프는 일본과의 전쟁 여파로 파괴와 인플레이션, 그리고 도덕적인 타락의 소용돌이 속에 있었던 중국을 1947년에 떠나 학자가 될 꿈을 갖고 미국에 유학가게 된다(Mojtabai, 1999: 176). 그는 인격을 함양하고 자신의 집안에 명예를 가져오고자 교수가 되려고 했으며 정년 보장을 보장받아 자신의 이상을 거의 실현하게 된다. 그러나 그 직후 중국계 미국인이며 비도덕적인 미국 자본가, 사기꾼을 상징하는 인물인 그로버(Cheng, 1999: 183; Chin, 1999: 185)의 사업을 같이 하자는 제안에 쉽게 넘어가 물질적인 성공의 꿈에 매달리게 된다. 이민자들의 심리적인 정착 과정은 보통 세 단계로 전개되는데 처음에는 미국화되는 데 동의하고, 두 번째는 동화되며, 세 번째 세대는 자신들의 문화 유산과 새로운 세계에서의 가치 있는 것들을 서로 결합하게 된다고 한다(Kafka, 1997: 106). 『전형적인 미국인』의 주인공들은 이 세 단계를 거쳐 통합적인 사고 방식에 이르게 되는 것으로 작품 말미에서 암묵적으로 제시한다. 이는 그들이 기존의 국가를 바라보는 협소한 시각에서 벗어나 전 국가적인 연대 의식을 바탕으로 평화로운 공존의 필요성을 인식하게 됨을 의미한다. 그들은 고국과 미국을 '물이 새는 통나무배'와 '대양을 운항하는 정기선', '버스의 통로 좌석'과 '캐딜락'에 비교하며, 더 나아가서 "그곳은 스케이트장처럼 제한된, 벽이 설치되어 있는 공간이다. 이곳은 거대한, 끝없는 수평선과 같은 세계다"(85)라며 자신들의 가능성이 실현될 수 있는 곳으로 미국에서의 새로운 삶에 기대를 걸게 된다. 따라서 아메리칸 드림에 부풀어 있던 그들은 "자신들이 살아온 곳은 육지가 아니라 단지 해안에서 떨어져 있는 섬이라는 사실이 판명된 것 같았다 ……반면에 이 신세계, 이곳은 대륙이며 낙원이다"(158)라고까지 말하게 된다.

미국에 정착한 후 랠프와 그의 가족은 남을 배려하지 않고 예의가 없는 미국인의 특성을 파악하고 이를 비판하게 된다. '전형적인 미국인'이라는 말은 처음에 그들이 다른 미국 사람들을 경멸하는 데 사용했던 용어다. 가령 랠프는 전형적인 미국인은 "믿을 수 없는 사람들"(67)이라고 비난했으며 랠프의 누이인 테레사(Theresa)도 그들은 "다른 사람들과 잘 지내는 법을 모른다"(67)고 말한다. 아내 헬렌(Helen)은 그들이 "그저 중요한 자리를 차지하기만 바란다"(67)라고 비판했으며, 자신들은 "아무도 통제하는 사람이 없는 이곳 미국에서 절대로 거칠어지지 않겠다"(67)는 다짐을 하게 된다(Chin, 1999: 185). 그러나 소설 끝 부분에 가서는 아이러니하게 그들 자신도 '전형적인 미국인'이 되었음을 깨닫고(Satz, 1993: 134) 이를 반성하게 된다.

『전형적인 미국인』에서 집은 중요한 상징이나 상호 모순적인 의미를 지닌다. 즉 랠프의 가족에게는 안전한 가정을 이룰 수 있는 공간을 뜻하나 이는 유색 인종을 차별하는 미국 국가의 판타지로 사용되기도 한다(Rachel C. Lee, 1999: 49). 랠프의 가족은 차고가 딸린 큰 집을 교외에 구입하게 되는데 이는 미국인이 되고자 하는 그들의 갈망을 드러낸다. 랠프와 헬렌, 그리고 테레사는 9년 동안의 영주권자 신분에서 벗어나 드디어 시민권을 얻게 되고 새로운 국가에서 자신들의 집을 발견하고자 애썼으나 이는 쉬운 일이 아니었다. 다시 말해 시민권자가 되었다고 사회에서 즉시 미국인으로 인정받게 되는 것은 아니다(Satz, 1993: 133). 백인만을 위한 집이라는 국가 담론 자체가 함축적으로 이미 중국인을 배제하고 있기 때문에 랠프 가족이 미국이라는 집에 편안하게 있는 것은 불가능한 일이었기 때문이다(Rachel C. Lee, 1999: 49). 처음에 그들은 "최고 수준의 가족은 최고 수준의 집에서 비롯된다"(160)고 말하며 집을 구입하면 곧 가족 구성원 사이에 평화로운 화합이, 즉 다른 미국인과 조화로운 관계를 이룰 수 있다고 착각했다. 그러나 이러한 기대는 이민자를 배척하는 냉담한 현실 속에서 여지없이 무너지게 된다. 즉 이전에 그들은 야구에 열광하는 미국인들을 비웃었으나 시민권자가 된 후 대중적인 스포츠를 즐기러 경기장에 가게 된다. 그러나 그들에 대한 관중의 적대감 때문에 집으로 돌아올 수밖에 없게 된다. 관중들, 다시 말해서 일반적인 미국인을 의미하는 뉴욕 양키 팬들이 그들에게 욕설을 퍼부으며 "세탁소로 가라"(127), 즉 '너희 나라로 가라'고 요구함에서 볼 수 있듯이 미국은 애초부터 이들 중국인의 집이 될 수 없는 곳이었다. 그들의 집 구입이 기존 미국인과 차이가 나는 것은 그들에 대한 "Chang-kee", 즉 Chinese Yankees라는 호칭에서 찾아볼 수 있다. 랠프 가족은 그 뒤 집에 머물며 '더 편안하게', '더 안락하게', '더 잘' 경기를 볼 수 있게 됐다며 이러한 자신들의 처지를 합리화한다. 집 밖 세계의 부당한 대접에서 벗어나기 위해 울타리를 친 자신들의 집 안에만 있고자 하는 것이다. 이렇게 집 안에 머무는 것은 모국의 가치 체계만을 고수하는 문화적인 장벽을 세워 밖의 세계와 단절하고자 하는 그들의 결심을 반영한다(Samarth, 1999: 184).

랠프 가족이 거주하게 되는 건물에는 늘 붕괴될 조짐을 알리는 징후들이 있었다. 가령 "새로 벽에 붙인 널빤지로부터 달아맨 것처럼 허공에 떠 있는 듯한 천장까지 누군가가 연필로 몇 줄 그은 듯이 새로 생긴 미세한 작은 틈새들이 벌어져 있었다"(242) 같은 구절을 그 한 예로 들 수 있다. 그들이 이전에 살았던 아파트는 배관 시설에 문제가 있었고 교외의 집 침실 뒷벽도 틈이 벌어져 있었다. 또한 원래 건물을 지을 수 없는 곳에 건축되었던 레스토랑에 랠프가 지붕을 더 얹은 탓에 결국 이 건물은 무너져 내리게 된다. 랠프 가족이 살던 집의 벽에 벌어진 틈새는 아메리칸 드림을 왜곡되게 추구하는 과정에서 이들 일가가 정신적으로 황폐해질 것임을 암시하는 상징이다(Kafka, 1997: 104). 다시 말해서 그들은 부를 축적하는 것만이 진정한 미국인이 되는 길이라며 이에 전념해 나가는 과정에서 유교와 불교 등 고국 고유의 전통적인 가르침을 배제(Kafka, 1997: 108)하게 되고, 또한 "추상적인 관념 속에 칩거해 있었다. '미국의 위대함! 모든 이에게 자유와 정의가 실현된다!'라고 그는 생각했다"(183)라는 구절에 함축되어 있듯이 현실과 괴리된, 추상적인 개념으로 이미지화시킨 미국 사회의 지배 원리를 추종하게 된다.

교외의 집에 정착하게 되는 랠프 가족의 삶에 미국 문화에 동화된 사업가 그로버가 개입해 들어오게 되며, 랠프와 헬렌은 그에게 매혹된다(Cheng, 1999: 183). 가령 랠프가 미국의 물질적인 성공 신화에 매료되는 과정은 그로버와의 관계로 묘사된다(Kafka, 1997: 82). 이는 상징적인 의미를 지니는데 그는 "사랑에 빠진 사람처럼 머리를 기울이고 입을 딱 벌린 채 바라보며"(95) 그로버에게 첫눈에 반하게 된다. 작품 초반에서 랠프는 "정상에 오르고자 하는"(4) 원대한 목적을 지닌 사명감을 지닌 사람이라고 묘사된다. 미국에 온 후 그는 초절주의자 랠프 왈도 에머슨(Ralph Waldo Emerson)의 이름을 따서 'Yifeng'이라는 중국 이름에서 랠프로 개명하게 된다(Storace, 1999: 177). 명상을 통해 세상적인 가치를 초탈해서 살고자 하는 것은 불교 신자뿐 아니라 미국 초절주의자들이 열망했던 목표였으며 이것이 바로 작품에서 '정상'이 의미하는 바다(Kafka, 1997: 91). 처음에 랠프는 자신의 이름이 함축하는 바, 초절주의자 에머슨의 이상을 자신에게 부여된 소명으로 받아들이고 이를 실천하기 위해 전념해 나갔으며 세상적인 일들로 마음이 흔들리지 않도록 노력했다. 그러나 이러한 자신의 원래 목적과 달리 물질적인 성공 신화를 이루고자 이에 매달리게 된다. 이러한 과정에서 그는 불가피하게 정신적인 가치를 최우선시하는 고국의 가르침을 배제하게 된다. 랠프뿐 아니라 많은 중국 이민자가 단지 부를 축적하는 것이 진정한 미국인이 되는 것이라며 이에 강박적으로 매달리는 가운데 그들 모국의 고유한 정신적이고 윤리적인 가르침은 억제된다.

그로버의 삶에 매료된 뒤 랠프는 정년 보장 교수직까지 그만두고 그로버의 치킨 사업에 뛰어들어 최고의 부자가 되려는 꿈을 추구하게 된다. 이로써 자신의 이름이 함축하는 바 '정상'의 의미를 왜곡하게 된다. 그로버는 랠프를 레스토랑에 데려가 과식하게 하는데 젠의 소설에서 물질주의적인 아메리칸 드림에 유혹되는 장면에는 느끼한 미국 음식을 게걸스럽게 먹는 일이 늘 수반된다(Kafka, 1997: 83). 20세기 전반의 대표적인 미국 소설가인 프랜시스 스콧 피츠제럴드(Francis Scott Fitzgerald)의 『위대한 개츠비(*The Great Gatsby*)』에서의 개츠비(Gatsby)와 울프샤임(Wolfsheim)의 관계와도 유사하게 그로버를 만나고 난 뒤 랠프는 개츠비처럼 혈연 관계 등 과거 전통과의 연관성을 끊고 새로운 자아로 다시 태어나고자 결심한다. 그로버의 자수성가 담론에서 가정이 없는 것은 필수 사항으로 제시된다. 그는 고향이 어디냐는 랠프의 질문에 "고향이라니! …… 자네는 여기서 얼마 동안 살아왔나? 아직도 사람들의 고향 따위를 묻고 있다니"(105)라며 자신의 고향을 거론하는 것을 힐난한다. 더 나아가 그로버는 랠프에게 "자수성가한 사람들은 늘 자신들이 통나무집 같은 곳에서 태어났다고 말해야 해……그들이 알아야 할 것은 모두 서점에서 발견할 수 있네"(107)라고 가르친다(Rachel C. Lee, 1999: 54, 56).

오도된 아메리칸 드림을 추구하는 과정에서 왜곡되어 가던 랠프 가족의 삶은 테레사가 병원에 입원하게 되는 상황에 직면하게 됨으로써 이에서 점차 벗어나게 된다. 헬렌보다 더 치명적으로 그로버의 유혹에 굴복했던 랠프는 결국 물질적인 미국 성공 신화를 상징하는 자동차로 테레사를 치어 그녀를 혼수 상태에 빠뜨린다. 그동안 랠프는 돈 버는 일에 몰두한 채 가족 등 인간 관계의 중요성을 거의 잊고 지내 왔다. 가령 그는 하루 일과를 끝내고 난 뒤 지하실에서 비밀리에 가짜 영수증 기록부 매상을 금전등록기에 기록하느라고 본의 아니게 그로버가 위층 소파에서 아내 헬렌을 유혹하도록 방치하게 된다.

> 처음엔 그와 그로버는 문을 잠갔다. 그 뒤에 랠프는 매일 밤 가게에서 홀로 한두 시간을 보내기 시작했다 ……불가사의한 일이었다. 그는 그 날 테이프를 새 기록부의 테이프로 바꾸느라고 매일 밤 소리가 울려퍼지게 했다(201).

가족들은 의식을 잃은 테레사 주위에 모여들게 되고 새삼 그녀의 소중함을 깨닫게 된다. 따라서 그동안 벌어졌던 가족 사이의 틈도 점차 메꿔지게 된다(Kafka, 1997: 94-95). 물질지상주의적인 아메리칸 드림을 추구하는 과정에서 갖게 된 랠프와 헬렌의 왜곡된 특성들이 바뀌기 시작하는 것은 개인주의, 물질주의와 대조되는 가치관을 대변하는 테레사를 점점 인정하게 되는 과정으로 제시된다.

랠프는 테레사가 죽을지 모른다는 두려움 때문에 그로버를 모델로 한 삶에서 전향할 수 있는 계기를 갖게 된다(Kafka, 1997: 103). 즉 사랑과 협조를 기반으로 한 진정한 의미에서 '정상에 오르기 위한' 꿈을 다시 추구하게 되는 것이다. 결국 그는 그로버의 영향에서 벗어나게 되며 교수직으로 되돌아갈 결심을 하게 된다. 헬렌의 경우도 의식을 찾지 못하는 테레사를 지켜보면서 자신의 삶에서 그녀가 차지하는 비중이 크다는 것을 깨닫게 된다.

> 테레사가 그러한 세계를 가능하게 했다. ……자신의 삶을 가장 중요하게 구분지은 시기는 미국에 온 것으로서 자신의 삶은 미국에 오기 전과 미국에 오고 난 뒤로 나뉜다고 생각했다. 그러나 잘못이었다. 그것이 자신의 삶에서 분수령이 된 것은 아니었다(288).

테레사는 맨 나중에 덧붙인 인물이지만 전체 소설을 이끌어 나가며 젠이 인터뷰에서 "테레사는 아주 모험적인 인물이며 사회의 구속에 굴하지 않는 여성으로서 그녀의 경험은 거의 지금의 내 것이라고 말할 수 있을 만큼 폭이 넓다"(Matsukawa, 1993: 118)라고 밝힌 바 있듯이 테레사는 작가 자신을 대변한다. 테레사는 극심한 빈부 격차와 인종 차별과 같은 부당한 사회 현실을 통렬히 인식한다.

> 가난한 사람들이 병원에서 어떤 취급을 받았는지 보아 왔다. 그들은 진료받기를 기다리다가 죽어간다. 이 사회에서 유색인종이 인간으로서의 존엄성을 보장받기 위해서는 교육을 받거나 업적을 쌓는 것이 절대적으로 필요하다. 반면에 백인은 특별한 존재로 규정된다. 따라서 백인 이외의 다른 인종은 자신의 심장에 강철로 만든 갈빗대를 지닐 필요가 있다(200).

따라서 이러한 사회 현실을 헤쳐 나가기 위해 그녀는 의사로서 자신의 능력을 최상으로 발휘해 사회 소외 계층에 봉사하고자 하는 결심을 하게 된다. 이는 최고로 부유한 계급에 오르려는 랠프의 이기적이고 개인주의적인 삶의 목표와는 크게 차이가 난다(Kafka, 1997: 91).

그로버를 만나기 이전에도 랠프는 자수성가 이야기를 다룬 책들을 읽을 기회가 있었으나 그를 알고 난 뒤 더욱 적극적으로 이러한 이야기 주인공들의 삶을 따라야 할 모델로 삼는다. 자신의 업적을 높이 평가하는 반면에 다른 이들의 노고는 거의 인정하지 않는 미국인의 모순적인 특성이 이런 이야기들 속에서 발견되는데(Rachel C. Lee, 1999: 56) 랠프는 이들 텍스트 속에 담긴 미국인 고유의 신조들을 실천하고자 애쓰게 된다. 가령 학부 때 피어스(Pierce) 교수가 소개한 『긍정적인 사고의 힘(*The Power of Positive Thinking*)』이라는 책을 읽고는 개인의 자아는 자신이 원하는 대로 무한히 확대될 수 있다고 믿게 된다. 아울러 논문 지도 선생이 추천한 『친구를 얻는 법, 그리고 사람들을 지배하는 법(*How to Win Friends and Influence People*)』이라는 책에서 자신은 무엇이든 할 수 있다는 신념을 얻게 된다(Kafka, 1997: 81). 또한 13가지 덕목을 제시하며 실천하려고 노력했던 미국의 성공 신화를 대변하는 인물인 벤저민 프랭클린(Benjamin Franklin)의 자서전을 모델로 랠프도 자신의 꿈을 실현하기 위한 목표를 정한다. 프랭클린은 독서를 토대로 자신이 실천해 나가야 할 덕목을 정했으므로 랠프는 다른 문학을 모방한 것을 또 모방하는 셈이다(Rachel C. Lee, 1999: 47). 다시 말해서 그는 결국 프랭클린 개인의 특성이라기보다는 '미국인'의 행동지침을 담고 있는 담론들의 내용을 따르는 셈인데 이 중 가장 주목할 만한 것은 돈 버는 일과 자수성가에 관한 문제다. 이들 담론에서 각 개인은 공통적으로 자수성가를 이룸으로써 진정한 자아를 발견하고 자신을 신뢰할 수 있게 된다고 주장한다. 반면에 작가는 "자수성가한 사람, 백만장자"라며 두 조건이 동일한 것처럼 늘 자신을 소개하는 그로버의 말을 통해 자수성가의 실상은 돈벌이에 전념하는 것에 불과함을 함축적으로 제시한다. 또한 자수성가에 대한 이야기들이 다양하게 있다는 것, 즉 이 주제에 대한 상호 텍스트적인 언급들이 많이 있다는 것은 이러한 담론들이 사실은 '출처가 없는 모방'에 불과한 것임을, 다시 말해서 진실된 것이 아님을 의미한다(Rachel C. Lee, 1999: 59).

랠프의 치킨 가게를 방문한 테레사는 "부유해지는 것은 그렇게 되고자 원하는 생각에서 시작된다. 당신이 하고자 하는 바는 모두 성취할 수 있다……대중들을 따르라"(198)와 같은 물질지상주의적 가치관을 담고 있는 인용 어구들로 벽이 도배되어 있는 것을 보고 충격을 받게 된다. 또한 액자 속에 넣어 특별한 장소에 보관되어 왔던 그의 박사학위증이 높은 선반 위의 영수증 상자 밑에 있는 것을 발견하게 된다. 정신적인 의미에서 정점에 서고자 했던 랠프가 이제는 영수증 기록 테이프로 가득한 상자 밑에 파묻혀 있는 셈이다(Kafka, 1997: 83). 랠프는 더 나아가 "큰 그림을 주시해야 해. ……이 나라에서 제일 중요한 것이 무엇인지 아니?……돈이야. 돈이 있으면 무엇이든지 할 수 있지. 돈이 없으면 너희들은 아무것도 아닌 존재가 되는 거야"(199)라고 딸들에게 물질 우위적인 삶의 중요성을 교육시킨다.

작품에서 크게 갈라진 채 파손되어 있는 자동차 지붕은 계속 위로만 오르는 높은 건물을 짓고자 하는 랠프의 갈망을 비판하는 상징으로 쓰인다. 이러한 랠프의 삶은 "자동차 덮개 장치가 빡빡했다. ……애써 보다가 그는 포기했다. ……아무리 끌어당겨도 그것은 어느 곳으로도 나가도록 하지 못하는 계단처럼 대기 속에 번쩍이며 솟아 있다"(184)라며 결국 아무 곳으로도 이끌지 못하는 에스컬레이터 식의 계단에 불과하다(Rachel C. Lee, 1999: 59)고 묘사된다. 기존의 미국 국가 담론들에서는 개인은 자유를 누리기 위해 자신이 원하는 바를 무한히 요구할 수 있으며 자수성가는 계급 이동과 사회적인 평등에 이르는 첩경이라고 주장해 왔다. 반면에 젠의 경우에는 개인의 자아가 무한히 확대될 수 있으며 경제적인 상승을 끝없이 이룩할 수 있다는 미국 신화의 근저에는 다른 사람의 희생을 묵인하는 관점이 담겨 있다며 이를 비판하는 입장이다. 따라서 소설 말미에서 작가는 미국 지배 담론에 이의를 제기하지 않고 그대로 추종한 랠프를 직접적으로 비판한다.

그가 늘 볼 수 있는 것은 아니었다. 반드시 들을 수 있는 것도 아니었다.

> 그가 결심한 바대로의 사람이 된 것이 아니었다. 그는 자신의 한계들로 이뤄진 존재에 불과했다. …… 미국은 자신이 지금까지 생각해 왔던 미국이 아니었는데도 랠프는 이를 의심하지 않고 받아들였던 것이다(296).

기쉬 젠은 독자들에게 중국어와 중국 문화를 직접 대면할 수 있는 기회를 제공함으로써 국가, 민족을 바라보는 폭넓은 사고의 필요성을 깨닫도록 그들을 유도한다. 그들은 다른 문화권의 관점을 보게 됨으로써 자신들 사회의 가치 기준만이 옳은 것이 아니라는 사실을 인식할 수 있게 되는 것이다(Satz, 1993: 134). 즉 『전형적인 미국인』에서는 표준 중국어가 작품 부분부분에 들어가 있으며 중국식 영어와 중국식 방언들이 발견된다. 가령 학교 직원 캐미(Cammy)에게 "What you laughing?", 그리고 핀커스(Pinkus) 교수에게 "I like finish my Ph. D."라며 랠프는 비문법적인 영어로 말을 건네며 또한 "No door like a back door," "Opposites begin in one another"의 경우에서 볼 수 있듯이 중국 속담들을 어설프게 설명해 나간다(Samarth, 1999: 185). 또한 출생 순서를 중시하며 여성에 대한 편견으로 발이 작은 여성을 선호하고 학자는 자신의 본분에 충실하기 위해 여자를 멀리해야 한다는 주장 등 중국인들 고유의 시각도 작품에 담겨 있다. 따라서 영어권 독자들은 그들에게 익숙한 언어로 쓰여진 다른 문화를 체험하게 됨으로써 문화적 번역에 개입하게 된다. 세계화 시대는 우리가 번역된 세계에 살고 있음을 의미하는 것(Simon, 1996: 134)이기도 한데, 번역은 언어와 문화, 국가 간의 교류 양상을 보여 주는 메타포이며 문화와 문화 사이의 접촉과 만남을 수행하는 담론 행위(Ken-fang Lee, 2004: 107)로서 중요하다. 두 언어 사이를 오가는 번역 행위가 새로운 언어 주체를 형성하는 데 핵심적인 공간을 열어 주는 것이다.

이 소설에서는 기존의 협소한 시각에서 벗어나 통합적인 사고를 할 수 있게 되는 중국계 이민자들의 여정을 통해 독자들이 이를 따라야 할 모델로 제시한다. 랠프 가족은 결국 미국 생활에 직접 부딪혀 보기 위해 집을 팔기로 하는데, 이런 결정에서 어려움을 딛고 미국인으로 인정받기 위해 다시 노력하고자 하는 그들의 의지를 엿볼 수 있다. 그들이 구사하는 언어를 통해 함축되듯이 이 과정에서 그들은 두 문화권의 특성을 객관적으로 파악하고 그 장점들을 취하고자 함으로써 통합적인 사고를 갖추게 되는 것으로 암묵적으로 제시된다. 다시 말해 제한된 범위 안에서 안정을 희구하던 것에서 벗어나 위험을 무릅쓰고 자유를 추구하게 되는 주인공들의 사고 형성 과정을 그들의 언어가 반영한다. 즉 그들이 끊임없이 변모하는 바를 담아내는 형식으로서 언어는 앞으로 그들이 그려낼 풍경을 볼 수 있는 출입문의 역할을 하게 되는 것이다(Samarth, 1999: 185).

> 그들은 중국 설날뿐 아니라 크리스마스도 경축한다. …… 랠프는 자신만의 문법을 급히 만들어냈다. 테레사도 자신의 중국식 사고를 영어에 투입해 넣으려고 애썼다. 이제 그녀는 영어식 사고도 할 수 있게 되었다. 그들 모두가 그랬다. 그러나 중국어로 어떻게 말해야 할지를 모르는 것들이 있다. 캐딜락, 파이렉스, 서브웨이, 코니 아일랜드, 링링 브라더스와 바넘, 베일리 서커스 등 집 밖 세계의 언어들이 집 안으로 제법 많이 스며들어 왔다. 트랜지스터 라디오. 테레사, 헬렌, 랠프는 무심코 잘못 말하면서 거북이처럼 육지에 머물기도, 바다에 머물기도 했다(123-124).

3. 초구가주의 시대를 살아가는 작가의 말

작품 후반부에서 주인공들은 개인 차이는 있지만 결국 모두 통합적인 사고 방식을 지니게 되는 것으로 설정된다. 그동안 "여기 살아왔지만 사실 실제로 아는 것은 아무것도 없다"(157)라며 스스로를 비판하게 된다. 가령 저녁 식사를 하면서 쓸데없이 '전형적인 미국인'이라는 말을 해 왔다는 테레사의 반성을 듣고 랠프도 그것은 우리 자신을 쓸모없는 사람이라고 생각했었기 때문이라며 이에 동의한다. 테레사는 작품 전반부에서 이미 "전형적인 미국인이라고 잘못 말해 왔다. …… 빌딩 관리인인 피트는 단지 개인일 뿐이었다"(74)라며 '전형적인 미국인' 이란 개념은 사실과 괴리가 있는 스테레오타입을 지칭하는 것에 불과하다는 인식을 한 바 있다. 랠프는 "자신이 누구인가? 여러 해가 지나서야 그런 질문을 할 줄 알게 되었다. ……자신의 본성을 파악하지 못했다. ……이보다 더 심하게 좌절감을 느끼게 되는 일이 있겠는가?"(177)라는 구절에서 볼 수 있듯이 그동안의 행동을 반성하게 된다. 그는 마침내 멈춰 서서 자신이 무슨 짓을 해온 것인가 반성하며 더 행동하기 전에 자신이 누구인지 먼저 알아야 하지 않겠느냐는 깨달음을 얻게 되는 것이다(Satz, 1993: 133). 또한 테레사는 "재료들을 뒤섞어 튀긴 핫도그 한 조각"(126)을 조금씩 베어 먹는 것으로 묘사되는데 이는 함축적으로 그녀가 통합적인 사고를 하게 됨을 의미한다. 작가는 늘 두 문화권의 특징을 합한 퓨전 음식을 먹는 것으로 등장인물들의 이러한 특성을 제시(Kafka, 1997: 107)하기 때문이다.

주인공들은 작품 말미에서 자신의 고국과 새로운 이주 국가가 된 미국 문화가 각기 지니고 있는 장점들을 인식하고 이들을 융합하고자 하는 열린 사고를 지니게 된다. 인터뷰에서 작가는 주인공들은 여기서 불가피하게 변한다(Satz, 1993: 134)고 『전형적인 미국인』에 대해 언급한 바 있는데 이 작품은 랠프와 그의 가족이 그동안 미국 사회에서 겪은 실패와 절망감을 극복하고 결국 재기하게 됨을 함축하며 마무리된다. 이제 그들은 벽에 갇혀 있는 것 같은 제한된 공간에서 벗어나 열려진 거대한 세계를 택하게 된다. 즉 눈 속에서 차에 깃발을 게양하는 랠프의 뒤쪽으로는 벽으로 둘러싸인 집이 있고 앞에는 눈으로 뒤덮인 채 수평선이 끝없이 전개되는 장면에서 이러한 메시지를 볼 수 있다(Samarth, 1999: 184). 랠프의 가족은 처음엔 집 너머 세계의 전형적인 미국인들의 타락에서 벗어나기 위해 말뚝 울타리를 친 집안에서 그들만의 낙원을 꿈꾸나 결국 금이 간 집을 팔기로 결정한다. 문화적인 장벽을 세우느냐 혹은 자신들의 삶의 행적을 바꾸느냐의 기로에 서 있었던 것이다. 그의 가족이 집에 머무는 것은 모국의 가치 체계 속에서의 문화 장벽을 세워 한 국가에만 완벽하게 소속된 채 보호받고 있음을 의미한다. 이들이 결국 미국 생활을 실험해 보기 위해 집을 떠남에 따라서, 즉 실패와 절망을 딛고 자유에 따르는 책임감을 인식함에 따라서 소설은 재기할 가망성을 함축하는 열린 구조로 향해 나아간다.

압둘 잔모하메드(Abdul R. JanMohamed)는 망명이나 이민으로 인해 이중적인 정체성을 지니게 되는 '변방의 지식인(border intellectual)'이 취해야 할 바람직한 유형으로 과거 세계와 현재 세계 모두를 고향으로 받아들이고 양쪽 문화를 결합해 새로운 가치와 질서를 창조해내는 '통합적인 지식인(syncretic border intellectual)'의 경우를 제시한 바 있다(JanMohamed, 1992: 97). 랠프 가족이 바로 이러한 통합적인 지식인으로 태어날 것임을 함축하면서 『전형적인 미국인』은 끝난다. 즉 단절과 위축이 아니라 수준 높은 삶을 산출해낼 수 있게 되는 것이다.

자국의 문화 유산을 희생시키면서 피해자로서의 경험을 상품화시킨다고 비판받는 에이미 탠(Amy Tan) 등 일부 중국계 작가들과 달리(Maxey, 2005: 11-12) 젠은 두 문화권 사이에서 비교적 중립적인 입장을 취한다. 즉 중국과 미국의 두 문화를 묘사하면서 두 세계 가치관의 체계가 어떻게 대립하고 충돌하며, 침투하고 융합하는지를 다룬다. 젠은 자신의 첫 장편소설인 『전형적인 미국인』에서 주인공인 중국계 이민자들이 나아가야 할 길은 가족 해체를 무릅쓰고 전형적인 미국인이 되려고 돌진해 나가는 것도, 또한 고국의 엄격한 위계 질서의 계급제도를 고수하는 것도 아니라고 파악한다(Kafka, 1997: 108). 다시 말해서 이민자들 고유의 문화적 정체성을 보존하려고 노력하는 한편 그들이 거주하게 된 사회의 새로운 문화적 요소들과 교류함으로써 좀 더 풍요로운 문화의 다양성을 산출해내는 것이 바람직한 길이라는 것이다.

현대 초국가주의 시대에서는 민족과 민족국가의 틀이 지니는 의미를 재검토하고 다른 민족들 사이의 대화와 교섭과 공통적인 모색이 더욱 활발하게 이뤄지도록 하는 것(윤지관, 2007: 23)이, 더 나아가서 세상의 모든 존재를 수평적으로 바라보는 시선의 필요성이 더욱 절실히 요구된다. 바로 이러한 초국가주의적 패러다임의 중요성을 작가는 『전형적인 미국인』의 주인공들의 변모 과정을 통해 암묵적으로 제시하고 있음을 살펴보았다. 따라서 상업적인 오리엔탈리즘에 편승하거나 문화적인 국수주의에서 벗어나지 못하고 있는 동시대 중국계 미국 작가들과 거리를 둔 채 인류의 연대성을 함양하기 위한 인식의 필요성을 제기하고 있는 기쉬 젠의 독보적인 위치를, 첫 장편 소설부터 인류가 속한 큰 그림을 그려야 하는 초국가주의 시대를 살아가는 작가적 임무에 충실한 젠의 특성을 찾아볼 수 있었다. 이는 바로 변방문학이면서 동시에 중심문학의 특징을 보여 주는 것으로서 『전형적인 미국인』은 현대 초국가주의 시대가 요구하는 새로운 형태의 세계문학으로의 출발점에 서 있다고 말할 수 있다.

일본계 미국 문학연구에서 초국가주의 담론
-모니카 손의 『니세이 딸』 외* -

권혁경

1. 일본계 미국 작가들의 국가관 갈등

이민문학에서 국가에 대한 개념은 이중적 흐름을 형성하는데, 한 흐름은 자신들의 모국에 대한 애착을 강조하는 의식이고, 또 하나의 흐름은 현재의 국가에 정착하려는 초월적 국가 의식이다. 아시아계 미국 문학작품에는 이러한 두 개의 국가 의식이 상호 교차하면서 독특한 국가관을 형성한다.

이러한 가운데 한국, 일본, 중국계 미국인은 이민 여정에 따라 국가관에서 독특한 차이를 보인다. 한국계 이민자들은 일본의 식민 지배 하에서 하와이 사탕수수 노동자로 이민을 떠났기 때문에 미국에 대한 정보가 전혀 없이 도착한 후 당장 생계를 이어가야 하는 비참한 처지였다. 그뿐만 아니라 그들은 일용 노동자로서 생활이 어려운 가운데서도 송금을 해서 독립운동을 지원했다. 중국인들은 돈을 벌어서 귀국을 하겠다는 소망을 안고 이민을 떠났기 때문에 미국에 정착하기보다는 중국으로 돌아가기 위해 중

* 이 글은 1998년 『현대영미소설』 제5권 2호(1998)에 게재된 논문을 수정 · 보완한 것임.

국의 생활 방식과 전통을 유지하려고 차이나타운을 중심으로 그들만의 커뮤니티를 고수했다. 이들과는 달리 일본인들은 처음부터 미국에 정착하려는 의도에서 이민을 떠났기 때문에 국가에서는 이들이 미국에 정착할 수 있도록 미국의 생활 예절을 교육했고, 미국 내 토지를 매입해 농장에서 채소를 가꾸어 시장에 파는 등 다른 민족보다도 여유 있는 환경에서 이민생활을 하며 새로운 국가에 잘 정착할 수 있었다. 따라서 이들은 모국에 대한 애착보다는 미국에 정착하려는 의식을 강하게 소유했다. 그러나 이러한 노력에도 불구하고 백인계 미국인과 구별되는 외모는 그들에게 불안감을 갖게 하며 그들의 정체성을 끊임없이 공격하게 된다.

일본계 미국 작가들에게 국가관의 갈등문제는 제2차 세계대전에서 미국이 일본에 대한 선전 포고 이후 미국 내 거주하는 12만 명의 일본계 미국인들이 집단수용소에 억류되면서 절정에 이른다. 미국 서부 해안에 정착한 일본계 미국인들은 일본의 진주만 침공 이후 적국 협력자로 간주되면서 미국 시민권을 가진 일본계 미국인 2, 3세들까지 하루아침에 모든 재산을 몰수당하고 수용소에 억류된다. 미국과 일본 양 국가 간의 갈등 상황에서 지금까지 미국인으로서 살아왔던 일본계 미국인은 갑자기 일본인으로 간주되어 적대적인 취급을 받게 된다. 이들은 가족이 여러 곳에 분산수용되면서 갑자기 이산의 고통을 겪으며 재판도 없이 죄인 취급을 받게 된다. 당시 제2차 세계대전 중에 미국과 전쟁 중이어서 적대 국가로 간주되던 독일, 이태리 등의 유럽계 국가 출신의 미국인과 비교할 때 일본계 미국인을 집단수용소에 강제 이주시킨 것은 아시아계 미국인에 대한 대표적 차별로 간주된다.

이 시기를 전후한 미국 내 반일 감정에 대한 충격적 경험들은 몇십 년 후에야 작품으로서 형상화될 수 있었는데, 이러한 사례의 대표적인 작품으로 모니카 손(Monica Sone)의 『니세이 딸(*Nisei Daughter*)』, 대니얼 오키모토(Daniel Okimoto)의 『위장한 미국인(*American in Disguise*)』, 잔 휴스턴(Jeanne Houston)의 『만자나여 안녕(*Farewell to Manzanar*)』 등의 소설이 있다. 또한 1997년에 바이올렛 드 크리스토포로(Violet De

Cristoforo)가 『5월 하늘: 언제나 내일이 있다(*May Sky: There is Always Tomorrow*)』라는 제목으로 제2차 세계대전 동안 격리 수용된 일본계 미국인들이 일본어로 쓴 하이쿠(俳句) 시집에 제2차 세계대전 동안 고뇌에 찬 일본계 미국인의 삶이 묘사되어 있다.

2. 동화와 분리의 딜레마

이 당시 일본계 미국 문학의 등장 인물들은 위기를 극복하는 방편으로 미국인이 되고자 일본의 정체성을 철저하게 버리려고 하지만, 아무도 완전한 미국인으로 인정해 주지 않는 상황에서 경계선에 놓인 자아상을 이룬다. 이민 2세대들은 아시아와 미국 사이의 선택조차 존재하지 않는 상황에서 정체성의 딜레마를 경험한다. 모니카 손의 『니세이 딸』에서 가츠코는 이 문제에 대한 일본인의 절망적 시각을 대변한다.

> 우리는 정부가 일본계 미국인도 가야 한다는 것을 말했다고 믿지 않았다. 우리는 최고 애국자들이 크게 외치는 소리를 들어왔다. "모든 놈을 내몰아야 해. 일본놈은 일본놈이야. 아무리 잘라낸다 해도. 어린 일본놈 2세에게 미국 출생증명서를 건네 준다고 미국인을 만들 수는 없어." 우리는 이런 말들이 흥분한 애국자들의 거친 소리라고 제쳐놓았어. 우리는 미국 시민으로서의 권리가 침범당하지 않으며 외국의 적과 같은 수준에서 우리 집에서 쫓겨나지 않을 것이라는 것을 확신했지(Sone, 1953: 158).[1]

『니세이 딸』은 일본 이민 2세대가 국가관에 대해 느끼는 혼란스러운 의식을 표현한다. 미국에서 태어난 가츠코(Kazuko)에게 일본 혈통은 주말에 억지로 일본어 학교에 다녀야 한다는 것 외에는 별 의미가 없다. 그녀는 인종 차별 사회에서 성공하기 위해 백인 문화의 기준에 동화하려고

1 앞으로 『니세이 딸』에서의 인용은 괄호 안에 인용된 쪽수만 기입한다.

일본인으로서의 정체성을 포기했음에도 불구하고 백인 미국인과 동등하게 대우받지 못한다. 가츠코는 일본 문화와 정체성의 근원지인 일본어 학교에서 배운 일본 전통과 예절을 부자연스럽고 편협한 것으로 느끼지만 양 세계 사이에서 영원한 이방인인 자신을 발견할 뿐이다. 가츠코는 자신이 겪고 있는 불안한 정체성의 갈등을 일본인과 미국인, 어디에도 속하지 못하는 "머리가 둘 달린 괴물(two-headed freak)"(159)로 비유한다.

히사예 야마모토(Hisaye Yamamoto)의 단편 「사사가와라 양의 전설(The Legend of Miss Sassagawara)」은 제2차 세계대전 중의 일본계 미국인 수용소를 배경으로 화려한 외모의 발레리나를 주인공으로 한다. 딸/어머니/아내라고 하는 여성의 전형적 이미지가 제거된 독신녀인 그녀는 가족적 · 공동체적 · 정치적 관계 속에서 연속적으로 타자로 치부된다. 사사 양에게 가해지는 복합적 압력은 겹겹이 싸여 있는 중국 상자 구조 같은 이야기 형식을 통해 화자인 기쿠(Kiku)에 의해 전달된다. 마리(Mari)라는 이름이 있음에도 불구하고 주위에서는 그녀를 굳이 거리감이 있는 사사가와라 양이라고 호칭하고 근거 없는 소문으로 그녀를 타자화시킨다. 이것은 백인 대중이 일본계 미국인을 편견과 소문에 의해 감금, 그들을 박해하는 공식 문서의 해석 오류의 가능성에 대한 알레고리로 해석될 수 있다. 제2차 세계대전 중에 있었던 일본계 미국인의 박해 과정은 지배 문화가 부여하는 모든 억압 기제를 상징한다. 야마모토는 한 인터뷰에서 이 작품에 대해 "사사가와라가 미친 것이냐, 아니면 수용소의 다른 사람들이 미친 것이냐?"(Cheung, 1993: 65 재인용)라는 말을 통해 집단적 광기의 의미를 제시한다. 이러한 수사적 질문에는 일본계 미국인과 감금한 미국인들 사이에서 누가 정말 미쳤는가에 대한 의문이 함축되어 있다.

미국과 일본의 전쟁 속에서 적 국민으로 취급되는 일본계 미국인의 절박한 현실 속에서 그들이 살아남기 위해 미국에 동화하려는 노력은 처절한 것이었다. 그들은 '미국인'이라는 것을 증명하기 위해 자신들이 '일본인'이 아니라는 것을 보여야 했다. 극단적인 경우에는 자신을 비하하고 인종적 · 국가적 · 언어적 정체성을 포기함으로써 미국인이 될 수 있는 가능성을 보여 주어야 했다. 『니세이 딸』에 등장하는 일본계 미국인 2세 지도자들은 앞장서서 미국의 정책에 적극적으로 협조하는 제스처를 보임으로써 자신들의 충성심을 증명하려고 열성적이다. 『만자나여 안녕』에서 완전한 미국인으로 수용되고 싶은 주인공의 갈망은 학교 밴드 부원으로서 드럼을 치며 행진을 한다든지, 축제 여왕이 되고 싶은 주인공의 욕구로 표현된다. 그러나 정작 자신이 동양 여성의 스테레오타입에 힘입어 축제 여왕으로 선발되었을 때는 오히려 자신의 정체성에 대해 심각한 회의를 경험한다.

이러한 회의적 태도는 두 개의 국가 모두에 대한 반항으로 변화된다. 존 오카다(John Okada)의 작품 『노-노 보이(*No-No Boy*)』의 주인공 이치로(Ichiro)는 적국 일본 출신의 미국인으로서 미국에 대한 "충성 맹세"로 표현되는 20개 조항에 대한 답변을 거부함으로써 "노-노 보이"로 분류되어 사회에서 참여가 거부된다. 그는 두 개의 국가에서 일방적으로 강요된 가치관을 거부하는 일본계 미국인의 의식을 강력하게 대변한다. 주인공은 일본인이나 미국인의 양자택일을 거부하고, 서로 다른 문화, 다양한 역사적·정치적·심리적 담론들의 축적으로서 자신의 존재를 제시하면서, 문화적 헤게모니의 투쟁을 "노-노(No-No)"로써 거부한다. 그러므로 『노-노 보이』의 투쟁에서 보여 주는 니세이(일본계 미국인 2세)의 정체성은 불의, 인종 차별, 스테레오타입으로 구성된 지배 담론에 수용되기를 거부하는 독자적 몸짓이다. 이러한 변방적 자아의 갈등은 바로 그러한 자아의 표현 문제와 연결된다. 『내가 원하는 것은 나의 육체뿐(*All I Asking is My Body*)』에서 기요시(Koyoshi)는 일본의 전통 사고와 인종 차별이라는 이중적 압제의 희생자인 자신을 우리에 갇힌 존재로 표현하면서, 그 감금된 우리를 넘어선 자유와 열린 공간을 희구한다. 이들에게 국가와 자아 정체성의 문제는 동화와 분리의 딜레마로서 두 문화 사이의 영원한 타협과 갈등 과정의 상호작용으로 전개된다.

3. 문화 간 충돌과 언어 사용 문제

아시아계 미국인들에게 문화 간 충돌은 언어 사용의 문제와 직결된다. 영어와 모국어 사이의 갈등이 그들이 당면하는 가장 근본적인 혼돈의 양상이다. 언어는 국가를 표현하는 가장 대표적인 상징일 뿐만 아니라 한 민족의 감수성과 역사성의 압축이기 때문이다. 모국어로 이야기하는 것은 자신의 세세한 내면을 표출할 수 있는 것이지만, 영어로 표현하는 것은 단지 의사를 소통하는 차원에서 외연만 있을 뿐이지 함축되고 포괄적인 정서가 내포되지 못한다. 언어 상실로 인해 표출되지 못한 정서는 그들의 내면에 침전되어 정신적 장애와 갈등으로 작용하고 그 결과 무관심과 침묵이 표현을 대신하게 된다. 특히 자아 정체성에서 언어 상실은 남성의 가부장적 권위에 치명적이다. 일본계 남성들이 미국 문화에 대한 부적응과 경제적 무능력의 결과 남성으로서의 권위를 빼앗긴 상황에서 언어의 상실은 그들을 더욱 고립되게 만든다. 그들은 외부와의 소통을 단절한 채 자아에 은둔한 상태에서 아버지, 남편으로서 가족의 요구에 무관심하게 된다. 모모코 이토(Momoko Ito)의 작품「금시계(The Gold Watch)」에서 일본계 미국인 가정에 나타나는 세대 간 문화적 간극에서 발생하는 문제는 아버지 무라카미(Muracami)와 아들 다다오(Tadao)의 언어적 갈등으로 표현된다. 그는 다다오의 내적 욕구를 이해하지 못한 채 권위만 내세워서 경멸과 기피의 대상이 될 뿐이다. 경제적 실패와 아들의 학교생활의 맥락을 이해하지 못하는 아버지의 무력함은 그의 언어적 무능력으로 독자들에게 전달된다.

이러한 한계 상황을 더욱 극단적으로 몰아가는 것은 일본계 여성들이 느끼는 고통이다. 다른 아시아계 여성처럼 일본계 여성도 표현에 대한 차별이 강요된다. 남성들의 왜곡된 가부장적 권위에서 야기된 고뇌가 조국과 언어문제라는 이중적 억압과 연결된 극한 상황으로 침묵이 제시된다. 히사예 야마모토(Hisaye Yamamoto)의 단편「요네코의 지진(Yoneko's Earthquake)」,「17음절(Seventeen Syllables)」, 밀턴 무라야마(Milton

Murayama)의 『내가 원하는 것은 나의 육체뿐』 등에서 나타나듯이, 여성은 남성의 외면 속에 고통이 심화되며 침묵에 갇히게 된다. 그러나 역설적으로 침묵을 강요당할수록 표현 욕구는 강해진다. 박탈당한 모국어와 자신의 것으로 습득될 수 없는 서구어의 한계 상황 속에서 침묵과 표현의 교차는 동양과 서양의 경계선에 놓인 아시아계 미국 문학의 특징을 반영한다. "여러 형태의 침묵이 있다," "침묵도 말하기의 일부분"(Yamamoto, 1994: 48)이라는 트레즈 야마모토(Traise Yamamoto)의 지적은 시사적이다. 동양은 근본적으로 침묵을 중시하는 문학 전통을 지니고 있으므로, "말하는 것/말하지 않는 것"은 우열의 대상이 아니며, 말하지 않는다는 것이 말할 내용이 없다는 것과 동일시되는 이분법적 사고는 우매한 것이다(Yamamoto, 1994: 45-50).

이민 2세대 일본계 미국 작가인 히사예 야마모토는 뛰어난 감수성으로 일본계 여성이 겪는 침묵의 심화된 의미를 표현하고 있다. 「요네코의 지진」에서는 사춘기 소녀를 화자로 등장시켜 어머니의 침묵을 지켜보게 함으로써 화사, 등장 인물, 독자의 삼각 관계에서 침묵의 담론을 전개한다. 침묵은 동양화의 여백처럼 그 자체의 독특한 표현을 함축하고 있다. 일본문화에 함축된 간접적 말과 비언어적 의사소통은 동 · 서양 문화의 표현의 차이를 잘 보여 준다.

야마모토의 「17음절」에서 작가는 화자인 딸의 관찰을 통해 어른들의 침묵의 좌절과 고통을 전달한다. 일본 전통의 문화적 특징이 편재된 야마모토의 서술 기법은 긴장과 이완 사이에서 독자의 관심을 조절한다. 이 단편에서 화자의 어머니는 하이쿠(俳句)대회에서 상으로 받은 판화를 도끼로 짓이겨 불태우는 아버지의 광적인 행동을 침착하게 바라봄으로써 부부 사이의 극심한 갈등을 예측한 독자의 기대는 급격히 전복된다. 이런 긴장과 이완의 대치는 이중적 이야기 수법과 비언어적 상호작용을 통해 극적 효과를 상승시킨다. 다중적 의미와 열린 결말, 억제된 스타일은 17음절로 이뤄진 하이쿠라는 일본 전통시에 대한 묵시적 경의다. 그리하여 충(Cheung King-Kok)이 표현하듯, 이 작품은 "수사적 침묵을 통해 등장 인물의 표현되지 않은 정서를 전달하며 침묵을 뛰어넘고 있다"(Cheung, 1993: 54).

아시아계 문학에서 침묵에 대한 새로운 해석은 언어에 대한 좀 더 폭넓은 해석으로 발전된다. 표현된 것만이 판단 기준인 서구의 전통을 뛰어넘어 침묵은 새로운 담론으로 언어의 차원을 확장시킨다. 잠재 의식이 인간의 내면에 더 많은 영역을 차지하고 있듯이 침묵은 언어로 표현할 수 없는 더 커다란 열린 공간을 포괄하게 된다. 딸들의 세대가 침묵과 의사소통의 부재 속에 내재된 어머니 세대의 절망과 억압을 관찰해 표현하는 것은 가족 간 대화 회복의 신호다. 가족 간에 대화를 회복하는 것은 개인적인 가족 커뮤니티 복원의 차원을 넘어서서 세대 간의 연결을 통한 국가관의 복원이다. 가족 내러티브를 복원하는 것은 세대 간 화해의 근원일 뿐 아니라 가족사에 기반한 민족사의 복구이기 때문이다. 가족 간의 결속이 강조되는 아시아계 문학에서 인물의 정체성은 독립적 개인의 이미지라기보다는 대개 가족 구성원으로서 관계성으로 정의된다. 아시아계 문학에서 가족의 연대, 세대 간의 연결에 대한 관념은 그것이 이질적 문화 속에서 그들을 지켜 주는 보루라는 확신으로 작용한다.

야마모토나 와카코 야마우치(Wakako Yamauchi)의 소설에서는 모녀 간의 이해와 공감이 주류를 이룬다. 대개 딸이 화자의 역할을 맡은 이들 작품에서 딸들은 어머니의 좌절과 슬픔을 잔잔하게 표현함으로써 독자들의 공감을 유도한다. 특히 여성 작가들의 정체성 문제와 관련하여 어머니와 딸의 관계는 작가 수업의 일환으로 부각된다. 작가의 문학적 영감의 근원은 과거의 기억과 전통을 가져온 어머니의 이야기다. 여성 작가들은 인종 차별과 전통 사회의 가부장적 성차별의 이중 억압을 표현하며, 자신들의 정체성을 재정의하려고 노력하게 된다. 야마모토는 성, 가부장제도, 인종 차별 속에서의 좌절감을 표현함과 동시에, 여성들로 하여금 이러한 규범에서 과감히 벗어날 것을 강조한다. 「17음절」에서 예술 창조에 전념하는 하야시 부인의 나르시시즘은 억압적 결혼과 자아성취를 향한 갈구를 반영한다. 이 불행한 결혼 이야기에서 예술적 창조력, 에로틱한 욕구, 자유의 갈망은 가부장적 지배를 벗어나려는 욕구를 상징한다. 하야시 부인이 하이쿠 시를 짓는 예술작업은 남편과 사회에 의해 가부장 사회의 규범을 위반한 것으로 간주된다. 딸은 깊은 좌절을 예술로 표현하는 어머니를 이해하지 못하는 아버지를 담담하게 묘사함으로써 어머니의 의미를 깨닫게 된다.

질식할 듯한 일상을 초월해 의미 깊은 자아성취를 위한 욕구는 빈번하게 덧없는 에로틱한 열정과 관련된다. 히사에 야마모토의 단편 「요네코의 지진」에서도 딸 요네코의 눈을 통해 어머니 호소우메(Hosoume) 부인의 비극이 서술된다. 호소우메 씨와의 사이에서 정신적 · 성적 좌절감을 느낀 젊은 호소우메 부인이 자신에게 관심을 보이고, 활력이 넘치는 필리핀계 노동자에게 끌리면서 낙태로 이어진다. 이러한 비극적 사건을 서술하는 과정에서 화자인 딸은 어머니의 고통을 공유한다. 야마모토에게 영향을 받은 야마우치는 『그리고 영혼이 춤을 추리라(*And the Soul Shall Dance*)』, 『어머니가 가르쳐 준 노래(*Songs My Mother Taught Me*)』 등에서 유사한 정서와 주제를 표현한다. 『어머니가 가르쳐 준 노래』에서 "피리, 벚꽃, 시, 운명론"(Yamauchi, 1994: 35) 등 일본에 대한 향수로 고통받는 어머니를 담담하게 회고하는 사치코(Sachiko)는 어머니 가토 부인의 절망을 공감한다. 미국에서 겪는 삭막한 현실과 엄격하고 무미건조한 남편을 견딜 수 있는 유일한 피난처는 일본에 대한 향수로서, 특히 미국에서 태어나 일본에서 성장한 키베이(Kibei) 하인 야마다(Yamada)는 일본에 대한 소망을 대변한다. 하인과의 관계에서 생겨난 아기로 인해 깊은 절망감에 빠져 있는 어머니를 대신해서 이 딸은 아기를 돌봐 주고, 아기의 죽음에 직면해서 어머니를 이해한다. 가족 간의 결속이 강조되는 아시아계 문학에서 인물들의 정체성은 대개 가족 구성원으로서 관계의 정체성으로 정의되는 경우가 많다. 가족은 연결되어야 한다는 강박 관념과 함께 그런 것이 깨진 상황에 대한 안타까움이 지배적이다. 심지어 여성의 이미지도 연인으로서의 이미지와 같이 독자적 상태보다는 희생적 모성으로서 가족 구성원의 이미지가 지배적이며 이는 아시아계 문학의 독특한 특성을 형성한다.

이러한 세대 간의 관계 복원이 역사 복원의 차원으로 전개된 대표적 작품은 조이 고가와(Joy Kogawa)의 걸작 『오바상(*Obasan*)』이다. 『오바상』은 제2차 세계대전 동안의 수용소 억류로 야기된 일본계 캐나다인 가족의 고통을 그리면서, 강요된 침묵의 역사를 자기 반영적 담론인 자서전 양식으로 제시한다. 화자의 인생은 동심원적 구조로 3세대의 경험을 통과하면서 자기 반영성과 역사성이 포괄된 형태로 제시된다. 벤지 장(Benzi Zhang)은 이 작품이 정전화된 역사에 침범해서 역사 만들기 과정을 노출시키는 효과를 보여 주고 있음을 지적한다(Zhang, 1996: 137). 고가와는 『오바상』에서 나오미(Naomi)의 개인적 이야기를 역사적 담론으로 전개하면서, 백인의 담론으로는 해석되지 않은 새로운 역사적 서술의 차원을 펼친다. 오바상으로 대변되는 1세대는 침묵과 망각의 동양적 가치관에 집착해 미국 사회에 대한 직접적 참여를 회피한다. 서구에서 교육을 받은 이세대들은 정치적 항거를 통해 미국 사회에 도전한다. 3세대인 화자 나오미는 침묵과 외침이라는 양 담론 중 하나를 선택하기를 거부하고 다중적 관점을 수용한다.

4. 가족과 국가의 복원

그런데 최근에는 부자 관계도 세대 간의 화해의 중요한 차원으로 부상하기 시작한다. 이러한 화해의 근간에는 자식 세대를 위해 모든 것을 바치는 이민 1세대의 절대적 희생에 대한 감동이 있다. 도시오 모리(Toshio Mori)는 「7번가의 철학자(The Seventh Street Philosopher)」, 「국수주의자(The Chauvinist)」 등 다수의 작품에서 많은 곤경과 어려움을 견디고 살아남은 부모 세대에 대한 친근감과 경의를 표현한다. 그는 일상적 행위를 통해 인간의 활력, 용기, 삶에 대한 경외심을 포착한다. 그의 인물들 속에는 선천적 활기와 고결함이 배어 있고, 그는 역경 속에서도 공동체를 지탱하는 개개인의 원기를 존중한다. 「국수주의자」에서 주인공은 귀머거리요 벙어리인 척 행동하며, 자신을 아내에 얹혀 사는 쓸모없는 인간으로 조롱하는 사람들에 대해 오히려 외로움과 사소함, 인간의 잠재성에 대한 무지와 경외심의 결핍을 탄식한다. 「7번가의 철학자」에서 쓰노다(Motoji Tsunoda)는 세탁소 잡역부라는 처지에 어울리지 않게 철학에 대한 토의와 사색을 즐겨하는 홀아비다. 이 괴팍한 노인은 비참한 바보, 우스꽝스러운 늙은 수다쟁이로 보여질 수도 있겠지만, 화자는 그가 자신밖에 볼 수 없는 세계를 전달하려는 노력에서 용감하고 신성하기까지 한 일면을 발견하게 된다. 모리는 개인과 사회, 일본계 미국인과 다른 민족, 이민 1세대와 2세대, 남성과 여성의 조화를 통해 자율성과 동시에 조화를 지향함으로써 세대 간 화해의 장을 연다. 이러한 조화는 가족과 국가를 복원하는 것과 동일시된다.

이러한 역사의 복원작업은 그 복원 과정의 매체인 언어문제와 연관된다. 모리는 의도적으로 일본계 미국인이 사용하는 서투른 영어를 작품에 등장시킴으로써 앵글로 아메리칸 영어의 절대성에 도전하고 영어를 "영어들(Englishes)"로서 복수로 인정하는 차원으로 연결시킨다. 모리는 일본계 이민 가정에서 발생하는 정체성의 혼돈문제를 언어문제와 관련시킨다. 그는 일본계 미국인의 구어체 스타일을 문학에 도입해 이민자 언어를 형성했다는 점에서 개혁적 스타일리스트(Zhang, 1996: 129)로 표현된다. 「무명 작가의 고백(Confessions of an Unknown Writer)」에서 예술가가 받는 사회적 제약은 언어 표현의 압박으로 제시된다. 후기 작품집인 『히로시마에서 온 여성(*Woman from Hiroshima*)』에서도 모리는 정전화된 문화적 헤게모니에 대항하는 에스닉적 요소들을 적합하게 표현할 수 있는 언어를 사용하려고 시도한다. 장은 이런 암시적이고 시적인 언어는 사물의 피상성 배후의 본질에 도달하게 함으로써 일본계 이민자들의 경험이 그 심오한 깊이를 얻는다고 지적한다(Zhang, 1996: 130).

비평가들은 모리의 언어가 형편없는 것이고 정전화된 언어 규칙을 위반하는 것이라고 비판했지만, 그의 담론은 사회적 · 인종적 의미를 함축하고 있으며, '우아하고, 정확한' 영어의 정전을 해체함으로써 오히려 이민자들의 경험을 포괄적으로 제시하는 것이다. 『내가 요구하는 것은 나의 육체뿐』에서도 무라야마는 일본계 미국인이 당면하는 이중 문화의 실제를 표현하는 수법으로 피진(pidgin: 두 개의 언어가 섞여서 된 보조적인 언어) 영어를 사용한다. 언어의 혁명은 주체적 자아에 접근하는 방식으로, 이들은 앵글로 색슨 사회에서 자신들의 문화와 전통을 알리려는 의도에서 내용적 측면만이 아니라 기법적인 면에서도 파격적 시도를 하고 있다. 이에 대해 제프리 챈(Jeffrey Chan) 등은 "소수 인종의 경험은 백인 언어의 정확하거나 완벽한 표현에 굴복하지 않는다. 그러나 소수 인종 작가들은, 특히 아시아계 미국 작가들은 이국의, 적대적 정서에 의해 만들어진 언어로 저술을 하도록, 도덕적으로 책임감을 느끼도록 만들어졌다"(Chan, 1989: 217)라고 지적하면서, 소수 인종의 정서는 백인의 영어로는 합당한 표현을 발견할 수 없다고 말한다.

리사 로우(Lisa Lowe)는 아시아계 미국인이라는 용어 자체가 이미 복합성, 이질성, 잡종성을 긍정하는 것이라고 강조한다(Lowe, 1991: 26-27). 최근 아시아계 미국 문학은 동양성과 서양성이라는 양극 사이의 경계선 상태를 변방성으로 생각하기보다는 이것을 두 문화를 이해하고 수용하며 동시에 자신의 근원적 문화가 이해되는 초국가적인 영역으로 간주함으로써 새로운 발전 방향을 제시한다. 과거의 아시아계 미국 문학의 지배와 피지배 간의 갈등 상황에서 경계선 양편의 국민들은 모두 폭력의 악순환 고리를 초월할 수 없었다. 최근의 탈식민주의와 다문화주의적 인식은 힘의 갈등 상황 속에서 존재하는 지배 담론과 하위 담론의 공존 상태, 담론의 다성성, 혼종성 자체를 건강한 상태로 파악한다. 최근 초국가주의 담론은 한 발 더 나아가서 아시아계 문학이 양 문화의 경계선에 놓인 자아로서의 유동성, 모국어와 습득어 사이의 감정구조 차이에서 오는 다성성, 다문화적 전망과 같은 쟁점을 적극적으로 사색하게 한다. 따라서 이는 유동성과 이민 과정이 빈번한 현대를 살아가는 인간 경험에 대해 좀 더 본질적인 접근을 성취하면서 복합적인 현대 사회의 여러 문화적 패러다임을 아우를 수 있는 역동적인 담론을 제시하고 있다.

제4부

사적 공간의 초국가적 역학

초국가적 입양가족에 나타난 동화와 모국의 뿌리 문제

-마리 명옥 리의 『누군가의 딸』과 제인 정 트렌카의 『피의 언어』* -

김영미

1. 초국가적 입양 현실과 초국가적 입양 담론

서구나 한국 내에서 입양의 역사는 저 멀리 그리스, 로마 시대와 삼국 시대로까지 거슬러 올라갈 수 있지만, 나라와 나라의 경계를 넘어 이뤄지는 초국가적 입양의 역사는 불과 5, 60년밖에 되지 않는다. 제2차 세계대전 이후 독일과 폴란드 등의 유럽 고아들을 미국에 입양시키면서 시작된 초국가적 입양은 한국전쟁 직후 대규모로 진행되어 한국을 비롯한 중국, 베트남 등 아시아 국가와 과테말라, 러시아 등의 국가로 확대되어 시행되어 왔다. 불과 5, 60년밖에 되지 않는 역사에 비해 초국가적 입양을 통해 서구로 온 아이들의 수는 상당하다. 지난 50년간 적어도 50만 명의 아이들이 서구의 가정에 입양되었고(Hubinette, 2006: 17) 1990년대 이후 초국가적 입양아의 수는 더욱 증가하는 추세에 있다.

애초에 초국가적 입양은 인도주의적 의도에서 출발된 것이긴 하나, 데이비드 엥(David Eng)의 지적처럼, 초국가적 입양을 단순히 "사랑, 이타

* 이 글은 『미국소설』 제15권 2호(2008)에 게재된 논문을 수정 · 보완한 것임.

주의, 구원 등의 인도주의적이고 종교적인"(Eng, 2003: 10) 시각으로만 보기는 힘들다. 주로 아시아 국가에서 서구로의 이동이 주축을 이루는 초국가적 입양에는 입양을 받는 국가/입양을 보내는 국가 간의 지배/종속 관계, 가족 내에서 일어나는 동화주의의 압력, 입양아가 백인 중심적 사회에서 겪는 인종 차별적 경험, 남아보다 여아가 더 많이 입양되는 현실에서 발견할 수 있는 젠더의 문제 등이 복잡하게 얽혀 있기 때문이다. 또 최근에 한국 정부가 모국 방문의 기획을 통해 입양아들을 한국으로 불러들여 그들과 모국의 관계를 새삼 강조하고, 그들로 하여금 한국과 서구를 잇는 문화적 가교 역할을 해 주기를 바라는 데서도 알 수 있듯이, 초국가적 입양에는 민족정체성의 문제도 개입되어 있다.

초국가적 입양은 초기에는 단순히 인도주의적인 차원의 긍정적인 제도로 해석되어 오다가, 최근에 와서는 좀 더 비판적이고 복합적인 시각으로 많이 조명되고 있다. 초기에는 초국가적 입양이 세계의 비참한 아이들에게 가정을 제공함으로써 서구 문명의 이득을 경험하게 하는 바람직한 제도라는 생각이 주종을 이뤘기 때문에 초국가적 입양에 대해 문제를 제기하는 사람이 거의 없었다. 초국가적 입양에 개입되어 있는 민족과 인종 같은 민감한 문제들은 별로 고려되지 못했다. 그리고 이민자에 대한 초기 연구가 이주와 시민권의 역사적 조건을 간과한 채 이민자의 적응/부적응 문제에 더 관심이 많았던 것처럼, 초국가적 입양에 대한 연구도 개개 입양아들의 행동과 태도, 양쪽 부모와의 관계를 적응/부적응이라는 개인적인 차원에서 이뤄졌다. 초국가적인 입양을 한 부모들은 아이들의 과거, 특히 친부모의 존재를 완전히 지우고, 자신들이 가진 서구 중심적이고 백인 중심적 가치관으로 아이들을 동화시키려 애썼다.

1990년대 이후 다문화주의 담론의 영향, 성인이 되어 직접 자기 목소리를 내는 입양아들의 존재, 낮은 출산율과 동성애자 가족과 같은 새로운 가족 유형이 필요로 하는 초국가적 입양아 등의 현상은 초국가적 입양에 대한 관심을 증폭시켰다. 이 새로운 관심은 두 가지 관점에서 주로 논의되는 바, 첫째로 초국가적 입양 가족을 새로운 가족 · 친족의 가능성을 보여 주는 가족 형태로 살펴보려는 관점과, 둘째로 초국가적 입양을 20세기 후반의 이주 · 이산 · 이민의 특수한 한 형태로 보아야 한다는 관점이 바로 그것이다. 우선 첫 번째 관점부터 살펴보면, "백인 핵가족의 사적 공간 속에 인종적 타자성을 넣는"(Eng, 2003: 30) 초국가적 입양은 분명 관습적인 가족, 친족 개념과는 다른 가족, 친족의 모델을 제공한다. 1990년대 이후의 초국가적 입양아들은 초기의 입양아들과 달리, 자신들의 과거, 친어머니, 모국과 완전히 단절하지 않고, 오히려 자신들의 뿌리와 과거를 알도록 권유받기 때문에, 인종 · 민족 · 문화적으로 복수적인 정체성을 지닐 수 있는 상황에 놓이게 되었다. 그러므로 제1세계와 제3세계의 사람이 모여 이룬 가족, 혈연으로 맺어지지 않은 가족의 개념이 가능할 수 있게 된다. 그러나 여기에는 여러 질문이 제기된다. 과연 입양아의 다름이 차별이 아닌 차이로 온전히 인정되고 있는가? 입양아가 뒤늦게 발견한 혈연과 뿌리의 발견이 혈연으로 맺어진 가족, 친족, 그리고 더 나아가 민족의 개념을 다시 강조하게 되는 것은 아닌가?

초국가적 입양을 이주, 이민의 특수한 한 형태로 보아야 한다는 두 번째 관점은 초국가적 입양을 세계 정치 · 경제적 역학 관계 속에서 바라보며 초국가적 입양에 대해 비판적인 시각을 견지한다. 대표적인 이론가 데이비드 엥과 토비나스 휴비네트(Tobinas Hubinette)에 의하면, 초국가적 입양을 보내는 아시아 국가들이 한국을 비롯해 베트남, 캄보디아, 중국처럼 정치 · 경제 · 군사적으로 미국과 중요하게 관련된 국가들이었음을 생각해 볼 때, 초국가적 입양은 초국가로서 미국의 영향력과 깊은 관계가 있는 현상이다(Eng, 2003: 10; Hubinette, 2006: 16). 그뿐 아니라 초국가적 입양을 통해 국가 경계선을 넘어온 아이가 백인의 미국 가정에서 겪는 동화와 차별의 경험, 시민권을 통해 미국인으로 다시 호명되는 경험은 입양아들을 이민자들과 유사한 위치에 둔다. 휴비네트는 이보다 더 나아가 초국가적 입양을 강제 이주와 노예 무역과 유사하다고까지 말한다. "어린 시기에 부모, 형제자매, 친척으로부터 단절되고, 고유한 문화와 언어를 빼앗기며 항구와 공항에서 다시 태어나고 기독교 세례를 받고 주인의 이름을 얻게 되고, 결국은 인종화된 비백인의 육체를 얻게 된다는 점" (Hubinette, 2006: 18)에서 입양아가 노예와 유사하다는 것이다. 클라우디아 카스타네다(Claudia Castaneda)는 컴퓨터 그래픽스로 화면을 차례로 변형시키는 특수 촬영 기술인 "모핑(morphing)"에 초국가적 입양을 비유하면서, 초국가적 입양은 결국 "비워지고 선택되고, 지워지고, 재각인되는 하나의 과정"(Castaneda, 2004: 286)이라고 말한다. 이 때 비워지고 지워지는 것은 입양아의 과거의 역사이며, 재각인되는 것은 백인 중심 질서와 가치다.

미국이 받은 초국가적 입양아들의 출신지 중 가장 비중이 큰 국가가 바로 한국[1]이라는 사실, 입양아들의 자체 모임이 활성화되면서 자신들의 목소리를 내고 있는 상황, 한국 정부가 세계화를 본격적으로 수용하면서 입양아들을 자국의 자원으로 끌어들이려 하고 있는 상황, 입양아들이 자신들의 경험을 문학 · 예술 · 이론 분야를 통해 적극적으로 표현하는 상황에 비춰 볼 때, 이제 초국가적 입양의 문제를 본격적으로 연구해야 할 시점이라고 생각된다.

최근에 초국가적 입양을 다룬 두 편의 소설, 마리 명옥 리(Marie Myung-Ok Lee)의 『누군가의 딸(*Somebody's Daughter*)』(2005)과 제인 정 트렌카(Jane Jeong Trenka)의 『피의 언어(*The Language of Blood*)』(2003)는 입양 주체의 정체성 형성 문제를 미국 가족/사회뿐 아니라 한국 가족/사회와의 관계 속에서 그려내어 초국가적 입양에 개입된 미국/한국의 관계, 미국 사회 내에 작동하고 있는 인종 차별적 구조, 한국 사회에 작동하고 있는 가부장적 질서의 문제, 한국적 정체성의 문제를 재고하게 한다. 이 글은 이 두 작품의 분석을 통해 한국으로부터의 초국가

1 6 · 25 전쟁 이후 약 20만 명 이상의 한국 아동이 미국과 유럽의 여러 나라에 입양되었으며, 아직도 매년 2,500명 이상의 아동이 해외로 입양되는 가운데, 미국 내에 있는 입양아 중 한국에서 온 아이들이 가장 큰 비중을 차지하고 있다. 1990년도 전까지 미국 내 전 입양 아동의 거의 50%가 한국 입양아였고, 1992년도에도 27.3%나 되는 아동이 한국 입양아였다.

적 입양이 초국가로서 미국이 한국에 끼치는 영향력과 어떻게 연관되어 있는지, 미국의 가족/사회가 초국가적 입양아에게 어떤 정체성의 위치를 허용하는지, 초국가적 입양아는 미국의 가족/사회와 한국의 가족/사회와 어떤 관계를 설정하고 있고, 이 관계가 함축하는 것이 무엇인지 살펴보고자 한다.

2. 『누군가의 딸』과 『피의 언어』: 두 국가, 두 문화, 두 가족과 교섭하기

마리 명옥 리의 『누군가의 딸』과 제인 정 트렌카의 『피의 언어』는 미국 입양 경험을 형상화한 작품이라는 큰 윤곽의 공통점 외에도 작품의 시간적·공간적 배경이나 작품의 구도가 놀랄 정도로 유사해 눈길을 끈다. 우선 주인공이 풍요로운 미국에 비해서는 가난했던 1970년대의 한국에서 태어나, 미국 미네소타 주의 백인 중산층 가족에게 입양되었다는 것이 똑같고, 또 무엇보다 생모를 찾아 한국에 오는 구도를 담고 있다는 점에서 똑같다.

사실 그동안 입양 담론에서 입양아나 생모의 시각은 입양 부모의 시각에 비해 상대적으로 덜 다뤄져 왔다. 특히 생모들의 존재는 실제 삶의 영역에서나 입양 담론의 영역에서 부재하고 침묵된 존재였다. 그 이유는 첫째로 자식을 버렸다는 죄의식과 수치심이 그들에게 있기 때문이고, 둘째로 공개 입양이 이뤄지기 전에는 입양의 사실을 철저히 숨기고 입양 가족이 마치 친가족인 것처럼 사는 것이 당연하게 여겨졌기 때문이었다. 그래서 휴비네트는 이 생모들이야말로 한국 내에서 주변화되고 침묵된 하위주체들(subalterns)이라고 말한다(Hubinette, 2006: 19).

이 두 소설은 바로 이 부재하고 침묵하던 생모, 그리고 생모가 속한 나라를 기억하고 되살리는 소설이다. 입양아에 대한 소설을 쓰다 보니 입양아의 생모에 대해 쓰지 않을 수 없었다고 작가 후기에서 말한 바 있는 마리 명옥 리는, 소설 『누군가의 딸』에서 입양아인 사라(Sarah)의 시각과 그녀의 생모의 시각을 나란히 교직해 진행시키고 있고, 제인 정 트렌카는 편지와 생생한 육성을 활용해 생모와 한국의 삶을 현실감 있게 되살리는 한편, 어머니가 죽은 이후에는 소설 쓰기를 통해 죽은 어머니를 되살리고자 한다고 말하고 있다.

> 엄마, 할 수만 있다면 의지와 언어를 가지고 당신을 되살려 놓으려고 해요.
>
> ……
>
> 만약 언어를 가지고 당신을 창조하는 데 실패한다면, 피의 언어로 내 속에 당신을 모시고 다닐 거예요(Trenka, 2003: 160).

『누군가의 딸』은 소설 전체가 입양아의 한국 경험과 생모의 삶에 중점을 두고 있고, 『피의 언어』는 소설의 절반이 생모와 한국의 삶에 할애되어 있다. 생모와 한국에 대한 이야기는 단순히 입양아들의 존재의 뿌리 혹은 기원에 대한 이야기로 기능하고 있지만은 않다. 물론 그것은 일차적으로는 기원에 대한 이야기이지만, 그 속에는 훨씬 더 많은 층위의 의미를 내포하고 있다. 즉, 거기에는 입양아로 하여금 생모와 모국을 갈망하게 만드는 미국 삶의 어떤 측면과, 아이들을 초국가적으로 입양하게 되는 과정에서 드러나는 미국 삶에 대한 동경과 이상화, 한국의 가부장적인 삶의 구조 등이 복잡하게 얽혀 있다.

두 소설의 주인공 사라와 제인(Jane)이 입양되어 자라난 1970년대 미네소타 주의 작은 마을은 백인이 주로 거주하며, 백인 중심의 가치관이 지배적인 곳이다. 제인의 표현을 빌면, 자신의 마을 할로(Harlow)는 "선하고 올바르고 근본주의적이며 동질적인 모든 것의 최후 보루"(Trenka, 2003: 21) 같은 곳으로서 게이나 레스비언, 혹은 트랜스젠더를 지지하는 사람이 전혀 없는 것은 물론이요, 흑인을 한 명도 찾아볼 수 없고, 그나마 유일한 흑인도 백인 가정에 입양된 아이였는데, 누이를 강간했다는 소문에 시달려 모습을 감추고 말 정도로 백인 중심적인 사회다. 그리고 그곳은 성인이라면 당연히 결혼을 해야 하고, 결혼을 했으면 당연히 아이가 있어야 한다고 생각하는 보수적인 사회다. 사라가 자라난 마을에 대해서는 구체적인 서술이 없기 때문에 자세히 알기는 힘들지만, 사라 부모가 매우 백인 중심의 보수적인 가치를 지닌 것을 볼 때, 그 마을 역시 제인이 자란 마을과 유사할 것으로 보인다.

사실 이론가 사라 도로(Sara K. Dorow)의 말처럼, "세계 정치 · 경제 속에서 개별적으로 존재"하는 주체들을 "일상적인 친족의 친근한 공간"(Dorow, 2006: 5) 속으로 불러들이는 초국가적 입양은 입양 부모에게 인종적 타자와 대면할 수 있는 기회를 부여할 수 있다. 그런데 두 소설 속의 백인 부모들은 입양아의 인종적 타자성에 전혀 대면하지 못하고 있다. 그들은 한편으로는 아이가 속했던 기원을 끊임없이 상기하면서 구원자, 은혜를 베푼 자로서 자신들의 입장을 견지하고, 다른 한편으로는 아이의 기원과 인종적 타자성을 억압하고 지운다.

공식적인 입양 담론에서 초국가적 입양아는 입양을 통해 열악한 환경에서 구출되어 미국 사회가 제공하는 혜택, 예컨대 대학 교육이라든가 시민권자로서 누리는 다른 여러 가지 혜택을 입은 존재로서 당연히 미국의 양부모와 미국 사회에 고마움을 느껴야 하는 존재로 여겨진다. 두 소설의 백인 양부모 역시 기본적으로 이런 시각을 지니고 있다. 그들은 자신이 아이들을 구출하지 않았더라면 아이들은 한국에서 매춘부와 같은 처참한 상황에 놓여 있을 거라고 생각한다. 구출자, 구원자로서 자신들을 생각한다는 것은 아이들의 과거, 기원을 잊지 않는다는 뜻이다. 하지만, 모순되게도 그들은 아이들에게 그들의 과거, 기원, 모국에 대해 전혀 말해 주지 않을 뿐 아니라, 그것을 억압하고 비워내려고 한다. 사라의 집에서 한국은 사라와 관련해서는 "절대 말해서는 안 되는 나라"(Lee, 2005: 2)였고, 제인의 집에서도 'a'로 시작되는 'adoption'과 'k'로 시작되는 'Korea'는 언급해서는 안 되는 단어였다(Trenka, 2003: 38).

이처럼 백인 부모는 아이의 과거와 기원을 지우고, 거기에 백인 중산층의 가치를 새롭게 심어 주려고 한다. 그러면서 아이에게 아이 자신의 존재의 소중함을 일깨워 주기 위해, 자신들이 아이를 '선택'해 데려왔음을 강조해서 이야기한다. 그런데 이 '선택'의 이야기는 아이에게 자아 존중감을 주기는커녕, 오히려 자신이 상품처럼 교환 가능한 존재라는 공포감을 준다. 『피의 언어』의 제인은 백인 엄마로부터 자신이 선택되었다는 이야기를 듣는 순간, 자신이 백인 엄마 마음에 들지 않으면, 다시 가게로 되돌려져 다른 아이와 교환될 수 있다는 공포감에 시달린다.

> 난 가게로 돌려보내질 수도 있어. 더 좋은 여자아이와 교환될 수도 있어(Trenka, 2003: 24).

이론가 도로에 의하면, 입양아는 가족을 형성하는 '사랑의 선물', '보호의 대상'이지만, 동시에 '소비의 대상'이기도 한 모순 속에 놓여 있다(Dorow, 2006: 17). 초국가적 입양아는 팔거나 구매된 존재는 아니지만, "그 주변 사람들과 제도는 교환, 의미, 가치의 사회적 관계"로 들어간다는 것이다(Dorow, 2006: 17). 특히 인터넷의 발달로 인해 입양을 기다리는 아이들의 이미지를 모은 거대한 비주얼 아카이브가 생기면서, 이 아이들의 이미지가 "입양을 욕망하고 분류하고 등급을 매기게" 할 수 있으며, 궁극적으로 입양아를 상품으로 보게 할 위험이 있다는 지적이 입양 담론에서 제기되고 있다(Volkman, 2005: 13). 『피의 언어』의 제인 역시 자신이 교환의 대상이란 생각을 가지고, 『누군가의 딸』의 사라 역시 자신이 "한국산의 도장을 이마에 찍은" "수출품"(Lee, 2005: 2) 같은 존재라는 인식을 가지고 있다.

교환 가능성, 대체 가능성에 대한 생각은 입양아로 하여금 백인 부모에 더욱 의존적인 존재가 되게 한다. 이들의 의존성은 예전으로 되돌려지지 않기 위해 부모의 기준과 욕구를 충족시키는 완벽한 딸이 되려는 노력으로 나타난다.

> 난 아주아주 착한 아이가 되어야만 해. 우리 엄마가 날 데리고 있게 말이야(Trenka, 2003: 25).

착해지려는 입양 딸들의 이 노력은 결국 미국 백인 중산층의 가치를 백퍼센트 받아들이는 동화의 노력으로 나타난다. 그래서 그들은 외모는 동양인이지만 속은 백인처럼 하얀 존재, 그들의 비유를 빌리자면, "트윈키(twinkie)" 같은 존재가 되려고 애쓴다. 제인은 대학에서 인종을 묻는 설문지에 망설임 없이 '백인'이라 표시하고, 사라는 자신을 "골수까지 하얀 코코넛"(Lee, 2005: 15)이었다고 말한다.

하지만 그들의 동화 노력에도 불구하고 사라와 제인은 백인 중산층 사회에 완벽하게 통합되지 못한다. 이들은 문화적으로는 백인이나 다름없으나 인종적으로는 백인일 수 없기 때문에 백인 사회에 동화될 수 없다. 사라와 제인이 자신들의 인종적 차이를 가장 극명하게 느끼게 되는 계기는 남녀 관계를 통해서다. 『피의 언어』에서 제인 가족이 외식하던 레스토랑에서 사람들의 시선이 자꾸 입양 딸인 제인과 캐럴(Carol)에게 쏠리던 것에서 알 수 있듯, 백인들만 거주하는 작은 마을에서 아시아 아이들의 존재가 도드라져 보이는 것은 어쩌면 당연한 일이다. 하지만 시민권을 가지고 미국식 교육을 받으며 백인 미국 가정에서 자라는 입양아들이 남성의 사랑의 대상이 되지 못하고, 이민 온 이방인과 같은 존재로 비춰진다는 것은 그 사회의 배타성을 그대로 드러낸다.

사라는 "인생이 섹스라는 두근거리는 별 주변을 따라 회전하기 시작하는 때"(Lee, 2005: 121)인 고등학교 때, 백인 남자 아이들의 욕망의 대상이 되지 못했기 때문에 처녀로 남아 있으며, 제인은 고등학교 때에 백인 남자아이들보다는 주로 아시아계 남자 아이들과 어울려 다녀서 백인 아버지의 빈축을 산다. 제인을 따라다니는 스토커 백인 남자도, 그녀의 일거수 일투족을 좇는 것이 그녀에 대한 제어할 수 없는 애정 때문이 아니라, "백인 사회에서 그저 한 명의 한국인일 뿐"(Trenka, 2003: 83)인 그녀를 죽이려는 의도 때문이다. 갓난이로 미국 사회에 와서 미국식 가치관을 가지고 살아가더라도, 입양아는 그 인종적 특성이 드러나는 외모로 인해, '한국인' 아니면 구별도 안 가는 '중국인'에 불과한 존재인 것이다.

> 넌 백인 사회에서 그저 한 명의 한국인일 뿐이야. 넌 구크(Gook)이고 칭크(Chink)지 (Trenka, 2003: 83).

백인 부모에 의해 '한국적인 것'을 억압당하고 '백인성'을 강요받던 사라와 제인에게 '백인성'은 그들이 원하고자 노력한다고 해서 얻어지는 것이 결코 아닌 것이다. 그러므로 그들은 백인 사회에서 자신들의 존재 위치에 자신감과 안정감을 얻지 못한다. 그들에게는 결코 메워질 수 없는 존재의 구멍이 뚫려 있다. 혹은 프로이트적으로 말하자면 메울 수 없는 결핍이 그들의 존재 조건이다. 그래서 엥은 초국가적 입양아의 이런 정서적 곤경을 인종적 우울(racial melancholy)이라는 개념으로 설명한다(Eng, 2003: 16). 앵에 의하면 초국가적 입양아는 자기 나라를 떠나오면서 상실을 경험하는데, 이 상실이 적절하게 애도되지 못하기 때문에 우울 상태에 빠진다는 것이다.[2]

흔히 초국가적 이산 주체나 이민 주체들은 미국 사회 내의 동화의 압력이나 인종 차별적 의식에 맞서서 상상 속의 조국으로 달려가는 경향이 있다. 즉 마음속의 초국가적 공간에서 미국 사회의 압력을 견뎌낼 힘을 공급받는 것이다. 하지만 이들과 달리 초국가적 입양아에게는 고국에 대한 경험이 기억 속에 남아 있지 않다. 이들에게 모국은 성년이 되어 새롭게 만나야 할 나라다. 그렇다면 사라와 제인은 모국을 어떻게 경험하고, 모국과 어떤 관계를 설정하며, 이것이 미국 사회와의 관계에 어떤 영향을 미치는가?

사라와 제인에게 모국의 의미는 자신들의 탄생에 대한 기원과 자신들이 입양될 수밖에 없었던 이유의 탐색을 통해 비로소 발견될 수 있다. 이들의 탄생과 입양의 기원에 대한 서사에서 특징적인 것은 미국으로의 입양이

2 데이비드 엥은 초국가적 입양아의 경우에만 국한시키지 않고, 아시아계 이민자 전반의 심리적 구조를 인종적 우울의 개념으로 설명한다. 이 밖에 '우울'의 개념으로 제인 정 트렌카의 소설을 분석한 것으로 민은경의 논문이 있다. "The Daughter's Exchange in Jane Jeong Trenka's *The Language of Blood*" *Social Text* 26, 1, 2008 참조.

정치적 · 경제적으로 열악하고 매우 가부장적인 사회였던 한국의 상황과, 그 상황과 비례해서 커져 간 미국에 대한 이상화, 열망과 깊은 관련이 있다는 점이다. 사라의 생모에 의해 서술되고 있는 사라에 관한 이야기는 한국 여성이 백인 남자/미국에 대해 품고 있는 이상화와 그것의 허구성, 백인 남자가 한국인/한국에 대해 가지고 있는 우월감을 잘 보여 주고 있다. 그리고 제인의 어머니가 들려 주는 이야기에는 가부장적 남성의 끔찍한 폭력에 대한 이야기가 담겨 있다.

사라의 생모 경숙이 처음부터 미국적/서구적인 것에 대해 환상과 동경을 가진 것은 아니었다. 1960년대의 시골 고향 마을에서 경험한 서구적 영향은 주로 기독교를 통한 것인데, 기독교는 마을의 전통 신앙을 죽이고 없애는 억압적인 모습을 띠거나, 매우 독실한 크리스천인 이모를 통해 드러나듯 과도하게 경직된 모습을 띤다. 미국/서구에 대한 경숙의 동경이 자라나게 된 결정적 계기는, 대금 연주자로서 자신의 운명을 개척하기 위해 갓 입학한 서울의 대학교를 뿌리치고 나와 조그만 식당에서 일하게 된 경숙이, 국제평화봉사단의 일원으로 한국에 왔다가 우연히 그곳에서 밥을 먹게 된 데이비드(David)와 만나 연애하면서부터다. 시골에서의 삶, 서울의 조그만 단칸방에 살던 이모 집에서의 짧은 체류, 그리고 식당 종업원으로서의 삶밖에 경험하지 못하던 경숙에게 데이비드는 한국 속에 들어와 있는 서양식 삶의 방식과 문화를 체험하게 할 뿐 아니라, 미국에 대한 강한 동경을 심어 준다. 데이비드가 경숙에게 심어 주는 미국에 대한 이미지는 크게 두 가지인데, 그것은 첫째로 물질적으로 풍요로운 나라이고, 둘째로 남녀 차별 없이 모든 국민이 동등한 권리를 누리고 개인적인 자질을 꽃피울 수 있는 민주주의 국가라는 것이다. 미국의 물질적 풍요에 대해서는 대부분의 한국인이 당연시하는 생각으로, 미국 백인 남자를 보면 자동적으로 부유할 것이라고 생각하는데, 경숙은 데이비드와의 데이트를 통해 더욱 구체적으로 이를 실감한다.

그 남자는 돈을 내려고 두툼한 돈뭉치를 꺼냈다. 그의 옷차림과 태도는 가난한 학생의 모습이었는데, 그는 그녀가 심지어 꿈도 꿀 수 없었던 그런 음식을 사 주었다. 그래, 아마도 미국에 있는 사람은 누구나 믿을 수 없이 부자라는 말이 맞았어. 실제로 돈이 나무에 자라고 있어서 낮은 가지에 매달려 있는 돈을 따기만 하면 된다는 것, 수줍음 때문에 손닿지 않는 곳에 있던 감을 딸 때 하듯 가지를 구부릴 필요도 없다는 것이 맞았어(Lee, 2005: 136).

미국 민주주의 체제의 우월성에 대해서는 데이비드가 한국의 독재 상황과 한국의 가부장적 사회구조와 대비시켜 누누이 역설하는 바로서, 다음과 같은 말이 단적인 예다.

"당신은 당신의 행복을 생각해서 변화를 줄 필요가 있어요." 그 외국인이 말했다. "내가 알기로, 한국에서는 여자들이 딸로, 아내로, 어머니로 희생을 하지요. 여자들은 결코 자신들만의 것이라고 할 만한 것을 가지고 있지 못해요"(Lee, 2005: 155).

"더 중요하게는 미국에서는 민주주의가 있지요. 군사 독재가 아니지요……. 우리들은 정직한 선거를 하고 여자들은 동등한 권리를 가지지요. 우리는 그것을 여성 해방이라 불러요"(Lee, 2005: 155).

여성들의 자아실현이 보장된 민주주의 국가, 미국으로의 초대를 경숙은 거부하지 못한다. 게다가 한국에서는 경숙이 재질을 타고난 전통 음악이 서양 음악에 밀려 홀대를 받는데, 미국에서는 이를 높이 평가한다고 하니 미국에 대한 경숙의 동경이 더 커지는 것은 당연하다. 경숙의 귀에 미국이라는 말은 그야말로 한자 뜻 그대로 아름다운 나라이고 하나의 음악과도 같이 경숙의 머릿속에 울려 퍼진다.

여기서 한 가지 주목할 점은 한국/미국을 이분법적으로 놓고 한국은 원시적이고 가부장적이며 독재가 강한 열등한 나라, 미국은 문명화되고 평등한, 민주주의가 있는 우월한 나라라고 생각하는 데이비드의 사고 방식에 경숙이 무조건적으로 동의하고 있는 것은 아니라는 점이다. 경숙은 나름의 판단을 가지고 그의 사고 방식에 거리감을 두고 의문을 표하나, 그가 그녀에게 주입하는 풍요로운 나라로서 미국 이미지가 주는 강력한 매력에 결국 굴복한다.

그런데 데이비드의 사고 방식이 얼마나 기만적이고 허구적인가 하는 것은 경숙의 결혼 승낙과 임신 이후 확연히 달라진 그의 태도에서 잘 드러난다. 데이비드는 남녀 평등의 나라에서 자란 것이 무색하게 경숙을 존중하지 않는다. 경숙이 결혼을 승낙한 이후부터 그는 그녀에게 훈계하고 가르치는 태도를 취하며 그가 먹을 음식을 그녀가 요리하게 만든다. 그의 이중적인 태도는 한국 국민들을 죽이는 한국 독재자를 비판하는 그가, 경숙의 뱃속에 든 자기 아이를 아무렇지 않게 '제거'할 것을 요구하고, 몇푼 안 되는 돈을 쥐어 주며 불법 낙태 의사를 주선하는 모습에서 극명하게 드러난다. 그리고 그들 관계에서 파생한 고통을 경숙에게만 전담시켜 놓고 미국으로 사라져 버리는 그의 모습은 파렴치하고 무책임한 남성의 극치를 보여준다.

그의 이 모습은 그가 경숙에게 심어 준 미국에 대한 환상을 여지없이 깨어버릴 법도 하다. 하지만 미국이 더 나은 삶을 보장해 줄 것이라는 환상을 경숙이 버리지 못하고 있음을 우리는 아이 입양 과정을 통해 알 수 있다. 물론 극도의 가부장적 사회에서 처녀로 아이를 낳았을 뿐 아니라, 그것도 혼혈아를 낳은 경숙의 입장으로서는 입양 외에 다른 선택이 없다. 경숙에게 입양 외에 다른 선택이 부재하다는 사실 자체가 한국 사회의 가부장적 성격을 분명히 드러내는 것이지만, 여기서 한 가지 더 주목해야 할 사실은 미국 사회가 여전히 경숙에게 인도주의적이고 아름다운 나라로 비춰지고 있다는 점이다.

> 6 · 25 전쟁 이후 길거리에 떠돌아다니는 고아들의 사진을 보고 너무 안됐다고 생각한 한 친절한 미국인이 시작했다는 이런 고아원들에 대해 경숙은 들어본 적이 있었다. 이 고아원들은 갓난아이들을 받아서 그들에게 집을 찾

> 아 주려 한다고 했다. 바로 아-메-리-카에서 말이다. 경숙은 놀랐다: 아마 이 아이는 제 발로 그 아름다운 나라로 갈 수 있을지도 몰라(Lee, 2005: 194).

한편 『피의 언어』의 제인이 생모와 헤어져 입양된 주된 원인은 아버지의 심한 폭력 때문이다. 제인이 태어났을 때 의처증이 심하던 아버지는 제인을 자신의 아이로 믿지 않고 심지어 아이를 죽이려까지 했기 때문에, 어머니는 그야말로 아이를 살리기 위해 고아원에 보낸다. 그런데 고아원의 환경이 열악해 갓 태어난 제인의 생명이 위독하자, 엄마는 아이를 집에서 돌보기를 원한다. 그런데 아버지는 제인과 그 바로 위의 언니를 딸려서 같이 미국에 입양 보낸다는 조건으로 이를 허락한다. 아내와 딸의 운명을 가부장인 아버지 마음대로 결정하는 것, 그리고 아무렇지 않게 딸을 포기하는 것은 가족의 전권이 아버지에게 있고, 딸보다 아들을 우선시하는 한국의 가부장적 가족구조의 단면을 보여 준다.

그런데 여기서 한 가지 아쉬운 점은 아버지의 폭력적 성향을 아비지의 전체 삶과 한국 사회의 맥락에서 충분히 이야기하지 못하고 있다는 점이다. 그런 상태에서 어머니와 여성의 희생적 상황만 이야기하는 것은, 현실의 복잡성을 충분히 드러내지 못하는 것일 수 있다. 가령 다음과 같은 서술은 한국 사회의 가부장적 성격을 일반화시켜서 막연하게 이야기하고 있다는 혐의를 지울 수 없다.

> 나는 우리 엄마의 아름답고 끔찍한 문화를 이해하게 되었다. 딸보다 아들이 더 귀하게 여겨지는 땅, 여자들은 아이들을 등에 업듯 의무의 무게를 짊어지고 다녀서, 나이가 들면 영원히 굽어져 눈이 땅을 향하게 되는 땅에서, 엄마의 경험이 그리 유별난 것이 아니라는 것을 알았다(Trenka, 2003: 117).

『누군가의 딸』과 『피의 언어』는 생모들의 서사를 통해, 사라와 제인의 입양의 기원에는 정치적 · 경제적으로 열악하고 가부장적인 억압이 심했던 한국 사회의 특성과, 한국인이 미국에 대해 가지고 있던 동경과 이상화가 존재한다는 것을 제시하고 있지만, 한국 사회의 현실을 충분히 복합적으로 그려내지 못하고 있는 아쉬움을 남긴다. 『누군가의 딸』의 경우에는 생모 경숙의 서사에서 피상적인 역사 인식과 시대 착오적인 표현이 엿보이며,[3] 『피의 언어』는 어머니의 희생과 고통을 강조하는 가운데 아버지의 삶에 대한 이해가 부족하다.

이에 비해 사라와 제인이 한국에 와서 한국을 경험하는 삶의 묘사는 좀 더 구체적이고 현실성 있게 묘사된다. 사실 사라와 제인 같은 입양아들이 생모를 찾아 한국에 올 수 있게 된 것은 미국의 다문화주의의 영향[4]과, 한국 정부 측에서 세계화 정책의 일환으로 입양아들을 한국 속으로 통합시키려고 하는 의도가 맞물린 결과였다. 그리고 또 엘리나 킴(Eleana Kim)의 지적처럼, 한국 제품과 미디어의 수출, 이민 등의 초국가적 현상은 "한국을 입양아들이 실제로 돌아갈 수 있는 장소로 상상 가능하게 만들었다"(Kim, 2005: 51). 그리하여 1988년 서울 올림픽경기 이래 엄청난 수의 입양아들이 한국으로 돌아오고 있었고, 사라와 제인의 회귀도 이런 사회적 흐름과 맥을 같이하는 것이라 볼 수 있다.

그런데 제인의 경우는 초국가적 입양아로서는 흔치 않게, 미국에 있을 때부터 생모와 편지 왕래가 있었다. 그래서 한국에 오기 전부터 이미 생모

3 경숙의 부모는 시골에서 농사를 지어 경숙을 대학에 보냈는데, 당시 농사를 지어 딸을 대학에 보낸다는 것은 경제적인 부담과 가부장적인 사고 방식에 미뤄보았을 때 결코 쉬운 결정이 아니었을 것이다. 그런 경숙이 서울에 와서 대금 예술가가 되려는 꿈 때문에 너무 쉽게 대학을 그만둔다는 것은 개연성이 떨어진다. 그리고 경숙이 머물던 이모 집을 무작정 나와 서울역 근처 길거리에서 대금 연주를 하는 장면도 당시 상황에 비춰 개연성이 떨어진다. 여대생이었던 경숙이 1970년대에 거리 연주를 하는 일이란 거의 가능하지 않기 때문이다. 또 경숙이 데이비드와 연애하는 과정에서 피자를 사먹는 장면이 나오는데, 70년대에 서울 시내에서 피자를 사먹을 수 있는 곳은 없었다. 이 밖에 사소한 것이긴 하지만, 사라가 어학 연수를 온 학교가 서울에 소재하는데, 지방에 실재하고 있는 조선대학교라는 이름을 설정해 혼선을 준다.

4 다문화주의의 영향으로 어린 입양아를 둔 입양 부모들은 동화보다 차이를 더 자의식적으로 껴안고, 아이들이 자신들의 복수적 정체성을 탐구하도록 장려했다(Volkman, 2005: 10).

와 관계를 유지할 수 있었다. 반면, 사라의 경우는 한국에 와서야 생모의 존재를 알게 되어 생모를 찾는 처지다. 사라의 양부모가 사라의 친부모는 교통사고로 죽은 존재라고 말했기 때문에, 사라는 자신의 친어머니가 살아 있는 줄도 몰랐다. 그녀는 그저, 단단히 손에 쥘 수 있는 과거를 가지지 못한 자신의 처지가 늘 괴로웠기 때문에, 자신의 과거 기록을 찾아보다가 생모의 존재와, 자신의 비참했던 과거의 모습을 알게 된다. 자신이 탯줄도 제대로 끊어지지 않은 상태로, 얼굴에는 오물을 가득 덮어쓴 채 발견된 아이였다는 사실을 사라는 알게 되는 것이다. 그런데, 사라는 자신의 과거 비참했던 모습에 대해 슬퍼하기는 해도, 그것 때문에 위축되거나 굳이 그 사실을 숨기려고 하지는 않는다. 오히려 그 정보를 대중 매체에 공개적으로 활용해 더욱 적극적으로 생모를 찾아 나서고, 급기야는 생모라고 주장하는 아주머니와 만나게 된다.

두 사람이 생모를 만나는 과정에서는 차이가 있었지만, 생모와 재회하는 과정은 흡사하게 묘사된다. 사라와 제인이 생모(혹은 생모라고 주장하는 아주머니)와 만나는 과정을 묘사할 때 두 작가는, 단지 친혈육이라는 이유만으로 모녀 관계를 가깝게 그리지는 않는다. 거의 20년 이상을 각기 다른 나라에서 산 사람들이 겪음직한 언어적 · 문화적 장벽이 두 작품 속에 잘 고려되고 있다. 그리고 입양을 보낼 수밖에 없었던 생모의 열악한 경제적 상황과, 입양해서 아이를 키울 수 있었던 미국 부모의 경제적 상황의 차이도 두 작품 속에서 잘 포착되고 있다.

이 두 작품은 이러한 언어적 · 문화적 · 경제적 차이를 배경으로 입양아와 생모가 정서적 교감과 이해를 이루는 과정을 묘사하고 있다. 이 과정에는 대부분의 입양아와 생모의 재회 장면에서 흔히 볼 수 있듯, 아이를 포기한 것에 대한 친어머니의 죄의식과 미안함, 용서를 구하는 마음과, 그런 친어머니를 용서하고 받아들이는 입양아의 모습이 사실적으로 묘사된다. 하지만 이 두 작품은 상투적으로 기대되는 입양아나 친어머니의 모습을 제시하는 데 그치지 않고, 인물들의 복잡 미묘한 마음의 결을 살리면서 이들이 놓인 상황을 매우 현실감 있게 형상화하고 있다. 우선 사라의 친어머니인 경숙과, 제인의 친어머니는 그저 죄의식과 수치심에 싸인 채 어두운 삶을 살아가는 인물이 아니다. 이들은 자기 아이들을 지키지 못했다는 데서 오는 크나큰 아픔을 가지고 살긴 하지만, 자신이 처해 있는 삶을 최선을 다해 살아가는 활력과 자기 아이를 찾는 적극성을 지닌 인물이다. 이들은 자신의 과거를 은폐하거나 숨기지 않고, 가까운 친구에게 이야기하거나(제인의 어머니), 심지어 전혀 과거를 알지 못하는 현재의 남편에게 비밀을 털어놓는(사라의 어머니) 용기를 지녔다. 그리고 사라의 어머니 경숙을 통해 알 수 있듯, 이들은 떠나보낸 아이를 한시도 잊은 적이 없긴 하지만, 아이를 입양 보낸 이후 자신들이 꾸려온 삶의 가치도 인정하는 균형 잡힌 시각을 지니고 있다.

> 아이와 대금은 그녀에게서 없어졌다. 하지만 그녀는 또한 자신이 얼마나 얻었는지도 알 수 있게 되었다. 그녀의 삶, 그녀가 자기 자신과, (남편인) 일식과, 결혼한 집에서 손수 돌봐드리는 아버지를 위해 그녀가 쌓아올린 삶을 어떻게 얻었는지를(Lee, 2005: 247).

제인의 어머니 역시 두 딸을 억지로 입양 보내야 했던 아픈 과거가 있지만, 다른 딸들과 건강한 모녀 관계를 맺으면서 활기차게 삶을 꾸려가는 모습으로 제시된다. 두 어머니는 그저 관념상의 모습이 아니라, 살과 피를 지닌 현실적 인물로 그려지는 것이다. 한국의 어머니들은 사라와 제인이 미국에서 허구적으로 꾸며대던 모습처럼 곤경에 처한 공주나 왕비가 아니라, 누추한 집에서 힘들게 살아가고 있는 존재이지만, 사랑과 보살핌의 행동을 통해 사라와 제인으로 하여금 자신들이 버림받은 존재가 아니라 사랑받는 귀한 존재라는 자아존중감을 심어 준다.

그러면, 미국의 양어머니와 문화적 · 경제적으로 다른 친어머니는 사라와 제인에게 구체적으로 어떤 영향을 끼치는가? 우선 사라와 제인은 한국의 어머니를 통해 생물학적 혈연이 주는 진한 공감을 경험한다. 사라의 표현을 빌면, "뼈와 뼈, 살과 살을 연결시키는 보이지 않는 끈"(Lee, 2005:

230)을 이 두 주인공은 느낀다. 혹은 제인의 비유를 빌면, '피'를 통해 전달되는 신체적 · 정서적 유대감을 이 두 주인공은 가진다. 이런 공감은 미국의 삶에서 결여되어 있던 구멍을 메우고, 마음에 응어리져 있던 매듭을 풀어 주는 기능을 한다고 묘사되어 있다.

그렇다면, 이 두 소설이 사람의 정체성 형성에 가장 결정적인 것은 역시 혈연이라고 말하고 있는 것인가? 그리하여 결국 혈연 가족, 친족의 중요성을 통해 입양 가족의 결함과 결핍을 드러내는 것인가? 사실 이 질문에 대한 답은 간단하지 않으며, 두 작가 간의 차이가 드러나는 지점이기도 하다. 우선, 이 두 소설이 입양아 사라와 제인이 미국의 백인 가정과 사회에서 겪은 고통과 상실을 드러낼 때, 그것은 입양기관과 정부가 제시하는 공식적인 입양 담론이나 상업적 광고가 제시하는 입양에 대한 비판을 의미한다. 즉, 그것은 입양이란 아이 없는 부모와 부모 없는 아이를 연결시켜 주는 인도주의적 제도로서, 특히 아이에게 더없이 좋은 제도라는 식의 단순한 시각에 대한 비판이다. 그것은 또한 제1세계(미국)의 부모와 제3세계(아시아)의 아이가 이룬 가족 형태를 마치 세계화 시대의 새로운 가족 형태인 것처럼 선전하는 안이한 시각에 대한 비판이다. 『피의 언어』에서 제인은 이런 비판 의식 때문에 입양아라는 말 자체를 거부하기도 한다. 왜냐하면 '입양아'라는 말은 받은 것, 얻은 것만 강조하기 때문에, 받은 것과 불가분의 관계에 있는 '잃은 것'을 전혀 반영하지 못하기 때문이라는 것이다(Trenka, 2003: 227). 이 두 소설은 입양아의 상실감, 고통, 슬픔의 형상화를 통해 입양 제도와 입양아를 단선적인 시각으로 바라보지 않게 한다.[5]

이 두 소설은 또 친어머니/입양아의 관계 탐색을 통해 입양아의 존재 위

5 『피의 언어』가 『누군가의 딸』보다 훨씬 더 자의식적이고 넓은 스펙트럼에서 상실의 문제를 다룬다. 『누군가의 딸』에서 상실은 주로 생물학적 어머니의 상실의 의미로 다뤄지고 있는 반면, 『피의 언어』는 그와 더불어 모국의 언어와 문화의 상실까지도 포함한다.

치의 복합성을 드러내 준다. 입양아는 단순히 백인 가정의 틀 속에서는 설명할 수 없는 존재라는 것, 이민자나 이산 주체처럼, 입양아는 모국과 미국, 이 두 국가와의 관계 속에서 정체성의 위치를 지닌 존재라는 것을 이 두 소설은 보여 준다.

그런데 친어머니/모국, 그리고 양어머니/미국과 관련해서 두 인물이 어떤 관계를 정립해 나가고 있는가 하는 점에서는 차이가 있다. 『누군가의 딸』에서 사라는 결국 친어머니를 만나지 못하고, 한국에 여전히 '그림자 같은 존재'로 남아 있을 어떤 누군가의 딸로서 한국을 떠난다. 사라에게 친어머니는 '누군가'라는 막연한 존재로 남아 있다. 친어머니인 줄 알았던 아주머니와 대리적으로 경험한 친모녀 관계는 오히려 사라로 하여금 미국의 양어머니와 자신의 관계를 새롭게 바라보게 한다. 친모녀 관계를 경험하기 이전의 사라의 의식에서 주로 부정적으로 묘사되던 양어머니가, 이후에 차츰 긍정적으로 그려지는 것이 이를 반증한다. 사라는 자신이 미국의 가정에서 잘 자랐다는 것을 인정하고, 무엇보다 자기가 양어머니를 심리적으로 밀어냈음을 인정한다. 양어머니를 절대 어머니라 부르지 않거나, 사랑한다는 말을 절대 하지 않았던 자신의 태도가 두 사람의 거리감에 일조했음을 인정하는 것이다. 소설 말미에서 사라가 비행장에 마중 나온 양부모에게 달려가며 좁혀지는 그들의 물리적 거리는 그녀와 양부모 사이에 심리적 거리감이 좁혀질 것임을 상징적으로 나타낸다.

반면 『피의 언어』에서 제인은 친어머니와 만나 깊은 정서적 교류를 나눌 뿐 아니라, 어머니가 돌아가신 후에는 자신의 육신, 자신의 피에 각인된 친어머니의 유산을 끊임없이 기억하기를 바란다. 제인과 친어머니 관계의 친밀감은 제인과 입양 부모의 관계를 악화시키는 것으로 제시된다. 친어머니에 대한 유대와 애착은 친어머니의 죽음으로 더욱 깊어지는데 미국의 양어머니는 이를 전혀 이해하지 못한다. 친어머니가 살아 있을 때도 그 존재를 인정하지 않았던 양어머니는 친어머니의 죽음도 인정하지 않는다. 친어머니의 상실로 다시 정체성의 위기를 경험하는 제인이 그 극복을 위해 죽음에 대한 애도를 하려 하나, 양어머니는 그마저 무시하는 것이다.

『피의 언어』는 생모의 모습을 상투적으로 그리지 않듯이, 양어머니의 모습도 전형화된 모습으로만 그리지 않는다. 이 작품은 제인과 양어머니의 갈등을 통해 제인으로 하여금 양어머니를 객관적으로 이해하도록 한다. 제인이 객관적으로 이해한 바에 의하면, 첫째로 양어머니는 자신에게 적절한 양육과 교육을 베풀어 준 고마운 존재라는 것, 둘째로 양어머니 역시 모성을 여성 정체성의 핵심적인 것으로 보는 남성 중심적 사회의 희생자라는 사실이다. 양어머니의 입양 실천은 아이 없는 상태를 결핍으로 여기는 사회의 전반적 인식과 관계 있는 것으로서, 입양아인 자신은 양어머니에게는 임신할 수 없는 "몸의 결핍을 상기시키는 존재"이고, "정말 원했던 아이를 대체하는 존재"(Trenka, 2003: 206)다. 셋째로 양어머니가 모국에 끌리는 자신을 이해할 수 없는 것은 양어머니가 개인적으로 이해력이 부족하기 때문이 아니라, 양어머니의 삶의 경험과 관계 있다는 것이다. 양어머니의 삶이 이산이나 인종적 차이로 인한 고난을 겪어본 적이 없고, '한(恨)'이라는 것을 가져본 적이 없기 때문에 모국과 친어머니에 대한 자신의 애착을 이해할 수 없다는 것이다.

> 우리 부모님이 자신들의 종족에서 결코 떨어져 본 적이 없다면, 세대 간에 내려오는 기억과 인종적 기억과 땅의 풍경이 들려 주는 피할 수 없는 목소리를 어떻게 아시겠는가? 그 존재가 당신들이 구매한 것 혹은 당신들이 줄 수 있었던 것보다 더 많은 것을 요구한 한 소녀에 대해 당신들이 무엇을 알겠는가?(Trenka, 2003: 237)

인종적 타자에 대한 양어머니의 이해 부족이 세계의 역사에서 한 번도 주변국으로 살아본 적이 없는 강대국인 미국을 모국으로 하고 있다는 사실에서 기인한다는 이런 인식은 미국 사회와 미국인에 대한 예리한 통찰을 보여 준다.

그런데, 양어머니의 미덕과 한계에 대한 제인의 이런 인식에도 불구하고, 작품 속에서 제인과 양어머니의 관계는 진정으로 회복되지 않는 것으로 제시된다. 『피의 언어』는 양어머니/미국과의 관계, 생모/미국과의 관계를 복합적이고 중층적으로 그려내고 있지만, 결국 양어머니와 미국이 제공한 미국적 정체성보다 한국 어머니, 한국 문화와 역사에 대한 유대와 애착을 더 강하게 제시한다.

이렇게 본다면, 『누군가의 딸』의 사라와 『피의 언어』의 제인이 추구하는 정체성의 위치는 다른 함축을 가지고 있다고 할 수 있다. 초국가적 입양아로서 한국과 미국, 어느 한 곳에도 온전히 소속감을 느낄 수 없고, 이중적인 정체성을 안고 살아갈 수밖에 없다는 데서 오는 마음의 고통을 두 사람 다 지니고 있지만, 사라는 결국 양부모와의 거리를 좁히는 방향으로 나아가고 있는 반면, 제인은 혈연 부모와의 유대를 자기 정체성의 분리할 수 없는 일부로 강조하는 방향으로 나아가고 있다. 마리 명옥 리는 사라와 친어머니의 재회를 불가능하게 하면서 사라로 하여금 양부모의 양육에 대한 고마움을 느끼게 하고, 친어머니 경숙으로 하여금 아이를 입양 보낸 처절한 경험 이후의 삶 역시 가치 있는 삶이었다고 인정하게 한다. 말하자면 『누군가의 딸』에서 사라와 친어머니 경숙은 각자 있던 위치로 되돌아가는 것이다. 사라에게 친어머니가 그저 막연한 '누군가'로 남아 있다는 것은, 사라의 삶에서 한국적인 정체성, 한국적인 유산이 어떤 의미를 가지기 힘들다는 것을 함축한다. 반면 제인 정 트렌카는 작품 속에서 제인의 양어머니의 역할과 한계를 있는 그대로 인정하면서, 한국 어머니와의 애착과 유대, 그리고 더 나아가 한국 문화와 역사에 대한 유대를 매우 중요하게 제시한다. 그녀의 미래의 딸과 자신과 자신을 낳은 어머니가 한복을 입고 손을 잡은 채, 나비들과 함께 하늘을 훨훨 날아 여행을 떠나는 꿈으로 작품이 마무리되고 있다는 것은 작가의 지향이 어디에 있는지 잘 보여 준다. 여러 세대에 걸쳐 고향으로의 먼 여행을 떠나는 이미지로 빈번하게 나오고 있는 나비들과 함께 날고 있다는 것, 그리고 이들이 모두 한복을 입고 있다는 것은 작가의 정신적 지향과 애착이 한국적인 것을 향해 있음을 나타낸다.

3. 기원과 뿌리의 탐색과 관련한 두 작품의 차이

초국가적 입양아는 이산적 주체와 이민 주체와 마찬가지로 두 개의 국가/민족/문화와 교섭하는 존재이므로 정체성의 위치가 복잡하고 모호할 수밖에 없다. 초국가적 입양아들은 동화의 압력을 가정이라는 매우 사적이고 일상적인 공간에서 겪으며 스스로를 백인으로 구성하지만, 주변의 백인 사회는 그들을 이질적인 존재로 구성하기 때문에 자신의 다름을 인식할 수밖에 없게 된다. 한국계 미국인 작가 이창래(Chang-Rae Lee)와 수키 김(Suki Kim)이 각각, 소설 『원어민(*Native Speaker*)』(1996)과 『통역사(*The Interpreter*)』(2004)에서 미국 사회에 동화되어 살던 주인공들로 하여금 미국 사회에 작동하던 인종 차별적 구조를 인식하게 하고, 그 결과 자신들의 아버지의 유산, 한국적 정체성을 포용하게 만들었듯이, 마리 명옥 리의 『누군가의 딸』과 제인 정 트렌카의 『피의 언어』의 주인공인 초국가적 입양아들도 인종 차별적 시선을 통해 자신들의 기원과 뿌리를 탐색하게 된다. 그런 의미에서 한국계 미국인들의 한국적 정체성에 대한 탐색이나, 초국가적 입양아들의 뿌리에 대한 탐색은 미국 사회의 배타성을 반증한다고 할 수 있다.

초국가적 입양아들이 자신의 인종적 정체성과 교섭하는 방식에 대해 이론가 아눈드 브로트페이트(Anund Brottveit)는 세 가지 태도가 있다고 지적한다(Sloth, 2006: 255 재인용). 첫째는 입양된 국가와 완전히 동화되어 자기 뿌리에 대해 전혀 관심이 없는 태도이고, 둘째는 양 국가의 정체성에 모두 관계하는 태도이고, 셋째는 코스모폴리턴적인 태도로서 국가에 의해 규정되는 정체성보다 개인적인 정체성을 더 중요하게 생각하는 태도다. 기존의 입양 담론에서는 주로 동화와 적응의 틀로 입양아들을 바라보면서 동화와 적응 여부를 개인적인 건강성의 척도로 보았다. 그리하여 미국 사회에 동화되기를 거부하거나 고국의 친가족과 문화를 탐구하는 태도는 불건강하고 바람직하지 못한 태도로 여겨졌다. 이에 반해 브로트페이트는 앞에서 지적한 세 가지 태도 모두 건강한 것으로서, 어느 하나가 더 성숙한 태도라고 보기 힘들며, 실제 삶에서는 서로 혼합된 양상도 보인다고 한다.

『누군가의 딸』과 『피의 언어』는 주인공들로 하여금 자신들의 기원과 뿌리를 탐색하게 한다는 점에서 두 번 째의 태도를 보여 준다. 하지만 두 주인공이 친어머니/한국, 그리고 양어머니/미국과 관계 맺는 양상에서는 차이를 보인다. 『누군가의 딸』은 사라로 하여금 한국의 어머니, 한국의 문화와 역사와 대면하게 하지만, 한국에서 발견하는 것이 모호하고 추상적이다. 작가가 사라와 생모를 만나지 못하게 하고, 사라를 '누군가의 딸'로 모호하게 남겨두는 것, 대리적으로 체험한 모녀 관계를 통해 오히려 사라로 하여금 미국의 양어머니에게 감사하게 만드는 것은, 한국적 정체성이 이후 사라의 삶에서 큰 의미를 발휘하지 못할 것이라는 암시다. 사라에게 모호하게 남아 있는 사라 자신의 기원과 뿌리를 작가는 사라의 생모인 경숙의 서사를 통해 제시하는데, 경숙의 서사를 통해 우리는 초국가적 입양의 근저에 정치 · 경제 · 문화적으로 열악한 한국인이 미국에 대해 품고 있던 동경과 환상이 자리하고 있음을 알 수 있게 된다. 하지만 한국의 문화와 역사, 한국의 사회 상황에 대한 묘사에서 피상적인 인식과 시대 착오적인 서술이 한계로 드러난다.

한편 『피의 언어』는 양어머니/미국과의 관계와 친어머니/한국과의 관계 둘 다를 복합적이고 중층적으로 잘 재현하고 있다. 하지만 제목이 암시하듯, 결국 양어머니와 미국이 제공한 미국적 정체성보다 한국 어머니, 한국 문화와 역사에 대한 유대와 애착을 더 강하게 제시한다. 이 유대와 애착이 한편으로는 그녀의 인종적 정체성을 지우면서, 다른 한편으로는 인종적 정체성을 재각인시키는 미국 사회의 이중성에 대한 비판이라는 점에서는 설득력이 있다. 그러나 제인이 한국적 정체성과 친어머니에 대한 애착을 강하게 표출할 때, 그것은 또한 혈연 가족의 유대를 입양 가족의 유대보다 더 강하게 보는 가족주의적 이데올로기의 위험을 드러낼 수도 있다고 하겠다.

이러한 차이에도 불구하고 『누군가의 딸』과 『피의 언어』는 한국/미국의 두 문화, 두 가족, 두 명의 어머니와 용감하게 교섭하는 초국가적 입양 주체를 제시함으로써 독자로 하여금 초국가적 입양 주체가 놓인 지난한 현실을 인식하게 만든다. 이 두 소설이 제시하는 기원과 뿌리의 탐색 의미는 기존의 아시아계 작품들의 작품과 관련하여 논의될 때에 더 풍부하게 해석될 것이나, 이 과제는 향후 연구 과제로 남겨두기로 하겠다.

초국가적 가족 관계의 갈등과 화해

–데이비드 웡 루이의 『야만인들이 온다』와 맥신 홍 킹스턴의 『여전사』* –

우은주

1. 초국가적 상황과 이민 2세대의 삶

데이비드 웡 루이(David Wong Louie)의 『야만인들이 온다(*The Barbarians Are Coming*)』(2000)와 맥신 홍 킹스턴(Maxine Hong Kingston)의 『여전사(*The Woman Warrior*)』(1975)는 중국계 미국 이민 소설로서 특히 초국가적 가족 관계에서 일어나는 갈등과 화해에 그 초점이 맞춰져 있다. 『야만인들이 온다』에서 루이는 중국계 미국 이민 2세로서 자신의 중국성(中國性)을 거부하고 유럽풍의 음식을 요리하기를 고집하는 요리사인 스털링 렁(Sterling Lung)을 중심으로 한 3대에 걸친 부자지간의 미묘한 갈등을 그리고 있다. 한편, 맥신 홍 킹스턴의 『여전사』에 등장하는 모녀 관계는 초국가적 상황 속의 가정에서 일어날 수 있는 대표적인 모녀 관계다. 미국 캘리포니아에서 태어나 자란 딸인 킹스턴과 중국에서 의사 생활을 하다 미국에 건너와 세탁소를 경영하고 있는 중국인 이민자인 어머니 사이에는 서로 이해하기에는 커다란 차이가 분명 존재한다.

* 이 글은 『현대영미소설』 제16권 3호(2009)에 게재된 논문을 수정 · 보완한 것임.

초국가주의는 국가의 경계를 넘어서 일어나는 세계적 협력 관계, 특히 각 나라의 정부 차원에서 일어나는 일보다는 국민 사이에 일어나는 탈경계적인 관계를 이야기한다. 이 글에서는 미국으로 이주한 중국인 이민자 가정을 다루는데, 특히 '이민가족'이나 '다문화가족'이라는 단어보다 '초국가적 가족 관계'라는 단어를 사용한다. 그 이유는 '이민'이라는 개념은 자기의 뿌리가 있는 나라를 떠나 다른 나라로 이주했다는 '이주'의 개념을 강조하는 반면, '초국가' 개념은 '이민'의 개념과 이주했다는 면에서는 같지만, 자신이 떠나온 국가와 정착한 국가의 특성이 개인의 정체성을 구성하는 데 중요하게 작용하고 있다는 점이 강조되기 때문이다. 이 글에서 다루는 두 소설에도 소설의 인물들이 다른 나라가 아닌 바로 '중국'을 떠나왔으며 '미국'에 정착한 이주민들이라는 사실과 각 나라의 정치·경제·문화·역사 등의 특이한 상황이 인물들의 정체성을 구성하고 있다.

그러므로 서로 다른 국가와 국가의 경계를 넘어 구성된 초국가적 가족 관계는 처음부터 갈등의 소지를 가지고 시작한다. 떠나온 모국과 새로운 조국 사이에 끼인 중간자 입장의 주인공은 모국을 상징하는 부모와 현재의 조국을 대표하는 자기 자신과의 갈등을 피할 수 없다. 부모 세대는 과거의 전통적·문화적 유산을 그대로 간직하고 있으므로 자식 세대가 확립해야 할 정체성의 뒷배경을 제공해 줄 수 있지만, 자식들은 부모 세대가 제공해 주는 과거의 역사를 달가워하지 않는다. 자식 세대에게 부모 세대는 오히려 극복해야 할 대상이다. 그들은 부모 세대의 현실에 맞지 않는 전통적 개념들로부터의 자유를 추구한다. 즉, 부모 세대는 모국을 잃었으되 모국을 잃지 않았다고 착각하거나, 모국을 잃었다는 사실을 망각한 채, 자신들이 모국을 소유하고 있던 시절인 과거의 유산을 자식 세대에게 강요한다.

초국가적 이민자들의 의식을 살펴보면, 무의식 속에는 자신들이 모국을 떠나왔으며, 타국에서 영원한 타자로서 살아가야 한다는 슬픔이 존재한다. 앤 쳉(Anne Cheng)은 이것을 『인종의 우울증(*The Melancholy of Race*)』(2001)에서 인종적 슬픔이라고 부른다. 마를렌 골드만(Marlene

Goldman)은 인종과 관련된 우울증을 "식민의 우울증"이라고 하여, "겹쳐진 절도"(Goldman, 2002: 369)라고 정의내린다. 즉, 지그문트 프로이트(Sigmund Freud)의 말처럼 일반적인 '우울증'이 자신이 잃어버린 대상이 무엇인지 알지 못하고 자신이 사랑하는 대상을 상실했다는 사실을 인정하기 거부하는 것(Freud, 1953: 245)이라면, 골드만이 말하는 "인종적 우울증"은 "그 사랑의 대상을 단순히 상실하거나 그 대상을 소유할 권리를 상실한 것일 뿐만 아니라, 그 상실을 소유할 권리조차 상실한 것"(Goldman, 2002: 369)이다. 여기에서 사랑의 대상을 상실했다는 말은 자신이 떠나온 모국, 문화, 모국인으로서의 정체성, 즉 "혈통의 상실"(Cheng, 2001: 84)을 의미한다. 이민 1세대는 자신들이 모국을 떠나온 순간 모국을 잃었고, 또한 미국 땅에 살면서 그 잃어버린 대상을 "스스로 포기하도록 강요받았다"(Cheng, 2001: 104). 만약 그들이 그 상실을 인식하고 받아들인 뒤, 새로운 모국인 미국으로서 상실한 대상을 대신할 수 있다면, 인종적 우울증에서 벗어날 수 있을 것이다. 그러나, 그들은 미국을 새로운 모국으로 받아들일 마음도 없고, 미국의 주류 사회가 그들에게 미국을 그들의 모국으로 받아들이도록 허락하지도 않는다. 그들은 상실 자체를 상실한 채, 인종적 우울증에 갇혀 있다.

초국가 상황에서 자란 이민 2세대는 자신들이 인식하든 인식하지 못하든 상관없이, 부모 세대가 고통받았던 인종적 슬픔과 인종적 우울증을 고스란히 이어받는다. 이민 2세대들의 문제는 1세대들보다 더 심각하다. 육체적인 외모는 부모처럼 타자의 모습을 하고 있으나, 미국에서 태어나고 자란 그들의 정신 세계는 미국 문화에 속해 있다. 그러나, 그들은 진정한 미국인이 되지 못하고 부모 세대처럼 여전히 주변인으로 살아간다. 그들은 부모 세대의 상실을 상속받았으나, 그 상실을 인식할 수도 없고, 상실을 애도할 수도 없다. 그들이 할 수 있는 일은 부모 세대를 거부하고 부모 세대와는 차별화되는 자신들만의 정체성을 찾아 방황하는 일뿐이다.

첸에 따르면, "우울증 환자는 상실을 '극복'할 수 없다. 상실은 상실로써 거부되고, 자아의 일부분으로 포함된다"(Cheng, 2001: 50). 우울증 환자가 우울증을 치료하려면 자신이 상실한 대상이 무엇인지 인식하고, 새로운 대상을 찾아 다시 애착을 형성하며 자신의 상실을 극복할 수 있어야 한다. 즉, 올바른 방식으로 상실을 슬퍼하고 충분히 애도한 후 떠나보내야 한다(Freud, 1953: 245). 그러므로 이민 2세대인 두 주인공이 인종적 우울증에서 벗어나 정체성 확립을 위해 해야 할 일은 자신들이 상실한 부모 세대의 개인적 · 인종적 과거와 민족적 정체성을 다시 되돌아보고 인식한 뒤, 초국가적 문화 배경을 지닌 미국 이민자로서 새로운 정체성을 확립하는 일일 것이다.

이 글은 앤 쳉의 인종적 우울증 이론을 바탕으로, 초국가적 상황에서 자란 소설 속의 주인공, 『야만인들이 온다』의 스털링과 『여전사』의 킹스턴이 정체성을 확립해 가는 과정에서 가족 관계를 살펴보고, 초국가적 가족 관계의 갈등과 화해의 과정을 연구하고자 한다.

2. 『야만인들이 온다』: 초국가적 요리사의 "진짜 음식"

『야만인들이 온다』에서 스털링은 자신이 중국계라는 사실을 철저히 부정한다. 아들이 의사가 되기를 바라는 아버지 지니어스(Genius)의 뜻과는 반대로 스털링이 요리 학교에 가서 유럽 음식을 전공한 뒤 요리사가 되는 행동은 아버지에 대한 반항, 그리고 자신의 문화적 배경으로서의 중국 문화를 거부하고 스스로 유럽화된 정체성을 가지려는 시도다. 클럽에서 음식을 만들고 있는 스털링에게 클럽 사장은 "내가 당신을 채용할 때 당신이 언젠가 중국 음식을 만들겠다고 약속했다"(Louie, 2000: 39)[1]고 하면서 중국 음식을 만들어 줄 것을 요구하지만, 스털링은 중국 음식 만드는 것을 거부한다. "나는 프랑스 음식 요리사입니다. 내 요리 혈통은 유럽의 위대한 요리사들에게까지로 거슬러 올라갑니다. 나는 고급 요리사 중에서도 가장 고급입니다"(39)라고 말하면서 중국 음식을 만들지 않고 백조로

1 앞으로 『야만인들이 온다』에서의 인용은 괄호 안에 인용된 쪽수만 기입한다.

만든 서양 음식을 요리해서 손님들에게 낸다. 스털링에게 유럽 음식은 "고급 음식"이고, 중국 음식은 자신도 잘 알지 못하는 타지의 음식일 뿐이다. 스털링은 어린 시절 이야기를 하면서 서양 음식을 "진짜 음식," 미국 사람들을 "진짜 사람들"(76)이라고 표현함으로써 중국 음식을 먹는 중국계 미국인인 자신을 "가짜 음식"을 먹는 "가짜 사람"으로 만들어 버리기도 한다.

스털링은 애인인 블리스(Bliss)의 어머니와 처음 만났을 때에도, "저는 중국 음식 만들기를 거부하는 것이 아닙니다. 그냥 안 만드는 것입니다. 중국 음식은 제 것이 아닙니다"(145)라고 말하고, "[클럽 사장은] 내가 중국인이라고 말합니다. 하지만 나는 내가 공산주의 요리가 아닌 유럽식 요리를 전공한 요리사라고 [그에게] 말합니다"(146)라고 말함으로써 중국적인 것과 자신 사이의 경계를 확실히 한다. 하지만, 다른 사람들에게 그는 "요리사"가 아닌 "중국인"일 뿐이고, 클럽에서 중국 요리를 하지 않겠다고 버티던 스털링은 결국 중국 요리를 할 줄 아는 웡 척 팅(Wong Chuk Ting)이라는 "진짜 중국인" 요리사에게 자리를 빼앗긴다.

또한, 요리는 스털링이 아버지의 기대를 저버리고 부모와 갈등하게 되는 이유가 된다. 아버지는 아들이 요리 학교에 입학했다는 사실을 모르는 채 "네가 의사로 자라날 줄 누가 알았겠느냐?"(28)라며 기뻐하지만, 요리사 모자를 본 어머니 짜짜(Zsa Zsa)는 "너 요리사가 된 거냐?"(28)라고 하며 실망을 감추지 못한다. 미국에 사는 아시아계 부모들은 이 세상에 직업이 세 가지(의사, 변호사, 청소부)만 있는 줄 안다고 하는 속설을 증명하듯, 지니어스와 짜짜의 "야만인들" 사이에서 빚어지는 고단한 미국 생활은 스털링이 의사가 되는 것으로 보상받으리라는 기대감으로 이어져 왔을 것이다(28). 그러므로, 의사 가운 대신 요리사 가운을 걸치고 나타난 아들을 보았을 때, 지니어스와 짜짜는 대단한 충격과 허탈감에 빠진다. 스털링은 "사람들을 먹이는 것은 사람들을 치료하는 것이다"(29)라는 견지에서 의사나 요리사나 다른 점이 없다고 생각하나, 아버지는 스털링과 그 누이 때문에 이미 "쓰라림을 충분히 맛보았으므로 더 이상은 먹지 않겠다"(29)

라는 의미심장한 말을 남기며, 절대로 스털링의 음식은 먹지 않는다.

지니어스와 스털링의 관계가 서로 엇갈리기 시작한 것은 어린 시절의 냉장고 사건에서부터다. 스털링은 냉장고 사건을 자신이 아버지와 "관계를 맺으려 노력했던"(76) 마지막 사건이라고 표현한다. 이 사건에서 스털링은 운전을 하지 못하는 지니어스와 함께 거리에 버려진 중고 냉장고를 집으로 운반하기 위해 운전을 한다. 본인이 아직 운전 면허증을 취득하지 못하고 운전 연수 허가증만 가지고 있었으므로 자기가 운전하는 것은 불법이었고, 버려진 냉장고를 운반해내는 일도 그다지 마음에 내키는 일은 아니었다. 하지만 이 일을 시작할 때 스털링의 마음은 아버지와 함께 무슨 비밀스러운 일을 도모한다는 공범 의식이 생겼다. "나는 아빠와 내가 함께 벌을 받게 될지도 모른다는 생각이 좋았다. 나쁜 남자들"(77). 십대 시절 즐기고 싶은 은밀한 일탈을 아버지와 함께 경험한다는 것은 소통 부재와 오해로 뒤틀린 부자 관계를 올바로 잡아 줄 수 있을지도 모르는 아이러니를 내포한다. 그러나 노상에 버려진 냉장고를 옮기는 일은 구차한 일이었고, 육체적인 힘이 많이 필요한 일이었다. 냉장고를 차에 올려놓고 아버지가 담배를 피우는 동안 스털링이 느낀 감정은 수치와 분노다(80). 길거리에 버려진 냉장고를 차에 실어 오며 보기 드물게 흥분하여 좋아하는(78) 아버지와 때마침 내리는 눈 때문에 운전하기 힘들어진 상황은 그를 분노하게 했다.

게다가 냉장고는 차에서 미끄러져 내려 길 한가운데를 차지하고 서 있었고, 지나가는 백인들은 지니어스와 스털링을 조롱했다. 그러나 스털링이 아버지에게 기대한 것은 비록 "오, 그냥 미친 중국 놈이군"(80)이라는 말을 들을지라도 "수퍼맨"(81) 같은 영웅적 모습이었다. 그러나 지니어스는 영웅이 아니라 인종적 우울증에 고통받으며, 자신은 이미 모국을 잃어버렸으면서도 자식에게는 모국을 받아들이라고 강요하고 있는 힘없는 아버지일 뿐이다.

직업 선택에서뿐만이 아니라, 스털링은 결혼 문제에서도 아버지의 말에 순종하지 않는다. 아버지는 스털링에게 중국에서 태어나 중국에서 자란 사진 중매 신붓감인 입 육 힝(Yip Yuk Hing)과 결혼할 것을 강요한다. 그것은 강요라기보다 스털링에게는 운명과 같은 것이었다. 어린 시절부터 육은 이미 스털링의 신붓감으로 정해져 있었다. 그러나, 스털링은 그 여자를 신부로 받아들이지 않았다. 그는 이런 식의 약혼을 "전형적인 중국식 약혼"(57)이라고 정의내렸고, 친구들 사이에 퍼진 사진 중매 신부에 대한 소문은 미국인 친구들 사이에 자신이 야만적으로 각인되어, "자우면에 고양이 고기를 넣고, 원톤 수프에 소변을 넣는"(58) 일과 사진 중매 신부와의 약혼은 동격으로 취급되었다. 스털링은 사진 중매 신부와의 약혼을 단행한 것에 대해 "그들(부모)은 내가 나만의 인생을 가지고 있다는 사실을 완벽하게 거부했다"(59)라는 표현으로 부모의 행동을 비판한다. 아버지는 자신의 요리를 먹지 않고 옷이나 머리 스타일을 좋아하지 않으며 자신의 여자 친구를 인정하지 않았다고 불평한다(59).

그러나 사진 중매 신부 에피소드는 자식의 결혼까지 간섭하는 아버지에 대한 비판보다는 육이 지니어스나 스털링이 잃어버린 사랑의 대상인 "진정한 중국성"을 상징한다는 사실이 중요하다. 즉, 육은 지니어스와 스털링이 찾아야 하는 "잃어버린 대상"이기에, 스털링과의 약혼이 파혼된 이후에도 지니어스는 육을 보내지 않고 딸처럼 함께 지내게 된다. 그리고 한 가지 신기하게도 사진 중매 신부를 거부하던 스털링마저도 육을 만나자 그녀를 거부하는 마음이 많이 사라지는 것을 볼 수 있다.

육을 통해 스털링은 중국은 자신이 생각한 것처럼 미개한 나라도, 문화적으로 뒤떨어진 나라도 아니라는 사실을 깨닫게 된다. 스털링이 육에게 주기 위해 선물한 다비드 상은 길거리에 세워진 것을 훔쳐온 것이었다. 스털링은 자신이 준비한 선물에 대해 스스로 만족스러워한다.

> [육이] 이것 이상을 어떻게 바랄 수 있을까? …… 나는 [육이] 홍콩에서 고품격의 예술을 많이 보았을 것이라고 생각지 않는다. …… 게다가 나의 훌륭한 솜씨(내가 좀 더 안전하게 보존하기 위해서 옮겨놓은)로 얻은 것이고, 그녀가 가져온 작은 선물에 비하면 부피도 크고, 소시지에 비하면 대단히 고급

이다(89-90).

그러나 육의 반응은 의외다. 다비드 상을 보고 감격할 줄 알았던 육은 웃으며 말한다. "홍콩에 있는 우리 삼촌 공장에서 아름다운 물건들을 대량 생산해요. 중국 탑, 중국 성인들, 팔 없는 비너스, 영국인들이 자기네 정원에 놓으려고 사 가죠. 보세요……메이드 인 홍콩"(91). 스털링이 미국인의 우월감을 가지고 자랑스럽게 내놓은 다비드 상은 다름 아닌 홍콩에서 만들어낸 모조품이었다. 스털링은 육에게 다비드 상이 패배했다고 생각한다(91). 그러나 육에게 패배한 것은 다비드 상이 아니라 스털링 자신이다. 중국에 대해 잘 알지도 못하고, 알려고도 하지 않았으며, 중국과 중국인들을 열등하게 생각했던 스털링 자신이 육에 의해 깨진 것이다. 또한, 스털링의 다비드 상이 "가짜"였다는 사실은 미국인으로서 스털링 자신의 정체성도 진짜가 아니라 "가짜"라는 것을 상징하기도 한다.

스털링의 정체성이 "가짜"라는 사실은 결혼 관계를 통해서도 확인된다. 스털링의 결혼은 계획된 것이 아니라, 블리스의 임신으로 자신의 의도와는 달리 이뤄진 결혼이었다. 결혼 전, 블리스는 스털링의 포니테일 머리를 좋아하고 중국 음식을 즐겨 먹는 유대계 여성이었다. 혼전 임신 때문에 사랑 없이 한 결혼이기는 하지만, 블리스는 나름대로 자신들의 결혼을 지키고 싶어했던 것으로 보인다. 블리스가 스털링에게 자주 중국 음식을 해달라고 요구했다는 사실은, 그녀가—적어도 그녀에게는 스털링의 상징인—스털링의 중국성을 느끼고 싶어서였을 것으로 보인다. 그러나, 스털링은 실망스럽게도 퍼스트 웍이라고 불리는 중국 식당에 가서 중국 음식을 사다가 아내에게 준다. 스털링이 중국 음식을 사가지고 오자 아내는 그 음식을 아주 좋아했다. 스털링이 "하나 물어봐도 돼? 당신이·다이어트 중이라면, 왜 그런 음식을 먹지? 내 음식은 안 먹고?"라고 묻자, 블리스는 "분명하지 않아요? 이건 중국 음식이잖아요!"(210)라고 대답한다. 블리스가 사랑했던 것은 스털링이라는 사람 자체였다기보다는 스털링의 중국성이었을 수도 있다는 것이 이 장면에서 읽힌다. 자신이 요리사이면서도 중국 음식을 직접 아내에게 해 줄 수 없고, 중국 음식점에 주문해서 사다 줄 수밖에 없는 스털링은 결국 사진 중매 신부 육과의 관계에서 다비드 상을 통해 자신이 "가짜 미국인"이라는 것이 드러났던 것처럼, 아내 블리스에게는 그가 "가짜 중국인"이라는 것이 드러나게 된다. 그러므로 스털링은 "가짜 미국인," "가짜 중국인"으로서 그 어디에도 속하지 못하는, 정체성을 상실한 인간임이 확실해진다. 아내 블리스가 남편의 음식은 거절하고 중국 음식을 사다 먹는다는 것은 이제 더 이상 스털링이 블리스에게 남편으로서 매력이 없다는 것을 암시한다. 아내 블리스는 이 사건 이후, 살을 뺀다는 명목으로 동생이 사는 샌프란시스코에 가서 백인 남성과 불륜에 빠진다. 이것은 그녀가 스털링에게서 기대한 "진정한 중국성"을 그가 제공할 수 없다는 것이 이유 중 하나가 될 것이다.

블리스가 백인 남성인 잭 피어스(Jack Pierce)와 불륜 관계라는 사실은 아들들의 입을 통해 밝혀지고, 블리스를 찾아다니다가 우연히 보게 된 그녀의 모습은 훨씬 젊어 보였다(312). 잭과 함께 있는 블리스를 보며 스털링은 생각한다.

> 나는 여기 혼자 서 있다. 나의 아들들, 히피 같은 서머, 잭 피어스, 아내를 바라보며. 나는 자동차 보험 광고를 보고 있는 것 같은 느낌이다. 지형학자와 블리스, 전형적인 중상류층 커플, 서머는 베이비시터 소녀이고, 아이라는 그 커플의 아이, 모세는 입양된 아시아 전쟁 피난민. 찌그러진 차. 완벽한 그림이다……. 이제 나는 이해가 된다. 물론 그녀는 잭 피어스를 원한다. 그건 자연스러운 일일 뿐이다. 내가 어떻게 그녀를 비난할 수 있는가? 나는 이들과 어울리지 않는다(315).

스털링은 백인 남성과 함께 있는 블리스를 바라보면서, 자신보다는 잭과 더 어울린다고 생각하며, 자신의 아들들과 그 남녀가 오히려 가족처럼 보인다고 인정함으로써 스스로의 불가시성을 선언한다. 이 부분은 랠프 엘리슨(Ralph Ellison)의 『보이지 않는 인간(*Invisible Man*)』의 화자나,

이창래(Chang-Rae Lee)의 『원어민(*Native Speaker*)』의 헨리 박(Henry Park)이 미국 사회에서 보이지 않는 존재로서 살아가는 것과 비슷한 양상이다(우은주, 2006: 203). 이 순간은 크게는 미국 사회에서, 작게는 초국가 가정 내에서 스털링의 중국계 미국인으로서의 불가시성을 드러낸다. 또한, 이 순간은 자신의 정체성과 존재 의미에 대한 깊은 회의의 순간이기도 하다. 자신이 창조해낸 아들들을 다른 남자의 아들로 간주하는 것이 더 자연스러워 보인다는 사실은 자기 존재 자체를 부정하는 행위이기도 하다.

아들들과 관계에서도 스털링은 원만하지 못하다. 큰아들인 모세는 처음부터 스털링이 원하지 않았던 혼전에 임신된 아이이다. 아이가 태어났을 때에도 스털링은 감격하지 않았다(183). 모세는 스털링을 닮아 검은 머리카락에 중국적인 모습을 하고 있었고 스털링은 그 점을 마음에 들어하지 않았다. 반면, 스털링은 작은아들인 아이라(Ira)에 대해서는 "우리는 마침내 함께 좋은 일을 했다. 그 결과는 완벽한 아이라다"(217)라고 말하며, 아이라가 자기보다는 아내 쪽을 닮아서 흡족하게 생각했다. 스털링은 중국적인 배경을 애써서 거부하고 있는 반면, 모세는 할아버지인 지니어스와 어울리면서 중국 음식을 좋아하고 중국말을 빨리 배운다(222). 지니어스, 스털링, 모세가 함께 놀다가 모세가 손을 다쳤을 때, 모세는 아버지보다 할아버지에게 다친 손을 보여 줌으로써 아버지보다 할아버지와 더 친근하다는 것을 나타낸다(224). 그 후, 모세는 아버지와 함께 할아버지 동네를 떠나 샌프란시스코로 이사 가게 되고, 그곳에서 할아버지와 중국 사람들을 그리워하게 된다. 모세는 어디에선가 중국 사람들의 사진을 얻어와 머리맡에 붙여놓는다. 스털링은 그 사진을 바라보며, 블리스에게 말한다. "왜 당신은 당신 아들이 모르는 사람의 쓰레기로 머리맡을 가득 차게 하고 자는 것을 원하나?"(298). 스털링은 모세가 중국적인 것을 좋아하고 그리워하는 것을 못마땅히 여긴다.

스털링은 모세의 얼굴에서 지니어스의 얼굴을 발견하며, "지니어스와 모세, 내 세대를 건너뛰고, 마치 내가 존재하지 않는 것처럼, 아버지와 아들처럼 보인다"(299)고 생각한다. 렁 집안의 가계도는 이민 1세대인 지니어스, 2세대인 스털링, 3세대인 모세와 아이라로 이뤄져 있는데, 2세대인 스털링이 존재하지 않으면 분명 3세대인 모세와 아이라가 존재할 수 없음에도 불구하고, 스털링은 지니어스와 모세 사이에 자신이 존재하지 않는 것처럼 느낀다. 이 부분은 스털링의 불가시성이 가장 분명하게 드러나는 부분으로 스털링은 자신의 중국성을 거부하지만, 자기 아들인 모세에게서 중국성을 발견하게 되자, 자기 자신의 존재 자체를 부인하고 있다. 스털링은 이제 스스로 아들로서도 아버지로서도 "가짜"로 존재하는 것이다.

이제 "가짜"를 "진짜"로 만들기 위해 스털링이 해야 할 일은 자신도 모르는 사이에 빠져 있던 인종적 우울증에서 벗어나는 일이다. 그러기 위해서는 먼저 부모 세대의 개인적 · 인종적 과거를 더 이상 거부하지 않고 되돌아보고 인식해야 한다. 다시 말해, 그는 중국적 문화 배경과 민족적 정체성을 자신의 것으로 받아들이고 모세를 진정한 자신의 아들로 사랑해야 한다. 부모 세대의 "혈통의 상실"을 올바른 방식으로 애도하고 새로운 모국인 미국에서 미국인으로서, 특히 중국계 미국인으로서 자신만의 새로운 정체성을 창조해서 확립해야 한다.

소설의 마지막 부분에서, 백인의 모습을 닮아 스털링이 모세보다 더 아꼈던 아들인 아이라를 자신의 운전 실수로 죽게 한 것은 상징적이다. 그가 아무리 유럽 음식을 자신의 음식이라고 정의내리고, 자신의 분신인 아이라가 백인 모습을 닮은 것을 흡족해 한다고 해도, 아이라의 죽음은 그가 백인으로 탈바꿈되는 일은 불가능한 일이라는 것을 암시한다.

아이라의 장례식에서 모세가 지니어스의 다리를 붙잡고 우는 장면을 보면서 스털링은 마침내 따뜻한 부자지간의 정을 그리워하게 된다.

> 모세는 지니어스의 다리를 껴안고 내 아버지의 가랑이에 얼굴을 묻었다. 나는 너무 늦었지만 나도 그런 것을 원하고 있다는 것을 알았다. 내가 그들 사이의 다리다. 그들이 서로 마주보고 즉시 사랑하게 되는 이유인 것이다 (328).

지니어스와 모세의 관계에서 자신의 불가시성을 인식했던 스털링이 “내가 그들 사이의 다리”라는 것을 깨닫는 순간은 이제껏 자신이 거부해 왔던 아버지, 아버지가 상징하는 중국적인 배경, 중국인과 스스로를 동일시하는 모세, 그리고 자신이 결국 한 뿌리를 가진 공동체라는 사실을 깨닫는 순간이다.

스털링은 아버지가 돌아가시는 때에 이르러서야 아버지와 화해하기에 이른다. 아버지 임종 때, 스털링은 아내인 블리스가 아닌 아버지가 원했던 며느리인 육과 함께 아버지 곁을 지키며, 육과 서로 슬픔을 나누는 장면을 아버지에게 보여 준다. 그리고 아버지가 돌아가신 후, 스털링은 그제서야 아버지의 마음을 이해한다. 아이라의 장례식에서 돌아오며, 아버지가 어린 시절 중국에서 물고기를 잡던 이야기를 했던 일이 있다. 그 때 스털링은 지니어스가 하는 말에 아무 대답도 하지 않았으므로 지니어스는 스털링이 이야기를 듣지 않는 줄 알고 더 이상 말을 하지 않았다. 그러나 스털링은 그 때 지니어스가 자신을 위로하고자 했으며, 진정한 아버지 노릇을 하려고 했다는 것을 뒤늦게 깨닫는다(360). 스털링은 아버지의 마음을 비로소 이해하고 “크게 흐느끼며 눈물”(360)을 흘린다. 스털링이 흘리는 눈물은 때늦게 후회하는 불효자의 눈물임과 동시에, 마침내 자기 자신의 뿌리와 정체성을 찾은 스털링의 감격과 회한이 뒤섞인 눈물이기도 하다.

아버지 지니어스와의 화해는 스털링 스스로가 모세를 진정으로 사랑하는 아버지로 거듭남으로써 완성된다. 아버지의 관심을 아티초크로 모으면 돌아가시는 것을 지연시킬 수 있을 것이라는 믿음으로 아버지가 돌아가시기 직전에 스털링은 아버지에게 아티초크 먹는 법을 가르쳐 드린다며 침대 앞에 아티초크를 들고 서 있었다(354). 이제 스털링은 아버지에게 다하지 못한 아티초크에 대한 설명을 모세에게 마저 마침으로써 지니어스, 스털링, 모세, 부자 삼대의 맥을 잇는 데 성공한다. 즉, 한 잎 두 잎 아티초크의 비늘을 떼다 보면 그 안에 있는 진심을 발견하게 된다는 설명이다(361). 결국 스털링이 아버지에게 말하고 싶었던 것은 그의 진심이었다. 스털링의 인생은 초국가적 환경에서 자라며 아버지에 대한 거부와 원망으로 가득 차 있었지만, 진심을 여러 겹의 비늘 속에 숨기고 있는 아티초크처럼, 스털링의 아버지에 대한, 그리고 자신의 중국적 배경에 대한 진심이 거부와 원망이라는 껍질 속에 숨겨져 자신도 모르게 자라고 있었다.

아버지의 장례식 도중, 스털링은 장례식장 뒤에 있는 부엌으로 간다.

> 나는 긴 시간의 배고픔을 만족시킬 것이 무엇인지 알았다. "네가 조금만 기다릴 수 있으면…… 내가 완벽한 것을 알고 있어. 내가 학교 다녀오면, 우리 아버지가 만들어 주시곤 하던 거야." ……그러나 이것은 따뜻하고 진정시키며 위로가 되는 음식이다. 지니어스의 크래커 국 한 그릇에 대해 생각하는 것만으로도 기분 좋고 안전하고 행복한 시간을 일깨웠다(371).

"긴 시간의 배고픔"은 단순한 육체적인 배고픔이 아니다. 스털링이 이제껏 찾아다녔던, 그리고 모세도 대를 이어 찾아 나서야 할지도 모르는 그들의 "잃어버린 대상"에 대한 배고픔이다. 아버지가 가버린 현 시점에서 스털링은 이제 모세의 배고픔을 채워 주어야 할 책임이 있다. 그는 지니어스가 자신에게 해 주었던 음식을 같이 만들어 모세와 먹는 것에서 그 해결책을 찾는다.

> "이것은 정말로 중국적인 거야. 할아버지가 나한테 만들어 주시던 거야. 할아버지가 중국에서 가져온 특별한 요리법이지. 그리고 생각해 봐. 너와 내가 함께 이걸 저었잖아!"
>
> 나는 모세의 뇌가 금방 내가 말한 것을 처리하는 것을 보았다. 마침내 그가 손뼉을 치며 말했다. "우리가 중국 음식을 만든거네!"
>
> "맞았어! 진짜 음식!"
>
> 모세는 그의 입을 벌려서 나로 하여금 [자기를] 먹이게 했다(372).

그가 음식을 만드는 행위는 아버지를 제대로 애도하기 위한 제사 의식이다. 이제 더 이상 상실을 거부하지 않고 상실을 상실로서 받아들이며,

실컷 슬퍼한 뒤 떠나보내기 위함이다. 아버지를 올바로 애도하는 일은 이제껏 지니어스, 스털링, 심지어 어린 모세까지도 시달려 왔던 알지 못할 배고픔—인종적 우울증—으로부터 벗어나는 길이다. 한때, 중국 음식은 "가짜"이고 유럽 음식이 "진짜"라고 말했던 스털링은 이제 아버지의 중국 음식을 자식에게 해먹이며 이것이 "진짜 음식"이라고 말한다. 아버지의 "진짜 음식"을 자식인 모세에게 떠먹이면서 스털링은 비로소 중국계 미국인으로서 자신의 정체성을 확립하며, 아버지로부터 상속받은 인종적 우울증의 고리를 끊고, 미국으로 이민해 온 초국가 가정에서 태어나 미국인이 된 자신의 정체성을 아들인 모세에게 물려 주는 것이다. 또한, 비록 지니어스가 죽은 다음에 이뤄지기는 했지만, 스털링이 만든 중국 음식은 아버지인 지니어스와의 화해를 상징하며, 모세에게로 이어지는 가족의 정신과 역사를 상징한다.

3. 『여전사』: 초국가적 작가의 "진짜 이야기"

『여전사』 속에 등장하는 킹스턴의 어머니는 딸인 킹스턴에게 계속적으로 옛 이야기를 해 준다. 사실인지, 꾸며낸 허구인지 구분도 가지 않는 어머니의 이야기를 통해 킹스턴은 중국에 대한 선입견을 가지기도 하고, 중국을 배우기도 한다. 또한, 이야기를 통해 중국을 떠나온 어머니는 이민 때문에 받은 정신적 상처들을 딸에게 전해 주고, 그 딸은 어머니의 심리적 슬픔을 반복하며 어머니의 "우울증적 메아리"(Cheng, 2001: 88)가 된다. 쳉에 따르면, "어머니가 이민자이고 딸이 '새로운' 아시아계 미국인이라면 딸이 어머니의 뿌리에 접속하는 길은 우울증적이고 이유를 알 수 없는 환상의 형식을 통해서만 가능하다"(Cheng, 2001: 87)고 한다. 딸은 자신의 뿌리인 중국을 알지 못한다. 가본 적도 없고, 중국 언어도 중국 문화도 알지 못한다. 자신은 중국에 대해 전혀 알지 못하는데, 사람들은 자신에게 "중국인"이라고 부른다. 이런 괴리감 속에서 자식 세대가 자신의 혈통의 뿌리에 접근할 수 있는 길은 오직 부모 세대를 통해서뿐이라는 말이다. 이런 면에서 킹스턴 어머니의 스토리텔링은 킹스턴에게 큰 의미가 있다. 개인사뿐만이 아니라, 중국이라는 거대한 나라의 문화, 역사, 정신이 모두 어머니의 입을 통해 딸에게 전해지기 때문이다. 여기에 덧붙여 쳉은 어머니의 정신적 외상까지도 이야기를 통해 딸에게 전해진다고 주장한다(Cheng, 2001: 88).

어머니는 딸에게 여러 가지 이야기를 해 주지만 주로 세 가지 이야기, 즉 "이름 없는 여인" 이야기, "화무란(Fa Mu Lan)" 이야기, "짜이엔(Ts'ai Yen)" 이야기를 대표적으로 꼽을 수 있다. 첫째, "이름 없는 여인" 이야기는 킹스턴 고모의 이야기다. 어머니는 이 이야기를 하면서 아무에게도 이 이야기를 하면 안 된다는 것을 강조한다. 즉, 어머니는 딸에게 침묵을 강요한다. 고모의 이야기는 중국계 미국인들이 지워버리려고 애쓴 과거사다. 혼외 관계로 아이를 낳은 고모에 대한 마을 사람들의 정죄로 인해 집안이 쑥대밭이 되고, 그녀는 집 밖에서 혼자 아이를 낳은 뒤 우물에 빠져 자살한다. 그리고 집안 사람들은 고모의 이름조차 잊으려고 애썼고 고모의 이야기는 입 밖에 내지도 않았다. 그들은 고모를 제대로 애도하지 않고, 그냥 기억 속에 묻은 채 잊어버린 것이다. 잊는다고 해서 과거에 있었던 사실이나 인물이 정말로 처음부터 없었던 상태로 돌아가는 것은 아니다. 오히려 그들이 지우려고 했던 그 이름 없는 여인은 이름을 상실한 채 그들의 기억 속에서 맴돌고 있다. 프로이트의 표현대로 이름 없는 여인은 그 여인의 이야기를 알았던 모든 사람의 무의식 속에 "우울증적인 애착 상태"로 살아 있다.

"이름 없는 여인" 이야기는 경고의 형태로 주어지는 딸에 대한 어머니의 억압을 상징하기도 하지만, 사실 이 이야기를 고백의 형식으로 보고, 초국가적 가정 속에 내재하는 인종적 우울증을 딸에게 물려 주는 행위로 볼 수도 있다(Cheng, 2001: 86). 어머니한테서 고모의 이야기를 전해 들은 킹스턴이 고모의 정체성을 살려내는 일은 단순히 잊혀진 이름을 되찾는 것으로는 해결되지 않는다. 쳉에 따르면 "만약 정체성이 금지, 거부, 변두리성, 상실이라는 것에 기초하고 있다면, 단순히 이름을 명명하는 것만으로는 상실을 회복할 수 없다"(Cheng, 2001: 85)고 주장한다. 상실 회복은 새로운 인물의 창조로써 이뤄지는 것이고, 킹스턴은 자신의 작가적 상상력을 동원한다. 고모는 킹스턴에 의해 진정한 사랑을 찾는 로맨틱한 여성으로 상상되기도 하고, 가부장적 억압에 의해 강간당할 수밖에 없었던 희생자로 그려지기도 하면서 재창조된 것이다.

쳉은 이 이름 없는 여성의 에피소드 속에 모녀 간에 문화 · 민족 · 역사적 상실이 숨어 있다고 주장한다(Cheng, 2001: 86). 킹스턴이 듣기에는 야만적으로 들리는 마을 사람들의 린치 장면, 여성의 인권 유린, 남녀 차별 등이 녹아 있는 중국의 문화는 어머니가 애써 잊으려 했던, 그래서 이름까지 잊어버렸지만, 아직도 무의식 속에 살아서 어머니 앞에 나타나는 그 여성처럼, 거부하려 해도 거부할 수 없는 중국계 미국인들의 근원, 혈통, 뿌리인 것이다.

어머니가 들려 주는 이야기 중 두 번째는 "이름 없는 여성"과 대비되는 강한 여성인 "화무란" 이야기다. 킹스턴의 모녀 관계에서 "화무란" 이야기는 어머니가 딸에게 은연중에 여인 무사 이야기를 소개하는 역할을 한다. 킹스턴은 중국 역사 속의 여러 가지 요소와 문화를 섞어 세상적인 출세와 가정 안에서의 의무를 다 하는 완벽한 여성으로 화무란을 만들었다. 유안 슈(Yuan Shu)에 따르면, 킹스턴은 중국 무술이 등장하는 쿵푸 영화들, 잔등이에 문신을 새기는 유 페이(Yu Fei) 이야기, 고전 소설 속에 등장하는 농민 반란 이야기를 적당히 조합하여 중국인들과 중국계 미국인들이 모두 이해하고 좋아할 수 있는 인물을 창조했다(Shu, 2001: 211).

만약 이름 없는 여성이 실패한 여성이라면, 성공한 여성이라고 할 수 있는 화무란에 대해 딸에게 이야기해 주는 어머니의 심리는 무엇인가? 화무란은 킹스턴의 어머니 머릿속을 떠나지 않고 있는 중국 역사 속의 강한 여성상이다. 남장을 하고 아버지 대신 전쟁에 나가 싸우며 마을의 독재자를 몰아내고 억압받는 여성에게 자유를 찾아 주는 여성인 화무란은 현실성이 없을 정도로 대단한 영웅이다. 어린 소녀 시절에는 산 속에서 무술을 오랜 기간 연마했고, 전쟁 중에 출산을 하고도 적과 싸우는 강인한 모습은 킹스턴의 어머니가 중국에서 의학 공부를 하며 귀신들과 맞서 싸웠던 모습과 흡사하다. 전문직에 여성이 많이 종사하지 않던 시절 의사였던 어머니는 미국으로 이민 오면서 많은 것을 잃어야 했다. 중국에서 교육 혜택을 받은 의사였던 어머니는 미국에서는 막노동을 하다가 세탁업에 종사하게 되었고, 중국에서는 귀신을 몰아내는 용란(Brave Orchid)이라는 이름의 여성이었으나 미국에서는 이름 없는 여성으로 살아가고 있다. 화무란이 세상을 평정하고 가정으로 돌아간 것과 비슷하게 킹스턴의 어머니도 미국에서는 가정 속에 묻혀 살고 있는 모습을 보인다.

또한, 어머니는 화무란을 이야기하면서, 현실 세계에서는 찾아볼 수 없는 화무란과 같은 강인한 중국 여성뿐만이 아니라 잃어버린 자기 자신의 강인함을 애도하고 있다. 쳉에 따르면, 이민의 과정 중 어머니 용란은 중국에서 가지고 있었던 집, 살던 마을, 의사로서의 직업, 사회적 신분 등 모든 것을 잃었을 것이라고 한다(Cheng, 2001: 87). 이런 것들에 대한 제대로 된 애도의 시간을 갖지도 못한 채, 용란은 현실에 부딪혀 가며 살아야 했다. 이민생활에서 느낀 점이나 그녀의 심리는 소설에 나타나 있지 않다. 그 대신 킹스턴이 미국에서 자라며 겪어야 했던 어려운 점이 서술되어 있으며, 특히 어머니와의 갈등이 이야기의 주를 이룬다.

초국가적 가정에서 자라나는 어린 킹스턴에게는 화무란 전설이 이제 더 이상 유효하지 않다. 화무란 전설은 미국에서뿐만이 아니라 심지어 중국에서도 유효하지 않다. 화무란은 새의 인도로 산에 들어가 수련했으나, 중국에 있는 킹스턴의 삼촌은 새를 잡아먹다가 처형을 당하고(Kingston, 1976: 49),[2] 미국 차이나타운에 있는 킹스턴은 인종 차별을 하는 적들을 만나지만 제대로 대적하지 못하고 움츠러든다(48).

초국가 가정에서 자라는 어린 킹스턴은 어머니의 이야기를 제대로 이해하지 못하고, 문화와 언어의 차이에서 오는 오해로 모녀 간은 갈등 관계에 있다. 킹스턴이 어릴 때, 어머니는 킹스턴 혀의 소대를 잘랐다. 어머니는

2 앞으로 『여전사』에서의 인용은 괄호 안에 인용된 쪽수만 기입한다.

말한다. "네가 혀가 묶여 있지 않고 말을 잘 하도록 내가 그걸 잘랐다. 네 혀는 어떤 언어도 잘 말할 수 있도록 움직일 것이다"(164). 킹스턴은 어머니의 진심을 믿어 주지 않고 섭섭해 한다. "어린 시절 내내, 어머니가 가위 또는 칼을 손에 들고 아이가 울기를 기다리고 있었던 그 어린 아이에게 미안했다"(164). 킹스턴은 어머니가 어떻게 자기 자식의 혀를 자를 수 있었는지 그 잔인함을 도저히 이해할 수 없다. 후에 킹스턴은 어머니를 공격하면서, "어머니는 내가 말하는 것을 막지 못해요. 어머니는 내 혀를 자르려 했지만, 그게 잘 먹히지를 않았어요"(202)라고 말한다. 그러나 그의 어머니의 입장은 다르다. 그녀는 "나는 네가 말을 덜 하지 않고 더 많이 하라고 혀를 잘랐다. 이 바보야."(202)라고 말한다. 화가 난 킹스턴이 어머니의 말을 들으려 하지 않지만, 킹스턴이 어머니를 오해한 것은 분명해 보인다. 킹스턴이 결국 작가가 된 것은 상실된 자기 혀를 회복하고자 하는 시도에서 비롯된 것일 수도 있다.

또한, 킹스턴은 자신이 유치원에서 낙제를 한 이유를 어머니가 영어를 가르쳐 주지 않았기 때문이라고 여기며 원망한다. "내가 유치원에서 낙제한 오직 한 이유는 어머니가 나에게 영어를 가르치지 않았기 때문이고, 어머니가 내게 제로 아이큐를 주었기 때문"(201)이라고 말한다. 영어를 배우지 못해서 침묵으로 일관해야 했던 유치원에서의 3년 동안을 그녀는 "아주 무거운"(165) 침묵의 시기였다고 말한다. 그 침묵의 시기에, 킹스턴은 선생님뿐만 아니라 부모와도 의사 소통을 서로 할 수 없는 상태에 머무른다. 검은색 무대 커튼이 막 올라가기 전의 순간을 그린 것이라고 하는 검은 페인트로만 가득 찬 킹스턴의 그림을 보고, 선생님은 부모를 학교로 불러 킹스턴에게 무슨 문제가 있는지 묻는다. 하지만 부모는 선생님의 말을 이해하지 못한다. 즉, 킹스턴의 마음을 선생님도 부모도 이해하지 못하고, 선생님과 부모 사이도 서로 소통하지 못하는 것이다. 검은 커튼은 의사 소통이 잘 안 되는 킹스턴의 답답한 심정을 상징한다. 이런 의사 소통의 막힘 속에서 킹스턴은 학교에서도 이해받지 못하고, 가정에서도 이해받지 못하는 답답한 상황에 놓이고, 어머니와 딸은 서로를 오해할 수밖에 없는 것이다.

모녀가 서로를 이해하지 못하는 것을 보여 주는 에피소드 중 하나로서, 킹스턴의 집으로 약이 잘못 배달되었을 때 일어난 일을 예로 들 수 있다. 그 때, 어머니의 반응은 킹스턴이 이해할 수 없을 정도로 주술적이다. "저 귀신! 저 죽은 귀신! 어떻게 감히 그 아이가 다른 집으로 올 수 있어?"(169). 어머니는 약이 잘못 배달되었기 때문에 자기네 집에 불행한 일이 생길 것이라 여기며, 잘못 약을 배달한 소년과 약국을 욕하다가, 킹스턴에게 그 약국에 가서 보상금 명목으로 캔디를 얻어오라고 한다. 그러나, 어머니의 성화에 못 이겨 약국에 들어간 킹스턴은 어머니의 말을 그대로 전하지 않았다. 킹스턴은 어머니의 의도나 자초지종 설명은 하지 않고, 창피해 상대방이 잘 알아듣기 힘들 정도로 빨리 "엄마가가서캔디를얻어오래요"라고 말했다. 캔디를 받아온 킹스턴을 보고, 어머니는 "이것 봐라. 그 사람들이 [우리를] 이해하잖아. 너희들, 아이들은, 그저 용기가 충분하지 않을 뿐이야"(171)라고 말한다. 하지만, 킹스턴은 어머니에게 동의하지 않는다. "그러나 그들은 이해하지 않았다. 그들은 우리가 세탁소 뒤에 살고 있는 집 없는 거지들이라고 생각했다(171). 킹스턴의 미국화된 상식으로는 어머니를 이해하기 힘들며, 중국 문화와 관습에 대해 수치심을 느낀다.

구은숙에 따르면, "어머니의 억압적인 목소리를 극복하는 것"은 킹스턴이 초국가적 가정에서 자라면서 확고한 자기 정체성을 가진 사람으로 성장하기 위해 해야 할 일이었다. 그러나 어머니를 통해 상실된 중국 문화의 뿌리를 이해하게 된 것 또한 사실이다. 그러기에 그녀는 "한 문화를 버리고 다른 문화를 선택함 없이 두 가지 모순된 문화를 동시에 사는 법"(구은숙, 1998: 22)을 배우게 된다.

슈에 따르면, 킹스턴이 소설의 마지막 부분에 "야만인의 갈대피리를 위한 18개의 연"이라는 노래가 "번역이 잘 되었다"(209)라고 씀으로써, 킹스턴은 이름 없는 여성이나 화무란 이야기를 자신이 다시 쓴 것에 대해 정당화하고, 중국계 미국 문학을 "번역될 수 있는" 문학이라 정의내린 것이라고 한다. 만약 그 이야기가 번역이 잘 되지 않았다면, 이야기를 해 준 어머니의 의도가 제대로 전해지지 않은 것이기 때문에 "어머니의 상실" (Cheng, 2001: 90)을 의미한다. 이민 2세대는 자신의 부모 세대를 통하지 않고서는 뿌리 문화에 도달할 수 없기에, 킹스턴이 정체성을 확립하는 데에는 어머니가 상실되어서는 안 된다. 초국가 가정에서 자란 딸로서 말 못할 슬픔은 이 문장 "그것은 번역이 잘 되었다"(209)에 함축적으로 드러나 있다. 어머니와의 소통은 "번역"으로밖에 이뤄질 수 없는 운명이라는 사실이다.

마지막으로, 어머니가 해 준, 그리고 킹스턴이 함께 만들어낸 이야기인 "짜이엔" 이야기는 어머니와 딸이 함께 새로운 여성 인물에 대한 이야기를 창조해 냄으로써 모녀 관계를 화해하게 만드는 매개체다. 더 이상 번역에 의존하지 않고서 어머니의 이야기를 받아 킹스턴이 자신의 언어로 마무리지었기 때문이다. 짜이엔이란 인물은 이 소설에서 이미 언급된 여성들의 요소를 갖추고 있다. 이름 없는 여성이 강간당하고 출산해야 했던 것처럼, 짜이엔도 야만인인 흉노족에게 납치당해 아이를 낳으며 살아가야 했다. 그러나 화무란이 무술로써 적들을 물리친 것처럼, 짜이엔은 노래로써 적들의 마음을 움직였다.

쳉에 따르면, 짜이엔 이야기 자체가 상실과 유랑에 대한 이야기라고 한다(Cheng, 2001: 91). 흉노족에게 납치당한 짜이엔은 어느 날 밤, 음악 소리를 듣는다.

> 그 음악 소리는 짜이엔을 괴롭혔다. 음악 소리의 날카로움과 차가움은 그녀를 아프게 했다. 그 소리는 그녀가 자기 생각을 못하게 괴롭혔다. 아무리 그녀가 멀리 걸어 나와도 밤마다 그 음악 소리는 사막을 가득 채웠다. 그녀는 텐트 속에 숨었으나 그 소리 때문에 잘 수가 없었다. 그 때, 다른 텐트와 조금 떨어져 있는 짜이엔의 텐트 밖으로 야만인들은 여성의 목소리를 들었다. 마치 자기 아기들에게 노래를 불러 주는 듯한 그 노래는 아주 높고 맑았으며 플루트와 잘 어울렸다(208-209).

그 음악 소리는 고향을 상실하고 야만인들 사이에서 살아남기 위해 애쓰던 짜이엔의 마음에 위로가 되어 준 것이다. 짜이엔이 야만인들의 음악에 맞춰 자신의 이야기를 노래 부를 수 있을 정도로 그들의 문화를 인정하게 된 것이기도 하다(Cheng, 2001: 91). 그러므로 짜이엔의 노래는 흉노족과 한족의 경계를 넘은 초국가적(초민족적) 문화 유산인 것이다. 그래서 이 짜이엔 이야기는 슬픈 가족사나 한스러운 개인사의 수준을 넘어 이민과 이산에서 오는 상실과 정신적 외상, 애도와 우울증이라는 개념을 담고 있고, 어머니의 심리가 딸로 전해지면서 짜이엔이 노래를 통해 위로받았듯 딸인 킹스턴도 자신과 어머니가 함께 지은 짜이엔 이야기를 통해 우울증을 치료받고 "혈통의 상실" 때문에 시작된 오랜 방황을 마치게 되는 것이다.

쳉은 "어머니는 텍스트 속에서 애도하는 자이고, 딸은 어머니의 슬픔을 우울증적으로 반복하는 자다"(Cheng, 2001: 87)라고 말한다. 이제껏 킹스턴이 써왔던 이야기들은 정체성이 확립되지 않은 상태에서 어머니의 애도를 그저 따라서 반복하는 "가짜 이야기"들이었다고 볼 수 있다. 가짜 이야기들 속에는 킹스턴의 정신이 깃들어 있지 않고, "혈통의 상실"을 애도하는 어머니의 슬픔과, 자신의 근본 뿌리를 상실했다는 사실조차 잊은 채 정체성을 찾아 헤매는 킹스턴의 방황의 이야기로 가득 차 있다. 그러나, 중국계 미국인으로서 자신의 정체성을 확립하고 어머니와의 화해를 이룬 킹스턴은 마침내 "진짜 이야기"를 쓰는 작가가 될 수 있다. 자신의 목소리를 가지고 자신의 언어로 자신의 이야기를 쓰는 진짜 작가가 되었기 때문이다.

4. 중국계 미국인으로서의 진정성

앤 쳉은 초국가적 가정에서 자라난 아시아계 미국인들이 스스로에 대한 진정성을 끊임없이 걱정하는 걱정염려증에 걸려 있다고 주장한다(Cheng, 2001: 65). 이는 인종적 우울증과 같은 맥락으로, 부모 세대의 이민으로 인한 혈통의 상실 때문에 자식 세대는 스스로의 혈통의 진정성에 대해 질문하고 확인하려고 한다는 이론이다. 이 글에서 살펴본, 『야만인들이 온다』의 스털링과 『여전사』의 킹스턴도 소설 속에서 자신들이 누구인지 끊임없이 질문한다.

주인공들이 자신의 정체성을 확립하려면 그들이 풀어야 할 숙제가 있다. 그들은 부모 세대에 대한 이해와 화합을 이루지 않고서 자신의 정체성을 확립할 수가 없다. 초국가적 상황이 아니라고 하더라도, 자식과 부모의 갈등은 자식의 정체성 확립에 도움이 되지 않지만, 특히 초국가적 가족 관계에서는 부모 세대와의 화해 없이 자식 세대가 정체성을 확립하는 것은 거의 불가능하다. 왜냐하면, 앞에서 살펴본 바와 같이 초국가적 상황에서의 가족 관계에서는 부모 세대를 통해서만 자식 세대들이 자신의 혈통에 다가갈 수 있기 때문이다.

『야만인들이 온다』의 스털링은 중국인도 아니고 미국인도 아닌, "가짜 중국인", "가짜 미국인"으로서 자신의 불가시성을 인식하면서 살아야 했다. 『여전사』의 킹스턴의 경우에는, 어머니가 해 주는 중국에 대한 이야기를 들으며 자라왔지만, 그 이야기들이 어디까지가 "진짜"이고 어디까지가 "가짜"인지를 모르는 채, 어머니의 진실성까지를 의심하면서 살아왔다. 그러나 그들은 부모 세대와의 성공적인 화해를 통해 자신의 진정성을 깨닫는다. 그것은 "중국인"이기만한 것도 "미국인"이기만한 것도 아닌 "중국계 미국인"으로서의 진정성이다. 그들은 두 문화 중 하나를 선택하기보다는 두 문화를 모두, 두 국가 중 하나를 선택하기보다는 두 국가를 모두 선택함으로써 "가짜"로서 살아가던 인생을 "진짜"로서 살아가는 인생으로 전환시킨 것이다.

초국가적 이산 가정과 여성

-에드위지 단티캣의 『숨결, 눈길, 기억』-

최윤영

"…… 여성으로서, 나는 조국이 없다.
여성으로서 나는 조국을 원하지 않는다.
여성으로서 내 조국은 이 세상이다."
(Woolf, 109)

1. 아이티, 미국, 아이티계 미국 여성 문학: 초국가적 이산 가정과 여성의 글쓰기

안티과(Antigua) 출신의 카리브계 여성 작가인 자메이카 킨케이드(Jamaica Kincaid)는 자신의 수필 『어느 작은 섬(*A Small Place*)』(1988)에서 제국주의의 식민 지배 종결 이후에도 지속되고 있는 카리브해 국가들에 대한 서구 자본 및 정신의 초국가적 지배의 문제를 지적한 바 있다. 킨케이드는 안티과의 주요 산업인 서구인들을 대상으로 한 관광산업에 대한 비판적 고찰을 통해 탈식민 시대에도 여전히 지속되고 있는 과거 피식민국들의 지배국에 대한 끊을 수 없는 경제적 의존의 문제와 더불어, 식민 교육이 피식민인들에게 남긴 정신적 종속의 문제를 꼬집는다. 이처럼 카리브해 국가들은 최근의 비평 담론에서 초국가주의의 모델로 부상하고 있는데, 이는 단지 이들 국가가 다양한 인종 · 민족 · 문화 · 언어 등이 혼합된 공간이기 때문일 뿐 아니라, 좀 더 중요하게 이들이 과거 노예 무역과 같이 강요된 이동에 의해 성립된 국가들인 동시에 여전히 다양한 이유로 구성원들의 이동이 지속적으로 강요되고 있는 공간이기 때문이다. 에드위지 단티캣(Edwidge Danticat)이 태어난 아이티(Haiti)는 라틴아메리카 최초의 독립공화국이자, 미대륙에서 흑인들이 주축이 되어 건설한 최초의 국가로서 여타 카리브해 국가들과는 사뭇 차별화되는 역사적 배경을 지닌다.[1] 그러나 주변 국가들과 마찬가지로 아이티 역시 콜럼버스의 항해 이후 차례대로 스페인과 프랑스의 식민 통치를 받았고, 독립 이후에는 미국의 오랜 영향권 아래 놓여 왔다는 점에서 서구의 지배로부터 자유롭지 못했다. 19세기 초반 통일국가가 건설된 이후에도 한 세기 동안 지속된 아이티의 국가적 내분은 먼저 경제적 측면에서 미국 독점자본의 진출 기회를 허용했고, 이는 이후 정치적인 측면으로 확대되어, 1915년에 이르러 아이티는 결국 미국의 보호령이 되고 이후 1934년까지 미국의 군사 점령 하에 놓이게 된다. 이후로도 아이티에 대한 미국의 정치 및 사회 전반적인 영역에서의 내정 간섭은 군사 개입과 주둔이라는 직접적인 방법을 통해 오늘날까지 지속되고 있다.

이와 같은 배경을 토대로 아이티계 미국인의 이산(diaspora) 문제를 그리는 아이티계 미국 문학작품들은 미국의 패권주의에 의해 조국에서 밀려나와 미국으로 향하게 된 아이티인들이 새로운 땅에서 역시 여전히 환영받지 못하는 존재로 남게 되고, 결국 어느 곳에도 완전히 정착하지 못하고 살아가는 당착적인 상황들을 그려낸다. 특히 아이티계 미국 여성 문학은 최근 십여 년 간에 걸쳐 미국 문학계에 크게 대두되었는데, 단티캣이 편집한 『나비의 길: 미국 내 아이티 디아스포라의 목소리들(*The Butterfly's Way: Voices from the Haitian Diaspora in the United States*)』(2001)과 같은 문학 선집들을 살펴보면 마리-헬렌 라포레스트

1 르네 셰어(Renee Shea)와의 인터뷰에서 단티캣은 마르티니크(Martinique), 안티과, 과달루페(Guadeloupe) 등과 같이 영국의 오랜 지배 하에 놓여 있었던 여타 카리브해 국가들에 비해 아이티인들은 식민교육의 영향 및 유럽 문화의 정신적 지배에서 비교적 자유로울 수 있었음을 언급한다(Shea, 1996: 383).

(Marie-Hélène Laforest), 마릴렌 핍스(Marilene Phipps), 요안 이폴리트(Joanne Hyppolite), 암리 케츠시아 테오도르-파렐(Amrie Ketsia Théodore-Pharel) 등과 같이 다양한 장르에 걸쳐 활동하는 아이티계 미국 여성 작가들의 작품을 살펴볼 수 있다.

단티캣의 첫 번째 소설 『숨결, 눈길, 기억(*Breath, Eyes, Memory*)』(1994)은 1957년부터 1986년까지 지속된 뒤발리에(Duvalier) 부자의 독재 정권 치하 아이티를 무대로 한다. 폴 파머(Paul Farmer)가 지적하듯이, 뒤발리에 독재 정권은 표면적으로 내세운 반미주의, 토착민 보호주의의 이면에서 미국 정부로부터 막대한 재정 지원을 받고 있었고, 이 시기 수많은 아이티인이 독재 정권을 피해, 혹은 미대륙에서 가장 낮은 국민 소득을 지닌 조국을 떠나 더 나은 경제적 기회를 찾아서 미국으로 이민을 시도했다(Farmer, 1994: 107-109). 다수의 이민자들은 본국에 남겨진 가족에게 송금을 통해 경제적 지원을 지속했고, 나아가 초대 이민의 형식을 통해 남은 가족들을 이민 행렬에 동참시키는 경우가 많았다. 소설의 주인공인 소피 카코(Sophie Caco)의 어머니 마르틴(Martine) 역시 태어난 지 얼마 되지 않은 딸을 언니에게 맡기고 미국으로 이주해, 노동을 통해 벌어들인 임금으로 지속적으로 본국에 남은 가족에게 경제적인 지원을 하며, 종국에는 딸을 미국으로 불러들여 함께 이민 가정을 이루는 보편적인 아이티계 이민 노동자의 모습으로 그려진다. 그러나 단티캣은 이민자 주인공이 이민 과정에서 부딪히는 수많은 어려움을 극복하고 성공적으로 새로운 나라에 정착하는 전형적인 이민 소설의 플롯에서 벗어나 마르틴과 소피 모녀가 떠나온 조국 아이티나 새로운 삶의 터전 미국, 그 어느 한 곳에서도 진정한 "집(home)"[2]을 느끼지 못하며 겪는 갈등을 중첩적으로 묘사한다. 여성으로서 이들 모녀가 겪는 가정과 국가 경계 안팎에서의 경험들은 이산 공간 안에서 여성이 부딪히는 특수한 문제들을 드러낸다.

2 여기에서의 "집"은 단지 육체 거주의 물리적인 공간을 넘어 정신적인 "소속감(sense of belonging)"을 불러일으키는 심리적인 공간임을 밝혀둔다.

작품에 대한 기존 평론들은 아이티계 미국인과 그들이 떠나온 조국과 미국의 역사적 영향 관계에 더 주목해 작품을 분석한 역사적 관점—도네트 프란시스(Donette A. Francis), 닉 네스빗(Nick Nesbitt) 등—과 이산 과정에서 드러나는 아이티 여성들에 대한 역사 · 사회적 억압의 문제와 글쓰기를 통한 이로부터의 해방 시도에 초점을 맞춘 여성주의적 읽기—타라 그린(Tara T. Green), 패트릭 샘웨이(Patrick Samway), 제니퍼 로시(Jennifer C. Rossi), 뉴토나 존슨(Newtona Johnson) 등—라는 두 갈래의 경향으로 크게 나뉘어 왔다. 이들이 지적한 바와 같이 아이티인들이 떠나온 조국 아이티와 새로 정착한 미국의 역사는 서로 맞물린 채 이들의 삶에 지속적인 영향력을 행사한다. 이 글에서는 기존 비평이 제시한 역사적 시각과 여성주의적 접근을 받아들이되, 디아스포라 상황 내의 가정이라는 공간에 좀 더 중점을 두고 작품을 읽어내고자 한다. 이와 같은 관점을 바탕으로 본문에서는 카코 가족의 어머니와 딸들이 삼대에 걸쳐 각각 만들어내는 가정 공간들에 대해 비교 고찰하고, 이산 가정 내의 여성들에 대한 초국가적 억압에 대응해 작품이 제시하고 있는 대안의 가능성을 탐색해 보도록 하겠다.

2. 두 개의 집: 밀어내는 공간과 받아들이지 않는 공간, 그 안에서의 어머니와 딸

인류학자인 아르준 아파두라이(Arjun Appdurai)는 "초국가(transnation)"의 개념을 설명하며 미국 내의 이민자, 망명자들이 생산하는 "비국지적인 초국가(delocalized transnation)"에서는 더 이상 "용광로(melting-pot)"라는 보편적 국가 신화가 존재하지 않는다고 지적한다(Appadurai, 1996: 172). 『숨결, 눈길, 기억』에 등장하는 이산 가정 역시 그 안에 중첩되고 있는 아이티와 미국이라는 두 국가의 불가분한 관계를 통해 형성되는 공간으로서, 보편적이고 통합된 하나의 이념이나 지배적인 담론 대신 다양한 역사, 문화, 가치 체계가 상충, 경쟁하는 초국가적인 현장으로 읽을 수 있다. 단티캣은 삼대에 걸친 카코 가족의 모녀 관계를 통해 다양한 형태의 이산 가정의 모습을 제시한다. 이처럼 소설 안에 나타나는 아이티와 아이티계 이민 가정은 남성이 부재하는 공간으로 어머니와 딸의 관계가 그 중심에 자리하고 있다. 소피의 할머니 이페(Ifé)가 마르틴 자매를 키운 라누벨 댐 마리(La Nouvelle Dame Marie)의 시골집이나 아티 이모(Tante Atie)가 소피를 돌보며 꾸렸던 소도시에서의 살림, 그리고 마르틴이 미국에 정착해 얻은 뉴욕의 아파트는 모두 여성이 주축이 되어 이뤄가고 있는 공간들이다. 그러나 다른 한편에서 이들의 여성 중심 가정은 국가 권력과 가부장의 환영이 상주하며, 구성원들 및 구성원 간의 상호 관계를 지배하는 공간이기도 하다.

단티캣은 아이티에서 아티와 소피가 이뤘던 가정을 미국에서 마르틴이 소피에게 제공한 가정에 대치시키며 두 가정 모두에 상존하는 국가와 가부장의 폭력과 억압을 지적한다. 소피가 경험하는 최초의 "집"은 어머니의 언니인 아티와 함께 아이티에서 이룬 어린 시절의 가정이다. 소설의 전반부는 소피가 어머니날을 맞아 아티를 위해 만든 카드에 관한 이야기로 구성되어 있다. 아티는 자신에게 카드를 주려는 소피의 수차례에 걸친 시도를 모두 거절하며, 자신은 소피의 어머니가 아니며, 따라서 소피는 그 카드를 "침대 옆에 놓인 사진으로만 기억하는 어머니"(Danticat, 1994: 8)[3]에게 주어야 한다고 지속적으로 강조한다. 나아가 두 여성이 가족을 이루고 있는 아이티의 집은 소피가 곧 떠나야만 하는 공간이다. 어머니날 저녁 아티는 마르틴이 보낸 비행기표를 소피에게 보여 주며 이제 진짜 어머니와 살게 될 것이라고 말한다. 소피를 아이티의 "집"으로부터 몰아내는 힘은 두 가지로 제시된다. 그 하나는 "자식은 어머니에게, 어머니는 자식에게 소속되어야 한다"(14)는 사회적 통념이다. 아티는 어느날 갑작스럽게 "내 딸을 원한다"는 마르틴의 요구에 그녀가 그 때까지 "내 아이"라고 불렀던 소피를 내어 줄 수밖에 없다(16). 그녀는 아이티의 집을 떠나

3 앞으로 『숨결, 눈길, 기억』에서의 인용은 괄호 안에 인용된 쪽수만 기입한다.

친어머니에게 보내지는 것을 거부하는 소피에게 "너도 사람들 모두가 이야기하는 것을 네 두 귀로 똑똑히 듣지 않았니. 우리에게는 슬퍼할 권리가 없단다"(17)라고 지적한다. 아티는 아이티의 가부장 사회가 여성에게 부과하는 가장 중요한 덕목인 결혼과 출산에 모두 부응하지 못한 여성이다. 아이티의 가부장제가 여성에게 부과하는 억압은 그녀가 소피에게 해 주는 여성의 열 손가락에 관한 이야기에 압축적으로 나타난다.

> "아티의 이야기에 따르면 여자의 열 손가락에는 각각 의무가 있다. 그 이야기를 통해 아티는 여성이 되는 법을 배웠다. 양육, 야채 삶기, 사랑, 수유, 빵굽기, 튀기기, 치료하기, 빨래하기, 다림질, 청소. 그녀는 그것이 자신의 잘못은 아니라고 했다. 그녀의 열 손가락은 그녀가 태어나기도 전에 이미 이름이 지어져 있었기 때문이다. 때때로 그녀는 양손에 손가락이 여섯 개씩 있어 자신을 위해 쓸 수 있는 두 개의 손가락이 남아 있었으면 하고 바랐다고 했다"(151).

여성으로서 가장 중요한 의무를 다하지 못했다는 심리적 억압은 그녀로 하여금 조카인 소피에게 어머니 역할을 해 주기 위해 모든 희생을 감수하도록 하지만, 소피를 낳은 친모가 아니라는 아티의 가정 내 위치는 그녀로 하여금 그들의 집에서 소피를 밀어낼 수밖에 없도록 만든다. 한편 단티캣은 아이티의 집으로부터 소피를 몰아내는 다른 하나의 힘을 소피가 떠나는 날 아침의 공항 모습을 통해 간접적으로 드러낸다. 공항 앞에서 학생 시위대와 군대의 충돌과 맞닥뜨린 소피와 아티는 군인들의 총에 피를 흘리며 쓰러지는 학생들의 모습을 목격한다. 가까스로 군중을 뚫고 공항에 들어선 아티는 "네가 어떤 곳을 떠나고 있는지 똑똑히 보이지?"라고 다그치며 소피를 비행기에 밀어넣는다(34). 비행기 안에서 소피는 자신의 옆자리에 앉은 소년이 방금 전 군인들의 총에 살해당한 옛 정부 관료의 아들로 미국의 친척에게 보내지기 위해 앉아 있다는 이야기를 듣게 된다. 비록 작품에서는 더 이상 자세히 언급되지 않지만, 공항에서의 장면을 통해 단티캣은 뒤발리에 정권의 독재 통치 상황 또한 소피를 조국으로부터 밀어내는 하나의 커다란 요소로 작용하고 있음을 드러낸다.

그러나 아이티의 집에서 밀려 나와 도착한 미국이라는 새로운 공간은 여전히 소피에게 진정한 의미의 집을 제공하지 않는다. 마르틴이 살고 있는 뉴욕의 집에서 소피는 자신의 침대를 차지하고 있는 실물 크기의 여자아이 인형을 발견한다. 자신의 딸 대신 인형의 머리를 빗기고 옷을 갈아입혀 온 어머니의 요구로 소피는 인형과 함께 침대에 눕지만 공간을 다 차지해 버리는 너무 큰 인형 때문에 결국 침대에서 내려올 수밖에 없다. 십여 년 동안 모녀는 서로를 사진 속의 얼굴과 인형이라는 투영 대상들을 통해 인식해 왔고, 이로 인해 생겨난 이들 사이의 거리는 쉽게 좁혀지지 않는다. 나아가 마르틴이 소피와 형성한 가정, 그들의 모녀 관계는 미국의 원조를 받은 아이티의 군사적 폭력이 좀 더 직접적으로 작용해 만들어진 결과물이다. 소피는 마르틴이 소녀 시절 뒤발리에의 친위대인 톤톤 마쿠스(Tonton Macoutes) 병사에게 강간당한 후 낳게 된 딸이다. 다시 말해, 마르틴과 소피가 이루는 가정은 초국가적인 힘이 마르틴에게 행사한 폭력의 결과물로 그녀 자신의 의지와는 관계없이 형성된 것이다.

마르틴을 아이티의 집에서 몰아내는 힘을 단티캣은 크게 두 가지로 그려낸다. 그 하나는 카코 가족의 경제적 궁핍이다. 가난한 시골 농민의 딸로 태어나 교육을 통해 사회적 신분 상승을 꿈꾸던 마르틴과 아티 자매의 희망은 어린 시절 갑작스러운 아버지의 죽음으로 인해 좌절되고 만다. 여성들만이 남겨진 가족 집단이 아이티 사회에서 얻을 수 있는 경제 기회는 매우 제약되어 있고, 이를 깨달은 마르틴은 미국으로의 이주를 통해 새로운 돌파구를 모색한다. 아티가 소피와 함께 살았던 소도시의 집 역시 마르틴이 미국에서 보내 준 돈이 아니었다면 그들의 신분으로는 구할 수 없는 곳이다. 즉, 본국에 남겨진 가족들이 가정 공간을 유지할 수 있는 것은 마르틴이 그 공간에서 스스로를 억지로 밀어냄으로써 가능했던 것이다. 그러나 동시에 소설은 마르틴을 집에서 몰아내는 힘이 경제적 빈곤에만 국한되지 않는다는 점 또한 지적한다. 마르틴은 소피를 낳은 후에도 밤마다 강간과 관련된 악몽에 시달리고, 이에서 벗어나기 위해 그 악몽을 유발한 장소인 아이티를 떠난다. 그러나 마르틴이 도착한 미국은 여전히 그녀에게 진정한 집을 제공하지 않는다. 소피가 공항에 내려 발견하는 마르틴의 모습은 그녀가 아이티를 떠나기 전에 찍은 "침대 옆 사진과는 전혀 다른 모습이었다. 그녀의 얼굴은 길고 핼쑥했으며, 머리카락은 잘려 나갔고, 다리는 막대기 같았다. …… 그녀는 마치 이제껏 단 하루도 사탕수수밭에서의 노동을 멈춘 적 없는 것 같은 모습이었다"(42). 비록 미국에 대한 아이티의 경제적 의존 상황이 그녀의 적은 봉급으로도 본국의 가족과 스스로를 동시에 부양할 수 있지만, 이민 노동자로서 마르틴의 삶은 어린 시절 아이티의 사탕수수밭에서 일할 때의 상황으로부터 크게 변하지 않은 것이다. 나아가 미국 사회에서 새로이 겪게 되는 인종문제는 마르틴으로 하여금 그녀의 얼마 안 되는 봉급을 쪼개 "얼굴색이 희어지는 크림"을 사게 한다(51). 새로운 사회에서 여전히 떠나온 사회와의 연결고리를 끊어내지 못해 고통받는 것은 소피 역시 마찬가지다. 소피 역시 학교에서 "아이티인 특유의 체취"에 대한 급우들의 놀림을 견뎌내고, "H를 머리 글자로 지닌 네 집단—헤로인 중독자, 혈우병 환자, 동성애자, 아이티인—이 에이즈를 퍼트린다"(51)는 미디어의 선동에 맞서야 함을 고백한다.

나아가 마르틴과 소피가 서로에게 가지고 있는 복잡한 애증의 감정은 모녀가 서로를 진정한 가족으로 느끼는 데 또 하나의 장애로 작용한다. 소피는 자신이 엄마나 이모, 할머니 그 누구도 닮지 않았음을 발견하고, 마르틴이 자신의 얼굴에서 그녀를 강간한 군인의 얼굴을 떠올릴 것이라 생각한다. 마르틴에게 소피는 그녀의 뱃속에서 자라고 태어난 폭력의 산물일 뿐이었다. 그러나 소설은 이들의 모녀 관계를 지배하는 외부 폭력이 소피의 잉태 과정에서 마르틴이 겪은 그것만이 아니었음을 지적한다. 이산 가정 공간 내에서 여성들이 겪는 폭력은 친미 독재 정권의 군인에 의한 강간이라는 극단적인 기제를 통해 표면적으로 드러나지만, 이들은 이미 또 다른 형태의 지배 권력의 지속적인 폭력에 희생당하고 있었다.

마르틴과 아티의 어머니인 이페는 아이티의 전통에 따라 딸들이 생리를 시작한 후 매일 밤 딸들을 "시험(testing)"한다.

> "시험이요? 왜 엄마들이 딸들을 시험해야 하죠?" 나는 할머니에게 물었다.
> "내 자식이 죽는다고 해서, 내가 죽는 것은 아니지. 하지만 내 자식이 명예를 잃는다면 내 명예 역시 잃는 것이고, 사람들은 남자가 없는 집에서 자란 딸들은 쓰레기가 될 수밖에 없다고 생각할 테지."
> "할머니의 어머니도 할머니를 시험하셨어요?"
> "여자 아이가 초경을 시작한 후부터 그 딸을 남편에게 넘겨 줄 때까지 어머니는 딸의 순결에 책임이 있단다. 내가 만일 더럽혀진 딸을 그애의 남편에게 넘겨 준다면, 그는 우리 집안에 모욕을 주고 나를 욕하거나 심지어는 딸을 되돌려 보낼 수 있지."
> ……
> "그 고통은 나 혼자만의 것이 아니야"(156).

아이티의 어머니들은 매일 밤 새끼손가락으로 딸들의 처녀막이 찢어지지 않았는지 확인한다. 아티와 마르틴은 어린 시절 아버지의 죽음으로 인해 경제적인 어려움과 사회적 지위 하락과 같은 표면적인 여러 상실을 경험하게 되지만, 다른 한편으로 그들의 집은 여전히 "아버지의 법"이 존재하는 공간으로 "아버지의 법"은 딸들에게 또 다른 육체적 · 정신적 폭력을 행사한다. 나아가 어머니는 이 폭력의 도구이자 수호자로 이용된다. 이페가 지적하듯이 "시험"의 고통은 그녀에게서 그치지 않는다. 그녀의 어머니가 행한 "시험"은 그녀에게 이어지고, 그녀의 딸들인 아티와 마르틴에게 전해지게 된다. 그리고 아이티의 가정에서 어머니에게서 딸로 전해지던 이 가부장의 폭력은 미국의 이산 공간의 가정에서도 대물림되어, 마르틴 역시 소피가 자란 후 자신이 당한 것과 똑같은 "시험"을 딸에게 행한다. 시험을 당하는 딸들의 몸은 더 이상 그 자신들의 것이 아니다. 그들의 몸은 어머니의 손가락으로 형상화되는 지배 권력에 의해 매일 밤 상징적인 강간을 당하면서 그 권력의 종속물이 되는 것이다. 시험을 견디지 못하고 집을 떠난 소피가 성인이 된 후 어머니와 재회하여 자신을 "시험"한 이유를 묻자 마르틴은 다음과 같이 대답한다.

> "내가 너를 시험한 이유는 내 어머니가 나에게 같은 시험을 했기 때문이야. 그보다 더 큰 이유는 못 찾겠구나. 내가 지금 깨닫게 된 건 내 삶에서 가장 컸던 두 가지 고통이 서로 연결되어 있었다는 점이야. 내가 강간당한 후 단 한 가지 좋았던 것은 더 이상 시험당하지 않아도 되었다는 거야. 시험과 강간. 나는 아직도 매일 그 안에서 살고 있어"(170).

마르틴은 "시험"으로 인해 자신이 겪은 고통을 소피에게 똑같이 부과함으로써 그들의 관계가 좀 더 강하게 결합될 수 있다고 믿는다. 그녀가 소피를 "시험"하며 들려 주는 아이티의 쌍둥이 신 마라사(the Marassas)들의 이야기는 그녀의 이러한 생각을 드러내 준다.

> 어머니는 나를 시험할 때마다 내 정신을 딴 곳으로 돌리기 위해 이야기를 들려 주었다. "마라사들은 서로 떨어질 수 없는 연인들이야. 그들은 하나의 인간이 둘로 복제된 존재지. 그들은 생김새도 같고, 같은 투로 이야기하고, 걸음걸이마저도 서로 닮았어. 그들은 웃을 때도 똑같은 모습으로 웃고, 그들이 울 때는 눈물방울마저 똑같아. …… 네가 누군가를 사랑하게 되면 너는 그 사람이 네 마라사보다도 너한테 가까이 있기를 원하게 되지. 네 그림자보다도 가까이. 너는 그 사람이 네 영혼이 되기를 원해. 두 사람이 더 닮아갈수록 일은 더 쉬워지지. …… 어머니와 딸 사이의 사랑은 바다보다도 깊은 거야. …… 너와 나 우리 둘은 서로의 마라사가 될 수 있어. 너는 네 일생을 나와 함께 보내야 해. 알아듣겠니?"(84-85)

그러나 "시험"을 통해 소피와 고통을 나눔으로써, 서로가 서로의 또 다른 영혼이 되어, 좀 더 강하고 가까운 모녀 관계가 될 수 있을 것이라고 믿는 마르틴의 염원은 이뤄지지 않는다. 오히려 그녀의 "시험"은 소피를 그녀에게서 완전히 멀어지게 만드는 역효과를 불러일으킨다. "시험"이 불러일으키는 육체적 · 정신적 고통을 견디지 못하는 소피는 이로부터 벗어나기 위해 절구공이로 스스로의 처녀막을 찢는 극단적인 자해 방법을 선택한다. 육체적인 자해를 통해 그녀는 마르틴의 "시험"으로부터, 그리고 그녀의 집, 그리고 그가 함축하고 있는 억압 기제에서 벗어나지만, 어머니의 집을 떠나 이웃인 조셉(Joseph)과 결혼한 후에도 여전히 자신의 새로운 집에, 자신의 몸에 적응하지 못한다.

> 조셉과 결혼한 후, 첫 해 내내 나는 자살에 관해 생각했다. 밤마다 때때로 나는 온 몸이 땀에 젖은 채 일어나, 내 어머니의 불안이 유전적인 것이거나 내가 어머니와 함께 사는 동안 옮은 전염병 같은 것이 아닌가 생각했다. 어머니의 악몽은 나의 악몽이 되어, 나는 아침마다 어머니와 내가 밤새 같은 꿈에 시달린 게 아닌가 상상해 보았다: 얼굴이 없는 남자가 힘 없는 한 소녀의 몸 안에 생명을 짓이겨 넣는 꿈(193).

마르틴의 "시험"이 소피에게 부과한 폭력은 육체적인 고통을 넘어 정신적으로도 그녀를 황폐화시킨다. "시험"은 소피로 하여금 자신의 육체를 증오하게 만들고, 그녀는 결혼 후에도 정상적인 부부 관계를 견뎌낼 수 없게 된다. 그리고 이 폭력의 후유증은 거식증이라는 또 다른 형태의 육체적 자학으로 소피에게 지속된다.

아이티의 인습이 강요한 가부장제의 폭력은 친미 독재 정권이 행사한 초국가적 폭력과 서로 중첩되어 마르틴을 그녀의 집에서 밀어내고, 그녀는 이 폭력을 딸에게 대물림해 행사함으로써 그들이 새로 형성해 가고 있었던 이산 공간에서의 새로운 집에서 소피를 또다시 밀어내 버린다. 그리고 조셉과 새로 태어난 딸 브리짓(Brigitte)과 함께 이룬 또 다른 가정에서도 "집"을 느끼지 못하는 소피는, 조셉이 여행을 떠난 어느 날 딸과 함께 집을 나와 아이티로 돌아간다.

3. 새로운 집: 넘나듦의 삶

이산과 이산의 공간에 대한 근래의 논의는 이산 주체들의 공간적 이동(territorial displacement)을 정체성 혹은 근원의 상실이라고 파악하던 이전의 입장들[3]과는 반대로, 공간의 이동 혹은 경계선을 넘나드는 과정이 이동 주체에게 긍정적이고 창조적인 힘을 부여해 주는 계기가 된다고 보는 시각들이 늘어나고 있다. 대표적으로 폴 길로이(Paul Gilroy)는 『검은 대서양(*The Black Atlantic*)』(1993)에서 유동성과 상호관련성을 중심으로 사고하는 "길(routes)"의 은유를 고정성과 고립을 강조하는 "뿌리(root)"의 은유보다 우위에 두며 흑인들에게 "강요된 망명의 저주"가 오히려 그들에게 "현대 사회를 바라보고 이해하는 데 유용하고 비판적인 시각을 부여해 주는 토대가 되었다"(Gilroy, 1993: 111)고 주장한 바 있다. 에드워드 사이드(Edward Said) 역시 비슷한 관점에서 " '이 세상을 낯선 땅으로 보는' 망명자의 시선이 그에게 독창적이고 다각적인 시각을 부여해 준다"(Said, 2000: 186)고 지적한다. 이와 같은 시각에서 볼 때, 제임스 클리퍼드(James Clifford)가 제시하는 "넘나드는 삶(dwelling-in-displacement)"(Clifford, 1999: 25)으로서의 이산과 이산의 공간은 단티캣과 같은 이산 여성 문학에서 제시하는 새로운 공간으로서의 집과 연결될 수 있을 것이다.

『숨결, 눈길, 기억』에서 단티캣은 "이동(displacement)"에 대처하는 마르틴과 소피 모녀의 상반된 접근 방식을 대비시켜 제시한다. 마르틴의 경우 그녀의 "이동"은 비록 그녀의 육체를 미국이라는 새로운 공간, 그리고 그 안에서 새로운 가정으로 보내지만, 여전히 그녀의 정신을 지배하고 있는 아이티의 가부장적 규범과 관습, 국가 권력이 그녀에게 가한 폭력의

•

3 조지프 할로웨이(Joseph Holloway), 조지프 해리스(Joseph Harris), 안젤리카 배머(Angelika Bammer), 스매더 라비(Smadar Lavie)와 테드 스웬덴버그(Ted Swendenburg) 등 참조.

기억은 그녀로 하여금 여전히 떠나온 집의 그림자에서 벗어나지 못하게 한다. 새로운 이산 가정의 공간에서 자신이 겪은 폭력과 지배의 규제들을 딸에게 되풀이하는 마르틴은 결국 자신의 딸을 새로운 가정에서 또다시 밀어낸다. 나아가 소피가 집을 떠난 후 마르틴은 남자 친구와의 사이에서 또 다른 아이를 임신하지만, 이미 자신의 몸에 대해 주체성을 상실한 그녀는 결국 지속되는 악몽과 임신에 대한 공포, 혐오감을 극복하지 못하고 임신한 자신의 배를 녹슨 칼로 열일곱 번이나 찔러 자살해 버린다. 떠나온 집의 구속과 폭력에서 끝내 스스로를 해방시키지 못하고, 오히려 새로운 이산 공간의 집에서 그 구속과 폭력을 재생산하는 마르틴의 모습은 결국 스스로를 살해하는 자기 파괴적 결말로 치닫고 만다.

그리고 이와 같은 그녀의 자기 파괴적 행보는 곧 아티에게서 다시 한 번 반복적으로 드러난다. 소피와 함께 미국으로 이민 올 것을 권유하는 마르틴의 초대를 거절하고 어머니의 집으로 돌아가기로 결정하는 아티의 동기는 이페가 지적하듯이 "어머니에 대한 사랑보다는 관습이 그녀에게 부과한 딸로서의 의무감에서 비롯된 것"(168)이다. 집에 남겨진 아티는 집을 떠난 마르틴과는 또 다른 방식으로 자기 파괴적인 삶을 지속해 간다. 아티는 가정의 공간이 그녀에게 부과하는 수많은 의무를 열심히 수행하지만 이를 통해 그녀가 얻게 되는 것은 아무것도 없다. 아티는 성인이 되어 아이티에 돌아온 소피에게 이와 같은 자신의 좌절감을 이야기한다.

> "내 삶은 아무것도 아니야…… 나는 조상들의 가르침을 절대 거스르지 않도록 교육받았어. 나는 맏딸이고, 내 자리는 여기 이 집이야. …… 그들은 네가 남편감을 찾도록 훈련시키지. 그들은 아직 네가 완전한 하나인지 보기 위해 한밤중에 네 속옷을 찔러봐. 그들은 네가 소변을 보는 소리에 귀 기울여서 소리가 너무 크지는 않은지 확인하지. 소리가 너무 크다는 것은 네가 다리 사이에 큰 틈을 가지고 있다는 이야기거든. 그들은 네가 요리를 배우며 손가락을 데도록 만들지. 하지만 이 모든 것을 배우고 나서도 결국 네가 얻는 것은 아무것도 없어"(136-137).

마르틴과 마찬가지로 아티의 몸은 또 다른 의미에서 그녀의 것이 아니다. 그녀의 열 손가락으로 표상되는 그녀의 몸은 "조상들의 가르침"에 따라 점차 자신의 의지가 아닌 규범에 의해 움직이는 도구가 된다. 결국 아티는 우울증과 알코올 중독에 빠져 마르틴과는 또 다른 의미에서 더 이상 자신의 것이 아닌 육체를 서서히 파괴시켜 간다. 비록 공간적인 차이가 존재하지만 두 자매의 정체성은 여전히 그들을 억압하고, 그들에게 폭력을 가하는 집의 공간에 얽매어 있고, 그 테두리 안에서 자매는 각자 그들이 강요받은 여성에 대한 지배 규제를 스스로에게 되풀이해 가했던 것이다.

반면 소피의 경우, "이동"이 그녀에게 주는 힘은 좀 더 긍정적인 것으로 드러난다. 가정이라는 제한된 테두리, 그 안의 지배 기제를 벗어나는 그녀의 시도는 각각 육체적 · 정신적 해방과 저항의 시도로 드러난다. 소피는 먼저 "시험"이라는 육체적인 폭력을 통해 그녀에게 지워지는 가정 공간의 지배 기제를 스스로의 처녀막을 파괴한다는 극단적인 방법을 통해 벗어난다. 비록 이는 한편에서 자기 육체에 대한 학대로 해석될 수 있지만, 다른 한편으로는 매우 강력한 형태의 저항이기도 한 것이다. 어떻게 스스로의 몸에 그런 고통을 가할 수 있는지를 묻는 조셉에게 그녀는 자신의 감정을 제대로 설명하지 못하지만, 그 행위를 통해 자신이 얻은 "쇠사슬로부터 벗어나는 기분, 자유의 느낌"을 마음속에 묘사해 본다(130). 나아가, 소피는 어머니의 집, 그가 표상하는 가정 공간의 억압으로부터 육체적으로 분리되어 나온 이후로도 자신이 정신적으로 계속 그 지배에서 벗어나지 못하고 있음을 자각하게 되자, 성 공포증 치료 모임에 참여하는 또 하나의 적극적인 방법을 통해 저항을 지속한다. 단티캣은 이 모임을 구성하고 있는 일원들을 통해 이산 공간의 여성들이 지니는 초국가적 연대성을 다시 한 번 드러낸다. 구성원 중의 한 명인 부키(Buki)는 "생식기 일부를 잘라내는 여성으로서의 통과의례"를 경험한 에티오피아 출신의 여성이고, 또 다른 구성원인 다비나(Davina)는 십여 년 동안 친할아버지에게 성적으로 학대당한 멕시코 출신의 이민 여성이다(201). 비록 이와같이 다소 판에 박힌 작품 장치가 각각 문화들 안에 작용하는 억압 기제를 지나치게 상투화할 수 있다는 위험성을 내포하고 있기도 하지만, 이 글에서 주목하고자 하는 것은 이 모임에 참여하는 각각의 여성들이 대변하는 각기 다른 문화의 가정 공간에서 공통적으로 발생할 수 있는 폭력성과 여성 억압적 관습이 이산 공간이라는 새로운 현장에서 어떻게 서로 연계되고 상보적으로 작용할 수 있는가 하는 점이다. 단티캣은 성인이 된 소피를 아이티로 돌아가게 하지만, 이는 다만 "잠시 동안의 휴가"(122)일 뿐 영구적인 고향으로의 귀환이 아니다. 이제 그녀에게 집은 언제든지 떠날 수 있는 공간이 되고, 또 그녀는 성인이 된 후 첫 번째 아이티로의 귀환 여행을 통해 과거의 집과 현재의 집 사이에서 더 이상 고통받지 않게 된 스스로의 모습을 발견하게 된다. 결국 그녀는 아이티와 미국이 제시하는 각각의 가정 공간들을 자유로이 넘나들며 살아가는 클리퍼드식의 "넘나듦의 삶"을 택하게 된다.

나아가 소피는 초국가적 권력에 구속받는 가정 공간으로부터의 해방과 저항의 시도를 자기 자신의 삶에만 국한시키지 않고, 어머니 마르틴의 삶에까지 확장하고자 한다. 마르틴의 시신을 아이티로 옮겨온 소피는 어머니의 수의로 그녀가 가지고 있던 가장 붉은 빛깔의 옷을 고른다.

> 그 옷은 수의로는 너무 야단스러운 색깔이었다. 그랬다는 것을 나도 안다. 어머니는 성경의 악녀 이세벨(Jezebel)처럼, 붉은 피를 가진, 남자를 두려워하기는커녕 모든 남자를 노예로 만들고, 남자들을 강간하고, 그들을 죽여버린 아이티 신화의 에줄리(Erzulie) 여신처럼 보일 것이다(227).

사회의 "예법에 어긋나는" 옷을 어머니에게 입힘으로써 소피는 마지막으로 마르틴의 육체를 그녀 자신에게 되돌려 주고자 시도하며, 그를 통해 그녀에게 여성으로서의 주체적인 힘을 부여해 주고자 한다.

단티캣은 『나비의 길』 서문에서 이산의 개념을 정의하는 다양한 의견들을 통일하려 시도하며 느끼게 된 어려움을 토로하면서, 자신이 정의하는 이산 공간 주체들의 의미에 대해 설명한다.

> "이산 주체들(The Dyaspora)"은 양쪽 세계에 자신들의 양발을 걸쳐놓고 있는 이들이다. …… 자신이 이산 주체라는 사실에 대해 부끄러워할 필요는 없다. 당신과 같은 사람들이 이 세상에는 수백만 명도 더 있다. …… 망명자, 이주 노동자, 난민, 이민자, .5세대, 1세대, 귀화 시민권자, 미국인, 아이티인, 아이티계 미국 남성, 여성, 아이들, 그리고 미국과 기타 이 세상의 여러 곳에 살고 있는 이들(ix).

그리고 작품에서 단티캣이 그리고 있는 소피의 딸 브리짓은 바로 이 "이산 주체들"의 한 예로 제시된다. 소피와 마찬가지로 브리짓 역시 하나의 문화, 전통, 가정 공간에 구속된 존재 혹은 두 개의 대립되는 공간 사이에서 고통받는 존재가 아니라, 소피로부터 전해진 아이티와 미국의 문화, 조셉에게서 전해진 아프리카와 여타의 카리브해 문화 전통들이 혼재하는, 다양한 경계들을 넘나드는 새로운 이산의 주체로 그려지고 있다. 그리고 단티캣이 제시하는 "이산의 주체"들은 이 글에서 논의하고 있는 넘나듦의 삶을 구현하는 하나의 모델로 읽힐 수 있는 것이다. 캐럴 보이스 데이비스(Carole Boyce Davis)는 이산 공간의 흑인 여성 문학에 대해 논하며, 이들의 작품을 "고정된 지리적 · 인종적 · 국가적 틀 속에서 읽을 것이 아니라, 연속적인 경계의 넘나듦의 과정으로 읽어야 한다"(Davis, 1994: 4)고 지적한 바 있다. 『숨결, 눈길, 기억』에 등장하는 다양한 여성 인물들이 각각 자신들의 가정 공간에 대해 가지는 관계들은 이처럼 단일한 문화, 전통, 국가, 지배구조와 같은 고정된 틀이 아니라 지속적으로 변화하고 중첩되는 다양한 경계의 넘나듦을 통해 읽어내어야 할 것이다.

버지니아 울프(Virginia Woolf)는 『3기니(*Three Guineas*)』에서 여성으로서 국가의 경계 밖에 존재하는, 국가의 경계들을 넘나드는 자신의 초국가적 위치에 대해 설명한 바 있다. 비록 울프와 그 출발점은 매우 상이하지만 이산 여성 작가들, 그리고 그들이 그려내는 작품 내 주체들의 상황 또한 단일한 경계 안에 구속해 넣을 수 없다는 측면에서, 이들의 초국가적 위치 또한 울프와 비슷한 관점에서 접근해 볼 수 있을 것이다. 이러한 맥락에서 단티캣의 『숨결, 눈길, 기억』은 아이티 이산 여성들이 다양한 형태로 만들고 허물어 가는 가정과 국가의 공간들에 대한 묘사를 통해 그 안에서 구현될 수 있는 경계 넘나들기의 삶을 제시한다.

제5부

초국가적 도시 공간 만들기

초국가적 한흑 도시 공간

-레너드 장의 『식료품점』* -

임진희

1. 경제 이민과 도시 공간

'제3의 이민 물결'이라고 불리는 1965년 이후 한국계 미국 이민은 한국 근대사의 정치적 상황이 주도해 왔던 이전의 이민과는 달리, 자본주의 논리에 근거한 경제적 목적이 주를 이뤄 왔다. 이들의 아메리칸 드림은 대체로 경제적 성공을 통해 계층 상향을 꿈꾸는 공간 이동의 형태를 띠고 있다. 기존 사회에서의 역사적 뿌리가 상실된 이산(diaspora) 공동체의 성격상, 경제적 능력이 새로운 계층 형성의 토대로 작용하고 있으며, 그 결과 경제력이 곧 정체성의 기반이 되는 '경제적 인간형(*homo economicus*)'이 부상해 왔다. 특히 소자본 '이민 사업주(ethnic entrepreneurship)'로 대변되는 높은 자영업 비중은 경제력이 신분의 지표가 되는 상황과 연관되어 있으며, 역사성의 대체물로서 경제력에 집착하는 소상인적 가치관이 재미 한인 사회의 특성을 형성하고 있다.

에드나 보나치치(Edna Bonacich)나 민병갑 등의 사회학 분야 이론가

* 이 글은 『현대영미소설』 제17권 2호(2010)에 게재된 논문을 수정 · 보완한 것임.

들은 한국계 이민 소상인이 미국 내의 인종·민족적 역학 구도 속에서 백인과 흑인 사이의 '중간자적 존재(middleman)'로 기능해 왔다는 '중간자 이론(middleman theory)'을 제시해 왔다. 어느 사회에서나 중간자 역할을 하는 이국 출신 집단이 있는데, 한인 상인들이 미국 내에서 그러한 역할을 해 왔으며, 주류 경제의 '틈새'를 메워 주는 데 매우 필요한 중간자이면서도, 바로 그 중간자적 성격으로 인해 다양한 사회집단과 갈등을 겪어 왔다는 것이다. 보나치치 등은 중간자의 정체성 자체가 "거주 지역 토박이 주민들로부터 적대감의 대상"이 되는 상황과 관련하여, 유대인의 예에서도 보이듯이 경제에 대한 민감성이 작용한다고 강조한다. 중간자에 대한 고정 관념을 보면, "경제적 야심이 많고, 열심히 일하며, 목적 달성을 위해서는 잔인하고 약삭빠르며 비윤리적이다," "지역 자원을 뽑아가면서도 지역사회에는 공헌하지 않는 기생충이며, 돈을 벌기 위해서라면 무엇이든 할 수 있는 용병"이라는 등 경제 동물의 이미지가 압도적이다(Bonacich and Modell, 1980: 19).

민병갑은 한인 이민자 상인들이 뉴욕과 LA에서 중개인 소수민족의 역할을 하고 있음을 밝히면서 이들이 특히 자영업 중간자를 지향하는 주요 원인으로서, 비즈니스 이외의 직업에서는 불리하고, 신분이 불안정하며, 비즈니스를 통한 경제적 이동에 대한 기대가 높다는 점을 들고 있다(Min, 1984: 333). 한인 자영업자의 고충으로는 과도한 노동, 육체적 위험, 소수인종 고객들의 거부나 적대감, 공급자들의 착취, 상가임대인의 횡포, 지위 불일치,[1] 느린 동화 속도가 지적된다(Min, 1990: 437). 민경희는 기존의

1 이민 1세의 경우 한국에서 아무리 엘리트 교육을 받고 전문직에 종사했던 사람이라 하더라도 미국으로 이민을 온 이후에 자신이 고국에서 가졌던 경력을 인정받기가 어렵기 때문에 자영업에 종사하는 비중이 높다(양영균, 2008: 137). 한인들이 자영업을 선호하는 이유는 지위 불일치(status inconsistency)의 문제를 해소하기 위한 것이다. 즉 교육 수준이 높은 사람이 낮은 직종에 가서 종업원으로 일을 하게 되면 좌절감을 느끼게 되는데 이를 극복하기 위해 스스로 '자신의 일을 하고자' 한다. 즉 자영업을 함으로써 '사장'이라는 신분 상승을 경험하고 지위 불일치에서 초래되는 좌절감을 극복할 수 있다(김태기 외, 2005: 143).

중간자 이론 연구들이 중개인 소수민족의 공통점을 크게 세 가지로 구분하고 있다면서, "주변 사회와는 다른, 독특한 문화와 결속력이 강한 공동체를 형성하고 있다는 점, 특정한 경제 분야 특히 매매업과 소기업에 집중적으로 종사한다는 점, 그리고 사회적 적대감의 대상이 된다는 점"을 제시하고 있다(민경희, 2008: 174).

한국계 이민 상인들은 주로 도심 저소득층 흑인 지역을 기반으로 공간을 확보해 왔다. 낸시 아벨만(Nancy Abelmann)과 존 리(John Lie)는 그 원인으로서 한인 상인들의 기회구조를 지적한다. 한인 상인들은 백인 거주 지역을 감당할 만한 재정적 · 문화적 자본이 부족한 반면, 흑인 저소득층 지역은 소자본 자영업자에게 좋은 수익 기회를 제공하는 틈새시장이 되어 준다는 것이다(Abelmann and Lie, 1995: 137-140). 실제로 한인들이 가장 많이 거주하는 LA의 경우를 보더라도 1970년대 중반부터 코리아타운 상가 지역이 포화 상태에 이르게 되자, "한인들은 사업을 확장하면서 한인 지역뿐 아니라 비교적 자본이 적게 드는 다운타운, 흑인 저소득층 지역, 라티노 지역 등을 적극적으로 개척"해 나간 것으로 분석되고 있다(이정덕 · 박계영, 2008: 27).

한인 상인들은 중간자로서의 기반을 경제에서 찾는 경제적 인간형이다. 그런데 중간자로서의 계층 상승, 도시 공간의 확보 자체가 '소비자로서 흑인'의 '구매'라는 경제 조건에 달려 있기 때문에, 흑인의 정체성은 대체로 '소비자'로서의 적절성으로 환원된다. 한인 스스로 자신들을 경제 계층적으로 우월한 중간 상인으로 생각하고, 흑인들을 소비자로 타자화하는 데 따른 쟁점이 발생되고 있다. 반면 흑인은 자신들이야말로 미국을 일구는 데 기여한 토착 시민이고, 인구 통계에서도 나타나듯이 한인 자영업자는 대체로 한국에서 출생한 이민 1세대라는 점에서 한흑(韓黑) 문제가 심화되어 왔다.

한국계 미국 작가 중 탁월한 작가적 역량에 비해 잘 연구되고 있지 않은 레너드 장(Leonard Chang)[2]의 첫 소설 『식료품점(*The Fruit 'N Food*)』(1996)은 경제적 인간형으로서의 이민자와 한흑 갈등, 자본주의적 도시 공간, 인종이 계층으로 환원되는 쟁점을 포괄적으로 그려낸다는 점에서 주목된다. '식료품점'은 특히 영세 자본을 활용한 대표적인 소수 인종의 자영업종으로서, 중간자적 존재로서 한인의 특성을 잘 나타내고 있다. 뉴욕시 태생의 레너드 장은 인터뷰에서 자신이 『식료품점』을 쓴 이유를 1990년대 브루클린 한국인 상점의 불매운동 보도를 보면서, 백인 대중매체의 주도 속에 한인 이민자 상점 주인의 목소리는 보도되고 있지 않지만, 그도 하고 싶은 이야기가 있을 것 같아서 그의 목소리를 전달하려는 것이라고 구체적으로 밝힌 바 있다.

저는 1990년에 브루클린에서 있었던 한국인 식료품상의 불매운동을 다루는 언론 보도를 보면서, 한국인 식료품상 스스로의 의견이 있어야 할 곳에 미심쩍은 침묵이 흐르고 있다는 것을 느꼈습니다. 어느 정도는 이러한 느낌 때문에 『식료품점』을 쓰게 되었습니다. 저는 이전에는 무시되었거나 혹은 낮게 평가되었을 시각으로부터 불매운동을 낳은 인종적 긴장 상태를 탐구해 보고 싶었습니다. 이 소설은 한국인 식료품상에서 일하는 한 젊은 한국계 미국인의 주변과 한국인 가게 주인과 인종적으로 구분되어 있는 지역사회 사이에서 그의 불편한 관계를 중심으로 합니다(유선모, 2004: 523).[3]

2 레너드 장은 1968년 뉴욕 시 태생으로 롱 아일랜드에서 성장했다. 다트머스(Dartmouth)대학에서 철학을 공부하다가 중퇴하고, 평화봉사단원으로 자메이카에 갔다가 돌아와, 하버드대학에 입학해 철학 전공으로 우등 졸업했다. 캘리포니아주립대학 어바인(Irvine)에서 문예창작 프로그램 MFA를 받았고, 샌프란시스코와 LA를 비롯한 서부 지역을 중심으로 거주해 왔으며, 안티오크(Antioch)대학의 MFA 프로그램을 가르치고 있다. 데뷔 소설 『식료품점』은 자신의 MFA 졸업 작품으로 쓰여진 것이며, 1996년 출판 이후 현재까지 스테디셀러로서 여러 미국 대학에서 강의되고 있다. 좀 더 상세한 최근 소식들은 그의 홈페이지를 참조할 수 있다(www. leonardchang.com).

3 레너드 장은 이 인터뷰에서 미국 사회에 만연한 인종 갈등과 편견에 대한 우려도 밝히고 있다. "……한국인 이민자들도 여러 차원에서 백인들로부터 인종 차별을 경험하고 있다는 데는 의심의 여지가 없습니다. 단기간 내에 이 문제를 해결할 수 있는 것은 아무것도 없습니다. 아프리카계 미국인들은 2백 년 이상 미국에서 살았으며, 흑인들은 이 문제에 대해 아시아인들보다 훨씬 더 여러 방면으로 노력하고 있습니다"(유선모, 2004: 521).

레너드 장은 한흑 도시 공간의 정치적 · 문화적 역동성을 인지하고 또한 문학의 힘을 믿는 작가로서, 주류 미디어가 보여 주지 않은 시각을 읽어내야 하는 책임 의식을 피력하고 있다. 『식료품점』은 한인 식료품점에 대한 불매운동이 벌어졌던 당시 한흑 갈등을 다룬 신문 기사를 연상시키는 사회소설로서, 그 탁월성을 인정받아 1996년도 사회소설 부문 블랙헤론 문학상(Black Heron Press Award)을 수상한 바 있다.

이 글은 『식료품점』에 제시된 '인종적 · 민족적 섬(ethnic enclave)'으로서의 한인 식료품점이 도시 공간과 경제적 인간형의 역학 관계를 제시한다는 점에 착안한다. 한인 식료품점의 경제적 · 정치적 · 문화적 측면을 긴밀히 연결시키는 지표로서 중간자 개념이 사용될 것이다. 한인 이민자들이 지배 그룹에서 생산된 제품을 소수 인종 지역에 분배하고 거래하는 역할을 담당하며 중간자적 존재로서 기능해 왔다는 기존의 경제 중심의 중간자 이론을 확장해, 도시 공간의 복합성과 역동성에 대한 고찰을 통해 그 사회구조적 · 실존적 의미를 읽어내고자 한다.

2. 경제적 중간자: 이민자 멘탈리티

레너드 장의 한인 식료품점은 '이민자 멘탈리티'에 기반을 둔 이민 사회의 축소판이다. 이민자 멘탈리티를 주도하는 것은 경제적 인간형으로서의 특성이며, 식료품점 주인 이씨(Rhee) 부부는 한인 소자본 자영업 이민자의 전형을 보여 준다. 이들은 상점을 중산층으로 올라서기 위한 결정적 발판으로 보고, 도시 공간을 확보하기 위해 끈질긴 노력을 해나간다. 이씨는 한국에서 대학을 나왔다. 전기공학을 전공했지만, 영어 등의 어려움으로 미국에서 직장을 구할 수 없어서(Chang, 1996: 72),[4] 대표적인 한인 영세 자영업인 식료품업을 하고 있다는 점에서도 이민자의 전형성을 보이고 있다.

4 앞으로 『식료품점』에서의 인용은 괄호 안에 인용된 쪽수만 기입한다.

자영업은 이민 중간자로서의 삶을 지키는 자존심과 동일시된다. 한인 경제 이민자들은 대체로 한국에서 대학 교육 이상을 받고 이민 왔고 스스로 중산층이라고 생각하지만, 미국 원어민 사회에 '동화될 수 없는 이방인'으로서의 징표라고 할 영어 미숙 등으로 미국에서 중산층에 맞는 직업을 보장받지 못하고 있으며, 이러한 강등된 지위에 대한 보상 심리로서 자영업의 길을 선택한다. 이들은 소자본으로 인해 주로 가족 단위의 노동집약적인 영업 형태를 유지하고 있다. 박계영은 "자영업의 경우 대체로 가족이 함께 일한다는 점을 고려하면 한인 근로자의 절반가량이 자영업에 종사하고 있는 셈"(Park, 2004: 997)이라고 지적한다. 뉴욕이나 LA와 같은 대도시 게토 지역을 중심으로 하여 생계를 이어가는 한인들에게 "무급으로 일해 주는 가족, 근면한 생활 태도, 열심히 일하는 정신, 계(契)"와 같은 "민족문화적 자원"은 비즈니스에 성공하는 원동력이며, 이후에도 경영 우위를 가능하게 하는 것"(김태기 외, 2005: 47-48)이다. 이씨 부부의 식료품점과 같은 영세 자본 상점은 미국 주류 사회 속으로 편입되지 못한 채 '인종적·민족적 섬'이라고 지칭될 만한 특수한 도시 공간을 점유하고 있다.

이 작은 식료품점에서 자본의 흐름과 집적의 '경제 전쟁'이 이뤄지고 있다. 한인 영세 자본주들은 소수민족 고객에게 지배 그룹에서 생산된 제품을 분배하는 중간자로서의 거래 역할, 즉 중간 계층 역할(middleman minority role)을 담당한다. 식료품점의 오렌지 주스 한 병에도 갈등구조가 드러나 있다. 이를 제조하는 대규모 회사 자본, 유통 자본, 지역 상점을 소유하고 있는 영세 자본, 불법 이민 등으로 최저 임금 이하로도 일하는 소수 인종 점원, 그곳에서의 흑인 소비자에 이르기까지 긴밀하게 얽힌 자본주의 경제 사슬이 작용한다. 이 도시 공간의 상거래는 치열한 권력다툼의 현장이며, 이들은 모두 "권력의 장에 함께 참가"(박계영, 2008: 226)하고 있다.

대다수 이민 1세대 자영업자들은 중간자적 정체성의 근거를 경제력에서 찾으며, 자신들이 주도권을 갖는 자영업의 공간을 확보하기 위해 기꺼이 희생한다. 이들의 '경제 아메리칸 드림'의 실현 여부는 과도한 노동, 한푼의 손실도 악착같이 몸으로 막아야 하는 절박한 상황에 의존하고 있다. "구크(gook) 레이디"라고 경멸적으로 불리면서 푼돈에 매달리는 이씨 부인의 모습은 실제로 1991년 오렌지 주스 한 병을 훔치려 했다는 이유로 15세 흑인 소녀 라타샤(Latasha Harlins)를 총으로 쏘아 살해한 LA 식료품점 여주인 두순자(Soon Ja Du) 사건[5]을 연상시킨다. 치열한 생존 조건에 힘들어 하는 이민자의 실상, 경제적 성공에 대한 집착이 『식료품점』의 직접적 소재가 되는 뉴욕 한인 식료품점에 대한 흑인 소비자들의 불매운동과 연결되고 있다.

흑인 저소득층 지역민에게 한인들은 '돈벌레 중간자'다. 이씨는 자신의 식료품점 앞에서 불매운동을 하는 흑인 주민들에게 왜 이야기할 기회도 주지 않고 싸우려고만 하느냐고 묻자, 흑인들은 "돈만이 당신들이 말하는 유일한 방식이니까, 당신들이 확실히 알아듣도록 만드는 중"(130)이라고 외친다. 한인들이 가장 잘 아는 '돈의 언어'로만 말하겠다는 것이다. 흑인

5 1991년 3월 16일에 15세 흑인 소녀가 한인 식료품점 여주인 두순자에 의해 총을 맞아 죽는 사건이 발생했다. 이 여주인은 정당방위를 인정받아 집행유예로 풀려났다. 이 평결은 흑인 공동체를 격분시켰으며, 이후 1992년 4월 29일에 시작된 LA폭동에서 한인 상점을 공격의 대상으로 삼은 요인을 제공했다. 백인 주류 미디어는 LA폭동 당시 두순자 사건의 비디오 화면을 연속적으로 보여 줌으로써 흑인들의 분노를 한인들에게 향하게 했으며, 한인 사회가 희생양이 되었다는 견해가 지배적이다. LA폭동으로 많은 상점이 불에 탔으며 코리아타운의 상가들도 불바다가 되었다. 폭동이 악화되면서 58명이 죽고 2,400명이 부상당하고 1만 1,700명이 체포되었다. 미국 역사상 가장 심각한 인종폭동의 하나였다. 이 과정에서 한인 소유의 2,280개 상점이 불타거나 약탈당했으며 4억 달러 상당의 피해를 입었다. 전체 폭동 피해의 절반가량이 한인이 입은 피해였다(Park, 2004: 1001). LA폭동과 한흑 갈등에 관해서는 Nancy Abelmann and John Lie(1995). *Blue Dreams: Korean Americans and the Los Angeles Riots*; Pyong Gap Min(1996). *Caught in the Middle: Korean Communities in New York and Los Angeles*; Edward T. Chang and Jeannette Diaz-Veizades(1999). *Ethnic Peace in the American City: Building Community in Los Angeles and Beyond*; Claire Jean Kim(2000). *Bitter Fruit: The Politics of Black-Korean Conflict in New York City*; Jennifer Lee(2002). *Civility in the City: Blacks, Jews, and Koreans in Urban America* 등의 비평서가 출간되어 있다.

들은 불매운동을 취재하러 온 방송과의 인터뷰에서도 한인 식료품상들이 흑인 고객에 대한 배려가 전혀 없으며, 흑인들 덕분에 잘살고 있으면서도 자신들을 무시하고 심지어 적대적이기까지 하다고 분노한다.

이씨 부부는 한인 이민 1세대의 전형성을 다각도로 보여 준다. 이들은 식료품점을 차리는 자본을 마련하는 데도 미국 내 공기관보다는 친척이나 '계'와 같은 한인들 간의 사금융을 통한다(66). 모든 자본을 모아 상점을 차리고도, 상점을 하나 더 내려고 돈을 모으는 일 중독자다. 이 식료품점에 점원으로 고용된 토머스(Thomas Pak: 톰)가 이씨 부부의 딸 준(June: 정미)에게 "부모님이 일하지 않을 때는 어떠냐"고 묻자, 그녀는 부모님에게는 상점 밖에서의 삶은 아예 없고, 삶 전체가 "일일"(71)뿐이라고 한다. 이민자로서 빠른 경제적 성공에 목숨을 걸면 걸수록 그 긴장감으로 인해 이들의 삶은 균형을 잃게 된다. 이들은 "교육 · 직업 · 돈"(162)에서 자신의 정체성을 찾으려는 경제적 인간형이다.

한인 식료품점은 이민자 멘탈리티로 움직이는 공간이다. "이민자가 생각하는 자신의 사회적 경제성이나 사회적 지위는 현지의 사회구조와 관련되는 것이 아니라 고향의 사회구조와 관련된다"(민경희, 2008: 210)는 지적처럼, 이들은 미국행이 성공적이었음을 입증한다는 의미에서도 미국 내 한국 이민자들뿐만 아니라, 한국 내 거주자들도 비교 준거집단으로 삼는다. 이민에 대한 보상 심리와, 반드시 경제적 성공을 입증해야겠다는 강박관념이 이 식료품점에 긴장감으로 작용한다. 이씨 부부는 나중에 흑인 소비자 불매운동과 이어진 약탈로 파산하게 되었을 때, 경제적 승패를 인생 자체의 승패와 동일시하는 이민자 멘탈리티 구도 속에서 괴로워한다. 무엇보다 자영업자에서 종업원으로 계층이 강등된 데 대한 수치심으로 괴로워한다. 이씨 부인은 4년간의 고된 노동 끝에 빚밖에 남지 않은 상황에서, "그럴 만한 가치가 있었을까? 이렇게 다 잃어버릴 줄 알았으면 왜 그토록 애를 썼는지?"(221)라면서, 자신들의 아메리칸 드림 실패 소식이 이민 사회나 한국에 알려진다는 데 대해 굴욕감을 느낀다. 이제 "우리가 모든 것을 잃어버렸다는 것을 그들이 알 것이다"라면서, "그 사람들의 가엾어 하는 눈길, 염려하는 척하는 것, 우월감"(224) 등을 견딜 수 없어 한다. 이씨 부인은 윗동서의 세탁소에서 종업원으로 일할 수밖에 없다는 생각에 몸서리치며, "거기서 일하는 종업원이 얼마나 불행해 보였던가", "윗동서는 삶을 비참하게 만들 것이다. 얼굴은 벌겋게 땀이 비질대고, 손은 세제와 다림질로 데인 채 증기다리미 뒤에 서 있는 자신의 모습"(221)을 그린다. 자신은 이제 "파산 후의 김씨네처럼" 되었다면서, "김씨 부인은 최저 임금으로 한국 식당에서 일했다. 김씨는 헬스클럽의 수위가 되었다"고 한다. "정말 가난하다는 것을 참을 수 없다"(222)라는 말에는 영세 자본이나마 자본주였던 상황에서의 경제적 추락을 인생 전체의 실패와 동일시하는 경제 이민자의 아픔이 드러나 있다.

이민자 멘탈리티의 또 다른 특징은 2세대에 대한 기대다. 이민 1세대는 자신들이 미국 외 지역에서 태어난 이방인이기 때문에 직면했던 근본적 장애인 '미국 네이티브(native)'의 한을 자식을 통해 풀고자 한다. 중산층으로 부상하지 못하는 자신들의 문제가 이민 1세로서의 한계에 있다면, 이민 2세는 적어도 현지인들과 유사한 조건에서 경쟁할 수 있으리라는 기대다. 이산으로 인해 한국에서의 정체성이 무(無)로 돌아갔기 때문에 역설적으로 신분 상승에 대한 새로운 성취가 가능한 시점에서, 존재감이 없는 자신의 존재를 미국 사회에서 입증하는 적절한 통로가 2세를 교육시킴으로써 보상받는 것이라고 생각한다. 이들은 "자녀들에게 집중 투자하는 방법으로 사회적 지위 상승을 추구"(양영균, 2008: 137-138)하며, 아메리칸 드림의 대리 성공을 꿈꾼다.

자식을 위해 헌신하여 기반이 되어 주는 것은 이민자 멘탈리티의 근간이 된다. 악착같이 돈을 벌어 자식을 아이비리그 대학에 보내는 것이 '경제적 아메리칸 드림'의 상징이 된 이씨 부부가 파산 후 처음 떠오른 생각이 딸의 대학 등록금이며, 자신의 실패를 딸에게 인정해야만 하는 수치감에 괴로워한다. 특히 1세대인 자신들의 실패로 인해 2세대의 아메리칸 드림에 대한 의지가 약화될까봐 그 우려로 인해 괴로움이 가중된다. 이씨 부인은 경제적 아메리칸 드림을 좇아온 자신들이 "부모로서 어떤 본보기가 될 것인가, 딸은 이제—열심히 일하는 것이 성공할 수 있다는 것을 의미하지는 않는다고 생각할까? 아무리 열심히 노력해도 모든 것을 다 빼앗길 수 있다고 생각할까? 아니야. 성공하지 못했다면, 열심히 일하지 않았기 때문이야"(222)라고 애써 마음을 달랜다. 그녀는 미국에서의 성공에 대한 밀려드는 회의에 고통스러워 하면서도, "열심히 일하기만 하면 잘될 거라는 것을 안다. 그러나 자신들이 그렇게 될까? 식료품점을 위해 그렇게 열심히 일했는데, 이제 아무것도 없잖아. 그렇지만 어떻게 다르게 해보겠어? 어떤 다른 선택이 있어? 포기하는 것? 정미와 대학에 대해 잊어버리는 것?"(225)이라며 뭉클하게 목이 메는 것을 느낀다. 이들은 2세를 위해서라도 이민자의 경제적 아메리칸 드림에 집착한다. 이민의 고된 삶을 지켜주는 정체성의 근간에는 경제성이 자리잡고 있기 때문에, 여전히 물질적 성공을 통해 아메리칸 드림을 이루려는 충실한 경제적 인간형으로 남아 있다. 경제적 중간자의 꿈의 포기가 곧 존재 자체에 대한 부정이 되는 사회구조적 맥락이 작용하고 있기 때문이다.

3. 정치적 중간자: 인종적 삼각 구도

한국계 경제 이민자들은 영세 자본으로 빠른 성공을 원하는 이민자 멘탈리티에 근거하여, 경제적 신분 이동을 신속하게 달성해 주고 소자본 투자 이익을 극대화하는 흑인 저소득 계층 지역을 선택해 왔다. 이들은 범죄로 인한 신체적 위험이 높은 지역에서 상점을 운영하면서, "과도한 노동, 잦은 무장 강도, 날치기, 스트라이크, 보이콧" 등을 감수하고 있다(김태기 외, 2005: 49).

한인 상점에 대한 흑인 지역민들의 분노는 대체로 지역사회에 대한 고용효과가 없고 또한 영세하기 때문에 물건값이 비싸다는 경제적인 원인을 향해 있지만, 이는 곧바로 인종과 민족에 대한 편견과 차별이라는 분노로 비화됨으로써 강력한 정치성을 띠게 된다. 흑인 지역에서 자영업을 하는 한인 이민자들의 이미지는 돈만 아는 자, 철저하게 경제 논리로만 움직이는 경제적 인간형이다. 할렘의 흑인 지도자들은 한인 상점 주인을 "흑인 소비자들의 피를 모조리 빨아먹으러 온 흡혈귀"(Cheng and Espiritu, 1989: 521)라고 불렀다. 한인들이야말로 흑인성을 "위험과 범죄"(Weitzer, 1997: 590)로 규정하는 인종 차별적 태도를 가지고 있다고 인식된다.[6] 이러한 한흑 갈등은 대중문화의 주제로도 주목되어 왔다.[7] 식료품점 여주인 두순자 사건을 다룬 아이스 큐브(Ice Cube)의 랩 〈검은 한국(Black Korea)〉에는 "그러니까 흑인들의 주먹을 존중해/아니면 우리가 너희 상점을 바싹 태워버릴 거야"라는 폭력 선동적인 가사도 들어 있다. "너희 나라로 돌아가라"는 흑인 정서를 유발시킨 긴장과 갈등의 한흑 도시 공간은 다양한 사회적 쟁점을 제기하고 있다.

'너희 나라로 돌아가라'는 흑인들의 외침에는 비록 빈민 지역에 살고 자본력도 없지만 자신들은 엄연히 미국사에 기여한 시민권자인 반면, 식료품점 주인과 같은 한인들은 영세 자본 소유자인지는 몰라도 이민자 이방인에 불과하다는 인식이 들어 있다. 윤인진은 흑인 자신들이 민권운동을 통해 이룩해 놓은 사회경제적 정의에 한국인 이민자가 아무런 공헌 없이 혜택만 입고 있다고 느낀다면서, 흑인의 이러한 토착주의적 감수성이

6 흑인 고객과 한인 사이의 상거래 상황에 대한 기존의 민족지적 조사 연구를 보면, 이들 사이에는 문화적 차이와 언어 장벽으로 인한 의사소통 방식의 차이가 엄연히 존재하며, 그 결과 모두 상대방 집단의 행동이 부적절하다고 느끼고 긴장이 발생한다. 면담과 관찰에 근거한 분석 결과, 흑인은 한인 이민자 주인들의 부적절한 행동을 다음과 같이 기술했다. ① 감시, 고객을 뒤쫓거나 도둑으로 비난함, ② 돈을 잡아채거나 계산대에 던짐, ③ 부정적으로 말하거나 소리침, ④ 불필요한 물품의 구입을 요구하고 제품의 환불이나 교환을 거부함, ⑤ 따뜻한 인사나 미소를 건네지 않음으로써 환영받지 못하는 느낌을 가지게 함. 한편, 한인 이민자 주인들은 흑인들의 부적절한 행동을 다음과 같이 언급했다. ① 욕설을 하고 시끄럽고 공격적인 행동을 함, ② 좀도둑질을 함, ③ 부적절한 행동을 하다가 적발되었을 때 부끄러워하지도 사과하지도 않음, ④ 한인들에게 한국으로 돌아가라고 말함, ⑤ 물건값 내기를 거부함 (박계영, 2008: 228-230).

7 한인 이민자 상점 주인이 등장하는 대중 문화작품의 예로는 스파이크 리 감독의 〈Do the Right Thing〉, 〈Menace II Society〉, 조엘 슈마허 감독의 〈Falling Down〉, 장길수 감독의 〈웨스턴 애비뉴〉 등을 들 수 있다.

이민자 집단에 대한 태도를 결정짓는다고 본다. 즉 흑인은 미국의 토박이로서 이민자보다 앞서 사회경제적 진보를 이루는 것이 마땅하며, 흑인 지역의 한인 상점 주인과 같은 부류야말로 자신들의 경제적 상승 이동에 장애가 된다고 인식하기 때문에, 이들에게서 인종 차별적 태도를 감지하면 강력하게 투쟁한다는 것이다(윤인진, 2010: 202-204). 같은 피부색이라 할지라도 히스패닉계 고용인들과 한인의 관계는 원만한데, 이들에게는 흑인 토착민들이 가지는 기득권에 대한 주장이 없고 한인과 같은 이민자 멘탈리티를 공유하기 때문이라는데서 이러한 지적의 타당성을 찾아볼 수 있다(Cheng and Espiritu, 1989: 528).

이씨 부부의 식료품점 앞에서 불매운동을 하는 흑인들은 한인들이야말로 "*우리 돈, 우리 비즈니스 기회—백인들이 우리에게 거부한 기회를 다 가져가고, 우리를 자신들보다 못한 존재로 취급하고 있다*"(148)고 분노한다. 불매운동이 진행되는 가운데 톰이 상점 밖으로 나오자, "저기 하나 나온다!" "탐욕스런 한국인!" "인종차별주의자!" "한국으로 돌아가!" "저 사람이 우리를 바보 검둥이라고 생각한다!"(151)고 외친다. 톰은 어느새 돈이라면 목숨도 하찮게 여기는 탐욕스러운 한국인으로 전형화되어 있었다. 불매운동자들은 톰에게 달려들어 케첩을 뿌리면서 "피흘린다!" "총 맞았어!" 라고 비웃는다. 톰은 구타와 온갖 인종 관련 욕으로 모멸감을 겪는다(152). 흑인들은 "너희 집, 한국으로 돌아가라"면서, "여기가 너희들이 있을 곳이 아니다"(157)라고 끊임없이 소리친다.

흑인들이 외치는 "우리 돈, 우리 비즈니스 기회—백인들이 우리에게 거부한 기회를 다 가져가고, 우리를 자신들보다 못한 존재로 취급하고 있다"(148)는 말에는 한흑 갈등의 주요 쟁점이 모두 요약되어 있다. 첫째, 흑인의 분노가 기본적으로 "우리 돈, 우리 비즈니스 기회"로 요약되는 경제적인 박탈감, 내적 경제 식민지 의식 때문이라는 점이다. 둘째, "백인이 우리에게 거부한 기회를 다 가져가고"라는 표현에는, 백인 지배 문화가 함께 미국사를 이룩한 흑인 시민권자들에게 기회를 주기보다는 이민 온 아시아인을 두둔하는 듯한 데서 오는 좌절감이 드러나 있다. 셋째, "우리를 마치 자신들보다 못한 존재로 취급하고 있다"에는 한인들이 "인종적 삼각 구도(racial triangulation)"(Kim, 2000: 16)에서 백인과 흑인 사이의 중간자적 위치를 상정하는 데 대한 분노가 표출되고 있다.

흑인 시위자들은 톰을 향해 바로 이 사람이 식료품점에 온 흑인 고객에게 총을 겨누었던 사람이라면서, "우리는 존중받기를 원한다!"고 외친다. "우리는 인종차별주의에 신물이 난다"(117-118)면서, "너희들이 여기 들어와 이 지역에서 돈을 빨아먹고 너희 롱 아일랜드 집으로 가져가고는 우리를 아무짝에도 쓸모없는 아프리카인으로 취급한다"(118)고 분노한다. 그러나 자신들이야말로 존중받아 마땅한 존재, 한인들의 전부인 셈이라면서, "우리들은 너희들의 돈, 너희들의 고객, 너희들의 멋진 자동차, 너희들의 대학 등록금이다. 그래서 우리는 똑바로 대접받기를 원한다. 우리가 마땅히 받아야 할 존중을 원하는 것이다"(118)라고 외친다. 불매운동 피켓에는 "이 상점은 인종 차별한다. 이 상점에 대한 불매운동을 한다. 누구도 차별하지 말라"(118)고 적혀 있다. 불매운동자들은 한인 상점에서 물건을 사는 것이 인종차별주의를 지지하는 행위라는 점을 분명히 한다. 이들은 식료품점에 물건을 사러 온 흑인 주민에게 "인종차별주의자를 사랑하는 배신자"라고 위협한다. "우리 커뮤니티의 돈을 빼앗아가는 한국인들을 도와주지 마라. 한국인들은 인종차별주의자들이고, 흑인들을 존중하지 않는다. 사지 마라!"(184)고 외친다. 이들은 톰을 "칭크, 구크"라고 부르면서, "인종차별주의자. 인종차별주의자. 인종차별주의자!"(184)를 외치며 분노를 표출한다.

흑인 주민들의 증오가 들끓는 상황에서 톰은 익명의 제보자가 식료품점 바로 건너편에 있는 상점 지붕에서 가솔린 폭탄을 발견했고, 경찰이 이를 찾아 제거했다는 TV 보도를 듣고는 급하게 식료품점으로 향한다. 톰은 이러한 상황을 도저히 이해할 수 없었다. 어떻게 "영세업자가 경영하는 이런 작은 식료품점을 정말 폭파하려고 했을까. 불을 지를 만큼 왜 그렇게 미워할까"라며 인종적 증오로 표출된 맹목적인 분노, 미쳐 돌아가는 도시의 모습에 경악한다(167). 좌절된 흑인 소외 계층은 자신들이 가까이에서 접하는 중간자적 존재인 한인 상인에 대한 공격을 통해 백인 지배 문화로부터의 압력과 사회구조적 모순을 폭발해 왔다. 실제로 뉴욕이나 LA에서 불매운동을 조직화한 흑인들은 흑인 민족주의자들이었고, 정치적 노선을 띤 것이었다. 백인 공급원과 흑인 소비자 사이의 중간자로서 한인을 향한 흑인의 분노가 지속되어 왔다.

그런데 이렇게 흑인이 자신들의 경제적 좌절을 인종적 혐오감의 통로로 배출하게 하는 데는 백인 주도의 주류 미디어가 충실한 역할을 해 왔으며, 사회적 쟁점들이 지배 문화 유지에 유리한 방향으로 해석되어 왔다는 점을 레너드 장은 분명히 하고 있다. 한인 식료품점에 대한 불매운동에 대해 연일 계속되는 대중 매체의 보도 내용은 한마디로 "이 여름 인종 갈등이 들끓고 있다"는 것이다. 미국 경제구조에 대한 흑인의 분노를 한인에게로 향하게 함으로써, 한흑 갈등은 미국 내 개별 소수 인종 간의 인종 분규로 축소되고 있다. 실제로 LA의 흑인 폭동 4·29에 관한 보도의 경우도 미국 주류 언론에 의한 여론몰이의 대표적인 예로서, 한인들은 "흑백 갈등의 희생양"이며, "백인의 방패"(Weitzer, 1997: 593)였다. 백인의 정치·경제적 지배와 억압의 쟁점은 간과된 채, 한인의 탐욕과 흑인의 분노가 만들어낸 갈등, 무지한 소수 인종 간의 투쟁으로 환원되었던 것이다.

폴 테일러(Paul C. Taylor)는 "미합중국에서 어떤 사람이 인종 언어를 말하는 법을 배우지 않고도 성인이 될 수 있었다는 것을 상상할 수 있겠는가?"라는 수사적 질문을 던지면서, 인종적 언어와 사고, 개념은 매우 체계적으로 되어 있지만 실상 파헤쳐 보면, 인종을 구분하는 특성 자체가 "임의적 구분"이며 "가공의 일관성"에 의존하고 있다고 지적한다(테일러, 2006: 30, 110). 과연 엄격한 인종적 구분 자체가 가능한가라는 근본적인 의문에 부가하여, 허구적인 '신화'를 바탕으로 한 인종주의는 사회구조적 모순을 희석하는 것으로서 다인종·다민족의 미국 사회구조를 유지해 온 지배 문화 전략이었다. 피부색에 대한 인식은 결코 중립적으로 존재하지 않으며, 정치·경제적 사회 구도 속에서 인종 질서가 형성되고 있다. "사회적 갈등을 인종적 범주로 규정하고 해석하는 경향으로 인해, 갈등 과정에서 계급이나 시민권 문제보다는 인종 개념이 호출되고 재구축되어 갈등이 인종을 둘러싼 사회문제로 범주화되고 규정되어 집단적인 인종 갈등으로 비화"(이정덕 · 박계영, 2008: 37)하고 있는 것이다.

실상 미국이 인종주의에 대한 비판으로 시달리던 1960년대 인권운동 중에 문화 담론 속에 자리잡게 된 '모범적인 소수민족(model minority)'의 개념도 표면상으로는 "미국 내 인종주의를 논박하는 것"(Ablemann and Lie, 1995: 167) 같지만, 논리구조를 들여다보면, 흑인들과의 대조 속에서 아시아인을 미화함으로써 흑인을 우회적으로 비판하는 백인 지배 문화의 수사법으로 기능해 왔다. 백인 자신들이 다 같은 기회를 주었는데도, 아시아인들이 가령 흑인이나 히스패닉보다 모범적으로 잘 해나간다는 의미로서 개념의 태생 자체가 인종적 · 민족적 구분과 차별을 자극하는 것이다. 백인 지배 문화가 부여한 '피부색에 근거한 위계 질서'는 다인종 · 다민족 사회를 통제하는 데 효과적인 이데올로기로 기능해 왔다.

> ['모범적인 소수민족' 이미지는] 제2차 세계대전 이후 냉전 시대에 정착되었다. 아시아 이민자들이 와서 비교적 빠른 시일 내에 정착하고 이전 이민집단들에 비해 성공한 것에서 비롯된 이미지다. 그런데 '모범적인 소수민족' 이미지에는 영리하게 돈만 아는 집단, 모든 문제를 돈으로 해결하려 하는 다소 비윤리적인 집단이라는 부정적인 이미지도 오버랩되어 있다. 무뚝뚝하고 자기 일에만 관심을 갖는 사람들, 공동체에는 별다른 관심을 보이지 않는 집단이라는 인식이 일반적이다.
>
> 한편 모범적인 소수민족이라는 이미지는 특히 흑인이나 라티노와 비교되어 작동하는 이미지다. "아시아인들은 이민 와서 잘 하는데 왜 흑인이나 라티노는 못 하느냐"는 식의 비교다…… 특히, 흑인에 대한 반대 사례로 아시아계가 자주 언급된다. 한인들은 흑인 동네에 가서 성공하는데, 흑인들은 계속 밑바닥에 머무르고 있다는 식의 대비다. 그런데 여기에는 흑인의 실패를 미국 사회의 문제가 아닌 흑인의 문제로 떠넘기려는 의도가 내포되어 있다. 또한 소수민족들을 분리해서 지배하려는 이미지 정치 과정이 개입되어 있다.

> 미국 사회는 성공할 수 있는 기회를 누구에게나 공평하게 부여한다는 징표로서 아시아인의 성공 사례를 내세우는 것이다(이정덕, 2008: 126-127).

그런데 한인은 자신들이 적어도 백인과 흑인 사이의 중간자적 존재로 설정되어 있다는 점에서 "인종적 삼각 구도"를 암암리에 수용하고 있으며, 중간자로서의 지위 유지를 위해 백인 문화와의 계층적 연계성을 중시한다. 이렇게 백인의 배려를 받는 듯한 아시아인의 이미지는 흑인의 분노의 원인이 되고 있다. 『식료품점』 전편에 걸쳐 이씨 부부는 유독 흑인에 대해서만큼은 영어 '니거(nigger)'에 해당하는 흑인 비하적인 '검둥이'라는 한국어를 지속적으로 사용하고 있다. 미국 내 이미 전문직 종사자·기업가 등 성공한 흑인 계층이 형성되어 있음에도 불구하고, 한인이 자신들의 고객층인 극빈층의 흑인 이미지를 전형화함으로써, 인종을 계층으로 환원하는 메커니즘을 지속하고 있다. 윤인진은 주류 집단인 백인에게 인정받고자 하는 한인 이민자의 욕구로 인해 백인들이 피하고자 하는 미국 내 최하위 계층으로서의 흑인집단과는 사회적 거리를 두는 인종 서열 관념이 표출된다고 지적한다(윤인진, 2010: 202-204). 이러한 심리적 메커니즘에 편승한 모범적인 소수민족이라는 백인 주도의 개념은 결국 아시아인도 어떤 식으로든 '다르다'는 점에서는 소수 인종 전체에 대한 차별성에 근거한 이데올로기다. 소수 인종 각각에 대한 내용만 달라지는 것이지 상투형의 제시를 통한 타자화의 경향은 지속되는 것이므로 이러한 경향 자체에 대한 근본적 경계심이 필요하다. 권력과 연결된 피부색에 함의된 한흑 갈등은 백인 정치의 전략적 조정과 권력 구도, 인종적 위계 질서의 개념, 도시 공간성의 역학 관계 속에서 표출되고 있다.

4. 중간자 중의 중간자: 중간자적 존재의 가능성

레너드 장은 초국가적 도시 공간에 대한 사유를 통해 인종주의의 문제점을 제시하고 있다. 피부색을 근간으로 한 범주화, 인종적 본질주의의 구도 속에서는 오로지 인종집단으로만 상투화되고 개인으로서는 존재하지 않는 '보이지 않는 인간'들이 탄생된다.[8] 한인과 흑인은 이 자본주의 도시 정글 속에서 서로에게 보이지 않는 인간으로 존재해 왔다. 흑인은 자신들이 신선한 야채나 잡화를 사기 위해 드나드는 식료품점의 한인을 종종 돈벌레나 인간 계산기 집단으로 인식해 왔다. 한인 상인 편에서도 흑인은 자신들의 경제적 아메리칸 드림 달성의 수단으로 비쳐졌다. 이들은 모두 백인 지배 문화의 강력한 영향권 아래에 있으며, 이 경제적 식민지의 압력을 인종주의에 근거한 상호 갈등과 증오 범죄로 표현하고 있다. 레너드 장은 범주화된 인종을 넘어선 '개인으로서 보이는 인간'의 모습을 부각시킴으로써 한흑 갈등을 재조명한다. 흑인들의 습격으로 상점이 다 파괴된 상태에서 이씨 부인이 이미 썩어가는 과일과, 줄줄 흘러내리는 음식물, 상점 안에 벌써 쥐들이 들끓게 된 상황에서도 빗자루로 어두운 구석구석을 찔러보며 쥐들을 몰아내보려고 하는 장면, 절망 속에서 울면서도 아직 쓸 만한 물건은 없는지, 홧김에 통조림 캔을 던지려다가도 온전한 물건이라는 생각에 얌전히 카운터에 놓으며, 작은 물건 하나라도 건지려고 애쓰는 장면을 통해 흑인의 증오의 대상으로서 한인 상인집단을 넘어선 '개인'의 실상이 비춰지고 있다(204-206).

레너드 장은 특히 불매운동 사태의 도화선이 된 톰의 고통을 통해 인종으로 범주화된 집단도 결국 개인으로 구성되어 있으며, 획일적인 집단 의식으로는 실존적 고뇌를 지닌 한인도, 흑인도 설명할 수 없다는 점을 제시하고 있다. 이민 2세 톰은 중간자적 존재인 한국계 교민 사회 안에서도 중

8 레너드 장은 인터뷰에서 자신에게 영향을 준 작가들 중에 버나드 맬러머드(Bernard Malamud)와 랠프 엘리슨(Ralph Ellison)을 언급하고 있는데, 맬러머드의 『조수(*The Assistant*)』와 엘리슨의 『보이지 않는 인간(*Invisible Man*)』은 『식료품점』을 이해하는 데 도움이 되는 작품이라는 점에서 시사적이다. 특히 엘리슨과 관련해서 작가는 "『식료품점』을 쓰면서, 다른 작가들은 인종 갈등을 어떻게 다뤘는가를 알고 싶었고, 제임스 볼드윈(James Baldwin)이나 엘리슨과 같이 내가 좋아하는 많은 아프리카계 미국 작가들을 들여다보았다"고 말한 바 있다(http://www.leonardchang.com/ korean-culture.html).

간자인 '교포'로서, 귀속 의식과 소속감의 문제점을 안고 식료품점에 당도했다. 톰은 사회 계층 사다리의 바닥에서 고립되고 소외된 존재였다. 인종집단에 대한 인습적 평준화가 얼마나 위험하며, 실제 사실과 다를 수 있는가는 톰을 통해 보여진다. 그는 모범적인 소수민족으로 통칭되는 보이지 않는 아시아인이 아니라, 사회로부터 철저히 낙오된 옴짝달싹할 수 없는 절박한 상황, 손을 놓으면 그대로 사회와 유리될 것같이 간신히 매달려 있는 흔들리는 개인이다. 대학을 일 년 다니다가 중퇴하고, 보스턴에서 일하던 식당에서의 웨이터 자리에서도 실직한 채 스물여섯 살 청년 톰은 모든 것에서 실패한 지금 차라리 친숙한 곳에서라도 살려고 어린 시절을 보냈던 곳, 자신의 뿌리와 감정의 기억이 체화(體化)된 공간인 퀸스의 캐스댄(Kasdan)에 당도한다.

톰을 처음 만난 이씨는 한국 사람이지만 한국말을 못하는 그를 가리켜 "한국 사람이 아니고, 교포"(4)라고 한다. 정체성의 혼돈에 시달리는 '교포'야말로 한국 이산이 낳은 이방인 중의 이방인, 중간자 중의 중간자다.[9] 톰은 이 식료품점에서 산 과일값을 지불하려고 했지만 마지막 남은 50달러가 든 지갑마저 잃어버린 것을 알게 된다. 이러한 톰에게 이씨는 너무 말랐다며 "받아. 돈은 나중에 주고"라고 한국식 영어로 말한다. 지갑과 신분 증명이 없는 상태, "존재하지 않았다"(9)는 무(nothing)의 상태, 막다른 골목에서 톰은 식료품점이라는 '한인 섬'에서 일을 시작한다. 톰의 어

9 레너드 장은 인터뷰에서 이민 2세 교포 톰의 부적응의 상황에 대한 공감을 드러낸다. "……미국 사회에 완전히 동화되는 것은 불가능합니다. 저는 이곳에서 태어났지만, 대부분의 백인 미국인들에게 저는 진짜 미국인은 되지 못할 것입니다. 반면에 문화적 자아 정체성도 문제가 있습니다. 왜냐하면, 나의 문화, 즉 제가 알고 성장하면서 가져왔던 것은 미국적인 것이니까요……. 한국인의 정체성을 설립하려는 시도는 문제가 있습니다. 왜냐하면 한국계 미국인은 이미 존재론적으로 한국으로부터 떨어져 나왔으며, 그들 자신의 하위군 내에 종교적 · 계급적 차이를 가지고 있기 때문입니다. 그러나 문화적 자아 정체성 대 동화라는 이분법은 내게는 강요된 것으로 보입니다. 왜냐하면 일종의 개인적인 문화 변용의 확고한 구분은 '이것 아니면 저것'이 될 수는 없기 때문입니다. 미국 사회에서 살아남고 구성원으로서 기능하기 위해서는, 온건함을 유지하는 한도에서 양자의 불편한 결합이 필요하다고 봅니다"(유선모, 2004: 520-521).

려움을 알고 고용한 이씨 부부와의 인연을 통해 시작된 식료품점 일에서, 톰은 무엇엔가 소속된다는 친근감, 같은 한국인이라는 동포애와 동류 의식, "자신의 과거와의 뗄 수 없는 연결고리"(13)를 느낀다. 톰은 이씨 부부의 딸 준에게 "너의 어머니가 좀 인종차별주의자이긴 해도 나는 너의 부모님이 좋다"(74)고 말한다.

톰에게 식료품점이라는 도시 공간은 '작은 한국'이다. 자신이 그토록 결핍되어 있다고 느끼는 가정에 속해 있다는 소속감으로 인해 그는 힘든 일에도 불구하고 편안함을 느낀다. 그에게 이 한인 섬은 정체성 탐색의 공간이 되며, 이씨 가족과의 연결고리를 통해 점차 치유의 실마리를 찾아간다. 점원으로서 톰의 역할은 대리 가정을 찾아가는 여정이기도 하다. 그는 무엇보다 '이민자로서의 정체성'을 이해함으로써 자아와의 화해를 이룬다. 대리부(代理父)와도 같은 이씨를 통해 '이민자 부성(父性)'에 다가간다. 어렸을 때 어머니가 돌아가셨고, 8년 전 아버지마저 세상을 떠나게 되었을 때, 톰은 사춘기적인 증오로 인해 아버지의 장례식에도 참석하지 않았다. 그는 끝까지 화해하지 못한 아버지와의 불편한 관계로 인해 대리부와 같은 이씨에게 끌리며, 자신의 아버지가 이민 1세대의 불확실한 생존 조건 속에서 적어도 자신이 아는 방식으로 자식에게 최선을 다했다는 것을 이해하게 된다. 톰은 이민자 집안에서 자라며 갈등을 겪었던 아버지, 돈만 아는 '경제적 인간형'에 대한 거부감을 이씨 가족에서의 대리 경험을 통해 극복해 간다. 경제적 신분 강등에 대한 불안감으로 인해 일 중독자가 된 이민자 아버지와의 정신적인 화해를 해나간다. 어머니가 암으로 서서히 죽음에 다가갈 때, 아버지는 톰을 키울 수가 없어서 캘리포니아의 친척집에, 이후에는 한국의 할머니 집으로 보냈었다. "톰은 거의 3년간 친척집들을 전전하며 보냈고 마침내 아버지가 그를 데려왔을 때는 낯선 사람들처럼 살았다"(13)고 한다. "아버지가 돌아가시자 톰은 자신의 이기심을 후회했고, 이곳 식료품점이 끌리는 이유의 일부분도 그의 이러한 과거와 불가분의 연관이 있다는 것을 이제 안다"(13)고 고백한다. 아버지는 어머니 없이 아들을 어떻게 해야 할지 몰랐다는 것을, 그도 중간자로 생존해 나가기 위해 최선을 다하던 이민자 소시민이었다는 사실을 이해하게 되는 것이다. 중간자 중의 중간자로서 톰이 느꼈던 외로움과 원한, 불안감의 트라우마도 고립된 섬처럼 살아야 했던 이민자 가정의 어려움에서 나온 것이었음을 객관화한다. 식료품점에 대한 흑인의 불매운동과 약탈, 강도 사건에서 드러난 톰의 행동에는 이민자 부모에 대한 애증, 중간자로서의 고독, 동포애와 같은 실존적 갈망이 연계되어 있다.

영세 자영업이 "최후의 선택이자 최고의 기회"(Kim, 2000: 48-49)인 이민자의 상황에서, 삶을 바쳐 일군 식료품점을 지키고자 투쟁하는 이씨 부부는 도시의 악몽을 겪는다. 이미 네 번이나 흑인 강도가 들었던 이 식료품점에서 이번에는 톰이 퇴근하고 난 밤에 이씨 부인이 혼자서 흑인 강도에게 당해 총으로 뺨을 심하게 맞는다. 이 상황을 몹시 안타까워하는 톰은 흑인 범죄로부터 상점을 지켜야 한다는 생각에 유사시를 대비해서 카운터의 총을 점검한다. 이런 일이 다시 일어나게 놔두지 않을 것이라며 이씨 부인에 대한 연민과 죄의식을 느낀다. 특히 자신이 준과 성관계를 갖던 시각쯤에 이씨 부인이 강도에게 당하고 있었다는데 생각이 미치자 두 이미지가 연결되면서 극도의 고통을 느낀다. 이씨 부인이 흑인에게 당했던 상황에 대해 톰이 이토록 마음 아파하지 않았더라면, 이어지는 사건에서 흑인 고객에게 총을 꺼내 드는 극단의 행동을 취하지 않았을 것이다. 또한 막바지 매우 과격해진 불매운동의 한복판에서 이씨 부인이 무사한지를 목숨을 무릅쓰고 확인하러 오지 않았더라면, 실명(失明)에 이르는 죽음의 고통을 겪지는 않았을 것이라는 점을 통해 작가는 '보이지 않는 인종'이 아닌 한 인간을 보여 주고 있다. 자신에게 귀속감을 느끼게 해 준 식료품점은 톰이 자신의 정체성과 화해하는 데에 결국 목숨을 걸게 될 만큼 의미 있는 경험이었다.

폭력과 죽음, 그리고 월경 중이던 준과의 성관계에서 그 피가 자신의 피라고 느꼈던 톰의 피에 대한 긴 예감에 이어 한흑 갈등은 급속도로 진행된다. 사건은 톰이 식료품점에서 일하고 있을 때, 같이 일하던 이씨 부인이 스낵 음식 칸에 있는 흑인 남녀를 바라보며, "음식 훔치는 것 봤어, 내가 봤어!" "도로 갖다 놔! 갖다 놔!"(108)라고 흑인 여자를 가리키면서 톰을 다급하게 부르는데서 시작된다. 톰은 이씨 부인이 땅에 밀쳐져 있는 것을 보고, 생각할 겨를도 없이 꿈결처럼 모호한 상태에서 어색하게 총을 꺼내 들고 그 흑인 남녀에게 돌진해 총을 겨눈다. 누군가가 "저 사람 총 갖고 있어!"라고 외치는 소리가 들리고, 흑인 남자는 놀라서 눈이 휘둥그레져 뒤로 물러섰지만 톰은 여자에게 총을 들이대며, "도로 내놔, 도로 내놔. 그리고 다시는 저 여자 건드리지 마. 알아들어. 다시는 저 여자 건드리지 마!"(110)라고 외친다. 스낵 음식 절도범으로 추정되는 흑인 고객에게 총까지 꺼내 든 과잉 반응은 식료품점에 대한 흑인의 조직적인 불매운동의 도화선이 되어 대파국으로 이어진다.

불매운동이 본격화되면서, 흑인들은 이씨 식료품점에 물건을 사러 온 주민들을 통제하기 시작한다. 이들은 물건을 사러 온 흑인 여성에게 "인종차별주의자를 사랑하는" "배신자"(168)라고 소리친다. 그러나 이 흑인 여성은 떳떳하게 물건을 사고, "저 무지한 사람들이 곧 지쳐서 그만둘 것"(169)이라며 오히려 한인들을 위로한다. 또한 매일 아침 식료품점이 열리자마자 사과를 사러 오는 첫 손님인 흑인 해리스(Harris) 노인은 불매운동의 상황에도 어김없이 이 상점으로 들어서면서, 불매운동자들에게 왜 이렇게까지 한인들을 파멸시키려 하느냐고 용감하게 말한다. 레너드 장은 '건전한 상식을 발휘하는 개인'으로서의 흑인들에게서 한흑 갈등에 대한 희망의 가능성을 심어 놓는다. 이씨는 마른 체구의 이 나이 지긋한 흑인 해리스에 대해 톰에게 말해 준다. 참 안된 사람이라면서, 그의 아내가 2년 전에 사고로 죽고나서 외롭게 지낸다고 한다. 아침마다 항상 이 식료품점에서 사과를 사서는, "집에 가서 잘라 먹지. 사과를 좋아해"(54)라고 한다. 그의 아내가 어떻게 죽었냐는 톰의 질문에 이씨는 "깡패가 손가방을 잡고, 밀었어. 늙어서 회복되질 못하시더라"(55)고 말해 준다. 작가는 상호 편견으로 가득 찬 인종주의 패러다임에서 가해자로 통칭되는 흑인집단도 이러한 '개인'으로 구성되어 있으며, 실존적 고통에 시달리는 고립된 외로운 존재임을 보여 준다.

해리스 노인의 아내가 깡패에게 당한 상황은 현재 흑인 불매운동자들이 행사하는 도시 폭력의 악순환을 제시하는 것이다. 톰은 "이 도시 전체가 제 정신이 아니다"(104)라며 도시 정글의 혼돈과 위험을 감지한다. 이 미쳐 돌아가는 도시 공간 속에서 톰은 "해리스 노인이 입버릇처럼 하는 말이 맞았구나," "모든 사람이 긴장하고, 불행하고, 불안하다"(104)고 생각한다. 길거리 모퉁이의 전도사는 비누 상자 위에 올라서서 한 손에는 신약성서를 다른 한 손에는 확성기를 든 채 도시민들에게 "심판이 다가오고 있다. 종말이 다가오고 있다. 우리는 회개해야 한다"(105)고 외친다. 레너드 장은 경제적으로 피폐한 도심 흑인 빈민과 또한 이들의 몫까지도 박탈해 간다고 여겨지는 또 다른 소수 인종 이민자들이 엮어가는 이 초인종적 게토를 통해 과도한 경쟁과 광기, 병든 심리 등이 얽힌 유기체로서 도시 공간의 역학을 보여 준다.

실상 한인을 다 영세 자영업자로, 흑인을 다 빈민 소비자로 환원할 수 없는 다양성에도 불구하고 여전히 인종을 계층과 동일시하려는 상투화의 경향은 병든 집단심리의 형태로 지속된다. 인식의 기본 단위가 개인이 아니라 인종, 민족, 계층이라는 집단으로 작용하고 있다. 집단 영역 투쟁의 한복판에서 작가는 톰 개인의 행위를 통해 한흑 화해의 실마리를 제공한다. 톰은 흑인 불매운동자들에게 온갖 욕설과 모멸감, 집단 구타를 당해 숨도 제대로 쉬지 못하고 곧 죽을 것 같은 고통 속에서 방향을 잃고 헤매며 걷다가, 흑인 노인 해리스가 네 명의 아시아 갱들에게 둘러싸여 폭행갈취를 당하는 장면을 목격하게 된다. 해리스 노인이 기침을 하고 피를 토하며 고통받는 것을 보고 톰은 분노를 느낀다. 당하는 자가 흑인이건, 갱단이 아시아인이건 간에 한 노인이 젊은 네 명의 갱에게 둘러싸여 고통을 받는 것을 그대로 지나칠 수 없었던 것은 피부색을 떠나 해리슨이 그에게 흑인 부성(父性)으로 다가온 '보이는 인간'이기 때문이었다. 바로 흑인에게서 온갖 수모와 폭행을 당하고 온 상황에서, 한인 톰이 어려움에 처한 흑인을 구하기 위해 목숨을 걸게 되는 장면을 작가는 인종을 넘어선 한 인간에 대한 부름으로 제시하고 있다. 해리스 노인이 죽은 아내에 이어 또다시 '도시 폭력의 희생자'가 되도록 내버려둘 수 없었던 사람이 바로 흑인들이 그토록 증오하는 한인이라는 점이다. 해리슨을 구하려고 아시아 갱단에 총을 쏘는 과정에서, 톰은 눈앞에서 총탄이 터지는 심한 총상을 입고 혼수 상태에 빠지며 결국 실명하게 된다.

레너드 장은 독자들에게 결말을 준비시키듯 이미 톰을 구원적 희생양으로서의 이미지로 제시해 둔 바 있다. 톰은 처음 식료품점에 당도했을 때 앞으로의 일을 예견하듯, 거울에 비친 자신의 얼굴을 보고, 여윈 얼굴, 퀭한 눈 때문에 "젊은 아시아 그리스도(young Asian Christ) 같다"(10)고 생각했다. 그가 마지막에 흑인과 아시아인의 화해를 향한 인종 희생양으로서 겪게 될 고통의 이미지가 이미 연상되고 있었다. 이 작품은 시작과 종결(epilogue)이 연결된 순환구조로 되어 있다. 모든 사건이 끝나고 톰은 6개월째 혼수 상태로 병원 침대에 누워서, 삶과 죽음 사이의 실존적 중간자의 세계에 속해 있다. 아무것도 볼 수도 말할 수도 없는 혼수 상태, "어렴풋이 시간의 흐름을 감지할 수 있는 상태, 공기가 차가우면 밤이 늦었구나"(215)라고 느끼고, 어딘지 묻고 싶지만 "어떤 단어들을 뽑아낼 수 없는 호흡"(217)의 상태에 있다. 주변에 오가는 사람들의 목소리가 가까웠다 멀어졌다 하지만 옴짝달싹 못하는 상태에서 톰은 "그냥 이제 모든 게 다 괜찮고 모든 사람이 다 안전하다는 것"(218)을 알고 안도한다.

어디에도 속하지 못한 중간자 중의 중간자로서 인종 갈등의 악몽을 겪었던 톰에게 죽음의 고통은 오히려 자신과의 화해와 평화로 다가온다. 시력을 잃은 톰의 심안에는 악몽의 도시 현실을 대신해 자신의 뿌리와 연결된 기억의 공간이 밀려 들어온다. 톰은 흑인이 증오하는 비정한 집단으로서의 한인이 아니라 고립감과 소외감을 이겨내기 위해 몸부림치는 실존적 중간자로서의 개인으로 존재한다. 뛰어난 색감이 두드러진 이 작품의 마지막 장면을 통해 작가는 톰의 평생에 걸친 정체성의 결핍, 그 불안정성의 원인이었던 모성에 대한 그리움과 유년기로의 회귀 과정을 그려낸다. 톰은 어린 시절 바닷가에서 어머니가 웃으며 지켜봐 주는 가운데, 모래장난을 하며 마냥 행복했던 감정의 기억을 떠올리며, 바다에 표류하듯 잠 속으로 빠져 들어간다. 기억의 바다 속에서, "서늘하고 고요한 밤, 톰은 다시 표류를 시작한다. 파도 소리는 더욱 커지고, 강해지고, 너무나 물 속으로 들어가고 싶다. 파도가 온 몸에 튀고—차가운 물이 몸 아래에서 밀어대는 것을 느끼고 싶다. 바닷물에 등을 대고 누워 떠다니고 싶다. …… 그는 안다, 이것이 더 나은 것을, 그리고 돌아갈 이유가 없다는 것을, 발 아래 뜨거운 모래를 느낀다, 그리고 얼음처럼 차가운 파란 거품이 그를 삼키는 바다로 뛰어든다"(226). 작가는 한흑 갈등의 이 대단원의 순간, 바다로 대변되는 양수(羊水), 그 모성의 품에 대한 향수를 통해 자신의 정체성을 수용하는 톰의 귀속의 평화를 전달하고 있다. 대도시 갈등의 집단적 상처를 치유하는 과정에서, 고립되고 소외된 고아 상태였던 톰은 이제 자신의 기억과 흔적이 기록된 화해의 텍스트를 찾아낸 것이다.

5. 인종집단을 넘어선 개인을 향해

이씨의 한인 식료품점에 대한 불매운동의 결과는 미국 지배 문화의 주류 언론을 통해 서너 줄로 간단히 요약된다. 이 한인 식료품점은 결국 없어졌고, 식료품점 주인 부부는 파산했으며, 불매운동 기간 동안 절도와 방화로 인한 파괴와 손실은 5백만 달러로 추산된다. 소수 인종 간의 상호 이해를 도모하기 위해 새로이 한흑연맹(The Korean/African-American Alliance)이 결성된다는 내용이 보도되고 있다. 실제로 집단적인 자성 노력의 일환으로서 이 때 결성된 "한흑연맹은 지역 한인상인회가 주축이 되어 흑인 주최 행사에 참여하거나 흑인 정치인을 후원하거나, 혹은 흑인 빈민을 위한 봉사활동에 참여"해 왔다(이정덕, 2008: 116).

결국 개인의 의식 변화가 해답이라는 측면에서 볼 때, 한흑 도시 공간의 정치학을 이해하는 데 정서적 이해는 필수적이다. 일련의 흑인 비평가들이 흑인과 아시아인이야말로 상호 연결적인 유대와 공통점이 많다는 것을 강조해 왔다. 아시아에 대해 형제애적인 감정을 보였던 선구자 격인 듀보이스(William E. B. Du Bois)나, 랭스턴 휴스(Langston Hughes), 리처드 라이트(Richard Wright)와 같은 흑인 비평가이자 작가들은 흑인과 아시아인이야말로 '백인의 타자'라는 점에서 연결선 위에 있다고 제시한 바 있다. 전 세계에서의 제국주의, 또한 미국 내의 인종 차별적 사고에 공동 대응하는 '반(反)제국주의, 반(反)백인, 반(反)인종차별주의'라는 점에서 연대의 가능성, 공통의 입장이 지적된다. 실제로 도시 대중문화 차원에서도 흑인과 아시아인의 문화는 자연스럽게 혼합되어 왔다. 흑인 문화와 아시아 문화의 혼성을 강조하는 아프로오리엔탈리즘(Afro-orientalism)과 같은 용어가 있을 정도이며, 특히 힙합과 쿵푸의 연결에서처럼 도시 공간 속에서 청소년 문화의 자생적인 다문화주의적 혼합이 이뤄져 왔다.

레너드 장은 한흑 갈등이 인간을 인종집단으로 범주화하고 인종을 계층과 동일시하는 인종주의의 결과라는 점에 주목했다. 한흑 갈등으로 요약되는 공식 보도 속에 묻혀 있는 인종 간의 집단 경계로는 설명될 수 없는 개인들의 삶과 희생에 대해 이야기하고자 했던 것이다. 경제적 인간형, 돈벌레로 상투화된 한인과 무능한 자, 좀도둑, 강도로 전형화된 흑인의 만남 가능성이 시도되고 있다. 톰과 흑인 해리스 노인과의 관계에는 한흑 갈등을 넘어서는 글로벌 시민적 사고의 가능성에 대한 작가의 조심스러운 메시지가 들어 있다. 흑인과의 화해 가능성을 제시하는 톰을 통해 작가는 한인 이민자라는 '중간자적 정체성의 긍정적 의미'를 부각시키고 있다.

이민 경제인으로서 다인종 · 다민족 공동체와 갈등해 온 중간자로서 지위는 바로 그 위치의 불안정성으로 인해, 서로 다른 세계를 바라보는 초국가적 시민으로서 안목을 학습할 기회라는 점에서 의미를 지닌다. 초국가적 공간의 메커니즘에 대한 무지 상태에서 한인 중간자적 존재들이 치러 온 갈등과 희생의 결과는 이민 사회는 물론 한반도 내 한국 사회에도 긍정적 시사점을 제공하고 있다. 피부색이 어두운 자들을 '타자'로 여기는 태도는 한인 이민자들이 미국에 당도하여 흑인들과의 직접적 경험을 가지기 이전부터 형성된 것으로, 한인들의 이러한 편견, 흑인성에 대한 부정적 인식이 '미군이 주둔했던 한국'에서부터 존재했다는 연구 결과도 있다 (Cheng and Espiritu, 1989: 525).

한반도 내 한국 사회에서 개인을 인종이나 민족으로 환원하고 범주화하는 속성은 엄연하며, 인종적 본질주의에 근거한 구도가 답습되고 있다. 한인 이민자들이 중간자로서 치열하게 경험한 한흑 도시 공간에 대한 성찰은 한국 내 흑인이나 한흑 혼혈인, 특히 한인 이민자들이 미국에 가서 했던 것과 똑같이 한국을 찾아와 '코리안 드림'이라는 경제적 꿈을 추구하는 '또 다른 아시아인들(other Asians)'에 대한 이해를 확장하는 귀중한 시각을 제공한다. 다인종 · 다민족 공간에서 살아본 경험의 축적이 적은 한국인들의 의식 근간에, 백인 지배 문화 주도의 '서양/나머지(West/Rest)'의 이분법적 수사법에 동조하고 피부색과 계층을 동일시하며, 인종 중심적 위계 질서의 정치성을 답습하는 경향이 있는 것은 아닌지에 대한 자성이 요구된다. 레너드 장은 한국계 이민사에서 LA와 더불어 이민자 도시로서의 대표성을 지니는 뉴욕 한인 커뮤니티의 역동적인 초국가적 도시 공간의 지형도를 보여 줌으로써, 정치적 · 경제적 · 실존적 중간자의 위치를 통해 터득한 타인종 · 타민족에 대한 다문화적 이해, 인종적 타자화의 극복을 통해 글로벌 시민 의식 확장의 가능성을 제시하고 있다.

초국가성과 이주민의 주체 형성
-카렌 타이 야마시타의 『열대 오렌지』* -

이선주

1. 야마시타의 초국가성

일본계 미국 소설에는 거의 빠짐없이 등장하는 뼈아픈 민족적 경험이 있다. 일본의 진주만 공격으로 인해 미국의 서북부 지역에 거주하던 일본인들의 터전이 짓밟히고 강제 수용소에 수용된 경험이다. 일본은 아시아의 어느 나라보다도 일찍이 미국으로 이민 오기 시작해 미국 사회에 깊이 뿌리내렸고, 고국의 경제적 성장에 대한 자부심과 이민자들 스스로의 근면한 노력으로 어느 민족보다도 "모범적인 소수민족"으로의 위치를 굳혔다. 그러한 일본계 미국인들이었기에 제2차 세계대전 시기에 일본인이라는 이유로 수용소에 보내져 극심한 인종 차별의 대상이 된 것은 그들의 정체성을 청천벽력처럼 뒤흔들어 놓았다.

대표적인 일본계 미국 소설인 모니카 소네(Monica Sone)의 『니세이 딸(*Nisei Daughter*)』과 존 오카다(John Okada)의 『노-노 보이(*No-No Boy*)』는 이 수용소 경험을 재현하며 동화나 반항을 거듭하는 정체성 문

* 이 글은 『현대영미소설』 제16권 3호(2009)에 게재된 논문을 수정 · 보완한 것임.

제와 씨름한다. 특히 일본계 2세인 니세이들은 부모 세대가 가진 일본적인 가치와 동료로부터 획득한 미국적 이념에 영향을 모두 받으면서도 자신들을 미국인이라고 생각하고 싶어했다. 그런 그들이 수용소에 갇히게 되는 경험을 하면서 니세이들은 인종문제와 국가의 개념을 심각하게 고민하게 되었다. 국가란 민족적(ethnic) 국가이든지, 아니면 영토적(territorial) 국가이든지 둘 중의 하나여야 한다는 배타적 갈림길에 그들은 본인의 뜻과 반해서 서게 된 것이다. 그 갈등과 그에 따른 인생 결과가 너무 부당하게 극심하여 일본계 미국 이민소설에서는 아직도 그 주제가 되풀이되어 쓰여지고 있다.

일본계 3세인 카렌 타이 야마시타(Karen Tei Yamashita, 1951~)는 이와 같은 민족적 성향이 강한 일본계 미국 소설과는 달리 폭넓은 초국가적 상상력을 보여 주는 작가다. 그녀의 작품에도 제2차 세계대전 당시의 수용소 경험이 등장한다. 그러나 이 경험이 일본계 미국인의 억울함의 고발이나 자신들 간의 세력 키우기의 주장으로 나아가는 것이 전혀 아니다(Hsu, 2006: 76). 수용소에 갇힌 경험을 한 전직 외과 의사이며 노숙자를 자청한 만자나(Manzanar)는 그의 이름이 바로 그가 어린 시절 감금되었던 수용소 이름이듯이, 수용소 경험을 체득한 사람이다. 만자나는 행복한 가정을 이루며 성공하는 외과 의사로서 생활하다가 어느 날 수술 도중에 마치 계시를 받은 듯 사라져 버린다. LA의 혼잡한 간선 도로의 고가 위에서 연주를 하는 노숙자가 된 그는 인종과 민족을 이유로 비인간적인 대우를 받는 타자들의 공통된 아픔을 아우른다. 어느 곳을 중심에 두지 않고 범태평양을 아우르는 시각으로 도시를 내려다보며 서술하는 만자나는 어느 민족과 인종에 국한되지 않는 이주자들의 연대 의식을 촉구하는 취지를 전한다.

동시에 야마시타는 아시아계 미국 작가라는 명칭에도 넘치는 작가다. 일본계 미국인이라든가 아시아계 미국인의 정체성 찾기가 그녀의 관심의 초점이 아니기 때문이다. 아시아계 미국 문학은 대체로 미국에서 아시아계 출신이 어떠한 사회적 · 정치적 불리함을 당하고 정체성의 혼돈을 경험하는지에 초점을 두고 있다. 세대에 따라 고국과 이주국 간에서 줄다리기하는 소속감과 정체성이 어떻게 차이가 나며 아시아계들이 미국 내에서 온전한 시민으로서 살기 위한 정체성은 어떠해야 할지를 모색한다. 일단은 해외 이주민들이 같은 민족끼리 나아가 아시아계 사람들끼리 동질 의식을 갖고 뭉치는 것은 새로이 삶의 기반을 마련해야 하는 이주민들에게 일단은 매우 도움이 되는 정신이다. 그러나 아시아계 미국인의 동질적 정체성을 설정하는 것은 여러 문제점을 초래한다. 리사 로우(Lisa Lowe)는 "아시아계 미국인의 정체성 표명은 다양한 아시아계 그룹들이 처한 불평등한 상황을 이해하고 정치적 통합의 기회를 제공해" 주지만 동시에 "아시아인들 간의 차이와 혼종성을 과소평가하고 인종 차별적인 지배 담론을 오히려 도와주는" 격이 될 수 있음을 경고한다(Lowe, 1996: 71).

가야트리 스피박(Gayatri Spivak)도 협소한 민족적 · 인종적 정체성 이론의 맹점에 대해 강조한다. 스피박이 말하는 맹점은 세 가지로 요약할 수 있다(스피박, 2005: 510). 첫째, 정체성에 대한 획일적인 통념은 한 나라나 아시아 국가 간 내부의 결정적인 다양성을 무시할 수 있다. 둘째, 자기 공동체 내부의 차별주의적 착취는 드러내고 싶어하지 않으면서 백인의 인종차별주의만 드러내어, 이주민은 전적으로 선하고 백인들은 전적으로 악하게 재현하는 오류를 범한다. 셋째, 아시아인들 간의 정체성에 대한 배타적인 구축은 다른 집단 간의 정치적 연대의 어려움을 초래한다. 동질적 정체성을 간주하는 이러한 문제점에 비춰볼 때 야마시타의 초국가적 관점에서 주체 이해는 시사하는 바가 많다.

아울러 야마시타의 소설은 기존의 관습적인 문학 장르의 한계를 초월하고 있다. 그녀의 소설은 일본계 미국 문학이나 아시아계 미국 문학, 혹은 로스앤젤레스 재난 문학이나 라틴아메리카 문학이라는 틀 안에 한정지어지지 않는다. 굳이 구분하자면 캐롤라인 로디(Caroline Rody)가 지적하듯이 "경계의 소설(border novel)"(Rody, 2004: 132)이라 할 수 있다. 미국 영토에 사는 다양한 인종과 민족의 사람들이 등장하면서 미국 영토를 벗어나 브라질과 멕시코의 국경을 넘나들며 벌이는 그들의 로맨스와 노동과 그로 인한 상호작용과 재앙들이 국가의 범주를 벗어나서 발생해 인물들의 일상 속에 스며들어 와 있기 때문이다.

야마시타가 남반구와 북반구를, 동양과 서양을 아우르는 경이로운 상상 세계를 그려낼 수 있었던 것은 그녀의 성장 환경이 크게 작용했다. 그녀는 캘리포니아에서 태어난 일본계 미국인 3세로 LA에서 생활하다가 성년이 되어 인류학에 흥미를 느껴 브라질로 간다. 10년 동안 브라질에서 토착민의 구술 인터뷰와 습작을 하며 작가로서의 잠재력을 발견하게 되며 브라질 사람과 결혼도 한다. 결혼 후 다시 LA로 돌아와 미국 독자를 대상으로 1990년부터 영어로 작품을 발표하기 시작한다. 첫 소설인 『열대우림 궤도를 통과하며(*Through the Arc of Rain Forest*)』(1990)로 카프카 상을 수상했고, 일본계 미국인의 이상적 공동체 실험을 다룬 두 번째 작품인 『브라질-마루(*Brazil-Maru*)』(1992)는 출간된 해에 베스트북 25에 선정되었다. 멕시코와 미국의 국경을 넘나드는 초국가적 작품 『열대 오렌지(*Tropic of Orange*)』(1997)는 페이터슨 소설상을 수상했고, 2001년에 출간된 『서클 K 사이클(*Circle K Cycles*)』은 일본계 브라질 사람이 일자리를 찾아 일본으로 다시 순환 이주하는 작금의 상황을 다룬다.

『열대 오렌지』의 초국가성은 작품의 서사구조에서 선명하다. 야마시타는 7명의 각기 상이한 민족과 인종 출신을 주인공으로 하여 월요일부터 일요일까지 7일 동안 날마다 1명의 인물이 1장씩을 각각 서술해 하루 7장으로 구성되어 총 7일 49장으로 이뤄진 소설을 쓴다. 중요한 특징은 7명의 인물은 자기 민족계의 서사를 보여 주는 것이 목적이라기보다는, 그 "각각 민족의 특징 속에 포함되지 않고 오히려 여러 민족이 이뤄내는 다양한 혼종의" 앙상블을 이룬다는 것이다(Rody, 2004: 136). 이들은 자신의 민족집단을 대표하는 것이 아니라 자신들의 사회적 네트워크와 인간관계와 일을 통해 대도시의 삶에 참여하는 사람들이다.

이 소설의 초국가성은 각 인물의 독특한 언어적 특성에서도 보인다. 이 언어적 특성에는 민족적 특성도 내면화되어 있지만 그것을 민족성이라고 할 수는 없게 그들 각자의 교육 수준과 사회적 위치와 성향 또한 혼합되어 있다. 보비(Bobby)는 영어가 짧은 아시아계 노동자층으로 문법에 개의치 않는 짧은 단어와 속어로 이뤄진 실용적인 전달 위주의 화법을 구사한다. 미국에 경제적으로만 관계 맺고 있는 한정된 삶을 반영하듯 돈과 물건이 문장에 많이 등장한다. 보비의 아내이면서 똑같은 밀입국 노동자층인 멕시코계 여성 라파엘라(Rafaella)는 보비의 지독히 노력하는 현실적 관심사와 달리 현실 속에서 자주 환상과 꿈을 보며 때로 몽환적인 서술을 한다. 한편 일본계인 에미(Emi)는 같은 아시아계이면서도 방송 직업인들의 세련되고 최신의 용어 선택과 거침없는 자신감 넘치는 달변과 단도직입적인 유머가 특징이다. 그녀의 남자 친구인 멕시코계 가브리엘(Gabriel)은 3인칭으로 서술하는 다른 인물들과는 달리 유일하게 1인칭으로 서술하면서 사회적 약자에 대한 관심을 잃지 않으려고 애를 쓰는 지역 신문 기자다운 사실적이고 공감 있는 서술을 한다. 흑인 지역사회의 소외 계층에 대한 관심을 환기하여 불공평을 좁히고자 하는 부즈웜(Buzzworm)의 언어는 이 책의 과장 없는 언더톤(undertone)의 성격을 보여 준다. 가장 치열하고 감당하기 어려운 현실을 접할 기회가 남보다 많은 부즈웜은 그런 상황을 다루면서도 과장이나 자세한 설명을 자제한다. 멕시코에서 밀입국하는 수많은 이주자의 운명과 생각을 대변하고 이끄는 신화적 인물인 아케인즐(Archangel)의 글에는 이주자들의 헐벗은 운명과 끈질긴 분투를 담은 시와 역사가 자주 등장한다. 다민족 · 다인종화되는 현 사회의 급류와 이를 봉쇄하려는 지배 계층의 의지를 모두 파악하는 인지력을 가진 노숙자 만자나는 전직 의사답게 매우 지적이고 분석적인 단어와 난이도 높은 문장을 구사한다. 이처럼 7명의 주인공은 민족적 · 경제적 · 교육적 · 심리적 속성이 내재한 특유의 언어적 특징을 가지고 있다.

아르준 아파두라이(Arjun Appadurai)는 현대 사회에 균열을 만들고 전 지구적으로 상호 파장을 미치는 지구화를 분석하기 위한 중심 개념으로 이주와 미디어를 든다(아파두라이, 1996: 10). 동 · 서와 남반구 · 북반구를 넘나들며 무수히 진행되는 이주의 흐름과 자신과 직접적으로 연관이 없는 상황을 지켜보고 접속할 수 있게 하는 전자 매체의 일상적 사용은 사람들에게 지금까지는 생각지도 못한 차원의 상상력을 발휘하게 요구한다.

자신의 터전을 떠난 이주민에게는 상상을 초월할 정도의 '시간과 공간의 압축'이라는 것이 상상 차원이 아닌 적응해야 할 현실이다. 더 이상 이산이 주변적이거나 예외적이지 않은 현실에서 TV와 이메일과 영상과 같은 전자 매체를 통해 이산의 이미지는 가속적으로 확산된다. 그러므로 아파두라이는 이주와 전자 매체의 중개가 전 지구화 혹은 초국가성의 의미를 구성한다고 본다(아파두라이, 1996: 24).

『열대 오렌지』의 초국가성을 주제적으로 분석하기 위한 분석 개념으로 가장 가시화되는 것도 이주와 전자 매체다. 이주와 전자 매체를 지구화의 문화적 양상의 핵심 개념으로 대두시킨 점에서는 이 소설과 아파두라이의 책이 유사하다. 하지만 지구화의 문화적 측면에 초점을 둔 아파두라이의 책은 경제적 불균형이나 착취문제에 대해서는 천착하지 않는 반면, 야마시타는 이주를 양산하는 자본주의의 제도적 문제점에 대한 비판에 상당한 비중을 둔다. 『열대 오렌지』는 로스앤젤레스와 멕시코를 배경으로 하며 멕시코의 국경을 끊임없이 넘나드는 물자 유통과 일자리를 찾아 대거 미국으로 밀입국하는 글로벌한 경제구조를 그린다. 멕시코에서 코카인을 오렌지 속에 숨겨 밀수하는 사건과 최북단을 표시하는 자연적 경계인 북회귀선이 실제로 멕시코의 밀입국자들이 들고 오는 오렌지 속에 들어가는 환상적 구도를 통해 국가의 경계와 지리적 구획이 변경되고 있다. 이들 새로운 이주자들은 LA에서 그들보다 먼저 국경을 넘어왔으되 아직도 유랑중인 노숙자들과 합세한다. 이러한 국경을 넘나드는 경제적·사회적 요동이 촉발시킨 로스앤젤레스 간선 도로에서의 총격전이 7명의 소수민족 주인공들의 삶에 큰 풍랑을 일으킨다. 더군다나 이 중 연인 관계인 에미와 가브리엘은 방송국 PD와 신문 기자여서 그들이 쏟아내는 시시각각의 정보로 실제 우리가 살고 있는 지구촌 생활의 현란함을 실감하게 한다. 밀수 사건을 둘러싼 간선 도로에서의 총격전으로 부자들은 차를 버리고 도망가고 그 버려진 차를 도로의 노숙자들이 차지하는 상황이나 에미가 총에 맞아 죽게 되는 상황이, TV에 오락 프로그램처럼 생방송으로 방영된다. 일본계, 멕시코계, 싱가포르계, 흑인계 등 중심 인물들은 미국 국경을 넘나드는 노동과 상품의 이동에 연루되고 라디오나 TV에 주파수를 맞추고 시시각각 보도를 접하는 지각 활동으로 끊임없이 다각적인 초국가적 상황에 노출되며 살아간다.

초국가성과 이주민의 주체 형성을 다루기 위해 본문에서는 첫째, '자유무역'과 이주의 촉발적 연관성과 이주민의 경제 상태를 분석하고자 한다. 이를 위해 야마시타는 세계 자유무역 체제에서 북반구와 남반구의 불평등을 어떻게 파악하고 그것을 어떤 메타포로 재현하고 있는가? 지금 미국 국경을 잠입해 들어오는 신이주자들과 예전에 미국에 들어온 이주자들의 삶은 어떻게 다른가, 아니면 여전히 문제점은 계속되고 있는가를 논의하고자 한다. 둘째, 초국가성과 이주민의 주체 형성 방식을 살펴보고자 한다. 이주하여 초국가성이 자신의 삶의 틀이 된 사람에게 정체성은 어떻게 인식될까? 다문화주의가 소수민족을 포함하는 바람직한 정책이 되기에는 어떠한 문제점을 가지고 있는가? 초국가 시대의 재현과 확산 매체인 전자매체에 중심 인물들이 매우 몰두되어 있는데 이것은 주체 형성에 어떠한 영향을 미치는가? 마지막으로 다민족 이주민들의 차이와 연대를 모색하고자 한다.

2. '자유무역(나프타)'과 이주

『열대 오렌지』는 북미자유무역협정 즉 나프타(NAFTA)가 체결된 이후의 미국과 멕시코의 '자유무역' 상태를 다룬다. 나프타는 북아메리카인 캐나다, 미국 그리고 멕시코 간의 무역 장벽을 낮춰 금융 · 상품 · 노동 등 모든 분야에서 자유무역 체제를 이룬다는 목표로 체결되었다. 캐나다와 미국 간에는 기존에 이미 거의 한 국가라고 할 만큼의 경제적 통합이 이뤄졌던 만큼 나프타 이후 경제 격변을 겪은 나라는 개발도상국인 멕시코였다. 지형상으로는 북미가 맞으나 경제적 수준에서는 남미에 해당되는 멕시코인들이 글로벌 자본국 미국과의 경제 협정으로 값싼 노동력의 지속적인 공급처로 전락한다. 야마시타는 이 소설에서 글로벌 자본에 저당잡힌 노동의 모습을 그리고자 한다.

이를 위해 야마시타는 지구의 자연적 지리 구분선인 북회귀선을 거미줄처럼 가늘지만 팽팽한 줄로 작품 속에서 실제 형상화한다. 하지에 태양이 직선으로 내리쬐는 북회귀선이 멕시코의 마자틀란(Mazatlan)에 심어놓은 오렌지 속으로 가로질러 들어가고 바닥에 떨어진 이 오렌지를 멕시코의 민중을 대표하는 아케인즐이 주워 넣고서 LA를 향해 북으로 북으로 이동한다. 아케인즐의 뒤로는, 수많은 멕시코 민중이 전통적 터전을 잃어버렸거나, 터무니없이 낮은 임금으로 더 이상 생활할 수 없어 LA를 향해 무리를 지어 따르고 있다. 몰리 월리스(Molly Wallace)가 지적하듯이 북반구와 남반구의 자연 지리적 분리선인 북회귀선이 멕시코에서 LA로 구불구불 북으로 이주하면서 사실상 태양과 그 뒤의 전체 남반구를 끌고 간다(Wallace, 2001: 153). 남반구가 LA 안으로 들어가는 형상은 오렌지와 북회귀선과 이주자 무리들이 세계 챔피언 레슬링대회가 열리는 체육관에 집결했을 때 절정에 이른다. 여기에서 세계의 주변화된 인구를 대표하는 아케인즐과 초국가적 자본을 의인화한 수퍼나프타(SUPERNAFTA) 간의 세기적 레슬링 대결이 벌어진다.

자유무역협정이라 하면 진정 무역 간의 장벽을 허물고 자유로운 무역체제를 이뤄 쌍방에게 이로운 경제 기반을 만들자는 것일까? 미국과 멕시코는 각각 자유무역을 위한 시장에 무엇을 내놓고 무엇을 잃게 되는가? 야마시타는 아케인즐과 그를 따르는 사람들의 코러스를 통해 자유무역이라는 명분이 실제는 누구의 이익만을 고려하는 협정인지를 드러낸다. 미국이 멕시코에서 얻으려 하는 것은 자국보다 훨씬 저렴한 노동력의 지속적인 공급과 브라질의 천연자원의 채취다. 일반 민중들도 미국이 노렸던 것은 멕시코의 노동력과 천연자원이었음을 쓰디쓴 경험을 통해 체득하여 다음과 같이 말한다.

> 모든 사람의 노력은 고국으로부터
> 자연자원을 빼내오는 사업으로

몰아지고 있다.
그 대가로
그들은 진보와
기술과
융자와
장전된 총을 얻는다(Yamashita, 1997: 146).[1]

스피박이 지적하듯이 현재 쌍방간 다자간 진행되는 자유무역협정은 시장에 의해, 시장을 통해 세계에 통합을 부과하려는 새로운 시도다. "신자유주의적 세계 경제 체계는 발전의 이름으로, 지금은 지속 가능한 개발의 이름으로 자신과 취약한 국민 경제 사이의 모든 장벽을 제거하고 있다"(스피박, 2005: 491). 이 장벽 제거로 전 세계적으로 확연히 드러난 현상 중 하나는 국제적 노동 분업이다. 진보와 문명을 가져온다는 자유무역협정은 멕시코를 헐값의 노동력 공급소와 채굴에 무방비로 노출된 천연자원 공급소로 전락시켰을 뿐이다. 이 소설에서 7명의 주인공만큼이나 중요한 비중을 두고 다뤄지는 멕시코 민중들이 이렇게 악화된 상황에 대해 미국만을 비난하는 것은 아니다. 멕시코의 엘리트집단이 함께 공모했음을 인식한다.

무역수지와 증권시장 지수
부정적 측면과 긍정적 측면
흑자와 적자
퍼센트와 소수점
순익과 총계와 배당
IMF 채무
채무와 채무 불이행

1 앞으로 『열대 오렌지』에서의 인용은 괄호 안에 인용된 쪽수만 기입한다.

> 280억 달러 무역 적자
> 페소화의 평가 절하
> 기적이야!
> 국가는 채무가 더 이상 없다. 대신에
> 모든 국민의 개인 채무로 된다
> 자유무역이란(147).

이것은 멕시코의 정치가나 경제인이나 정책 입안자들이 나프타의 필요성을 역설할 때 사용하는 어휘들이다. IMF에 진 채무와 페소화 가치 하락과 무역 적자가 이 지경이니 미국에 무역의 문을 활짝 개방하는 것이 최선이라고 주장하는 것이다. 이 민중은 결국 국가 빚은 탕감되었는지 몰라도 개인들은 빚 방석에 앉았는데, 개인들이 각자 알아서 살아가는 것이 자유무역이란다며 냉소를 보내고 있다. 안토니오 네그리(Antonio Negri)와 마이클 하트(Michael Hardt)는 초국가 시대에 "국민국가들이 더 이상 강력하지 않은 것이 아니라 국민국가들의 권력과 기능이 새로운 전 지구적 틀 속에서 변형되고 있음"(네그리 · 하트, 2008: 218)을 주지시킨다. 근대적인 일국 패러다임이 새로운 전 지구적 형식으로 이행하고 있는 초국가 시대에도 국민국가들은 여전히 중요하다. 이전과의 차이는 국가의 행위가 점점 더 새로 출현하는 전 지구적 권력구조에 정향되어 있다는 것이다. 네그리와 하트는 다보스 포럼을 예로 들며 전 세계 정치 · 경제 관료적 엘리트들이 서로 갈등한다기보다는 실제는 긴밀히 협력하고 있음을 보여 준다(네그리 · 하트, 2008: 229). 나프타 협정에서도 미국과 멕시코의 엘리트들은 서로 이해 관계가 합치되었던 것이고, 아케인즐과 민중들은 위의 예문에서 그러한 점을 간파하고 불만을 토로하는 것이다. 실제 나프타는 미국과 멕시코에 있는 초국가 기업과 엘리트에게 현격하게 이익을 가져다 주었다. 나프타는 미국의 자본이 국경을 자유로이 통과해 멕시코의 마킬라도라(Maquiladoras)로 이동할 수 있게 한 반면, 그 경제 협정은 미국의 소수민족 집단과 멕시코인들 대다수의 위치를 고정시켰고,

특히 멕시코의 토착민들을 초국가적 경제 위계의 맨 밑바닥에 위치시키는 데 큰 역할을 했다.

아케인즐이 이끄는 미국 국경을 넘는 여권 없는 대중들의 이주에는 이러한 처절함이 배어 있다. 생존을 위한 이러한 처절한 이주는 아파두라이가 LA와 같은 미국의 대도시로 수많은 사람이 이주해 오도록 이끄는 강력한 자력을 설명하는 분위기와는 사뭇 다르다. 미국과 멕시코의 '자유무역'으로 멕시코는 앞서 말했듯이 노동과 자원을 팔고 미국은 소비와 지식과 환상을 판다.

> 문화적 관점에서 보았을 때 미국은 이미 다른 나라 사람들을 유혹하는 관념과 기술, 스타일, 관용구들(맥도날드와 하버드 경영 스쿨에서부터 드림팀과 역저당권에 이르기까지)로 가득 찬 거대한 자유무역 지대로 존재하고 있다. ……자유무역 지대가 갖는 특유의 통제 불가능함과 계층의 예측 불가능성, 기발한 창의력, 순수한 문화적 활력은 모든 종류의 이산적인 실체들이 미국으로 몰려드는 요인들이다(아파두라이, 1996: 306).

아파두라이는 지구화의 문화적 측면에 중점을 두어 설명하면서 자유무역으로 미국의 대도시가 갖는 매력에 마치 자석에 끌린 듯 끌려 미국으로 들어오는 이주자들을 묘사한다. 야마시타는 자유무역협정이 가져다 준 경제적 불평등에 초점을 두고 있어 여기의 이주민들은 전혀 낭만화되어 있지 않고 치열하다. 남반구에서부터 북회귀선을 품은 오렌지를 갖고 올라온 이주민들은 북반구의 어떤 부분은 남반구나 마찬가지임을 본다. 그들은 LA에 들어서자 꽉 막힌 간선 도로의 폭발 사고 현장에서 수많은 노숙자와 합류된다. 야마시타가 북회귀선이 이주민과 함께 계속 북쪽으로 이동하는 구도를 설정한 것은 북반구의 어떤 부분은 바로 남반구임을 시사하기 위함으로도 보인다. 예전에 국경을 넘어왔던 사람들은 노숙자처럼 아직도 방랑이 끝나지 않은 것이다.

혼종성을 대표하는 도시 LA에는 이미 경계를 건넜고 다른 종류의 경계들을 계속 넘고 있는 사람들이 집결되어 있다. 소설의 발단은 위험에 처한 라파엘라가 아들과 함께 남편을 찾아 이주의 물결에 섞여 가는 것이다. LA에 있는 아버지 보비는 베트남 '보트 피플(boat people)' 무리에 섞여 십대 초반에 미국에 들어온 싱가포르계다. 그는 몸을 사리지 않고 열심히 닥치는 대로 일하며 순발력 있는 생존 감각을 발휘해 미국에서 경제적으로 기반을 잡았다. 미국에서 터전을 잡기까지 그가 수많은 직종을 거치며 다양한 소수민족계와 함께 부대끼던 경력은 고스란히 그에게 체질화된다. 그는 "코리아타운에 살며 멕시코인처럼 말을 하는 베트남 이름을 가진 싱가포르계 출신의 중국인"(15)이라고 묘사된다. 이는 이주 노동자의 삶이 고스란히 배어 있는 혼종적 정체성이다.

보비가 쓰는 장은 "자동차 할부금 마감일(Car Payment Due)", "두 번째 저당(Second Mortgage)", "생명보험(Life Insurance)", "비자 카드(Visa Card)", "아메리칸 익스프레스 카드(American Express)"라는 제목이 붙어 있는 데에서 알 수 있듯이, 순전히 경제적 · 물질적인 문제들이다. 그렇다고 그가 돈만 아는 냉혈한은 아니고 고국의 부모와 형제를 위해 지금껏 송금하고 있듯이 가족 사랑이 깊은 사람이다. 그럼에도 그의 글이 온통 물건들과 브랜드 네임과 가격으로 가득 채워져 있는 것은 그가 미국 사회에서 오직 경제적으로만 관련을 맺고 있음을 단적으로 드러낸다. 10대 초반에 싱가포르에서 이주한 보비와 멕시코 국경의 미국 상품 생산단지인 마킬라도라에서 일하기 위해 북쪽으로 이주해 오다 미국까지 건너온 라파엘라는 고국에서의 신분이 상당히 차이진다. 고국에서 두 사람의 경제적 신분의 차이는 아시아에서 이주한 사람과 남미에서 미국으로 이주한 사람들의 실제 경향을 반영한다(Sadowski-Smith, 2001: 103). 홍콩, 필리핀, 싱가포르에서는 중산층이나 전문 직종에 속하는 사람들이 이민의 대다수를 차지하고 있듯이, 보비는 아버지가 자전거 사업을 하다 미국과의 경쟁으로 수지가 안 맞아 접었던 것이기 때문에 남미의 이주자들보다 높은 경제 수준 출신이다. 라파엘라는 대부분의 멕시코 이주자들처럼 더 이상 미국 농산물과의 경쟁에서 지탱할 수 없게 된 농촌을 떠나온 노동자 계층이다. 각각 전혀 다른 인종과 민족과 신분 배경을 가진 두 사람이 미국 경제로 진입하는 순간 똑같은 이주 노동자로 위치지어진다. “인간 세탁기, 인간 청소기, 인간 쓰레기 분쇄기”(201)가 된다.

이제는 자영으로 야간 경비업을 하고 있음에도 미국에서 보비의 삶이 결핍되어 있음을 계속 자각시키는 것은 아내 라파엘라다. 라파엘라는 미국 사회가 자신들의 노동에 대해 정당하게 평가하지 않고 사회적 의무를 한 만큼의 대우를 하지 않는 부당한 사회라고 강하게 느낀다. 그녀는 성실하게 일만 할 뿐 미국 사회의 부당함에 대해 전혀 의구심을 품지 않는 남편과 생각이 맞지 않아 결혼생활에 문제가 생긴다. 보비도 때로는 미국에서 건물 청소나 하며 살 거면 싱가포르에서 건물 청소하며 사는 것과 뭐가 다를까라고 자신의 삶에 대해 회의를 나타내기도 하나, 그는 일단은 미국에서 경제적 기반을 잡기 위해 다른 모든 것을 뒤로 밀쳐둔다. 그런 남편에 비해 아내는 지역의 커뮤니티 칼리지에서 자본주의의 병폐나 노동의 착취 등을 배우면서 이주민에 대한 미국 사회의 부당함에 대한 인식이 커져만 간다. 그녀는 노동한 만큼 사회적으로 인정받을 권리를 중시하는 것이다. 미국에서 출생한 이민 3세인 에미와 가브리엘이 미국에서 출생한 은총으로 계층 상승에 필수적인 문화적 자본을 상당히 습득한 데 비해, 보비와 라파엘라는 지배 문화에 전혀 근접하지 못한다. 미국 사회가 이주자에게 들이대는 경계로 인해 이 부부의 갈등은 해소되지 않는다. 이주한 지 10년이 넘어서도 여전히 신문 배달과 청소일을 하고 있는 보비와 같은 이주자들의 처지는 여권 없이 국경을 넘은 수많은 이주민의 미래상을 보여 준다.

3. 초국가 시대의 이주민의 주체 형성 방식

초국가성이 자신의 삶의 장이 된 이주민들은 정체성을 어떻게 인식할까? 자기 민족계의 정체성을 고수해야 한다는 당위를 이주민에게 요구하는 것은 시대 착오적인 것으로 여겨지는 게 현실이다. 그렇다면 미국의 자본주의적 정보 매체적 사회 속에 가능한 한 신속히 적응하며 코스모폴리턴과 같은 주체로 서기 위해 노력하는 것이 나은 길일까? 아니면 어떤 길이 있을까? 소수민족 이주자인 주인공들이 주체 의식을 형성하는 과정이 어떻게 초국가 시대의 매체인 전자 매체에 대한 태도와 밀접히 연관되어 나타나는가?

정체성이 쉽지 않은 문제임은 도시의 고학력자이며 방송국의 프로듀서로 종사하는 에미의 복잡 미묘한 태도에서도 보인다. 에미는 여성답지 못한 말투와 용어를 쓴다고 조심시키는 어머니에게 자신은 "일본계가 아닌 것 같다. 병원에서 바뀌었나 보다"(21)고 말한다. 첨단의 유행을 따르며 지적이고 냉정하며 달변의 냉소적인 유머를 구사하는 에미는 의식적으로 자신이 아시아계로 인식될 가능성과 거리를 둔다. 그녀는 스테레오타입이나 선입견을 벗어난 삶을 살려고 애쓴다. 남자 친구 가브리엘과 자유롭게 얽매이지 않은 관계를 유지하며 가브리엘이 자신의 뿌리인 멕시코에 보이는 낭만적인 향수를 그녀는 놀려댄다. 그러나 요하네스 하우저(Johannes Hauser)가 지적하듯이, 정체성에 대한 그녀의 의식적인 거부는 그 이면을 드러내 보여 준다(Hauser, 2006: 6). 아시아계의 스테레오타입을 정색하며 거부하고 거리를 두는 그녀의 태도는 시간이 계속될수록 그 자체가 스테레오타입이 된다. 민족적 유형을 혐오하고 어떠한 정체성 범주에 빠지는 것도 두려워하는 태도도 정체성을 부정하는 정체성이라는 일종의 한 유형인 것이다.[2]

소수민족 정체성을 부정하는 에미의 일련의 의식적·무의식적 전략 중 가장 특징적인 것은 컴퓨터와 TV와 전자 매체에의 몰두다. 그녀는 TV 방송을 제작하는 일을 하고 그 일에 흠뻑 매료되어 있다. 방송국의 생방송 차에 탑승해 LA 간선 도로의 사건 취재에 호기심으로 따라나선 그녀는 여

2 『원어민(*Native Speaker*)』에서 한국계 1.5세대인 주인공 헨리(Henry)도 에미처럼 자신의 민족계와는 거리를 두고 민족과 국가에 얽매이지 않은 자유로운 코스모폴리턴이 되기를 추구한다. 그 소설에서 이창래(Chang-rae Lee)는 그러한 태도가 가져오는 소속감 부재와 고국과 이주국 모두에 대한 책임 회피와 심지어 배반성을 다룬다.

러 개의 스크린을 앞에 두고 뉴스를 송신받고 그 와중에도 가장 흥미로운 뉴스를 찾아 계속 채널을 돌리고 있다. 가브리엘이 LA폭동에서 죽은 멕시코계 기자의 죽음에 영향을 받아 사회 참여와 현장 고발 의식을 가진 기자가 되기 위해 언론인이 된 것과는 달리, 그녀는 정보와 미디어 자체에 매료되어 있다. 그녀의 눈앞에서 벌어지는 마약 밀매 수송 사건과 경찰의 추적과 그로 인한 교통 정체와 노숙자들과 불법 이주자들이 간선 도로로 쏟아져 나오는 엄청난 사건들이 그녀에게는 사회적 문제를 압축한 현실로 다가오지 않는다. 에미는 끊임없이 자극과 흥분을 좇고 자신에게 아무런 의미를 가지지 않은 정보의 흐름을 좇아간다. 최신 뉴스와 전자 매체는 정체성을 부정하는 그녀를 지탱해 주는 의족과도 같다.

에미는 독자로 하여금 초국가적이며 전 지구적인 세계에 깊이 영향을 미치는 전자 매체와 정보 기술에 대해 숙고하게 만든다. 현대는 전자 매체의 엄청난 발전으로 다양한 정보 채널이 모든 경계를 넘어 현대인에게 실시간으로 공유된다. 이것이 현대 정보 매체의 혁명으로 일컬어진다. 토머스 프리드만(Thomas Friedman)은 『렉서스와 올리브나무(*The Lexus and the Olive Tree*)』에서 세계화는 통신 비용 감소 덕분에 가능했다고 하면서 다음과 같이 덧붙인다. “주로 마이크로칩, 위성, 광케이블과 인터넷 발명 덕분이다. 이들 새로운 정보 기술은 세계를 더욱 촘촘히 엮어 주고 있다. 이런 기술에 힘입어 개도국들도 단순히 선진국에 원자재를 팔고 선진국이 생산한 완제품을 사와야 할 필요가 없게 됐다. 이는 개도국들도 일류 생산국이 될 수 있다는 걸 뜻한다”(프리드만, 2009: 23). 프리드만은 전자 매체의 발달로 이제는 개도국들이 단순히 원자재나 노동만을 팔 필요가 없다고 말하는 것이다. 세계에 촘촘히 연결된 정보 기술을 이용하고 정보 콘텐츠를 개발하면 개도국도 일류 생산국이 될 수 있다고 세계화의 가능성을 낙관하는 것이다.

하지만 이것이 터무니없는 낙관임을 앞의 ‘자유무역’과 이주의 장에서 밝혔다. 여기서는 과연 전자 매체의 발달이 정보접근성의 민주화를 가져왔는가를 간선 도로 사건 현장을 통해 살펴보려 한다. 뉴스 나우(News

Now) 생방송 차량은 공중과 육상에서 사건 현장을 계속 촬영하고 있다. 오렌지 속에 마약을 주입한 밀매단과 멕시코 국경을 넘어오는 상품 운송과 경찰의 추격이 사건의 발단이다. 누가 던졌는지 알 수 없는 폭탄이 터지자 운전자들은 차량을 버리고 도망갔고 버려진 차량을 노숙자들이 차지한다. 다시 돌아온 운전자들은 노숙자들에게 총을 겨눈다. 지금 방송 차량에서 다중 화면으로 현장을 보고 있는 에미는 사건의 발단과 진행에 대한 정보를 대부분 알고 있지만 현장 참여자인 노숙자들은 무엇이 어떻게 된 일인지 거의 알고 있지 못하다. 누가 쏘았는지 알 수 없는 첫 총탄에 억울하게도 에미가 맞게 된다. 이 총탄 소리를 시작으로 무차별적인 총격이 사방에서 벌어진다. 많은 사람이 죽고 다치고 치안을 맡은 경찰과 군인은 노숙자부터 체포해 나간다. 생방송은 '치안 교란자'들을 퇴치하러 가는 군인들의 모습은 촬영하지 않고, 에미의 죽음은 그 전모가 되풀이되어 방송된다. "그녀의 죽음은 용서할 수 없는 것이다. 에미로 인해 격분한 미디어들은 그 장면을 보려 할 것이다. 수천 명의 노숙자가 죽을 수는 있지만 어느 누구도 그녀가 죽어가는 희생을 잊을 수는 없다"(251). 노숙자와 에미의 경우에서처럼 정보의 접근성은 천양지차이며 피해자로서 미디어에서 취급되는 비중 또한 천양지차다. 현대 전자 매체의 발달이 어느 정도 수준까지의 정보에 대해서는 많은 사람이 접근할 수 있게 한 점이 확실히 있지만, 정작 꼭 필요한 고급 정보의 이용 가능성은 매우 계층적으로 차별화되어 있다.

아울러 전자 매체에 접속하는 에미의 방식은 자본주의 소비 양상을 보여 준다. 매스미디어를 통한 정보의 소비는 글로벌 소비주의의 한 양상이다(Hauser, 2006: 7). 계속 최신의 새로운 뉴스에 접속하고 글로벌 네트워킹을 통해 더 많은 정보를 알아내는 그녀에게 정보력은 곧 그녀의 사회계층의 표시다. 정보의 내용이 중요한 것이 아니라 그 정보가 계속 유통되고 흐른다는 것이 중요하다. 정보의 입수는 곧바로 소비 과정이 되어 쉽게 소화시킬 수 있는 조각조각의 정보들로 대량 확산되고 힘들이지 않고서도 계속 대체 혹은 업데이트된다. 그 정보가 시간이 지나도 의미 있을 지속성 있는 내용인가 하는 점은 부차적인 것일 뿐이다. 사실 여부를 입증하기도 힘들고 사실 여부가 그다지 큰 문제도 아닌 새로운 정보들에 끊임없이 접속해 계속 유통되고 확산되는 정보 흐름에 끼어드는 것이 중요하다. 패션처럼 정보에서도 뒤처지지 않고 따르는 것이 소비 지향적인 현대인의 특색인 것이다.

전자 매체가 주체 형성에 미치는 영향에서 또한 심각한 점은 전자 매체의 정보가 사회의 이데올로기로부터 자유롭지 않다는 점이다. 아시아계라는 스테레오타입을 혐오하며 현대 지성인에 어울리게 전자 매체에 몰입한 에미가 소수민족 정체성으로부터 전혀 도피하지 못했다는 것이 놀라운 일이 아니다(Hauser, 2006: 9). 방송 프로그램 제작자들은 다양한 민족과 인종의 스테레오타입적인 재현으로 방송의 상당 부분을 채우고 있고 광고주들은 다양한 민족의 유형별 출연을 고려한다. 다양한 시장에 자신들의 생산품을 팔아야 하는 다국적 브랜드들은 글로벌 마케팅을 위한 색인 만들기에 참여한다. 글로벌 마케팅을 위해 아시아계 미국인과 다른 소수민족들을 미디어 속으로 호명하는 것이다. 미국 내의 소수민족 집단의 방송 접속과 상품 소비를 높이기 위해, 나아가 세계 각국에서의 방송 접속과 상품 소비를 높이기 위해, 방송 관계자와 다국적 기업주와 광고주들은 소수민족별 유형을 미디어에 매개하는 것이다.

매개된 다문화주의는 마케팅과 소비 확산을 위해 소수민족을 재현에 포함한 것이지 사회적 평등과는 상관이 없다. 그래서 에미는 "문화적 다양성이란 헛것이다"(128)라고 말한다. 비록 자신도 이 정보 흐름에 크게 편승하고 있지만 에미는 그런 저간을 알고 있기 때문이다. 문화적 다양성 운운하는 것도 "물건 팔자는 거다. 리복(Reebok), 펩시(Pepsi), 쉐보레(Chevrolet), 올스테이트(AllState), 팸퍼스(Pampers), 폴로 로코(Pollo Loco), 리바이스(Levis)……"(126)라고 다국적 기업 이름들을 댄다. 그녀는 자기 존재가 일본계 미국인의 공통 상징으로 격하되거나 기업이 상품을 판매할 한 소수민족 소비자로 물화되는 것을 느낀다(Lee, 2007: 507). 다문화주의를 필요로 하는 미디어 속에 매개된 모든 소수민족의 개별적 주체들은 그렇게 격하되어 추상화되는 것이다. 나아가 다문화주의에 대한 리사 로우의 다음과 같은 비판은 미디어 속에 매개된 다문화주의가 현재의 헤게모니 유지에 어떻게 기여하는지를 보여 준다.

> 다문화주의는 다원주의 담론에 따라 소수민족 각각의 집단 안에서, 그리고 다른 소수민족 간의 중요한 차이와 모순들을 없애버린다. 미국 문화는 모든 다양한 구성인자들이 동등한 접근성을 갖고 모든 이가 대표되는 민주적인 영토라고 다문화주의는 주장한다. 동시에 포함의 전망을 통해 이견과 갈등과 타자성에 기운을 부어 주면서 배제된 존재들을 감춰버린다. 다문화주의는 현재의 헤게모니를 용인하는 컨센서스 유지에 중요하다. 그 헤게모니는 모순에 대한 섣부른 화해에 기대며 정치 · 경제 · 문화 영역에서 역사적으로 구축되어 온 환원 불가능성에 대한 관심을 계속 분산시킨다. 이런 의미에서 다문화주의 생산은 역사를 망각하게 하고, 이 망각 속에서 지배 계급에의 자본 집중과 (점점 더 이질적인 이민자와 소수민족 집단으로 구성되는) 노동계급의 열악한 상태 간의 모순을 악화시킨다(Lowe, 1996: 86).

현대 전자 매체는 자본주의의 소비지향성과 지배 이데올로기와 이해 관계를 함께하는 측면이 확실히 강하지만, 다른 한편 전자 매체는 공익을 위한 실천의 장을 가능하게 하기도 한다. 전자 매체에는 부정적 · 긍정적 가능성이 잠재해 있는 것이다. 에미의 미디어 소비는 그것이 어떤 이해나 각성과 연결되지 못하는 반면, 부즈웜의 라디오 듣기는 사회 의식의 각성과 실천으로 연결된다. 그가 항상 라디오를 듣는 가장 큰 이유는 현재 무슨 일이 일어나고 있는지, 특히 지역사회의 소외 계층에게 현재 닥친 일들에 대한 소식을 알기 위해서다. "부즈웜은 지역 사람들을 위한 일자리, 주거, 건강 챙기기, 갱생 시설, 심리 치료 서비스에 대한 소식을 듣고자 한다"(111).

부즈웜이 자원해서 봉사하고자 하는 지역사회란 시내 구시가지로 주로 유색인이 사는 지역이다. 그 지역은 너무 열악해서 "그는 자랄 때 나무를 한 번도 보지 못했다고 말한다. 나무가 없었던 것은 물론이고, 온통 덤불과 바짝 메마른 잔디, 잡초, 아스팔트, 콘크리트"(31)뿐이었다. 이처럼 열악한 지역사회를 위한 운동을 하는 부즈웜은 미국의 유색인종이 처한 불균등한 환경 오염과 불평등한 보호를 개선하기 위한 환경정의운동과 연관된다(Sze, 2000: 29). 그는 지역민들이 살고 일하고 노는 바로 그 장소의 환경을 개선하고자 노력한다. 범죄가 빈발하고 갱단과 마약 밀매가 성행하고 가난하기 그지없는 이웃이 그가 신념을 바치는 집이며 장소다. 그의 실천은 지역에서 이뤄지지만 그의 관점은 아케인즐이나 만자나만큼이나 포괄적이다. 그가 지역신문 기자 가브리엘에게 만자나를 인터뷰하도록 주선한 것도 스스로 "선택해 노숙자"(111)가 된 그 사람의 이야기에는 진짜 삶이 있다고 생각했기 때문이다. 부즈웜은 사회적 신념을 공유하는 기자 가브리엘에게 지역 소외층의 소식을 전해 주는 통신원을 자처한다. 지역의 사안을 지상파에 전파시켜 실질적인 해결 방안을 모색하는 부즈웜의 실천에서 현대 정보 매체의 진취성이 빛을 발한다.

야마시타가 주요 인물들의 주체 형성 방식을 초국가 시대의 재현과 전파의 매체인 전자 매체와의 관계를 통해 보여 주는 것은 매우 적절한 방식이다. 현대인들은 전자 매체와 가장 많은 시간을 보내며 매체에 대한 태도는 그들의 인생관과 사회관을 반영하기 때문이다. 전자 매체가 에미에게 작용하는 것처럼 전자 매체는 자본주의적 소비와 이데올로기의 확산과 같은 부정적 측면을 가지고 있고, 부즈웜이 전자 매체를 사회적 실천에 이용하는 것처럼 진취적 파급성을 가지고 있다. 주인공들은 전자 매체의 속성과 밀접한 연관을 부정적 · 긍정적으로 맺으면서 그에 상응하는 자신의 주체를 형성하고 있음을 보여 준다.

4. 다민족 이주민들의 차이와 연대

지금까지 살펴본 『열대 오렌지』의 주요 인물은 그들이 다른 민족 혈통인만큼이나 달라 보인다. 그나마 공통점이 있어 보이는 사람끼리 묶어 보면 부즈윔과 만다라, 에미와 가브리엘, 보비와 라파엘, 노숙자와 아케인즐의 멕시코 민중들로 묶을 수 있다. 이는 사회 의식의 정도나 교육 수준, 미국으로 이주한 기간이나 경제적 수준에서 엇비슷하기 때문에 지은 묶음이다. 따로 묶인 사람들 간의 차이는 매우 커 보인다. 미국에서 태어나 시민권을 갖고 있는 에미나 가브리엘 같은 사람과, 지금 불법으로 국경을 넘어 들어온 멕시코 민중은 얼핏 보기에 너무나 격차가 나는 삶으로 보인다. 심지어 아시아계 출신 시민권자인 에미와 멕시코계 출신 시민권자인 가브리엘 간에도 미국 지배 세력에서 생각하는 문화적 인정에서는 차이가 있다. 하지만 에미가 멕시코 오렌지 속에 코카인을 숨겨 들여오는 밀수 사건으로 촉발된 간선 도로 격돌에서 살해되는 것은 실제로 만자나가 그녀의 할아버지임이 밝혀지듯이, 자신과는 아무런 관련이 없다고 생각한 불법 이주자들과 그녀의 삶의 연관성을 보여 주는 것이다. 이처럼 주요 인물은 '권력 상실(disempowerment)'의 정도나 양상에서 이렇게 각기 다르다. 앞에서 민족적 다양성을 노래하는 다문화주의의 문제점으로 각각의 소수민족이 동일성으로 환원될 수 없는 사회적 주체들임을 인정하지 않는 점을 지적했었다. 제프 장(Jeff Chang)이 말하듯이 권력 상실에 정도와 양상이 각기 다름을 이해하는 것은 우리로 하여금 착취의 다른 역사들을 움켜잡고 씨름할 수 있도록 도와 준다(Chang, 1993: 99-103).

동시에 이들 주요 인물은 이주자들이라는 공통점으로 묶인다. 이주민이기 때문에 그들은 주도 세력의 권한이나 배타성이 없는 상태다. 이들은 인종과 민족이 문제가 되지 않는 사회, 그것이 권력의 위계를 결정하지 않는 세계를 원한다. 이들이 사회적 주체로서 서기 위해서는 자기 민족만이 아니라 여기에 모인 다양한 나라 출신의 이주민과의 단결이 필수적이다. 이들은 바로 네그리와 하트가 말한 "특이성들이 공통적으로 공유하고 있는 것을 기초로 해서 행동하는 사회적 주체"(네그리 · 하트, 2008: 147)인 다중이다. 다중의 구성은 『열대 오렌지』의 주요 인물들처럼 내적으로 차이 나는 다양한 사회적 주체들이다. 네그리와 하트는 사회의 삶정치적 노동에는 물질노동, 비물질노동, 임금노동에서 배제된 사람들, 빈자들이 모두 그 과정에 관여한다고 말한다(네그리 · 하트, 2008: 160-185). 이렇게 종사하는 서비스 형태나 사회적 삶은 각기 다르지만 이들은 모두 사회적 생산과 삶정치적 생산 과정에 포함된다. "빈자가 전 지구적 자본주의 질서의 희생자임을 인식해야 하며 더욱 중요하게는 빈자가 단순한 희생자들이 아니라 동시에 강력한 행위자들이라는 점을 인식해야 한다"(네그리 · 하트, 2008: 185)고 두 비평가는 강조한다. 이 소설의 주요 인물인 이주민들도 자신이 이주하면서 하나의 세계를 통째로 가지고 다닌다. 이주자들도 삶정치적 생산의 능동적인 주체인 것이다.

아케인즐과 멕시코 민중들이 멕시코의 북회귀선에서부터 국경을 넘어 LA로 오는 이주는 전 지구적 체제의 지리적 분할과 위계를 확연히 드러낸다. 이주자들은 위험과 안전의 등급, 가난과 부의 등급, 삶의 더 자유로운 형식이 나타나는 상황과 덜 그러한 상황을 확연히 드러나게 한다. 이주자들은 지리적 위계들에 대한 지식을 가지고 가능한 한 위로 나아가서 부와 자유와 기쁨을 추구한다. 이주자들은 모든 지리적 장벽을 가로지름으로써 또 부분적으로 그것들을 침식함으로써 지리적인 위계 질서를 흔든다. 이들은 자신을 배제가 아닌 포함의 문제로 다룰 것을 요구한다는 공통점을 지닌다. 이주자들의 이동성과 공통성은 항상 전 지구적 자본가들이 의존하는 전 지구적 위계와 분할들을 탈안정화시키는 위협이다.

LA 간선 도로의 소요 현장에 멕시코의 불법 이주자들이 대거 합류되는 장면은 지리적 분할과 위계를 뒤흔드는 대단한 위협이다. 그런데 야마시타는 이들 이주민에게 배타적이지 않은 시선을 선택해 이 장면을 서술한다. 불법 이주자들의 진입은 자신의 모든 것을 버리고 노숙자가 되어 간선 도로 육교에 서서 도시 전체를 조망하며 인간들의 상호 연관성을 지켜보는 만자나를 통해 묘사되고 있다. "천사(Angels)의 도시 전체가 남쪽에서 올라오고 있는 벌거벗은 노인과 오렌지를 든 작은 소년과 그 뒤를 따르는 알록달록한 행렬들의 도착을 알리기 위해 독특한 소리를 내고 있는 것 같았다"(238). "다가오고 있는 행렬은 북반구의 몸통 안으로 (씰룩이는 엉덩이, 달아 오른 허벅지와 흥분한 생식기 안으로) 천천히 빨려 들어가고 있었다"(239). 이는 이주자들을 미국에 부담이 될 위협적 존재로 보아 흥분하거나 봉쇄되어야 할 존재로 보아 적대적인 그런 시선이 아니다. 이주의 물결로 인한 인구망(grid)의 변동을 전 지구적 지구화가 낳은 초국가적 현실의 흐름으로 보는 시선이다. 야마시타는 2006년 샨(Te-hsing Shan)과 가진 인터뷰에서 LA 인구망의 변동과 LA폭동에 대해 말한다.

> 나는 그 도시(LA)에서 자랐다. 부모님은 전쟁 후 1950년대에 그곳으로 이사왔다. …… 내가 자랄 때에는 대부분의 일본계 미국인과 아프리카계 미국인이 함께 살았다. LA에 살고 있는 내 세대의 일본계 미국인들은 대체로 문화적으로 아프리카계 미국인화되었다.
>
> 내가 대학에 들어가고 브라질에 가 있는 동안 이곳을 떠났다. 브라질에서 집으로 왔을 때 나는 LA가 훨씬 더 멕시코화, 중남미화되고, 라틴아메리카화되었음을 알았다. 흑인 사회는 훨씬 더 축소되었고 일본계 사회는 뿔뿔이 흩어졌다. 여기에는 새로운 아시아계 커뮤니티로 한국인들이 들어왔다. 지리가 변하고 있었다. 나에게 지리는 땅만이 아니다. 지리는 사람이다. 이 혼합된 새로운 LA 사회에 대해 일종의 충일감을 느꼈다. 그러나 1992년에 폭동이 일어났다. 우리가 인종과 커뮤니티 문제를 전혀 해소하지 못했고 우리의 이해도 증진시키지 못했다는 것이 너무도 애석했다. 모든 것이 무너져 내렸고 와해되었고, 재건되었고, 이 이후로 어떤 일이 있어날지 나도 알지 못한다(Shan, 2006: 137).

간선 도로의 격돌 사건은 야마시타가 이렇게 큰 함축을 담은 사건으로 본 LA폭동 사건을 강하게 연상시킨다. 그러나 그 두 소요 사태의 의미와 방향은 사뭇 다르다. LA폭동은 1992년 흑인 로드니 킹(Rodney King)을 무차별 구타한 혐의로 기소된 백인 경찰들이 무죄 석방되자 이에 반발한 유색인종이 코리아타운에서 데모와 약탈을 벌인 사건이다. 일레인 김(Elaine H. Kim)은 "사이구(Sa-i-ku)"를 가난하고 참정권이 없는 사람과 비가시적인 부자들 간의 싸움으로 보았다(Kim, 1993: 220). 부자들을 비가시적이라 함은 부자들은 이 사건 내내 전쟁터에 서 있는 한국계라는 인간 방패 뒤의 완충 지대에서 경찰의 보호를 받으며 있었기 때문이다. 뉴스 매체들은 일관되게 이 사건을 한국계와 흑인들 간의 인종 갈등으로 국한지었고 무장을 한 한국계들을 되풀이 보여 줌으로써 속을 알 수 없는 "이방인(alien)"이라는 이미지를 강화시켰다. 그런데 그 판결에 격노한 약탈자들은 흑인만이 아니라 멕시코계와 남미계도 다수 포함되었다. 이들은 백인 주도 세력에게로 향했어야 할 분노를 자신보다 조금 더 잘살고 있는 한국계에게 겨눴던 것이다(Chang, 2003: 435-440). 이 사건은 미국이 내세우는 다문화주의가 주장하는 바와는 달리 유색인종 이주자들 간의 뚜렷한 경제적 성층화와 그에 따른 갈등이 분출된 것이다(Lowe, 1996: 92). 이는 또한 자본주의에 착취받은 대상들끼리의 고립이 어떻게 그들로 하여금 지배구조에 대해 혼동하여 오히려 자신들끼리의 반목으로 지배구조의 안정에 도움을 주는지를 보여 준다.

이렇게 경제적 어려움과 주체 형성의 어려움을 이주자들끼리의 반목으로 표출시킨 LA폭동과는 달리, 야마시타는 LA 간선 도로의 소요 사태에서 희망적인 분위기를 전달한다. LA폭동 사건이 순전히 백인 지배 세력의 입장에서 대중 매체에 의해 전달되었던 데 반해, 간선 도로 사건은 "플롯의 테이블을 뒤집어 침입자(invader) 쪽에 확고히 서서 도시가 민족 구성 성분에서 변해 가는 성격에 공감하는 입장에 서 있다"(Rody, 2004: 139). 만자나가 노숙자와 남반구의 이주자와 그 밖의 도시 시민들의 합류와 충돌을 조망하며 전달하기 때문이다.

만자나는 간선 도로의 육교 위에 서서 계속 파장을 넓혀가는 나선형 속에서 모든 인간이 접하는 중심점으로서의 기능을 한다(Lee, 2007: 516). 그는 전선, 수도관과 케이블과 같은 도시의 지상과 지하의 모든 인프라 구조를 바라보며 사람들의 상호 연결성을 조망한다. 바다 쪽으로 시선을 돌려 그가 조망하는 환태평양은 북반구에서부터 남반구에 이르는 태평양을 끼고 있는 모든 나라를 포함할 뿐 아니라 일본, 한국과 말레이시아와 같은 아시아를 동등하게 포함하는 조망이다. 그의 환태평양 비전은 미국을 탈

중심화하여 LA는 단지 서쪽 마지막 지점일 뿐이다. 아케인즐과 멕시코 민중들이 북회귀선을 잡고 북쪽으로 이동해 자본주의적 지리 분할을 변형시켰듯이, 만자나가 바라보는 지구의 환태평양 지역은 미국도 서쪽의 한 지점일 뿐이며 북반구와 남반구와 아시아의 국가들이 태평양을 허리춤에 넘실대며 얼굴을 마주하고 있다. 이러한 초국가적 탈중심적 비전은 자본가들이 의존하는 전 지구적 지리적 분할과 위계를 와해시킨다. 야마시타는 분명 이주자들이 자신의 터전을 떠날 수밖에 없게 된 데에는 전 지구적 자본주의의 운행 방식이 큰 작용을 함을 인식하면서, 동시에 더 나은 삶을 희망하며 이주해 온 이들을 배제가 아닌 포함의 시각으로 보아야 함을 전달한다. 이는 이주자들을 구제하는 의미에서라기보다는, 부와 주체성과 자유를 향한 이주자들의 적극적인 욕망이 북반구까지도 변모시킬 수 있는 잠재력을 가지고 있기 때문이다. 그리하여 소설 전체를 관통하는 야마시타의 메시지는 이주민들은 각각 특유성을 지닌 능동적인 사회적 주체로서, 사회적 주체 세력을 발휘하기 위해서는 서로 공유하고 있는 공통점에 기초하여 연대를 구축해야 한다는 당위다.

제6부

국가/ 인종/ 성/ 문화의 경계 넘기

대화로서의 번역과 초국가적 공동체:
에바 호프만의 『로스트 인 트랜슬레이션』 _ 김신희

주체의 초국가적 유동성/ 연대성/ 혼종성에 대한 비전:
강용흘의 『초당』과 『동양이 서양으로 가다』 _ 민진영

초국가적 주체의 가능성:
제프리 유제니디스의 『미들섹스』 _ 송은주

대화로서의 번역과 초국가적 공동체
-에바 호프만의 『로스트 인 트랜슬레이션』* -

김신희

1. 대화로서의 번역과 초국가주의

에바 호프만(Eva Hoffman, 1945-)은 2006년 라자 세하데(Raja Shehadeh)와의 대화에서 그녀의 첫 작품인 『로스트 인 트랜슬레이션: 다른 언어 속의 삶(*Lost in Translation: A Life in a New Language*)』(1989)을 쓴 것은 기존의 이민문학에서 무언가 부족하다고 느꼈기 때문이며, 자신은 이 작품을 통해 "우리가 살 만한 사회가 되기 위해서는 타문화에 대한 열린 마음을 가지고 이민자와 주인 국가가 서로서로를 존중하며 임하는 대화가 필요하다" (Hoffman and Shehadeh, 2006: 104-106)는 메시지를 전하고자 했다고 말한다. 타문화와의 평화로운 공존에 대한 작가의

* 본인의 졸고 "Towards a people-centered theory of translation"는 새로운 번역 이론을 제안하는 것을 목적으로 했다. 호프만의 번역 이론을 하나의 예시로 제시하며 그녀의 제안을 언어학, 문화인류학, 심리학 또한 다른 문학작품과 연계시켜 그 타당성을 입증했다. 반면 이 글은 호프만의 작품을 이민문학으로 이해하고 그녀의 번역론을 문화간의 소통 방법으로 제시함으로써, 초국가주의 관점에서 재해석했다는 점에서 기존의 논문과 다르다.

관심은 그녀의 세 번째 작품인 『슈테틀: 어느 작은 마을에서의 삶과 죽음 그리고 유대계 폴란드인의 세계(*Shtetl: The Life and Death of a Small Town and the World of Polish Jews*)』(1997)에서도 드러난다. 호프만은 2002년 방영된 버클리대학의 텔레비전 프로그램이었던 해리 크라이슬러(Harry Kreisler) 교수와 함께 한 "역사와의 대화(Conversations with History)"에서 자신은 이 작품을 통해 과거 폴란드에서 유대인과 폴란드인들이 서로 상대의 타자성을 존중하며 평화롭게 공존했던 역사를 기억함으로써 과거의 역사가 미래의 삶에 유익한 교훈이 되기를 바란다고 말한다.[1] 호프만에 의하면 유대인은 중세 시대부터 폴란드에서 그들의 타자성을 인정받으면서 폴란드인과 평화롭게 공존했으나, 최근 외부로부터 반복된 폴란드 침공이 폴란드인과 유대인 사이의 갈등을 야기했다는 것이다.

위 두 작품에 관통하는 작가의 의도는 디아스포라의 삶의 역사를 다시 씀으로써 투쟁과 갈등 대신 평화로운 공존의 삶의 가능성을 제시하는 데에 있다 할 수 있다. 그녀가 다시 쓰고자 하는 역사는 후기 구조주의에서 비롯되어 후기 식민주의 논의에서 이어지는 '차이'와 '다문화주의'에 대한 문화 담론과도 연관된다. 예를 들어 후기 식민주의 논의에서 '틈새의 공간(in-between)'으로서 '제3의 공간'에 관한 호미 바바(Homi Bhabba)의 '혼종성(hybridity)' 개념은 경계선 상의 자아가 취할 수 있는 전형적인 노정으로 제시되어 왔다. 바바는 '틈새의 공간'에서 타문화 간의 관계가 적대적 혹은 우호적일 수 있다고는 했지만, 제3의 공간에 대한 그의 관심은 주로 로스앤젤레스 남쪽 지역에서 한국계, 멕시칸계, 흑인계들 사이의 문화적인 차이로 인해 최근에 발발한 사회 위기에 대한 인식에서 출발한다(Bhabha, 1994: 2). 또한 바바의 혼종성은 기본적으로 디아스포라들의 해방운동이란 특정한 정치적인 투쟁에서 생겨난 것이다. 그는 혼종성을 도전과 저항을 위한 적극적인 순간으로 정의함으로써 자신이 넘어서고자 했던 자아와 타자의 대립적인 구도를 여전히 유지하게 되는 결

1 http://www.uctv.tv/search-details.aspx?showID=6796&subject=hum

과를 갖게 된다(Maier, 1995: 30).

그렇다면 호프만의 불만은 카렌 카플란(Caren Kaplan)이 말하는 '장소의 정치학(politics of location)'과 닿아 있다. 카플란은 현재 후기 식민주의와 초국가주의에 관한 논의에서 '경계선'의 개념은 바바의 '혼종성'으로만 일반화할 수 없는 공간적 · 시간적인 차원을 가진 '특수한 장소'로서, 구체적인 그 장소가 갖고 있는 특수한 긴장에 관심을 가질 것을 요구한다(Kaplan, 1994: 149-150). 같은 맥락에서 아자드 세이한(Azade Seyhan)은 바바가 20세기 말의 격동적인 역사를 알 수 있는 좋은 도구인 문학작품을 이용해 단지 그의 이론을 세우는 데 급급했기에 그의 이론이 모든 상황을 다 설명할 수는 없다고 지적한다. 그럼에도 바바의 이론이 모든 상황을 설명할 수 있다고 이해되고 널리 유통됨으로써 실제 문학작품의 의미를 매우 단순화하거나 왜곡시킨다고 한다(Seyhan, 2001: 5-6). 카플란과 세이한 모두 우리가 비판 없이 수용하고 있는 '문화 담론'을 넘어서 구체적인 현실에 주목할 것을 요구한다. 타문화 간의 대화를 통한 평화로운 공존 가능성을 말하는 호프만 역시 현대 사회에 널리 유통되는 '차이'와 '다양성'을 넘어서 경계 지대에 대한 새로운 담론 가능성을 말함으로써 사회 변화의 의지를 보인다.

이 글은 자신의 경험을 바탕으로 경계선 위에서의 대화와 공존 가능성을 말하는 호프만의 작품을 통해 문화 간의 단절과 분열이 주를 이루는 후기 식민주의와 더 나아가 초국가주의에 대한 논의에서 새로운 패러다임을 제시하고자 하며, 이는 현실 참여적이기도 하다. '이민자와 주인 국가가 서로 존중하며 대화하여 우리가 살 만한 사회'를 만드는 일의 중요성을 말하는 호프만이 추구하는 바는 베네딕트 앤더슨(Benedict Anderson)이 『상상의 공동체(*Immagined Communities*)』에서 말하는 '상상의 공동체'다. 앤더슨은 서로 얼굴을 마주하던 원시 부족사회를 제외하고는 국가와 같이 규모가 큰 공동체도 상상된 연대 의식으로 이뤄졌다고 한다. 그에 의하면 구성원들은 서로 알지 못하고 한 번도 만나지 않았으면서도 상상 속에서 끈끈한 형제애와 연대 의식을 바탕으로 하나의 공동체를 이뤄 왔다(Anderson, 1991: 7). 모나 베이커(Mona Baker)가 말한 대로 헌팅턴의 '문화의 충돌'이란 담론이 부시 행정부의 외교 정치와 미국의 9 · 11 테러 사건에 대한 미국 정부의 공식적인 담화의 기본이 됨으로써 국제 간의 갈등을 야기했다면(Baker, 2006: 40-41), 한 장소에서 서로 다른 언어와 문화적 배경을 가진 사람들이 만나 이룩한 하나의 접점 지대에서 살아가며 '끈끈한 형제애'를 바탕으로 국가의 경계를 넘어서 초국가적 '상상의 공동체'를 열망하는 일은 그만큼 중요하다.

호프만은 타문화 간의 대화는 번역을 필요로 하며, "진정한 번역은 이해와 동정의 시도에서 이뤄지며, 문장 하나하나, 구절 하나하나가 조금씩 더해 가면서 이뤄진다"(Hoffman, 1989: 211)[2]고 말한다. 호프만이 타문화 간의 열린 마음으로 행해지는 번역에서 초국가적 공동체의 가능성을 보는 일은 매우 타당해 보인다. 그것은 번역이란 근본적으로 단순히 두 언어 사이의 호환을 넘어서 "문화 간의 교류와 관용을 지향하는 일"(Wolf, 2002: 204)이기 때문이다. 번역은 우리에게 '문화의 충돌'이란 틀을 넘어서 초국가적 공동체 형성에 중요한 촉매 역할을 할 수 있으며, 또한 번역학 쪽에서도 초국가적 공동체 형성에 기여할 수 있는 새로운 번역 방법론에 대한 논의가 새로이 대두되고 있다. 마이클 크로닌(Michael Cronin)은 "번역은 사회의 끔찍스러운 비인간화 과정을 멈출 수 있으며, 또한 번역은 문화의 절대적인 단절주의가 아니라 인류를 타자에게 연결시킬 수 있는 상상력을 통한 감정 이입이다"(Cronin, 2000: 91)라고 말한다. 또한 그는 2009년 한국번역학회의 기조 연설을 통해 요즈음과 같이 많은 사람이 국경을 넘나들며 유동하고 있는 시대에 "번역이야말로 생존에 중요한 문제이며 지속 가능한 인류공동체를 구현할 수 있는 실질적이면서도 개념적인 측면에서 하나의 해결책을 제공한다"(Cronin, 2009: 43)고 주장한다.

이 글의 목적은 구체적으로 호프만이 어떻게 번역을 통해 초국가적 공동체의 가능성을 풀어가고 있는가를 보이는 데 있다. 이를 위해 구(舊)공

2 앞으로 『로스트 인 트랜슬레이션』에서의 인용은 괄호 안에 인용된 쪽수만 기입한다.

산권 출신인 호프만 작품의 의미를 초국가주의 논의에서 자리매김하며, 그녀의 초국가적 의식의 생성 과정을 짚어본다. 호프만을 경계선 위에 선 주체로 정의하며 그녀가 보이는 노정을 메리 루이스 프랫(Mary Louise Pratt)의 접점의 언어학(linguistics of contact)과 질 들뢰즈(Gilles Deleuze)와 펠릭스 가타리(Felix Guattari)의 탈영토화(deterritorialization) 개념에서 설명한다. 다음으로는 그녀가 제시한 이상적인 '대화로서의 번역'이 초국가적 공동체 형성에 어떻게 도움이 되는가를 보여 주고자 한다.

2. 초국가주의와 구공산권 세계

호프만은 자신의 부모는 유대인으로서 제2차 세계대전을 경험했고, 자신은 공산국가였던 폴란드에서 이민 왔으며, 반은 미국인이며 반은 폴란드인이라고 하며, 자신의 타자성을 인종적 · 역사적 · 지리적인 차원에서 명시한다. 그런데 제1세계와 제3세계 사이의 갈등 구도에 익숙한 우리에게 동구 유럽 출신인 호프만이 자신을 타자로 규정하는 일은 다소 생소하다. 왜냐하면 우리에게 동유럽 국가는 여전히 '유럽'에 속하며, 새뮤얼 헌팅턴(Samuel P. Huntington)의 서양과 비서양의 대립 구도에서도 동유럽은 여전히 서양에 속하기 때문이다.

또한 미국 문학사에서도 동유럽의 구공산권 출신 작가들에 대한 논의는 드물다. 다누타 자드워너 피젤스태드(Danuta Zadworna Fjellestad)는 미국 문학사는 타자에 대한 인식으로 인해 아프리칸, 아시안, 인디언 미국 문학 등으로 분류되어 있지만 동구 유럽을 비롯한 다른 유럽계 미국 문학은 따로 분류되지 않고 있는 점에 주목한다. 그는 미국 문학사에서 동구 유럽 출신 작가들의 타자성이 인식되지 않는 것은 다음과 같은 이유에서 비롯된다고 한다. 첫째, 유럽인들은 자발적으로 미국에 이주함으로써 그들은 대체적으로 미국 사회에 별 무리 없이 동화한다고 생각된다는 것이다. 둘째, 모든 유럽은 정치적인 차원에서는 아니지만 적어도 문화적으로는 서로 일치를 이루고 있다는 안일한 믿음 때문이다. 다음으로는 동구 유럽 출신 작가들의 작품은 주로 사회 역사적인 기록으로 간주될 뿐 문학적인 관점에서는 간과되고 있다. 마지막으로 동구권 출신 작가들은 자신들의 이민 경험에 대해 적고자 하지 않았거나, 혹은 자신들의 이민 경험을 기록한 소수의 작가들, 이를테면 슬라보미르 므로제크(Slawomir Mrozek), 체슬와프 미워시(Czeslaw Milosz), 밀란 쿤데라(Milan Kundera), 요세프 브로드스키(Joseph Brodsky)와 같은 작가들의 작품은 이민문학의 관점에서 다뤄지지 않았다고 말한다(Fjellestad, 1995: 133-135).

카타지나 마르시니악(Katazyna Marciniak)에 의하면, 구공산권 세계는 단지 "어둠침침한 지역(murky territory)"으로서, 구공산권 출신 작가들은 초국가주의 논의에서도 완전히 배제되어 있다(Marciniak, 2006: 54). 마르시니악은 그 원인이 우리 시대의 역사와 문화에 대한 학문적인 관점을 표현하는 관념적 담화(conceptual narrative)의 한계에 있다고 생각한다. 다시 말해 초국가주의를 연구하는 학자들은 중동, 아시아, 아프리카와 같이 경제적으로 낙후 지역인 제3세계 출신으로서, 그들은 자신도 모르게 균질하게 만들며 동화시켜 버리는 보수적인 다문화주의에 휩쓸려 들어가게 되었다는 것이다. 그 결과 포괄적인 다문화주의는 단지 레토릭에 불과하며, '행복한 다양성'으로써 '타자성'을 감독하고 다듬으로써 동구권의 타자성을 간과하게 된다고 말한다(Marciniak, 2006: 56).

그러나 미국에서 동구 유럽 출신은 인종적인 차원에서나 정치적인 차원에서 타자에 속한다. 미국의 이민사를 살펴보면 루이스 드 살보(Louise De Salvo)가 "단 한 가지 백인이 있는 것이 아니라 여러 다른 종류의 백인이 있으며 어떤 백인은 다른 백인들보다 더 좋지 않다"(Marciniak, 2006: 41 재인용)라고 했듯이, 백인이란 인종적인 차원이나 다른 사회적인 정체성의 차원에서 단일하고 동일한 경험이 아니었다. 선별과 억압 과정을 통해 가장 적합한 백인만이 합당한 미국인이 될 수 있었던 미국 이민사에서 동구 유럽 출신 이민자들은 타자에 속했다. 그들은 "가난한 사촌"(Marciniak, 2006: 55)이거나 열등한 백인으로 간주되어 정치적인 차별을 받았는데, 1894년에 만들어진 이민제한법(Immigration Restriction Law)이 그 한 예다. 그 당시 보스턴 상류층 사람들은 엘리스 아일랜드를 개방하고 난 후 동유럽에서 온 이민자들이 몰려온 것에 놀라 미국을 오염시킬 위험이 있다며 이들의 이민을 제한하는 법을 만들었다(Marciniak, 2006: 40).

또한 폴란드를 포함한 동구 유럽은 제2차 세계대전 이후부터 1989년 베를린 장벽 붕괴 이전 혹은 냉전 시대의 종료 이전까지 2세대에 걸친 45년 분단의 역사로 인해 서구의 자유 세계와는 다른 정치적·사회적 체제를 갖고 있었다. 또한 다른 체제 하에 있던 동구 세계는 그들만의 다른 문화와 자아정체성, 그리고 다른 언어를 갖고 있었다. 더욱이 냉전 이후 구소련 체제 하의 공산국가는 초국가적인 자본주의 경제 체제로 돌입하고 있지만 아직 과거의 경제와 이데올로기에서 완전히 벗어나지 못하고 있어, 동구 유럽은 기껏해야 서양이면서 동시에 비서양에 속하는 모호한 사이에 놓인 지역이다(Marciniak, 2006: 54-57).

『로스트 인 트렌슬레이션』은 호프만 자신에 관한 자서전적 서술로서 자아와 타자의 변증법적 관계에서 이뤄지며, 서술은 자신이 다른 사람을 관찰하며 다른 사람들이 자신을 바라보는 관점을 관찰하는 것 사이에서 오간다(Chang, 2009: 7). 그녀는 구공산권인 폴란드에서 이민 온 자신이 타자화되면서 동시에 자신을 주류 문화로 유입시키려는 폭력성에 대해 적고 있다. 그녀는 미국 사회에서 타자에 해당되는 자신에게 가해지는 폭력성을 자신의 신체에 가해진 제약으로 경험한다. 그녀는 이민자들은 깨끗하고 겸손해야 하고 훈련되어 있으며 보이지 않아야 한다는 '상징 폭력'을 절실히 느낀다. 또한 사춘기 시절을 거치는 동안 동유럽 출신 여성으로서 자신의 몸이 정갈하게 다듬어야 되는 대상으로 여겨지고 있음을 안다. 겨드랑이 털과 너무 짙어 보이는 눈썹은 뽑아내야 하며, 입술에는 립스틱을 발라야 하고, 브래지어를 착용해야 하며, 여성적으로 보이기 위해 굽 높은 신발을 신어야 한다고 배운다. 그녀는 "자신의 구부정한 어깨"(110)를 의식하며 "고립이 나의 살과 얼굴에 각인되기 시작하고 있다"(110)라고 말한다. 그녀의 자의식은 자신의 변화된 몸이 중심부에서 밀려난 상황을 받아들였다는 사실을 말해 준다는 것을 알고 있다는 것까지 포함한다.

호프만은 자신의 타자성은 자신이 공산주의 세계인 동구권 출신이라는 점에도 기인한다는 것을 깨닫게 된다. 그녀는 급우들의 입을 통해 자신의 고국 폴란드는 단지 "공산주의 사회"에 불과하며, "자유가 전혀 없는 도깨비들의 세계"이고 "억압의 굴레"이며 "호러 영화에 나오는 미지의 악마의 세계"(132)라고 말하는 것을 듣는다. 이것을 계기로 그녀는 자신에게는 중심이었던 곳이 친구들에게는 주변부에 있다는 것을 알게 된다. 그녀는 이전에는 지구상의 다른 장소를 폴란드와 얼마나 떨어져 있는가를 기준으로 평가했지만, 지금은 "폴란드가 이곳에서 아주 먼 곳에 위치해 있으며, 우리 상상의 세계에서 변두리에 위치해 있고, 폴란드처럼 시시해 별로 기억하지도 못할 다른 국가랑 다닥다닥 붙어 함께 있는 나라"(132)라는 사실을 깨닫는다. 미국 문학사와 초국가주의에 관한 논의에서 제2차 세계대전 이후의 2세대에 걸친 공산 치하의 삶을 살았던 동구권 출신의 작품은 실질적으로 전혀 알려지지 않은 "미개척 영역(terra incognita)" (Fijellstad, 1995: 135)이었다. 동구 공산권에서 이민 온 사람이 이주와 경계선 넘기에 대해 영어로 쓴 최초의 자서전으로서 이 작품은 미국 문학사와 미국 문화사에서 중요한 의미를 갖고 있다 하겠다.

3. 평등한 대화를 통한 상상의 공동체

동구 유럽 출신인 호프만은 공산 체제에서 탈피해 북미 자유세계에서 학위를 받고 뉴욕 출판업계에 성공적인 안착을 이뤘기에 자신의 경험을 전형적인 '성공 스토리'나 미국 사회에 융화해 가는 '용광로'의 틀로 제시할 수 있다(Stern-Gillet, 1993: 131). 그러나 그녀는 전형적인 틀을 따르지 않고, '틈새의 공간'으로서 '제3의 공간'의 의미를 자신이 처했던 특수한 상황 속에서 자신의 관점에서 써내려 간다. 이러한 시도는 작가가 1인칭 화법을 사용하며 자신이 이민했을 때의 특수한 상황이 자신의 내면 세계에 미친 영향에 초점을 맞추고 있는 데서 드러난다. 또한 이러한 특징은 책의 구성에서도 드러난다. 작가는 자신이 고국을 떠나 미국에 정착하기까지의 기간을 세 부분으로 나누면서 그 시간적 구분을 폴란드, 캐나다, 미국이란 세 공간으로 구분한다. 자신의 고향인 폴란드는 '낙원(Paradise),' 캐나다는 '망명(Exile),' 그리고 마지막에 정착한 미국은 '신세계(The New World)'라고 명명한다. 호프만은 자신이 떠나온 폴란드를 '낙원'이라고 규정하며 공산 체제 하에서의 삶은 매력적이고 축복된 것이며, 북미 캐나다의 삶은 공포와 저주로 묘사한다. 캐나다에서의 삶을 부정적으로 묘사하는 것은 그녀가 당시 자발적으로 고국 폴란드를 떠나지 않았으며, 또한 당시 냉전 시대의 국경은 서로 굳게 닫혀 있어 다시는 돌아갈 수 없는 상황이었기 때문이기도 하다. 그러나 무엇보다도 고국을 떠났던 경험은 그녀에게 과거 폴란드 세계와 자신의 어린 시절, 자신의 언어 등 모든 것에서 송두리째 뿌리 뽑혀진 느낌과 급격한 단절(rupture)로 다가오며, 단절은 자신에게 '문화적 충격' 혹은 '상흔'이었기 때문이다(Hoffman and Shehadeh, 2006: 104).

특히 작가는 자신의 이민 경험을 언어와 정체성과의 관계, 또한 영어와 모국어의 관계에 초점을 맞추고 있다. 그리하여 이 작품은 카플란이 지적한 바와 같이 "언어 회고록"(Kaplan, 1994: 59)이기도 하다. 그런데 호프만은 결국 상흔과 같았던 고국으로부터의 이탈과 이민 경험을 축복으로 만든다. 그녀는 이민 경험으로 인해 고국의 언어와 문화로부터 단절되고 또한 자신의 내면 세계가 박탈되었다고 생각했지만, 또 한편으로는 두 문화와 언어를 모두 경험할 수 있는 기회를 갖게 되었다고 말한다. 그리하여 결과적으로 이민 경험은 자신에게 오히려 득이 되었으며 더 폭넓은 관점을 갖게 했다고 말한다.[3] 그녀에게 이민 경험이 축복이 될 수 있었던 것은 그녀가 영어와 폴란드어의 두 세계가 같은 권리를 갖고서 대화할 수 있는

3 호프만은 버클리대학의 크라이슬러 교수와의 대화에서 이민의 경험은 자신이 작가가 될 수 있는 토양이었다고 하며, 이민은 그녀에게 축복이었다는 말로 마무리한다.

세계를 추구했기 때문이다. 대화는 폴란드어와 영어 사이의 대화이면서 이 두 언어가 담고 있는 가치관과 문화 사이의 대화이기도 하다. 또한 대화는 폴란드어와 영어 두 언어 사이에 존재하면서 이 두 언어가 내포하는 가치 체계를 넘어서는 다른 가치관의 추구이기도 하다. 소설은 이러한 과정을 경험하는 내면의 심리적인 궤도를 묘사한다.

두 언어 체계 사이의 대화는 번역 과정을 거친다. 책 제목이 암시하듯이 작가는 자신의 삶을 번역 과정과 병치시키며, 언어를 배우고 번역하는 행위가 어떻게 자신의 삶을 결정하는가를 보여 준다. 또한 어린아이에서 어른으로 성장하는 과정을 두 국가와 문화, 언어로의 전이로 제시함으로써 번역의 존재론적이고 은유론적인 의미를 탐구하고 있다(Kim, 2009: 258). 그리하여 책 제목에서의 'lost'는 이중의 의미를 갖는다. 한 문화권에서 다른 문화권으로 번역하는 과정은 '상실'을 뜻하기도 하지만 동시에 '몰입' 혹은 '열중'을 의미하기도 한다. 그리하여 번역이란 확대를 할 수 있는 과정이고 한 개인의 지각의 범위가 넓어졌다는 뜻이기도 하다(Hoffman and Shehadeh, 2006: 106).

수전 스턴-길렛(Suzanne Stern-Gillet)이 지적한 바와 같이 호프만은 다른 자서전 작가들보다 더 야심 찬 의도를 갖고서, 자신의 개인적인 경험이 같은 시대를 살고 있는 독자들에게 하나의 유용한 예시가 되기를 원한다(Stern-Gillet, 1993: 131). 서로 다른 문화가 평화롭게 공존할 수 있는 인류 공동체를 이루기 위해서는 두 문화가 서로 존중하는 태도를 갖고 대화할 필요가 있다고 말하는 호프만의 입장은 메리 루이스 프랫(Mary Louise Pratt)의 "접점의 언어학(linguistics of contact)" (Pratt, 1988: 60)과 닿아 있다. 프랫은 한 공동체의 구성원들은 같은 언어를 사용하지도 않으며, 또한 서로 다른 소집단의 언어 역시 다른 집단의 언어와 상호 침투되어 있기 때문에 그들의 고유 언어가 균질하지 않다는 것이다. 또한 프랫은 기표(signifier)와 기의(signified) 사이의 관계는 임의적이고, 한 공동체 안에 있는 각각의 소집단은 그들의 언어 사용에 있어 지배와 피지배 관계를 반영함으로써 사회적인 불평등과 투쟁을 재생산하게 된다고 본다. 프랫이 말하는 접점 지대는 다양한 곳에서 발견된다. 접점 지대는 뉴욕과 같은 대도시일 수도 있고 혹은 요즘과 같이 대량 이동 시대에 서로 다른 지리적·역사적 배경을 가진 서로 다른 주체자들이 일시적으로 한 장소에 마주치게 되는 상황일 수도 있다(Pratt, 1988: 7). 프랫은 앤더슨이 말하는 유토피아적 '상상의 공동체'가 가능하기 위해서는 구성원 간의 언어 사용에서 평등한 관계가 전제되어야 하며, 평등 관계는 불평등한 관계를 바로 직시하며 이를 바로잡을 수 있는 방법을 강구할 때 이뤄진다고 한다(Pratt, 1988: 60-62).

'상상의 공동체'는 평등한 언어를 사용함에 그 가능성이 달려 있다고 말하는 '접점의 언어학'은 윌리엄 라보브(William Labov)와 같은 언어학자들이 문화인류학적 관점에서 이뤄낸 관찰과 연구 결과에 그 바탕을 둔다. 문화인류학자들은 현지 사람들의 삶에 밀착해 그들의 언어와 사회 문화를 관찰한다. 언어학자들 역시 실제로 오랜 기간에 걸쳐 언어와 사회 계층의 상관 관계와 언어 사용에 내재한 사회의 역학 관계에 대해 연구 조사한다. 호프만은 거듭 이민자의 입장을 다른 문화 속에 사는 사람들의 삶을 관찰하는 문화인류학자에 비유한다(Hoffman and Shehadeh, 2006: 208).[4] 그리하여 언어학자가 아닌 호프만이 위에 언급한 언어학자들의 인식을 가질 수 있는 것은 이민 경험으로 문화인류학자가 될 수 있는 기회를 갖게 되는 '축복' 때문이다. 호프만이 말하는 이민자의 축복은 들뢰즈와 가타리가 말하는 탈영토화의 과정을 겪게 되는 데에 있다.

탈영토화는 자신이 몸담고 있는 문화로부터 소외와 망명을 하는 데서 비롯되며, 자신의 언어와 문화의 상대성을 인식하게 되는 것을 말한다. 탈영토화는 언어의 기표와 기의의 괴리로 인해 의미와 발언이 구심점을 잃고 다른 영토로 미끄러짐으로써, 다른 공동체에 대해 생각하게 됨으로써 기존의 세계와는 다른 감수성과 의식 세계를 갖게 되는 것을 말한다

4 호프만은 크라이슬러 교수와의 대화에서 또한 영국 워릭(Warwick)대학교에서 명예박사 학위를 받는 자리에서도 모든 이민자는 인류학자와 같다고 말했다.

(Deleuze and Guattari, 1986: 17). 카플란은 이 순간이 "유토피아적 순간이 갖는 역설적인 특징(paradoxical nature of this utopian moment)"을 가졌다고 말한다. 다시 말해 '주변부(minor)'라고 할 수 있는 이 순간은 자신이 중요하다고 생각하는 것에 대한 연대감을 버리고 다른 사람의 감정을 인정하며 어떤 사상이나 가치관에 집착하는 행위에 내재할 수 있는 위험성을 인식하게 되는 혁명적인 순간이다(Deleuze and Guattari, 1986: 18). 그런데 탈영토화의 개념에는 서로 다른 언어와 문화 사이의 "경계선을 넘나드는 주체자(a border crosser)"가 있다.[5] 그들은 '자아'이며 동시에 '타자'가 되며 경계선을 넘나들며 경계선을 사이에 둔 두 세계가 갖고 있는 지시적 언어 체계에 있는 이중의 일련의 기표들을 거친다(Hicks, 1991: xxvii). 이들은 새로운 영역과 언어에 직면해 어느 쪽에도 속하지 않는다. 그들은 두 언어 사이에 걸쳐 있으며, 이 두 언어와 영역 사이를 협상할 수 있는 더 포괄적인 새로운 개념의 틀을 찾기 위해 부단히 노력한다.

4. 망명: 탈영토화와 경계선 위에 선 자아

앞서 언급했듯이 유대인으로서 폴란드에서 태어나고 자란 호프만에게 캐나다로의 이주는 과거 세계로부터의 단절을 의미하기에 그녀는 이를 '망명'으로 표현한다. 또한 그러한 단절의 경험을 캐나다 동부 몬트리올에 도착해 대륙의 다른 끝인 서부 밴쿠버로 가기 위해 탔던 기차에 비유하기도 한다. "기차의 바퀴 소리는 자신의 삶을 3천 마일이나 찢는 가위와 같으며, 기차가 가로질러가며 죽 그어놓은 선처럼 앞으로 나의 삶은 두 동강으로 깨어질 것이다"(100)라고 표현한다. 또한 과거로부터 단절됨으로써 그녀는 공포심과 충격을 받게 된다. 그녀는 캐나다에 온 지 사흘째 되던

5 에밀리 힉스(Emily Hicks)는 대표적인 작가로 프란츠 카프카(Franz Kafka)를 들고 있다. 카프카는 유대계로 체코에서 태어나 프라하에서 살았으며 독일어로 작품을 썼다(Hicks, 1991: xxv).

날 바다에 빠지는 악몽을 꾸며, 어두운 공간으로 들어선 것과 같은 공포감에 빠진다(104). 또한 호프만에게 낯선 세계로 들어간 경험은 박탈을 의미하기도 한다. 그녀가 경험하는 박탈은 경제적 · 사회적인 차원에서뿐 아니라 "의미 체계에서 떨어져 혼돈의 세계로 빠졌다"(150)라고 표현한 대로 언어의 박탈이기도 하다. 그녀는 "모든 것을 가려버리고 흐리는 스크린이 눈앞에 내려온 것처럼 어떤 것도 분명히 보지 못한 채 그 거리를 지나다녔다" (135)라고 말하며, 기표와 기의의 괴리를 경험하고 방향 감각을 상실하게 된다. 캐나다는 "텅 빈 단조로운 회색의 공간"(150)이 되어버린다. 이러한 방향 감각에 대한 상실감은 사라 필립스 카스틸(Sarah Phillips Casteel)이 지적한 바와 같이 과거 폴란드어 세계로부터의 단절로 인한 주인공의 내면 세계를 상징한다(Casteel, 2001: 290).

호프만은 캐나다에 가자마자 그녀의 이름이 영어 이름으로 바뀐 상황을 기억한다. 그녀는 에와(Ewa)에서 에바(Eva)로, 그녀의 동생은 알리나(Alina)에서 일레인(Elain)으로 바뀐다. 그녀는 자신의 이름이 바뀐 순간을 다음과 같이 묘사한다.

> 아무렇게나 주어진 이름이었다. …… 머릿속에서 살짝 진동이 느껴졌을 뿐 사실 아무 일도 일어나지 않았다. 우리의 이름을 아주 조금 비틀자 우리의 이름은 아주 조금 우리로부터 멀어져 갔다. 하지만 이 틈새로 무한대한 추상이란 도깨비가 자리잡는다. …… 우리 스스로도 발음할 수 없는 이 새로운 명칭들은 우리가 아니다. 단지 우리에게 붙여진 이름표에 불과하고 어쩌다 나의 동생과 나라고 하는 사물을 가리키는 실체가 없는 표지다(105).

그녀는 자신의 이름이 바뀌는 이 순간에 과거의 기표 체계에서 벗어나 낯선 새로운 기표의 세계로 들어오며, 새로운 기표로 말미암아 "스스로를 이방인으로 느낀다"(105). 또한 자신에게 부여된 새로운 이름이 "무한대한 추상이란 도깨비" 그리고 "실체가 없는 이름표"로 다가왔다고 하며 새로운 기표 체계의 세계에서 아직 정체성을 찾지 못한 상황을 호소한다. 위의 일화를 통해 그녀는 언어와 정체성이 서로 밀접히 관련되어 있다는 사실을 깨닫게 된다. 그녀는 자신이 영어를 잘하지 못하기 때문에 "마치 불편하고 커다랗게 부풀려진 우주복 속에 들어간 것과 같다"(124)라고 말한다. 언어는 "자신의 주변부의 치욕에서 벗어날 수 있는 중요한 수단"(123)이다. 더 나아가 언어는 생존을 위해 필수적이라는 것을 안다. 자신의 뉴욕 아파트 거리에서 밤마다 들려오는 절규는 자신의 뜻을 전달하지 못하는 분노 때문에 기인한다고 생각하며, 자신을 제대로 표현하지 못하면 결국 다시 자신에게 향하는 "살인적인 분노에 이르게 되고, 모든 치료는 말하기 치료'이며, 모든 '신경 증세는 말을 하지 못해 생기는 병"(124)이라고 말한다. 그러나 호프만은 오랜 동안 영어의 기표가 지칭하는 의미에 공감을 느끼지 못하며, 언어로부터의 괴리감으로 인해 삶이 박탈되었다고 호소한다: "문제는 기표와 기의가 서로 분리되어 있다는 것이다. 내가 지금 배우고 있는 단어들은 내 모국어에서처럼 자연스럽게 사물을 표상하지 않는다. 폴란드어로 '강'이란 생동감 있는 소리였다. 강의 본질이 살아 숨쉬어 있어 역동적이었고, 나의 강이란 느낌, 또한 내가 그 강에 몸을 담그고 있는 느낌이 있었다. 하지만 영어로 '강'은 차디차며 어떤 느낌이나 분위기도 느껴지지 않는다"(106).

호프만은 자신이 언어로부터 괴리감을 느끼는 것은 그 언어가 생겨난 삶을 공유하지 못했기 때문이라는 것을 안다. 다시 말해 그녀에게는 현지 사람들과 함께 가졌던 "삶의 연결고리"(106) 혹은 "배경"(190)이 없으며, 그래서 그녀는 가장 삶에 천착한 말들에서 기표와 기의의 괴리를 첨예하게 느낀다. 예를 들어 "천만에요"(105)와 같은 말은 그녀에게는 어색하게 다가온다. 호프만은 영어의 뜻을 알기 위해 영어를 폴란드어로 번역하는 것이 아니라 그 단어가 생긴 근원으로 가져가려 하지만 때로는 그 과정에서 이미 그 단어가 가졌던 느낌은 상실되고마는 것을 경험한다. 그리고 언어의 상실은 바로 삶의 상실로 다가온다: "이렇게 단어와 사물 사이의 단절은 삶을 건조시켜 버리는 연금술과 같다. 세상에서 의미뿐 아니라 삶의 다양한 색채, 씨줄과 날줄들, 뉘앙스, 즉 세상의 존재 자체를 빼앗아간다.

그것은 삶의 연결고리를 상실한 것과 같다"(107).

호프만은 "그 뜻을 구체적인 상황 속에 두지 않고 외국어를 말하는 것은 삭제될 수 있는 위험성을 감수하는 것이다"(211)라고 하며, 언어를 배우기 위해 인간관계망 속에 들어가 더 포괄적으로 그녀 자신과 다른 사람들을 이해할 필요를 느낀다. 하나의 단어의 뜻을 곡해하지 않고 이해하기 위해서는 "그 단어를 에워싸고 있는 모든 언어와 청중들까지"(273-274) 포함해야 한다고 한다. 호프만은 "정말 수년의 연습이 필요할 것이다. 그 단어들이 미묘하게 어떻게 쓰여지는가가 내 두뇌의 회로에 찰칵하고 명쾌히 연결되어 언어의 전기를 만들기까지는 오랜 시간의 연습이 필요할 것이다"(119)라고 한다. 그녀가 추구하는 것은 문화인류학자들에게 필요한 덕목인 감정적 공명(resonance)이다. 공명은 현지 사람들의 삶에 들어가 그들의 언어를 배우며 그들의 행위가 이뤄지는 상황 속에서 그들의 삶과 감정에 공명할 때까지 다른 사람들에게 조율하는 것을 말한다(Ingold, 1993: 220-221).

호프만은 자신의 고국에서 이탈함으로써 언어학자의 인식을 갖게 된다. 에드워드 사피르(Edward Sapir)는 "어떤 사고의 유형과 특정한 반응은 계속 지속되는 역사 속에서 전형적이고 정상이라고 규정된다. 사피르는 그러한 독특하고 관습적인 유형의 사고는 언어에 깊이 자리잡게 된다"(Sapir, 1949: 311)고 했다. 호프만 역시 언어를 이해하기 위해 언어가 생겨난 삶의 상황 속으로 소급하려고 시도함으로써 "세계와 정신 그리고 언어는 서로 밀접하게 연관되어 있다"(217)는 점을 알게 된다. 또한 자신의 아버지를 보며 한 개인의 정체성은 그 개인이 속해 있는 사회와 문화의 산물이라는 것을 느낀다. 그녀는 아버지가 과거 폴란드에서는 임기응변에 능하고 강한 성격의 소유자였고 운명에 맞서 싸우는 사람이었지만 지금 캐나다에서는 자신이 싸우고 저항해야 할 대상이 사라져서 다른 사람이 되어 있는 것을 보게 된다. 결국 호프만은 자신과 미국 친구들은 "서로 다른 문화의 산물"(211)이라는 점을 깨닫는다.

그러나 호프만에게서 영어를 배우는 일은 완전히 과거 폴란드 세계를 버리는 것을 의미하지는 않는다. 그녀는 캐나다로 향하는 배에서 자신의 폴란드 세계와의 감성적 연대감을 헤브루어인 tesknota(향수)(91)란 단어로 표현한다. 번역하지 않은 채 사용되는 tesknota라는 헤브루 단어는 "번역할 수 없음(untranslatable)" (Fanettia, 2005: 407)을 말하며, 완전한 동화를 거부하는 그녀의 자아를 나타낸다. 호프만은 과거 폴란드 세계에 대한 연대감을 유지하고 있기 때문에 세계에 대한 "이중의 시선"을 갖게 되며, 그녀 안에서 이 두 세계는 서로 교차한다. 그녀의 "머릿속에서의 참조점(reference points)은 나풀거리며 춤을 추기 시작하며," 그녀의 "상상을 고정시켜 줄 일직선의 축은 사라지고 삶의 축은 진동하기 시작하고, 그녀는 불안정하게 그 주위를 맴돈다"(132).

호프만의 내면에는 폴란드어와 영어의 이 두 세계가 과거와 현재의 형태로 공존하게 되고, 이 두 세계 사이에 있는 그녀의 내면 세계의 움직임은 동화와 고립 사이에 고민하는 이민자가 취하는 노정으로 드러난다. 호프만은 친구들에게 자신의 "이중의 시선"이 갖고 있는 유리함을 다음과 같은 비유를 통해 역설한다: "당신이 한번도 진짜 토마토를 먹어보지 못했다면 플라스틱 토마토가 진짜라고 생각하게 될 것이고, 게다가 당신은 그것에 완전히 만족할 것이다. 단지 당신이 그 둘을 다 맛보았을 때만 그 둘 사이에는 차이가 있다는 것을 알게 된다. 비록 그 차이를 묘사하는 것이 거의 불가능할지라도 말이다"(204). 호프만은 "이중의 시선"을 갖게 됨으로써 주변인의 관점에서 미국 친구들의 편안한 '합의'에 도전하게 되며, 북미의 삶의 얄팍함에 대한 대안을 제시한다. 이는 들뢰즈와 가타리가 말한 탈영토화의 과정에서 발견되는 "기존의 가치관과 정전을 해체하게 되는"(Deleuze and Guattari, 1986: 18) 혁명적인 순간이다.

의도적으로 주변부의 관점을 택하는 그녀는 미국 친구들로부터 비난받으며, 그들의 비난이 자신을 정복하며 자신의 독특한 개성을 앗아갈 수도 있다고 느낀다. 그러면서도 그녀는 자신이 더 이상 방문객이 아니며 또한 영원히 주변에 머물며 미국인들을 관찰만 하며 살 수는 없다는 것을 안다. 이민자는 그곳 사람들과 함께 어울려 살지 않으면 정신분열증에 걸릴 것이라고 호프만은 말한다. 그녀는 "유일한 실재(reality)는 공통된 장 속에서 공유하는 현실(reality)"이란 점을 깨닫고, 그들과 함께 더불어 살고자 한다. 호프만은 점차 미국 사회에 동화해 가는 과정에서 자기 분석, 감정 통제, 성취, 자기 신뢰와 같은 미국의 가치관을 추구하며, 만일 이에 충실하지 않으면 '불안'에 시달리게 되면서 정신과 의사에게 다니게 된다. 호프만은 자신의 신경 증세의 원인은 자신이 미국 사회에 동화해 가는 동안 오랜 동안 폴란드어를 사용하지 않음으로써 자신이 과거에 가졌던 폴란드식 가치관과 감수성이 억눌려 있기 때문이라고 생각한다. 그리하여 그녀는 자신의 소외에서 벗어나면서도 자신의 정체성을 잃지 않으며, 경직(rigidity)과 자기삭제(self-effacement) 사이에서 팽팽한 균형을 이루고, 또한 하나의 문화가 다른 문화에 완전히 굴복하지 않으면서 상대를 존경하는 방법을 찾고자 한다(209). 다른 사람의 언어를 말하되 동시에 자신의 정체성이나 주체성을 상실하지 않고자 하는 욕망으로 그녀는 이 두 목소리를 포함할 수 있는 큰 틀을 끊임없이 찾게 된다.

호프만은 두 세계가 평등한 관계에서 공존하고, 이 두 세계를 모두 포함하는 큰 틀을 찾기 위한 번역 과정을 "번역치료요법(translation therapy)"이라고 하며, 이는 그녀의 생존을 위해 필수적인 것이 된다. 그녀는 이 번역 과정을 "삼각측량(triangulation)"(211)의 비유로 표현한다. "나는 번역치료요법을 통해 이 분열의 간극을 넘나든다. 이 두 간극을 좁히기보다는 내가 1인칭 단수로 표시되는 한 개인으로서 양쪽의 세계를 경험했다는 것을 보여 주고자 한다"(273)라고 말하듯이, '3'으로 표시되는 '삼각측량'은 두 문화 중 어느 쪽에도 속하지 않은 채, 둘 사이(between)에 있는 것을 말한다. 이는 하나의 언어와 문화가 다른 언어와 문화에 완전히 굴복하지 않으면서 상대를 존중하는 상태다.

그러나 동시에 삼각측량의 비유는 둘 사이에 있으면서도 또한 둘 중 어느 쪽보다 더 위에(above) 있는 상태를 말하기도 한다. 이는 두 문화가 각각 다른 점을 인정하면서도 동시에 둘을 모두 포함할 수 있는 것이다. 호프만은 그러한 큰 틀을 '더 현명한 통합(wiser synthesis)', '단지 인간적인', '객관적인 주관성' 혹은 '정상적인'이란 단어로 표현한다. 그녀는 이 큰 틀을 자신이 생각하기에 '사물을 있는 당위성에 근거해서가 아니라 그대로 받아들이는' 사람들의 얼굴과 겹쳐 본다. 자신 또한 그 사람들과 같이 되기를 원하며, '자신과 그녀의 미국 친구들을 함께 품을 수 있는 그런 얼굴의 주인'이 되고 싶어한다. 그녀가 원하는 것은 "분열된 협소한 언어와 편파적인 사고의 요란한 소리를 다 품을 수 있는 언어이며, 겉에 드러나는 서로 다른 의표의 차이들을 갈아엎고 저 깊은 층에 숨어 있는 의미를 캐낼 수 있는 그런 오래된 언어"다(212-213).

앞서 언급했듯이 호프만은 자신의 개인적인 경험이 그들에게 하나의 유용한 예시가 되기를 바란다(Stern-Gillet, 1993: 131). 그녀는 '삼각측량'과 같은 맥락에서 삼각형을 만들다(triangulate)란 비유를 통해 현대를 사는 우리들도 일종의 탈영토화 과정이 필요하다고 말한다. 그녀는 "우리가 살고 있는 시대의 일시적이고 덧없는 관념들에서 벗어나기 위해서는 과거, 미래, 우리의 다듬어지지 않은 지각, 다른 장소와 연결해야 한다"(276)며, 우리가 속해 있는 문화를 벗어나 다른 관점으로 옮겨가는 일의 중요성을 말한다. 그런데 호프만에게 "자신의 개인적인 곳, 내 자신의 동화되지 않는 부분"(276)인 다른 지점은 자신이 떠나온 과거 폴란드를 포함한 동구 유럽 세계다. 그녀는 러시아계 망명 작가 블라디미르 나보코프(Vladmir Nabokov)와 밀란 쿤데라(Milan Kundera)가 동구 유럽이 간직하고 있는 과거 세계가 현재 미국 사회의 가치관이 보이는 "천박함에 대한 대안"(114)이 될 수 있고, "요즘과 같이 몹시 이데올로기적인 시대에 향수는 정치적 목적이 있으며, 우리 자신의 잊혀진 역사를 회복하는 일은 얄팍함에서 벗어날 수 있는 길"(115)이라고 한 말을 인용하며, 동구 유럽의 가치관이야말로 미국 사회에서 전반적으로 발견되는 신경 증세를 치유할 수 있는 대안이라고 제시한다. 그렇다면 왜 그녀의 과거 폴란드의 세계가 미국 문화의 대안이 될 수 있으며, 구체적으로 과거 폴란드의 의미는 무엇인가?

5. 향수(tesknota): 어린 시절의 충만한 감성의 세계와 인간에 대한 이해와 동정심

호프만은 영어의 의미를 배워 가는 과정에서 "주의 깊은 문화 관찰자"(220)가 된다. 그녀는 사람들의 삶을 관찰하며 점차 삶의 의미와 인간성에 대한 척도가 폴란드와 미국에서 서로 다르다는 것을 알게 된다. 예를 들어 '친구(friend)'라는 단어가 자신과 친구 페니(Penny)와의 관계에서 어떻게 쓰이고 있는가를 살핀다. "페니는 분명히 내 친구이며 우리는 오랜 시간을 우리 친구들과 선생님, 그리고 미래에 대해 잡담을 하며 많은 시간을 보낸다"(148). 그러나 미국에서는 자신이 과거 폴란드에서 친구와의 관계에서 가졌던 "사랑에 가까운 강한 충성심과 애정의 함축적 의미"는 발견하지 못한다. 폴란드에서 '친구'와 '지인(acquaintance)'은 각각 별개의 단어였다. 반면 미국에서 '친구'란 단어는 위 두 단어 모두를 포함하며 기분 좋게 별 부담 없는 단어로 쓰이며 모든 영역의 인간 관계를 아우른다(148). 그래서 친구라는 단어가 미국에서 쓰이는 넓은 범주를 폴란드에서 사용되는 어법으로 나누는 일은 미국적 상황에서 부적합하다는 점을 알게 된다. 또한 '데이트 상대자'와 '어머니'와 같은 다른 관계에 대해서도 서로 다른 의미를 두고 있음을 안다. 인간의 특성에 관한 '모험심', '총명함', '수줍음'과 같은 단어들의 의미는 서로 각기 다른 측량 체계 속에서 다른 척도에 따라 결정된다는 것을 알게 된다(175).

하나의 단어가 폴란드와 미국에서 서로 다른 의미를 갖게 되는 것은 서로 다른 문화 사이의 차이점에 기인한다는 것을 보여 주는 호프만의 자서전은 각각 서로 다른 문화에 대한 점검이기도 하다. 그녀는 폴란드 문화가 낭만주의적인 특징을 가졌다고 한다면 미국 문화는 상식적인 실용주의에 있다고 말한다(159). 미국 사회의 또 다른 특징은 어떤 고정된 구심점이 결여된 포스트모던 세대라는 점이다. 호프만은 캐나다 '망명'의 맨 마지막 부분에서 자신이 몸담고 있는 현재 미국 사회는 '공포스러운 다양성'을 강조하며, 다양성에 대한 믿음을 획일적으로 강요하고 있다고 말한다.

그리하여 아이러니컬하게도 자신이 "불확실성을 고집한다는 것이 결국 내가 미국 사회에 동화했다는 것을 가장 잘 드러내 주는 것이며, 아마도 성공적인 이민자는 내국인들의 모습을 좀 과장한 모습이다"(164)라고 말한다.

호프만은 불확실성과 다양성을 강조하는 포스트모던 정신이 팽배한 미국 사회에는 전통적인 가치관이 부재하다고 생각한다. 또한 미국 사회는 낙관주의적 미래지향주의와 개인주의적 사고를 갖고 있음을 알게 된다. 낙관주의적 미래지향주의는 과거를 부정하게 되며 또한 과거를 부정하는 것은 고통스러운 경험을 포함해 인간의 감정 세계를 부정하게 된다고 본다. 호프만은 친구 리지(Lizzy)와 '시민의 책임(civic responsibility)', '자족의 이상(the ideal of self-sufficiency)'에 대해 논한다. 그녀는 리지로부터 사람들은 자족할 때만 존엄성을 갖게 되며, 그래서 다른 사람들의 고통에 대해 동정심을 느낄 필요가 없다는 말을 듣는다(176). 더 나아가 호프만은 미국인들에게서 발견되는 타인의 고통에 대한 무관심은 가족 관계에서도 발견되며 그 결과 가족 간에도 유대감이 부족하다고 말한다. 자신의 가족들도 예외가 아니어서 그녀의 "가족들의 연대감은 이곳에서는 위험하리만큼 느슨해졌다"(145)고 한다.

앞서 언급했듯이 작가는 자신이 살았던 과거 폴란드 가치관이 자신의 신경증적 증세를 포함해 미국 사회의 병폐를 치유할 수 있는 대안이라고 제시한다. 이러한 작가의 생각은 자서전의 시작 부분인 폴란드 부분을 '낙원'이라고 명명하는 데서 알 수 있다. 또한 파네티가 지적한 바와 같이 과거에 대한 향수를 의미하는 tesknota란 단어가 작품의 초두에 소개되며 자주 언급됨으로써 과거 폴란드 세계가 전 작품의 방향을 결정한다(408). 이 작품에서는 tesknota가 의미하는 바를 되찾기 위한 작가의 시선으로 말미암아 떠나온 고국으로의 귀환과 잃어버린 자아를 회복하는 일이 이 작품의 지향점이 된다. 그녀의 자서전은 폴란드에서 벗어났으면서도 폴란드 세계로 회기를 도모하는 일에 관한 것이다.

그런데 향수 어린 시선으로 그려내는 과거는 실제 과거와는 다를 수 있다. 스턴-길렛은 이 자서전을 쓰면서 작가가 자신의 기억을 더듬거나 자신의 서술을 뒷받침할 수 있는 일기나 다른 기록물에 의존하지 않았기 때문에 그녀가 그려낸 자서전적 사실의 진정성에 대해 의구심을 표시한다. 또한 고국을 떠나온 일이 상실로 다가오고, 그리하여 그 잃어버린 세계를 회복하고자 하는 작가가 그려낸 과거는 실제 있었던 과거를 있는 그대로 그렸다기보다는 과거를 상상하거나 혹은 현재의 목적에 맞게 재편성했다고 한다(Stern-Gillet, 1993: 132). 스턴-길렛의 말을 감안할 때 과거 폴란드 세계는 구심점이 없는 포스트모더니즘으로 특징지어지는 미국 사회에 대한 대안으로 제시된다.

그렇다면 호프만에게 과거 폴란드 세계는 무엇을 의미하는가? 그녀의 기억 속에서 폴란드는 다른 사람들과 함께 나눴던 유대감으로 가득했던 세계로 다가온다. 그녀는 자신이 폴란드를 떠날 때의 상황을 다음과 같이 회고한다.

> 나는 어린 시절 크라카우에서 허름한 아파트에서 자랐고, 이곳에 있는 다른 네 사람들과 좁디좁은 3개의 방이 있는 아파트에서 함께 지냈으며, 여기저기서 싸움소리가 들렸고, 사람들은 내가 알아먹지도 못할 정치적 불만을 늘어놓았고, 전쟁 동안에 겪었던 기억들을 토로했으며, 살아가기 위해 매일 버둥거렸다. 그럼에도 그곳을 떠날 때가 되자 나 또한 역시 행복하고 안전한 에덴에서 쫓겨났다고 느꼈다(5).

위의 인용문은 정치적 · 사회적으로 어려운 상황 속에서도 그녀가 느꼈던 공동체 의식을 보여 준다.

그녀는 과거 폴란드를 낙원으로 묘사하는 것은 과거 폴란드에서는 인종적 · 정치적 · 역사적으로 서로 다른 배경을 가진 사람들이 함께 모여 살면서 다른 사람들의 타자성을 인정했기 때문이다. 이 점은 호프만의 가족이 잘 보여 준다. 그들은 북미로 이민 오기 이전 폴란드에서도 주변인에 속했다. 그녀의 부모는 반유대주의 감정이 팽배한 폴란드에서 유대인으로 살았으며, 또한 제2차 세계대전을 경험했다. 또한 그녀의 아버지는 공산주의와 전체주의가 자리잡은 시대에 반공산주의자였다. 더 나아가 이들 가족은 일련의 저항과 일탈을 한다. 호프만은 어린 시절부터 자신은 유대인으로서 '이방인'이라는 것을 깨닫는다. 하지만 그녀는 반유대주의는 "야만적인 아둔함"(32) 때문에 생긴 것이란 어머니의 말을 기억하고 오히려 자신이 유대인이라는 사실에 자긍심을 갖는다. 그럼에도 그녀는 정통 유대교에 충실하지 않아서 학교에서는 기도문을 외우지 않았다. 또한 폴란드에서 공산주의 문화는 모든 사람이 획일적이기를 요구하지만 그녀의 가족은 공산주의의 교조를 따르지 않는다. 그들은 스탈린의 죽음에 애도하지도 않으며, 그녀의 아버지는 엄격한 공산주의 사회에서 밀주(密酒)로 돈을 벌기도 한다. 그런데 그들의 일탈에의 시도는 사실 억압된 분위기에서 정치적 · 종교적인 이데올로기가 강요되었음에도 불구하고 서로 다른 가치관이 공존했다는 것을 말해 준다. 그녀가 기억하는 폴란드에서의 어린 시절은 다양성을 보여 준다. 폴란드 국가주의와 러시아의 국가주의가 공존했으며, 공산주의와 로마 가톨릭 사상과 또한 유대주의가 공존했다. 학교에서는 마르크스의 『공산주의 선언(*Communist Manifesto*)』을 읽게 하지만 학교 선생님들 자신도 이를 믿지 않는다. 그리고 그들은 허용되는 범위 내에서 공산주의가 말하는 역사와는 다른 역사가 있다는 것은 넌지시 알려 주며 폴란드 왕은 사실 애국자였다고 가르친다(62).

메리 베세미어(Mary Besemeres)에 의하면, tesknota는 호프만 자신의 세계를 말하면서도 동시에 그녀가 속하는 문화를 말하며, 이 두 세계 사이에 걸쳐 있다(Fanetti, 2005: 410 재인용). 호프만의 기억의 초점은 위에 언급한 종교적 · 인종적 · 정치적인 차이에도 불구하고 사람들이 함께 공유했던 삶과 감정의 세계에 맞춰져 있다. 그녀의 과거에 대한 향수 어린 시선은 어머니와 함께 찾아간 도서관에서 빌려온 책에서 경험한 삶의 모습들에 향한다. 어린 시절 읽었던 낭만적 소설은 그녀에게 자연스럽게 성에 대해 눈뜨게 하고 열정을 알게 한다. 자신의 좁은 집에 찾아온 사람들과 부대끼며 함께 지낸다는 것이 전혀 불편하지 않았으며, 바로 그들이 적

나라하게 드러내는 내면의 모습을 보고 그것이 바로 우리가 살아가는 삶의 모습이라고 생각한다. 호프만은 어린 시절 "사람들과 가깝게 지냈던 열기가 있었으며 바로 이런 것이 삶을 이룬 것"(56)임을 기억해낸다. 그녀의 부모로부터 "허풍, 영감, 자연스러움, 용맹함"과 같은 진정한 폴란드 사람의 가치관인 사람의 색깔을 배운다. 어린 시절의 폴란드는 호프만에게 우리 안에 들어 있는 감정의 세계를 말한다. "우리의 어린아이와 같이 바보 같은 애정들," "사람들에 대한 애정", "욕망의 에너지"(74)다. 그녀의 어머니가 "결국 사람들은 모두 같은 감정을 갖고 있다는 것을 기억하라"(85)고 가르쳤듯이, 그녀가 다른 사람들과 느꼈던 유대감은 모든 사람의 감성 세계는 결국 같다는 믿음과 다른 사람의 감정에 동조할 수 있는 능력에서 비롯된다.

호프만이 다른 사람의 감정에 이입할 수 있는 능력은 특히 그녀가 어린 시절부터 배운 음악 교육을 통해 더욱 강화되기도 한다. 선생님은 그녀에게 "음악은 일종의 감동의 언어"(69)이며, 인간의 공통된 인간성을 말하는 공통 언어라고 가르친다. 호프만은 음악을 통해 다른 사람의 감정에 충실할 것을 배운다. 캐나다에 와서도 음악 교육은 계속되며, 오스트로포프(Ostropov) 선생님은 "위대한 음악가는 인간적인 사람"(152)이라고 가르친다. 호프만은 과거 폴란드에서 음악을 통해 다른 사람과의 공감을 나눴던 기억을 떠올리기도 한다. 부모님과 함께 참석한 안톤 루빈슈타인(Anton Rubinstein)의 연주회에서 "자신과 모든 사람에게 진정으로 완벽한 언어"인 음악을 통해 폴란드 사람들과 함께했던 경험을 기억한다. 루빈슈타인의 음악은 '모두의 언어'였으며, 청중은 '동지애와 축하'이기도 한 '만세, 만세(Wiwat Wiwat)'를 외쳤다. 음악회는 '가족의 재회'이며 '집단적인 열광이며 카타르시스였다고 기억한다(73).

다른 사람들과의 연대감은 무엇보다도 그녀의 부모가 겪었던 고통을 함께함으로써 길러진다. 호프만은 고통을 기억하는 일이 중요함을 말하기 위해 테오도르 아도르노(Theodor W. Adorno)가 만일 이민자가 자신의 고립을 상실하면 영혼을 상실한다라고 했던 말을 인용한다(208). 호프만이 지켜낸 '영혼'의 본질은 유대계 학살의 경험을 가진 부모로부터 이어받은 "그 커다란 슬픔"(146)에서 비롯된다. 그녀는 어머니가 유대인이 겪었던 고통의 경험을 기억하는 것은 "명예가 달린 문제"(24)라고 한 말을 기억하며 자신의 부모가 겪었던 고통은 자신의 일부분이라는 것을 명심한다. 그녀는 또한 성인이 된 후 뉴욕에서 과거 자신의 부모가 겪었던 고통의 이야기를 다른 사람을 통해 전해 듣는다. 그녀의 아버지는 게슈타포(Gestapo)에게 끌려가던 중 도망쳐 차가운 강물 속에 뛰어들어 몇 시간이고 기다렸으며, 어머니는 유산을 하고 난 후 도피하던 중 걸을 수가 없어서 그녀의 아버지가 업고 눈길을 걸었었다. 다른 사람의 입을 통해 듣게 되는 먼 과거 속의 고통에 대한 이야기는 서로 다른 배경을 가진 그들을 하나로 연결시킨다.

호프만은 자신의 내면에서 영어와 폴란드어로 대화를 하며 이는 미국적 가치관과 폴란드 가치관 사이를 오간다. 그녀는 번역 치료를 위해 '성공'과 '성취'와 같은 미국의 가치관을 추구하며 얻은 신경증을 치료하고자 과거로 돌아간다. 그녀는 번역 치료를 하기 위해 자신이 모국어를 쓰지 않음으로써 단절되고 잃어버린 자아를 다시 찾아내는 일은 어린 시절 가졌던 '감성적 합일'의 세계를 되찾는 것이다. 결국 호프만에 번역 치료는 자신 안에 억눌려 있었던 폴란드의 감성의 세계를 회복하는 일이며, 그것은 영어를 사용하는 현재의 자아에 실존하는 의미(signified)로 만드는 실천적인 일이기도 하다. 그리하여 그녀는 영어가 그녀의 감성과 무의식의 세계를 말해 줄 수 있는 언어로 만든다. "영어는 이제 의식 아래에서 오는 언어로 말한다. 우리가 복잡하게 분석하기 이전의 중세 발라드처럼 단순하고 신비한 언어가 된다"(243). 또한 '사랑해요'와 같은 단어도 "나의 몸에 들어와 나의 존재의 가장 부드러운 곳에 자리잡는다"(245)라고 말한다. 호프만은 두 언어와 문화의 차이를 유지하면서도 이 두 세계를 통합시킨다. 그녀는 마침내 자신이 번역 치료를 통해 그토록 갈망했던 '객관적인 주관성' 혹은 '현명한 통합'을 이뤄낸다.

호프만은 자신의 신경 증세를 치료하기 위해 자신의 잃어버린 어린 시절의 감성적 합일의 세계를 되찾는 일이 필요했듯이 미국인들 역시 그들의 감성 세계를 발견하도록 종용한다. 그녀는 인간 존재의 미약함과 고통을 인식하는 일이 중요성에 관해 말하는 셰익스피어의 『리어 왕』의 마지막 부분을 인용하며 다음과 같이 말한다.

> 나는 친구들에게 우리는 '수용하는 면'에서는 아직 미숙하다고 말한다. …… 만일 모든 신경 증세가 억압의 형태라면, 고통과 무력함을 부정하는 것 역시 신경증의 한 형태다. 분명히 슬픔으로부터 도피하려는 우리의 모든 시도는 쓰라린 자기 억압으로 뒤틀린다. 그래서 유쾌함과 자기 통제를 강조하는 문화는 그 나름대로의 고통을 증식시킨다. 나는 때때로 우리의 오랜 고통을 바란다. 당신을 갈대처럼 흔드는 사랑과 증오의 휘둘림에 시간을 갖고 참을성 있게 귀를 기울일 수 있는 그런 능력을 바란다. 그래서 당신의 저 바닥 내면 깊숙한 곳에 있는 '가련한 두 발 달린 짐승'에 불과한 우리의 모습을 알았으면 한다(271).

그녀 안에 두 세계를 모두 포함하는 초국가적 의식은 초국가적 공동체를 향한다. 바바의 혼종성은 저항과 도전으로 다시 쓰기를 통한 자아에 대한 정의가 그 목적이라면, 그녀가 경계선 위에서 보여 주는 몸짓은 타자를 대화로 이끌어 들이며, 그들로 하여금 초국가적 의식을 갖게 하는 데 있다. 그녀 자신뿐 아니라 상대들도 서로의 경계선을 넘어오게 된다.

> 나의 옆구리를 찌르는 사금파리는 내가 어느 곳에도 쉽게 속하지 않을 것이라는 것을 말해 준다, 나의 감수성과 견해는 항상 사이와 중간에 있기 때문이다. 그러나 나는 웃으며 농담하며 하늘을 쳐다보면서 친구들과의 불꽃이 튀어오르게 할 수 있다는 것을 안다. 왜냐하면 우리들은 더 큰 애정의 영역에 함께 있기 때문이다. 나는 이 친구들이 내 의견이 좀 불편함에도 날 덜 좋아하지는 않을 것이란 것을 안다. 아마도 이런 작은 언쟁은 경계선을 서로 넘어서고 있다는 표시일 것이다(216).

호프만은 미국 친구들과 예를 들어 '공산주의'와 '엄마'의 의미란 무언인가에 관해 대화를 하며 자신의 '소수의 목소리'를 집어넣는다. 그 목소리는 "주변에서 중요한 대화에 끼어들려고 하는 것이 마치 웅웅거리며 기분 거슬리게 하는 모기 소리"(266-267)와 같다. 그 목소리를 듣고 미국 친구들은 그들의 가치관을 넘어서게 하여 다양성을 깨닫게 한다. 엄마의 존재란 무엇인가에 대해 고민하는 미국 친구들에게 호프만은 엄마와 딸의 관계는 가장 친밀하고 가장 애정이 있는 관계라는 사실을 주지시켜 준다.

호프만은 두 언어의 의미를 통합했기 때문에 그녀는 자신의 언어를 모두 합한 것과 같다. 그녀는 종국에 이룩한 더 큰 사고의 틀 속에서 어떤 언어도 우선시하지 않는다. 그것은 언어란 주어진 사회의 산물이며 각각의 언어는 상대적이란 것을 알고 있기 때문이다. 이 상태에서 각각의 목소리는 듣고 이해될 수 있는 평등한 권리를 주장한다. 더욱이 각각의 언어는 상대 언어를 변형시키며 다른 언어와 혼종 교배(crossbreed)하며 다른 언어를 풍부하게 해 준다. 그녀의 주체는 '둘 다/그리고'의 상태에 도달한다. 그녀와 미국 친구인 미리암과의 관계에서 보이듯이 자신과 다른 사람들 사이에 어떤 단절도 발견되지 않는다. 미리암과는 개인적인 느낌, 충절심, 애정을 공유한다. 이러한 평화로운 마음 상태를 '바벨의 제로 단계(zero degree of Babel)' 혹은 '침묵'이라고 표현한다. 왜냐하면 자신의 통합된 자아는 다양성을 모두 포함하면서 동시에 그 다양성을 초월하기 때문이다(276-277).

6. 초국가적인 글쓰기와 디아스포라의 삶

호프만이 갖게 되는 초국가적 의식은 국경의 경계, 서로 다른 문화, 서로 다른 언어, 서로 다른 정체성, 과거와 현재 등 여러 차원에서의 번역을 통해서다. 번역은 언어 사이의 맞교환이 아니라 그 언어가 생겨난 근원까지 거슬러 가므로 번역 행위는 자신과 상대 언어와 문화를 서로 점검하는 과정을 수반한다. 그 과정을 통해 호프만은 자신 안에 이 두 세계를 포함할 수 있게 되었고, 그녀 안에서 이룩한 통합으로 인해 "세상을 볼 수 있는 아르키메데스의 지렛대"(275)라고 표현되는 초국가적 의식을 갖게 되며 또한 다른 사람의 인식의 한계를 알게 된다. 그녀는 현대인의 삶은 전통의 부재 속에서 "많은 것이 동시에 일어나며, 그것들이 우리의 마음과 거실에 매 순간 밀려 들어오는"(276) 포스트모던 시대의 삶이며, "우리 시대에서 이탈의 삶은 탈선이 아니라 정상"(275)이란 점을 안다. 그녀는 현대인의 분열과 단절은 단지 현대 역사의 한 특징일 뿐 인간 본연의 모습이 아니라는 것을 인식한다. 그녀의 이런 인식은 호프만에게는 과거 폴란드로 상징되는 것으로서, 우리 모두의 마음 깊은 곳에 들어 있는 공통된 인간성에 대한 믿음에서 비롯된다.

호프만은 이 작품을 발표하기 이전에는 독자들에게 잘 알려지지 않았지만, 자신의 경험을 담은 이 자서전적 소설을 발표함으로써 일약 상업적이며 문학적인 성공을 이룬다(Stern-Gillet, 1993: 131). 그것은 그만큼 그녀가 디아스포라로서 가졌던 내면의 삶의 궤도가 전형성과 호소력을 갖고 있다는 것을 말한다. 작가의 호소력은 포스트모더니즘의 문화 전반에 대한 교훈적인 태도에만 있는 것이 아니다. 호프만은 심리학자에게 찾아가 현대의 가치관에 충실한 나머지 자신 속에 억눌러 온 과거 폴란드의 의미를 다시 기억 속에서 끌어올림으로써 분열된 자아를 치유할 수 있었다. 마찬가지로 호프만의 작품은 분열 속에 살아가는 우리에게 "우리의 삶의 덧없음과 시간의 무상함, 그렇기 때문에 더더욱 우리가 살아 있다는 이 단순함"(274)을 더 깊이 느끼게 하며, 그 지식은 우리가 살아가는 매 순간과 다른 사람들과 세상을 품을 수 있을 만큼 큰 것으로"(274) 우리에게 치유의 힘을 준다.

호프만은 '주변부'의 목소리로 중심부의 목소리의 한계를 지적했으며, 국외자인 이민자의 글쓰기는 역설적으로 인간의 공통된 심연을 말해 주는 초국가적인 글쓰기가 되고 있다. 비판적이며 창조적인 그녀의 대화의 참조점의 하나가 그녀가 인용하는 많은 문학작품이란 점은 중요하다. 그녀는 동유럽 작가들뿐 아니라 토머스 엘리엇(Thomas S. Eliot), 윌리엄 세

익스피어(William Shakespeare), 존 파울스(John Fowles) 등 수많은 작가의 말을 인용하는데, 세이한의 말대로 "어떤 목적성을 띠게 되는 이데올로기적 역사 쓰기는 사실을 왜곡시키는 반면 문학 텍스트는 문화의 기억을 상징적인 형태에 담아두고 공식적인 역사와는 다른 방식으로 표현하기에"(Seyhan, 2001: 39) 인간의 삶의 진실에 더 가깝다. 호프만의 또 다른 참조점은 그녀가 폴란드에서 디아스포라의 오랜 역사를 가진 유대인으로 살았던 사실도 주목할 만하다. 오랜 세월 방랑하던 디아스포라로서의 유대인들은 주인 국가의 환대에 의존해야 했으며, 유대인들이 오늘날까지 살아남은 것은 그래도 그들이 살 만한 세상을 가져왔었기 때문일지도 모른다. 그래서 그녀가 경험한 폴란드의 기억이 공식적인 역사 기록과는 다르다는 점은 의미심장하다. 그녀가 길어 올리는 과거는 하나의 목소리가 주장하는 역사가 아니라, 우리가 현재 쓰는 역사를 넘어선 인류의 공통된 역사의 중요성을 말하기도 한다.

동화와 고립 사이에서 살아남기 위한 몸부림의 과정을 1인칭 관점에서 보여 주는 이 작품은 진솔성과 실천에의 강한 의지가 담겨 있다. 동구권 구공산 국가 출신인 호프만의 작품은 경계선 위에 선 디아스포라의 삶에 대한 다양한 논의가 필요하다는 점을 말해 준다.

주체의 초국가적 유동성/ 연대성/ 혼종성에 대한 비전
–강용흘의 『초당』과 『동양이 서양으로 가다』* –

민진영

1. 대안적 세계관으로서 코스모폴리터니즘

교통과 통신, 인터넷과 컴퓨터 기술의 발달로 전 세계가 1일 생활권에 속해 있고, 환경, 자원, 기후, 자연재해, 기아, AIDS, 전염병, 핵, 테러, 전쟁문제 등에 대해 범세계적 대처와 해결이 필요한 현대에는 따라서 국경의 의미가 점차 쇠퇴해 가고 있다. 게다가 인종, 문화, 언어, 자본, 정보, 인력, 기업, 상품 간에 증대되어 가는 초국가적 상호 이동과 교류 역시 기존의 경계가 불분명해지고 무너져 가는 현재의 상황에 일조하고 있다. 그 결과 이산과 이주, 틈새와 간극, 접촉과 만남, 교차와 교환, 통합과 융합 등의 개념들에 새로운 관심이 돌려지고, 공존하는 차이들의 다양성과 혼종성 현상이 긍정되며, 모든 분야에서 개방성과 포용성, 제휴성과 연대성, 유동성과 융화성 등이 세계화 시대의 바람직한 가치로 간주되는 경향이 지배적이다.

그리고 이러한 개념과 현상은 최근 영미(문)학자들의 중요한 화두이자

* 이 글은 『미국소설』 제17권 2호 (2010)에 게재된 논문을 수정 · 보완한 것임.

비평의 중심 키워드이기도 하다. 2004년 미국의 미국학회장이 된 셸리 피셔 피슈킨(Shelley Fisher Fishkin)의 취임사를 보면 이와 같은 추세를 알 수 있다. 피슈킨은 「문화들의 교차로: 미국학의 초국가적 선회(Crossroads of Cultures: the Transnational Turn in American Studies)」라는 제목의 연설에서 "초국가적인 것이 점차 미국학의 중심이 되어 가고 있다"고 선언한다. 따라서 미국 학자들은 기존의 경계와 이분법을 의문시해야 하며, 미래는 "사회적 · 정치적 · 언어적 · 문화적 · 경제적 교차로" 즉 둘 이상의 문화 간 상호 침투, "혼종성," "유동성"(Fishkin, 2005: 22)에 달려 있음을 제시한다. 그리고는 기왕의 백인 중심 경계짓기에 따라 미국 안에서 자행된 인종 차별과 미국 밖에서 실행된 제국주의, 그에 따른 유색인종의 억압된 삶 등을 폭로하는 문학작품과 비평 경향을 전경화(前景化)시키고 있다. 「초국가주의의 유행(The Vogue of Transnationalism)」에 소개되고 있는 토머스 벤더(Thomas Bender) 역시 19세기 민족주의 이데올로기에 기반을 둔 미국의 타인종 지배 역사의 종식을 선언하며 그 대안으로 이제는 "더 넓은 코스모폴리터니즘이 필요한 시기"(Kazin, 2007: 156 재인용)임을 제안한다.

그렇다면 대안적 세계관으로서 코스모폴리터니즘은 어떻게 정의를 내릴 수 있는가? 에릭 카우프만(Eric Kaufman)은 "진보적 코스모폴리터니즘"이란 "미국 체제 순응적인 동화 방식에 반대," "미국의 문화적 다양성 찬양," "인종 상호간의 접촉과 혼혈성 긍정," "인종별 커뮤니티 유지 지양"(O'Brien, 2004: 572 재인용)을 목표로 삼는다고 주장한다. 유사한 맥락에서 콰미 앤서니 아피아(Kwame Anthony Appiah) 같은 비평가는 "코스모폴리턴의 초국가적 윤리"(Rowe, 2006: 229)를 주장하며 이는 곧 인간의 차이를 존중하는 것이라고 정의한다. 아만다 앤더슨(Amanda Anderson)의 경우 코스모폴리터니즘을 자신의 국가/인종/민족에 대한 극단적 충절에서 비롯된 협소한 사고에 대한 저항 개념으로까지 확대하며 "보편적 인류애에 대한 믿음"(Coundouriotis, 2006: 3 재인용)이란 거시적 관점을 중요 요소로 꼽고 있고, 이 줄리아 선주(Julia Sun-Joo Lee)의 경우 "다양한 국적과 인종의 공간"으로서 "혼종적 문화와 글로벌 커뮤니티"의 개념을 소개하며 "혼종적 코스모폴리터니즘"(Julia Sun-Joo Lee, 2007: 475)의 이상을 제안한다. 이렇게 볼 때 코스모폴리터니즘이란 자신의 국가/민족/인종적 뿌리에서 초탈할 만큼 기존의 다양한 한계와 이분법적 사고에서 자유롭고 모든 존재의 다양성과 이질성을 평등하고 조화로운 공존의 개념으로 긍정하며 그 차이 사이를 유동적으로 오가면서 서로 제휴하고 통합하는 데까지 나아가는 탈경계적 삶의 태도라고 정의할 수 있다. 이는 바로 21세기 초국가 시대를 살아가는 글로벌 존재가 지녀야 할 이상적 세계관에 다름 아니다.

최근 영미(문)학 비평과 연구에서 위와 같은 코스모폴리터니즘에 경도되는 현상은 근대성의 부정적 유산에서 탈피를 추구하고 경계선 넘나들기와 허물기가 도처에서 목도되는 현대에 당연한 결과라고 할 수 있다. 그런데 애국적 민족주의와 편협한 국수주의가 한창이던 20세기 초 근대의 절정기에, 그것도 서양 근대 문명의 중심 국가였던 미국에서, 게다가 요즘 코스모폴리턴의 상징적 의미를 부여받는 혼혈 작가도 아닌 순혈 작가가, 바로 위와 같은 코스모폴리터니즘을 자신의 작가관과 문학론으로 정립하고 이를 작품 속에 형상화했다면 그는 얼마나 시대를 앞서간 작가인가? 한국계 미국 문학의 아버지로 불리며 초기 미국 이민 문학을 태동시킨 강용흘(1903-1972)이 바로 그다.

주지하다시피 강용흘의 삶 자체가 초국가적 양상을 띠었다. 일제 강점기에 조선에서 유년 시절을 보낸 강용흘은 일본 도쿄의 고등학교에서 서양 학문을 간접적으로 공부하며 청소년 시절을 보냈다. 이후 독립운동에 가담하며 중국과 러시아에 잠시 들렀다가 캐나다와 미국에서 유학생활을 하며 청년 시절을 보냈고 종국에는 미국 시민으로 살며 한국과 유럽 등지를 오간 인생 행로를 갖고 있다. 이러한 그의 삶은 시간적으로는 전근대와 근대, 공간적으로는 동양과 서양, 국가적으로는 조선-일본-중국-러시아-캐나다-미국-유럽의 경계를 넘나드는 유동성으로 특징지어진다. 역사적 불가피성과 개인적 선택의 결과로 이뤄졌던 이산의 경험이 코스모폴리턴으로서 그의 정체성 형성에 큰 영향을 주게 되었던 것이다.

코스모폴리턴으로서 강용흘의 시각은 그의 작가관과 문학론에 명시되어 있다. 강용흘은 "나는 시인"(Sunyoung Lee, 1997: 375 재인용)으로서 "어느 한 곳에 소속된 시민이 아니며"(Sunyoung Lee, 1997: 376 재인용) "문화 중개인"(Sunyoung Lee, 1997: 393 재인용)이라고 규정했다. 작가로서 자신의 역할을 다양한 문화들의 초국가적 교차와 접목을 매개하는 일로 정의하고 있는 것이다. 조지아 더글러스 존슨(Georgia Douglas Johnson)이 21세기의 코스모폴리턴을 "집이 없지만 동시에 전 세계에서 편안한" 존재로서 특정한 태생의 원천을 초월할 수 있는 "유동성"을 지닌 "이동적 주체" (O'Brien, 1997: 574)로 표현하고 있음을 상기해 볼 때 강용흘의 현대적 시각은 분명해진다.

그뿐만 아니라 그는 자신의 문학론을 다음과 같이 피력한 바 있다.

> 우리 문학은 어디까지나 과학적이고 객관적이고 또 정정당당한 문학이 되어야만 세계적인 무대에서 활동할 수가 있다. 협소한 민족적 생각을 고집하지 말고 세계적으로 활동할 준비를 해달라는 것이다. 일본이 우리의 가장 증오하는 적이라 할지라도 그들이 가진 미(美)가 있다면 우리는 그 미를 아름답다고 시인할 마음자리가 있어야 할 줄 안다(김욱동, 2004: 13-14 재인용).

강용흘이 강조하는 "과학적"이고 "객관적"이며 "정정당당한" 문학은 곧 자기 민족/국가/인종에 대해서는 반성적인 거리를 유지하고 기타 세계와 인류에 대해서는 편견과 사심 없이 유연하고 관용적인 시선을 담고 있는 균형 잡힌 문학을 말한다. "문학에는 국경이 없소"(김욱동, 2004: 13-14 재인용)라는 강용흘의 단언은 문학에 대한 그의 코스모폴리터니즘을 엿볼 수 있는 단순 명쾌한 정의다. 이러한 맥락에서 김욱동 역시 "지방 혹은 민족의 감정이나 편견이나 애착을 뛰어넘어 모든 세계 시민을 껴안는 코스모폴리터니즘이야말로 강용흘이 지향하는 이념이었다"(김욱동, 2004: 22)고 주장하며 "다문화주의의 새 물결 속에서 강용흘은 지금 미국 문단에서 새로운 평가를 받고 있다"(김욱동, 2004: 24)고 진단하는 것이다.

본론에서는 강용흘의 코스모폴리터니즘 개념이 그의 자전적 소설 『초당(*The Grass Roof*)』(1931)과 『동양이 서양으로 가다(*East Goes West*)』(1937) 속에 문학적으로 어떻게 형상화되어 있는지 주인공 한청파의 여정과 의식을 중심으로 구체적으로 고찰해 보기로 한다. 이러한 연구는 강용흘의 작가관과 문학론이 단순히 추상적인 정의에 불과한 것이 아니라 구체적인 문학적 실천에 근거한 것임을 입증하게 됨으로써 사상과 창작의 일관성 즉 작가로서 자신의 작품 세계에 대한 그의 성실성을 평가하는 계기가 될 수 있다. 그리고 20세기 초 근대의 중심에서 살았으나 21세기 초 전 지구화 시대에 유행하는 탈근대적이고 초국가적인 세계관을 품었던 강용흘의 비범한 작가적 혜안과 역량과 현대성을 새롭게 조명하는데 일조할 수 있을 것이다.

2. 미국에 대한 한청파의 초국가적 의식

소설 속에서 한청파의 성장을 통해 제안되고 있는 코스모폴리터니즘의 궁극적 이상은 그의 초국가 의식의 발달과 밀접한 관련이 있다. 자신이 거주하는 현재 국가의 물리적 경계 너머 다른 나라를 고려할 수 있는 사고가 발달하는 것은 중요하다. 한계에 얽매이지 않는 독립적이고 유동적인 정체성과 차이들의 평화로운 공존을 긍정하는 열린 세계관을 형성하는 기초가 되기 때문이다.

한청파의 초국가적 의식은 우선 미국과 관련된다. 그의 어린 시절을 묘사하고 있는 『초당』에 나타난 미국에 대한 초국가적 의식은 다시 대조적인 양상으로 대별된다. 초기의 의식은 경험 전 막연한 관념으로서 매우 긍정적이고 우호적이다. 그에게 미국은 전근대 조선을 정복한 근대 일본의 원동력이 되는 서양 과학 기술의 근원지로 파악된다. 따라서 미국으로 대표되는 서양 문명을 배우고 익히는 것은 모국에 자유를 되찾아 줄 수 있는 구국의 지름길로 인식된다. 그리고 학문을 통해 세상을 이롭게 할 박사가 되겠다는 꿈을 갖고 있기에 조선/동양이 쌓아온 것들이 과거로 사라지고 미국/서양이 대변하는 것들이 미래를 선도하게 된 상황에서 서구 학문에 통달해야 인류에게 도움을 줄 수 있다는 믿음을 갖게 된다.

따라서 관념으로 시작되었으나 구국과 자아실현 둘 다를 가능하게 해 줄 실재로 한청파의 의식 속에 깊이 자리하게 된 미국은 열망의 형태로 그의 삶에 강력한 초국가적 영향을 미친다. 어린 시절부터 그의 삶의 방향은 오로지 미국/서양에 대한 지식과 이해로 집중되고 그 기회를 얻기 위해 그는 주위의 오해를 사고 가족과의 연을 끊는 것도 불사할 만큼 노력을 다한다. 가령 서양에 대한 그의 관심은 매우 열렬하여 아홉 살의 나이에 집을 떠나 서양식 학교의 기숙사 생활을 하면서도 집을 그리워하기는커녕 그곳에서 배우는 모든 공부가 "몹시 갈망하던 음식 같았다"고 고백할 정도다. 그가 일본 작가들에게 몰두하고 일본어를 배우기 위해 일본 상인을 좇아다니며 수학과 일본어를 동네 후배들에게 가르치는 것 역시 아버지와 마을 사람들로부터 일본화되고 타락하고 있다는 오해를 받지만 그런 노력이 간접적이고 피상적이나마 "서양에 대한 최초의 힌트"(Kang, 1931: 148)[1]를 전해 줄 수 있을 것이라고 믿기 때문에 그는 열중한다. 고향을 등지고 아버지 뜻을 거스르며 서울의 일본인 관립 고등학교에 입학한 것이나, 그곳 일본인 교사들의 서양 학문에 대한 얄팍한 이해에 실망하고 일본 유학을 택하는 것이나, 그러한 선택이 그에게는 모두 "서양 학문으로 가는 지름길"(233)로 생각되었기 때문이다. 그가 교회에 나가는 것도 선교사를 따라 미국으로 갈 기회를 모색해 보기 위해서다.

이렇게 한청파가 미국에 대해 관념적으로 긍정적인 초국가 의식을 갖게 된 데에는 개화파 사람들의 영향이 크다. 무엇보다 개혁가이자 교육자이고 진보적 기독교도인 박수산과의 만남을 통해 미국 탐구는 한청파의 삶의 목표가 된다. 박수산은 "일본이 조선을 서양 과학으로 정복했으니 서양 과학에 대한 우수한 지식을 갖춰 자유를 되찾아야 한다"며 미국 유학의

1 앞으로 『초당』에서의 인용은 괄호 안에 인용된 쪽수만 기입한다.

필요성에 대해 한청파가 "오랫동안 갈망해 왔던 말"(181)을 쏟아놓는다. 이에 서양 문명과 학문에 대한 동경으로 온 가슴과 정신을 꽉 채운 한청파는 비록 몸은 조선에 있지만 내면 세계는 "어떠한 한계도 인정하지 않으려는 팽창하는 우주"(183)라고 느끼게 되는데 이는 탈경계적이고 초국가적으로 성장해 가는 한청파의 의식을 상징적으로 표현한 것이다.

그러나 한청파가 서양 문명을 간접적으로 경험하게 되면서 미국에 대한 긍정은 실망으로 변한다. 미국에 대한 후기의 초국가 의식이 회의로 점철되는 까닭은 무엇보다 담론적 이상과 역사적 현실 사이의 간극 때문이다. 즉 서양의 근대가 인류 구원과 복지에 기여할 수 있는 잠재성을 갖고 있지만 동시에 무차별적 파괴성과 도덕적 부패 양상 역시 보여 주고 있다는 깨달음 때문인 것이다.

서양의 이중성과 파괴성은 우선 제2차 세계대전을 통해 드러난다. 일본에서 전쟁 소식을 들은 한청파는 서양 문명의 모태라고 할 수 있는 기독교적 가르침과 그에 전적으로 모순되는 제국주의적 실천 사이의 괴리를 분명하게 인식하고 충격을 받는다. 사실 한청파가 서양 문명에 기대를 걸었던 한 가지 이유는 그가 동경의 교회 예배에서 큰 감동을 받았다고 고백하는 성경 말씀 즉 "너희는 유대인이나 헬라인이나 종이나 자유인이나 남자나 여자나 다 그리스도 예수 안에서 하나이니라"(254)라는 절에 요약되어 있는 기독교적 사랑의 이상—성, 인종, 계층 등에 상관없이 전 인류가 예수 안에서 모두 하나가 된다는 경계를 초월한 형제애 정신—때문이었다. 그리고 그러한 이상이야말로 그가 생각하는 위대한 문학의 정의, 즉 진실함, 정직함, 공정함, 순수함, 아름다움 등과 맞물려 있는 것으로 생각되었기에(254) 한청파는 서양 문명의 우수성과 진보성을 기대했었던 것이다. 그런데 제2차 세계대전은 바로 그러한 차별 없고 평등하며 통합적인 사랑의 이상을 스스로 무너뜨리는 모순적 행태의 극치를 보여 준다. 더구나 미신과 인습을 타파하고 질병과 죽음의 감소를 가져오며 삶의 편리와 용이함을 선물한 과학 기술이 바로 그 성취를 파괴하는 도구로 변질되었음을 분명하게 증거하고 있는 것이다. 한청파는 의로움과 순수성과 진보성을 공언하지만 실은 무분별한 대량 살상과 도덕적 타락상과 야만성을 현실로 보여 주고 있는 서양의 위선에 경악과 좌절을 금치 못한다.

> 그러니까 서양은 자신들이 말한 대로 행하지 않았다! 그들은 동양과 마찬가지로 나빴다—아니 동양보다 더 나빴다. 동양은 "우리 기독교는 너희보다 우월한 의로움을 갖고 있다. 너희는 이교도들이고 너희의 성현들은 훌륭하지 않다. 너희도 우리의 예를 따르는 것이 어떠한가?"라고 말하며 선교사들을 파견하지는 않았기 때문이다(254).

그뿐만 아니라 조선에서 일본이 보여 주는 만행이 서양의 제국주의적 압제의 모방이라는 사실도 함께 자각한다. 그는 "독일의 최고 군사 체제와 영국의 최고 해군 체제와 미국의 최고 공군 체제를 흉내 낸 일본이 영국, 프랑스, 독일, 모든 다른 서양 국가의 그 피비린내 나는 발자국을 뒤따라 반복"(257)하고 있으며, "일본은 서양만큼이나 두 개의 얼굴을 하고 있다"(242)는 사실을 깨닫는 것이다.

제2차 세계대전을 통해 거시적으로 폭로된 서양 문명의 양면성은 한청파가 만나게 되는 선교사들과 미션 스쿨 교사들의 모습을 통해 미시적으로도 사실로 입증된다. 그들은 화목하고 평화로운 공존과 사랑을 표방하는 기독교적 원리를 실천하기는커녕 오히려 세상을 기독교도/이교도로 이분하고 " '이교도'에 대한 우월주의 콤플렉스를 소중히 간직"(311)한 채 후자를 차별하고 소외시키는 오리엔탈리즘을 보여 준다. 미국인 선교사 파커(Parker)는 기독교 방식과 미국을 사랑한다고 고백하며 미국으로 데려가 달라고 부탁하는 청파에게 자신은 "기독교도만 보살필 뿐 이교도는 돌보지 않는다"(222)는 이유로 거절한다. 영어 교사 나이팅게일(Nightingale)은 마당에 떨어진 사과를 먹은 조선 소년에게 예배 시 회중 앞에서 죄를 고백하지 않으면 요리사인 모친을 해고하겠다고 윽박지르고 매달 선교자금 1.25달러를 지출하면서 조선인 신학생을 후원한다고 생색을 내는 위인이다. 그리고 "가장 얄팍한 인간 중 한 명"인 미션 스쿨 교장 스위트(Sweet)

는 외관상 흠잡을 데 없지만 내면에는 자신의 유익만 구해 회칠한 무덤 같은 인물이다. 그는 조선 하인들이 부엌에서 남은 음식을 어떻게 처리하는지 감시하고 닭 날개나 가지 하나가 없어졌다고 질책하지만 정원사가 품삯이 적다고 불평하면 "우리는 모두 예수님 안에서 한 몸이다. 눈, 코, 입은 싸우지 않는다"(323)고 말하며 기독교적 형제애를 앞세워 정당한 불만을 무마한다. 이렇게 한청파가 만난 선교사와 교사 대부분은 낮은 곳에서 섬김과 나눔을 실천하고 외모가 아니라 마음을 중시하며 이웃을 내 몸같이 사랑하라는 기독교적 사랑과 평등의 개념과는 정반대로 백인우월주의에서 나오는 교만과 탐욕, 인종 차별과 위선을 보여 준다.

이 때 근대 서양 문명의 부정적 이면을 인식하고 회의할 수 있는 한청파의 도덕적 감수성은 동양의 가치관과 정신문화에서 나온 것임을 알 필요가 있다. 한청파는 어려서부터 유교, 불교, 도교 등의 영향을 받은 어른들의 삶을 통해 자연과 타자의 정복이 아니라 그들과의 공생을 배웠다. 더불어 생명 존중적이고 평화 지향적인 삶의 추구, 역사와 전통과 조상의 지혜가 담겨 있는 고전 학문과 문화 예술에 대한 숭상, 인간의 인간에 대한 도리, 공동체적 상부상조, 분류하고 분석하기보다는 통합하고 이해하는 사고 방식, 물질적이고 현실적이며 실용적인 가치보다는 정신적이고 윤리적이며 심미적인 가치를 우선하는 태도 등을 골자로 하는 인본주의적 교육을 받았다. 이러한 정신적 밑거름이 있었기에 그는 자연과 인류와 문화를 거리낌없이 파괴하는 서양의 "도덕적 모호함"(183)에 비판적 거리를 둘 수 있다. 서양의 어두운 실체를 통찰하고 그들이 공언하는 민주주의, 자유, 진보, 진리, 행복 등의 개념에 의문을 제기할 수 있게 해 주는 한청파의 이러한 내적 기반은 『동양이 서양으로 가다』에서 좀 더 적극적 역할을 하게 된다.

3. 조선에 대한 한청파의 초국가적 의식

『동양이 서양으로 가다』에서 한청파가 자신에게 거대한 외적 환경으로 작용하는 미국/서양의 근대 문명에 완전히 함몰되지 않는 이유는 앞서 언급한 동양의 전통적 교육과 인문주의적 가치관이 그의 존재와 사고의 무의식을 지탱하고 있기 때문이다. 즉 미국에 대해 초국가적 의식을 지니는 것에 머무르지 않고 인류 미래를 위한 터로서의 가능성을 직접 타진해 보기 위해 도미한 한청파는 이제 떠나온 모국에 대한 초국가적 의식을 발달시키게 된다. 이것은 그에게 미국/서양 문명을 비평하는 무의식적 기준이 될 뿐 아니라 그가 낯선 이국에서 생존하고 나아가 코스모폴리턴으로서 새로운 자아정체성을 모색해 나가는 데 중요한 역할을 하게 된다. 김도원(To Wan Kim)의 말처럼 "서양에 오는 동양인은 그의 잣대도 역시 가지고 오는 것이다"(Kang, 1937: 224).[2]

조선에 대한 한청파의 초국가적 의식이 미국/서양 문명을 어떻게 진단하고 평가하도록 만드는가? 우선 미국의 중심 뉴욕에 대한 그의 첫인상은 도시가 매우 인위적이라는 것이다. 그 인위성은 편리하고 실용적이며 직선에서 느낄 수 있듯이 속도가 빠른 장점은 있으나 생명이 부재하고 자연이 억압되며 진정성이 결여되고 다채로움이 부족하다. 즉 기계성, 부자연성, 허위성, 획일성, 경직성 등과 맞물려 있는 것이다. 그가 뉴욕에 대해 이렇게 판단을 내리는 것은 이와 대조적인 동양 즉 태곳적 본질이 왜곡되지 않은 자연의 곡선과 생명이 원형 그대로 살아 있는 조선의 전원 풍경이 초국가적으로 그의 의식에 작용하기 때문이다.

> ……나의 거대한 기계 보육기……기계 시대의 기념비로서 미국만한 것이 없었다. 이 뉴욕보다 더 고향으로부터 먼 곳은 없으리라. 높이가 낮고 비바람을 그대로 맞으며 이끼로 덮이고 생명이 없는 죽은 선—확정적이고 유한하며 냉담한 선—을 싫어하고 둥그스름한 모습을 좋아하는 우리네 집들……초가지붕을 하고 언덕으로 둘러싸인 내 작은 마을은……콘크리트 블록 위의……뉴욕이라는 이 거대한 반역과 얼마나 거리가 먼가! ……도시의 인공 백색, 자

2 앞으로 『동양이 서양으로 가다』에서의 인용은 괄호 안에 인용된 쪽수만 기입한다.

> 연에서 훔쳐온 거짓되고 창백한 새벽 불빛…… 여기서는 무지개를 볼 일도 없고 천둥 소리도 묻혀 버리지 않을까 ……끊임없이 들리는 차바퀴의 윙윙거리는 소리와 브레이크의 날카로운 소리……조선의 산 속에 흐르는 시냇물 졸졸거리는 소리와 한적한 초가 지붕 마을과 얼마나 다른가……(5-12).

직선과 콘크리트와 백색 불빛과 자동차 소음으로 대변되는 미국 도시의 인공적 "야만성"(7)은 인간의 삶에도 깊은 영향을 미치고 있음을 한청파는 바로 감지한다. 미국 도착 후 그가 처음 만나는 워싱턴 광장의 사람들은 이상국가의 시민이라고 보기에는 매우 실망스럽다. 그들에게서 신생국의 활력과 자유로움, 경험과 전통과 역사의 때가 묻지 않은 도덕적 순결성, 고결한 정신적 이상에 대한 열정, 기독교적 전통에 입각한 형제애와 공동체 의식 등을 찾아보기는 어렵다. "죽은 나뭇잎"(20)에 비유되는 무기력함, 정신적 비루함, 도덕적 부패성, 관계 부재로 인한 소외감, "인간의 와해" 등만 보일 뿐이다. 이렇게 황폐한 미국인들 속에서 한청파는 자신의 차별화된 정신적 건강함을 언급하고 그 생명력의 근원을 "다른 시대의 유산"(22)이라고 일컫는데 이러한 인식은 중요하다. "근심 없고 자유로우며 소박하고 원시적인 여러 층의 조화"(4) 속에서 남녀노소 함께 어울려 노래하고 사랑하며 실컷 먹고 여유를 즐기는 조선의 삶에 대한 그의 초국가적 의식이 근대 서양이 상실한 인간 본연의 모습을 통찰하는 초석이 되고 있음을 시사하기 때문이다.

그렇다면 한청파가 살면서 깨닫게 된 바 근대 미국을 지배하는 삶의 방식은 구체적으로 무엇인가? 그것은 물질주의와 인종주의다. 물질주의는 삶의 목표와 관계의 척도가 사업, 거래, 이윤, 돈, 상업, 성공, 능률, 외양, 속도 등과 관련되어 있음을 의미한다. 보시낵(Boshnack) 백화점 점원들의 모습이 보여 주듯 많은 미국인은 시간 대비 최대 능률과 이윤을 위해 끊임없이 움직이고 일하지만 "생명 즉 무언가의 창조는 결코 하지 못하고", "영혼을 파괴하는 에너지"에 지배당해 "단지 물자를 다루는 기계"(294)로 영락해 있다. 또한 인간 사이의 관계도 물화되어 있다. 팁의 액수로 사람을 판단하는 식당 서버, 가사 노동과 음식을 잘할 것 같아 지금의 아내와 결혼하고 무임금 집안 하인으로 쓰기 위해 가난한 고학생에게 회사 일자리를 주는 라이블리(Lively), 그리고 아버지의 사망 시 받을 보험금을 미리 계산하는 그의 아들이 이를 입증한다. 그리고 학문과 문화와 예술 등의 정신적 차원 역시 물질적 차원으로 강등되고 오히려 물질을 얻기 위한 수단으로 전락해 있다. 뉴욕의 수많은 사람이 명성과 돈을 얻기 위해 예술이란 이름으로 창작을 하는 상황이나 라이블리가 에드거 게스트(Edgar Guest)의 시집을 좋아하는 이유가 그것으로 돈을 많이 벌기 때문이라는 사실은 그 예다. 한청파는 이러한 물질지상주의와 그로 인한 존재와 정신의 타락이 바로 "미국적 삶의 진수"(294)라고 규정한다. 그뿐만 아니라 자유와 평등을 건국 이념으로 내세우는 미국 사회 속에 피부색이라는 자연 현상을 백인 중심의 우열 개념과 연결하고 이러한 인위적 구분을 신이 정한 자연의 법칙이라고 오히려 보편화하는 인종주의가 (불)가시적으로 존재한다. 흑인은 물론이고 동양인 역시 백인 주류 사회에 영입될 수 없다. 조지 점(George Jum)이 준(June)과 데이트하는 것을 보고 동양 남성과 미국 여성이 어울려 다니는 것은 "신께서 의도하신 바가 아니다"(150)라고 못 박는 라이블리나, 김도원의 뛰어난 지성과 품위와 교양에도 불구하고 헬렌(Helen)과의 사랑을 "결코 무너져서는 안 되는 울타리가 부서졌다"(265)는 말로 정의하며 용인하지 않는 헬렌의 아버지는 자연과 보편의 이름으로 부당한 사회적 경계를 정당화하는 미국의 위선을 잘 보여 준다.

물질주의와 인종주의가 팽배해 있는 미국 문명에 대한 한청파의 비판적 통찰의 근거는 역시 조선에 대한 그의 초국가적 의식에 있다. 조선에서 한청파는 어린 시절부터 "자연 그대로의 음식과 소박한 의복과 겸허한 거주를 부끄러워해서는 안 되고 오히려 심미적 인식을 갈고 닦지 않은 것을 부끄러워해야 하며", "잘못 얻은 부와 명예는 뜬구름과 같다"(Kang, 1931: 7)는 조상의 지혜를 들어 왔다. 또한 마을에 결혼, 장례, 탄생, 병환 등의 큰 일이 있을 때 풍수, 의학, 문학 등의 지식과 기술을 대가를 바라지 않고 모든 이에게 차별 없이 나눠 주는 할아버지와 숙부들의 모습, 장자로서 동생의 식구들까지 기꺼이 책임지고 돌보아 주는 아버지의 모습, 경조사에는 계층과 처지와 상관없이 상부상조하는 마을 사람들의 모습 등을 보면서 성장해 왔다. 한청파는 물질과 명성에 대한 욕망을 부패와 악으로 간주하고 소박한 의식주의 삶에 자족하며 학문과 문화와 예술 등의 정신적 가치에 우선순위를 두고 공동체를 이롭게 하고 가진 것을 나누는 어울림과 공존과 평화의 삶을 살아야 한다고 배워 온 것이다. 따라서 위에서 살펴본 바와 같은 미국 사회와 삶 방식은 그의 기대에 크게 못 미치고 그의 비전을 배반하는 것이었을 터다.[3] 한청파가 "소년으로서 미국에 대한 나의 동경에서 내가 보았던 그 매력과 로맨스, 그 찬란한 비전은 모두 어디에 있는가?"(295)라고 자문하는 것은 이러한 맥락에서 의미심장하다.

4. 미국 내 조선 망명자들의 초국가적 삶의 다양한 양상

그렇다면 이러한 미국 사회에서 "인간의 감정이 [미국과는] 다른 식으로 형성된"(28) 조선인들은 어떻게 생존해 가고 있는가? 뉴욕에 있는 조선의 망명자들은 많은 경우 모국에서는 부와 명예와 가문이 출중했던 사람들이지만 여기서는 주로 집안 잡일꾼, 요리사, 세일즈맨 등의 직업을 갖고 고달프게 살아가고 있다. 그래도 그들이 생래적으로 너무 다른 미국에서 주변적 삶이라도 계속해 나갈 수 있는 것은 가냘프나마 조국과의 끈을 놓지 않고 있기 때문이다(69). 외견상 미국화되었고 미국 문명의 편리성과 진

3 특히 세일즈맨이 성공하면 얻게 되는 것은 돈 즉 달러($)라고 라이블리가 얘기할 때 무소유를 주창했던 부처를 뜻하는 글자(佛)가 달러($)를 뜻하는 글자(弗)와 유사하므로 아마 가르쳐 주었으면 라이블리가 부처를 믿었을지 모른다고 생각하는 코믹한 장면이나, "훌륭한 세일즈맨은 고객이 원하지 않는 물건을 원하게끔 만드는 것이다"라는 풀턴(Fulton) 여사의 말에 "자신이 서비스(대우) 받고 싶은 대로 남을 서비스(대우)하라"(145)는 공자의 가르침을 대조해서 생각하는 장면은 미국의 물질주의와 그 폐해를 비판하는 준거로서 동양적 가치관이 초국가적 영향을 미치고 있음을 입증한다.

보성을 찬양하며 서양 여성과 자유분방한 연애를 하지만 연애 편지를 여러 국어로 미리 써놓고 활용하는 동양식 사고를 고수하며 결국 한국 여성과 결혼하여 정착하는 조지 점, 유창한 영어를 구사하고 완전히 기독교화한 듯하지만 고전 한시에 조예가 깊고 "조금만 긁어 보면 그 아래에는 여전히 구세계의 유생(儒生)이 존재"(45)한다고 할 정도로 "그의 지성과 정신과 가치가 유교학자의 그것"(46)인 고 박사(Doctor Ko), "몸만 망명했을 뿐 영혼은 전혀 그렇지 않은"(54) 민족주의자로서 조선에 돌아가 정착하는 꿈으로 15년간을 버티며 잡일꾼으로 백인 가정을 전전하는 박(Pak) 등은 그 예를 보여 준다. 국제적 이산의 상황에서 정도와 양상의 차이는 있어도 조선을 향해 유지하고 있는 이들의 유대 의식이 망명자로서의 힘겨운 존재 상황을 지탱해 나갈 수 있게 해 주는 버팀목이 되고 있다.

그런데 모국과의 초국가적 연대 의식을 거부하고 나아가 미국 내에서의 소속과 참여 의지도 포기함으로써 결국 생존에 실패하는 인물이 있다. 김도원이다. 사실 김도원은 강용흘이 추구하는 탈경계적인 코스모폴리터니즘의 가능성을 가장 크게 소유하고 있는 사람이다. 16년이라는 오랜 국제적 이산의 경험은 특히 그의 지성에 긍정적인 영향을 많이 미친 것으로 나타난다. 그는 박학다식한 신사요 뛰어난 지성을 갖춘 학자다. 그는 중국어, 영어, 독일어, 프랑스어, 이탈리아어, 스페인어, 라틴어, 그리스어 등 여러 언어를 공부했고, 문학 · 철학 · 예술 · 과학 · 교육 등 제반 학문 분야를 모두 섭렵했다. 그의 집 서가에는 동양과 서양뿐 아니라 고전과 현대의 필독서들이 꽂혀 있고 한청파와의 대화에서 드러나듯이 그는 동양 문(학)자들뿐 아니라 셰익스피어(William Shakespeare), 워즈워스(William Wordsworth), 셸리(Percy B. Shelley), 단테(Alighieri Dante), 칸트(Immanuel Kant), 헤겔(George W. F. Hegel), 아인슈타인(Albert Einstein) 같은 서양 문인과 사상가들에 대해서도 일가견이 있다. 그의 집에는 또한 현대적 감각의 실용적인 서양 가구와 함께 서예와 도자기 등 고전적 감각의 심미적인 동양 고예술품이 갖춰져 있다. 이러한 사실들은 김도원이 동양과 서양이라는 지리적 경계, 고전과 현대라는 시대의 경계,

기타 다양한 학제간 경계와 언어적 경계를 오가며 양쪽의 최고 문화와 학문과 예술에 통달하고 각각의 정신과 가치를 서로 소통시키고 융화하고 통합하는 데까지 나아가는 코스모폴리터니즘의 가능성을 가장 크게 구현하고 있는 인물임을 보여 준다. 한청파 역시 국제적 이산 경험에서 나오는 김도원의 삶과 지성의 본질을 "혼종적 변용"(157)이라고 일컫는다.

그러나 김도원은 작품 속에서 결국 사라진다. 이유는 무엇인가? 물론 작품 후반부에 가면 일제 치하에서 그의 가문이 완전히 몰락하고 헬렌과의 이뤄지지 못한 사랑 때문에 상심해 자살을 택한 것이라는 외관상 명백한 이유가 제시되기는 한다. 이런 드러난 이유를 통해서는 그의 삶이 "세상의 외적 힘에 의해 파괴된"(362) 것으로 판명되어 그의 억압적 존재 상황을 초래한 일본 제국주의와 미국 인종주의를 다시 한 번 비판할 수 있는 기회가 된다. 그러나 그의 삶의 족적을 추적해 보면 오랜 국제적 이산의 삶이 그의 정서에 끼친 부정적 영향을 무시할 수가 없다. 현재의 한청파처럼 16년 전 미국에 "새로운 아름다움, 새로운 생명, 새로운 종교를 찾아온" 김도원이었으나 그의 명철한 지성은 미국이 이미 "또 다른 잃어버린 세계"(166)가 되어 "인간이 뿌리를 두거나 정착하도록 만들어 줄 것이 없다"(165)는 절망적 결론에 이르게 했고, 이에 그는 미국에 새로운 정체성의 뿌리를 내릴 생각을 접었던 것이다. 또 한편 그는 한때는 조선인이었으나 "너무나 오랫동안 고국을 떠나 있었기에 이제는 더 이상 조선인이라고 느끼지 않는다"(153)고 고백한다. 존재의 뿌리인 모국을 떠나 오랫동안 다양한 나라의 문물을 이미 보고 듣고 경험한 그는 스스로를 "조선의 유령"(157)이라고 일컬을 만큼 이제 과거가 되고 미래가 불투명한 조선으로 돌아갈 생각도 없고 돌아갈 수도 없으며 그렇다고 민족주의와 국수주의 성향을 보여 주는 뉴욕 내 한인 공동체에 소속되어 조선 망명자들과 교류를 하지도 않는다. 그의 존재에서 풍겨 나오는 "냉정한 초연함 속에 묻어 있는 엄청난 크기의 고독감"(153)은 이방인으로서 미국인들과 진정한 인간적 친교를 맺을 수도 없고 망명자로서 동족과의 유대를 지속시키지도 않는 그의 이산과 무소속과 비참여의 "방관자"(205)적 삶에서 비롯된다고 할 수 있다. "나는 하나의 세계를 포기했다. 그리고 또 하나의 다른 세계를 받아들일 수 없다"(211)는 그의 고백은 뿌리 없이 부유하는 그의 존재 상황을 단적으로 말해 준다. 그 결과 그는 생존과 성장을 위해 붙잡을 어떠한 역사도 공동체도 인간 관계도 비전도 없기에 그가 갖고 있는 지적 배경과 삶의 경험과 코스모폴리턴으로서의 큰 가능성에도 불구하고 스러지고 마는 것으로 그려지고 있다.

5. 초국가적 코스모폴리터니즘의 이상

김도원의 삶과 죽음은 강용흘의 코스모폴리터니즘을 특징짓는 중요한 요소들을 시사한다. 바로 초국가적 소속과 참여 그리고 융화와 통합의 필요성이다. 그의 코스모폴리터니즘은 말할 필요도 없이 국가/민족/인종 본질주의와는 거리가 멀다. 그렇다고 뿌리내리기의 필요성을 무시한 단순한 표류와 유랑을 목표로 하지도 않는다. 존재의 뿌리는 어느 한 곳에 두되 자신의 국경과 민족성과 인종을 초월하는 비전을 갖고 자아와 인류의 더 나은 미래를 위해 다양한 존재들과 소통하고 조화를 이루며 연대하고 융합할 수 있는 삶에 적극적으로 참여할 것이 요구된다.

이러한 이상은 한청파의 인생과 의식의 여정을 통해 두 작품 속에 간간이 암시되고 있다. "자신의 문화적 차이와 고유성을 지니고 있으면서도 "초국가적으로 감정을 느끼고 생각을 할 수 있는" 코스모폴리턴"(구은숙, 2002: 122)으로 성장해 갈 한청파의 가능성은 우선 그가 자아정체성의 범위를 국경 너머까지 확장해 세계를 가슴에 담고 있다는 사실에서 엿보인다. 그는 어린 시절부터 자신이 "집 없이 넓은 세계를 평생 방랑할 사주를 타고났다"(Kang, 1931: 5)는 말을 들으며 조선뿐 아니라 전 세계에서 가장 위대한 (문)학자가 되겠다는 꿈을 품었다. 그에게 (문)학자란 "열린 정신"(Kang, 1931: 120)을 소유하고 "배를 타고 있는 사람처럼" "집도 없고 국경도 초월한"(Kang, 1931: 366) 존재다. "일본인도, 미국인도, 유럽인도 되고 싶지 않았고" "할 수 있는 모든 것을 다 배워 나 자신이 되기를"(Kang, 1931: 215) 바라는 한청파는 어릴 때부터 탈경계적이고 해방적이며 유동적인 자아 정체성을 꿈꾸었던 것이다.

그 결과 한청파는 모국 조선에 대해서도 반성적이고 객관적인 거리를 유지하고자 하며 따라서 폐쇄적 민족주의를 거부한다. 국가를 위한 봉사에 대해 설교만 하거나 급진적 행동만 강조하는 사람들의 진정성과 인도주의에 대해 회의를 보이고 단지 일본 영사라는 이유로 무고한 동족을 살해하고자 한 린(Lin)의 맹목적 유혈 행동에 대해 비판적인 모습이 이를 입증한다.

> 나는 린의 행동이 영웅적이라는 것을 부인하는 것이 위험함을 알았다. 그런 상황이 "편협한 민족주의"라고 단순히 평할 수가 없었다. 모든 논의는 일본인에 대적한 린의 편으로 집중되어야 했다. …… 나는 조선이 내게서 더욱 멀어져 가는 것을 보는 듯했다. …… 내 속의 반항적 개인주의자가 그 잔인한 공격을 옹호하는 그의 동양적 논지를 받아들일 수가 없었다. 그것은 내가 보았을 때 야만적일 뿐만 아니라 무용하기까지 했다. …… 나는 린이 여기 이 코스모폴리턴 도시에서 편협한 세계 속에 갇혀 살고 있음을, 큰 세계 속에서 작은 세계에 갇혀 살고 있음을 보았다(Kang, 1937: 67-69).

또한 그는 세상의 이질성과 다양성을 관용한다. 그는 "그 어느 하나의 관습과 사고의 틀에 한계지어지지 않고 다른 민족들을 이해할 수 있기를 소원"(Kang, 1931: 245)한다. 차이들의 수평적 공존과 융화를 존중하는 한청파의 모습은 무엇보다 국가/민족/인종적 특유함을 인정하는 객관적이고 균형 잡힌 묘사와 다양한 국적의 사람들과 맺는 사심 없는 친교 관계로 잘 나타난다. 모두 동아시아에 속해 있지만 언어, 문화, 예술적 취향, 국민성 등에서 차이를 갖고 있는 조선과 중국과 일본의 비교 분석(Kang, 1931: 245-50)과 백인 중심가, 할렘(Harlem), 차이나 타운(China Town), 이탈리아 지구 등 민족/인종별 구역의 특성에 대한 사실적 묘사 등이 그 예다. 개인적으로도 그는 중국인 쿠오(Kwo)와 추(Chu)와 유진 청(Eugene Chung), 일본인 이야도(Iyado)와 와다나베(Wadanabe)와 미야모리(Miyamori), 흑인 로렌조(Lorenzo)와 왜그스태프(Wagstaff), 백인 랠프(Ralph)와 찰스 에번스(Charles Evans), 태국인 마히디아(Mahidia), 이탈리아인 코르테시(Cortesi), 필리핀인 로페스(Lopez), 영국인 로라 제임스(Laura James), 인도인 센자(Senzar) 등 다문화/민족/인종의 사람들과 우정을 쌓거나 관계를 맺는다.

나아가 그는 일제의 압제 하에서 고통을 겪는 조선인과 유사하게 타국과 타인종의 부당한 폭력을 겪고 있는 사람들에 대해 진심에서 우러나오는 공감을 느끼고 초국가/민족/인종적인 제휴 가능성까지도 보여 준다. 가령 그는 근대식 무기로 대량 학살당하고 있는 수백만의 무고한 유럽 백인들을 생각하며 마음의 고통을 느낀다(Kang, 1931: 257). 또한 그는 백인 우월주의 사회 속 흑인의 억울한 처지와 심경에 대해 깊은 이해와 연대감을 느끼며 "궁극적 동일화"(Kun Jong Lee, 331)를 보이기도 한다. 대학에서 의학을 전공하고 브람스(Johannes Brahms) 곡을 부를 만큼 교양이 있으나 백인 가정의 요리사로밖에 일을 얻을 수 없고 흑인은 거짓되다는 백인의 편견을 감내하고 있는 로렌조의 진실성을 알아 줄 뿐 아니라, 고등 교육을 받은 흑인에게 미국은 " '예, 주인님' " 직업만 제공해 주어 흑인은 결코 "품위 있는 생활"(Kang, 1937: 273)을 영위할 수 없다는 왜그스태프의 울분 어린 성토를 마음으로 받아 주는 것이다. 그리고 같은 동양인 센자가 영국의 "위선"과 "이중적 얼굴"(Kang, 1937: 298)을 공개적으로 비판할 때 영국 제국주의 하에서 힌두인들의 삶과 일본 제국주의 하에서 조선인들의 삶을 비교하는 것 역시 열강의 탐욕과 탄압에 희생된 사람들에 대해 국가/민족/인종과 상관없이 그가 심적 소통을 하고 있음을 보여 준다.

초국가/인종/민족적 소통과 연대를 통해 서로 다르면서도 하나로 느낄 수 있는 이러한 상황은 궁극적으로 동양과 서양, 전근대와 근대, 과거와 미래, 주변과 중심 등이 경계를 허물고 수평적으로 접목되어 창조적 융합을 이뤄낼 수 있는 가능성으로 연결된다. 이러한 가능성은 『초당』에서 한

청파가 만나는 신비한 소녀 즉 국적을 가늠하기 어려울 정도로 변화무쌍하고 유연하며 혼합적인 정체성을 갖는 듯한 소녀의 모습으로 상징되어 있다. 조선인이지만 복식과 자태와 언어면에서 일본과 미국 등 매번 다른 국적을 환기시킬 정도로 자연스러운 경계 초월을 보여 주고, 따라서 "두 손으로 동양 세계와 서양 세계를 잘 균형 맞추고 있는"(Kang, 1931: 272) 그 신비한 소녀는 유동적이고 혼종적인 코스모폴리터니즘에 대한 일종의 에피파니 역할을 한다.

> 그녀는 국적이 없는 여자로서 나처럼 고립된 듯하다. 그녀는 서양 사람일까? 동양 사람일까? 그녀는 중국인일까? 일본인일까? 그녀는 유럽인일까? 미국인일까? 이제 그녀만이 그에 따라 내 심장이 춤을 추는 가락을 울린다 (Kang, 1931: 367).

위와 같은 탈경계적 융합과 혼종의 비전이 『동양이 서양으로 가다』에서는 한청파가 서구에 온 자신의 목적을 사유하는 장면으로 진술되어 있다.

> 나는 나 자신의 문화적 유산에 고대 르네상스의 나무를 접목하고 싶었다. 그래서 그것으로부터 어떤 다른 것, 무언가 새로운 것을 만들어내고 싶었다. …… 나 자신의 새로운 탄생도 될 것이었다. …… 이런 식으로 보면 역사는 역사가 아니라 시가 되고 과정 중에 있는 창조적 삶이 된다. …… (Kang, 1937: 189-190).

복수 문화가 통합되어 더 풍요로운 제3의 문화로 "혼종적 만개"(Lew, 180)를 이루는 것, 그것이 곧 강용흘이 추구한 코스모폴리터니즘이며 이는 또한 21세기 글로벌 시대의 이상적 패러다임이기도 하다.

6. 초국가적 이산의 삶을 산 강용흘

이상에서 『초당』과 『동양이 서양으로 가다』의 주인공 한청파의 인생 여정과 의식 분석을 통해 강용흘의 코스모폴리터니즘 이상이 문학적으로 어떻게 구현되고 있는지를 고찰해 보았다. 한청파는 역사적 상황과 개인적 선택의 결과로 처음에는 미국에 대해, 다음에는 조선에 대해 초국가적 의식을 발달시켰는데, 그에게 초국가적 의식은 한편으로는 미국이 가진 가능성 속에서 조국의 광복과 자아실현을 위한 방법을 모색하며 치욕스러운 역사적 현실의 고통과 암울함을 극복할 수 있게 해 주는 꿈이 되어 주고 또 한편으로는 미국 근대 문명의 본질을 통찰하고 상대적으로 자연과 인간 중심의 동양적 가치와 정신문화를 다시 인식하게 되는 사고의 깊이를 가져다 줌을 볼 수 있었다. 나아가 그는 코스모폴리터니즘의 이상을 품게 되는데 이는 모국의 한계를 넘어 세계로 의식을 확장하고 그 어느 국가/민족/인종에 대해서도 편견 없는 균형적 시각을 유지하며 각각의 고유성을 긍정하고 제휴와 혼종까지 나아가는 비전에 다름 아님을 알 수 있었다. 이 때 부유와 유랑이 아니라 이식과 접목이 함축하는 소속과 참여 그리고 제3의 비전과 유연한 사고가 필수 조건이라는 것도 알게 되었다. 그리고 그에게 다양한 인류와의 접촉은 갈등과 충돌과 대결이 아니라 초국가/인종/민족적으로 이해하고 연대하며 융합할 수 있는 사랑과 창조의 가능성이 됨을 살펴보았다.

작가 강용흘은 초국가적 이산의 삶을 살았던 사람이다. 그러나 이산의 경험이 모두 강용흘이 보여 주는 것 같은 이상을 가져다 주는 것은 아니다. 소설 속 미국 망명 조선인들이 다양하게 보여 주듯이 모국을 그리며 민족적 정체성과 국수주의에 더욱 매달릴 수도 있고, 이주 후 생존을 넘어 성공하기 위해 모국의 유산을 버리고 새로운 국가에 완전히 동화할 수도 있으며, 어디에서건 이방인과 방관자로 머무르며 소외와 배제를 자초하고 고독과 염세주의로 파멸할 수도 있다. 그 어떤 삶의 유형도 구체적 상황에서 최선을 다한 개인적 선택일 수 있기에 일반화시켜 논하기 어렵지만 적어도 21세기적 시각에서 보았을 때 강용흘이 선택한 이상은 시대를 앞서 가는 의미 깊은 비전이었다고 말할 수 있다. 스티븐 내들러(Stephen Knadler)가 그를 "이산 시대의 포스트모더니스트"(Knadler, 2000: 17)라고 일컫는 이유도 여기 있을 것이다.

두 작품의 분석을 통해 필자는 강용흘의 작가관과 문학론에 피력된 그의 비전과 철학이 문학작품 속에도 충실하게 구현되어 있음을 보여 줄 수 있었다. 그리고 그의 작품 세계가 21세기 글로벌 시대의 독자도 충분히 공감할 수 있는 현대성을 지니고 있음도 밝힐 수 있었다. 특히 민족주의적 요구가 팽배해 있는 모국의 상황과 근대의 절정기를 구가하던 미국 문명 둘 다를 첨예하게 의식하고 그 적극적 영향 하에 있었으면서도 강용흘이 탈경계적이고 다문화적이며 혼종적이기까지 한 코스모폴리터니즘을 추구했다는 이 글의 결론은, 작가로서 그의 위상에 대한 기존의 평—가령 그가 자전적인 소설을 통해 서양에 이름을 알린 최초의 한국계 미국인 작가였고, 동양을 알지 못했거나 잘못 알고 있었던 서양 독자들에게 조선/동양이 이뤄낸 정신적 · 문화적 · 학문적 · 예술적 유산과 전통의 진면목을 바로 알려 주는 "문화적 사절"(Kyhan Lee, 1991: 67)의 중요한 역할을 했으며, 미국/서양 근대 문명이 갖는 부정적 근대성에 대한 예리한 비평을 담아낸 용기 있는 작가였다—에 역사의 방향과 시대 정신의 흐름에 대한 정확한 투시력을 지니고 이를 작품 속에 효과적으로 형상화한 선구적이고 미래 지향적인 작가라는 평을 새롭게 더해 줄 수 있을 것이다. 아울러 영미(문)학계에서 초국가주의로 작품 읽기가 한 가지 중요 흐름인 현 상황에서 강용흘이 그 시조는 아니라도 적어도 상류에 설 수 있는 작가임을 밝히는 기회가 되었기를 바란다. 더구나 서구 문명과 진보 개념의 한계에 직면하여 동양의 전통과 가치가 새롭게 인식되고 세계의 여러 문제에 대해 동양의 역할과 협력이 그 어느 때보다도 중요하다고 전망되는 작금의 상황에서 20세기 초에 이미 서양의 한계와 동양의 가치를 꿰뚫어보고 두 반구의 수평적 교차와 융화와 통합을 추구해야 할 대안적 이상으로 제시한 강용흘은 분명 글로벌 작가로 재조명되어야 할 작가 중 한 사람일 것이다.

초국가적 주체의 가능성
-제프리 유제니디스의 『미들섹스』* -

송은주

1. 완벽한 미국인으로의 동화

교통 수단과 미디어의 발달로 자본과 인적 · 물적 자원의 교류가 확산되고 그 속도 또한 급속히 빨라지면서 지구화(globalization)가 분야를 막론하고 중요한 화두이자 거부할 수 없는 대세로 대두하고 있다. 최근 부상하는 '초국가주의(transnationalism)' 논의는 지구화 현상이 가져온 이주와 이산의 경험에 주목하며, 이주로부터 비롯되는 혼종성(hybridity)을 탐색한다. 이경란의 정의에 따르면, 초국가주의는 문화 · 정보 · 사람 · 자본 등이 국가와 민족의 경계선을 넘어 거대한 규모로 흐르는 현상을 설명하고, 그런 경계선 넘기 흐름들이 기존 국민국가의 의미와 기능에 어떠한 방식으로 도전하는지, 국가와 그 안/밖에 살고 있는 거주자들과의 관계를 어떠한 양상으로 변모시키는지 그 다양한 가능성을 탐문하는 학문적 담론이다(이경란, 2010: 370).

그간 미국이라는 제1세계로의 이주 경험이 빚어내는 초국가적 경험에

* 이 글은 『미국소설』 제17권 3호(2010)에 게재된 논문을 수정 · 보완한 것임.

관해 아시아계나 카리브계 미국 문학을 중심으로 많은 논의가 이뤄져 왔다. 아시아계나 카리브계 이민자들의 경우, 낯선 언어와 문화에 적응해야 한다는 장벽 외에도 유럽계 백인종 이민자들을 미국 사회의 주류로 삼는다는 암묵적 기준에 따라 이주와 정착 과정에서 흔히 경험하는 인종 차별과, 필리핀이나 아이티처럼 미국과 직·간접적으로 식민지적 관계를 맺은 과거가 그들의 이주 경험의 중요한 특징을 이룬다. 이러한 경우 국경을 넘는 문화·정보·사람·자본의 흐름은 상호적이지 않으며, 정치적·경제적 역학 관계에 따라 흐름의 방향과 양상이 좌우된다. 식민지 통치가 시작되면서 삶의 터전을 빼앗긴 식민지 주민들이 살 길을 찾아 모국이나 제3의 타국으로 이주하거나, 거꾸로 새로운 기회를 노리는 모국의 주민들이 식민지로 이주했던 제국주의 시대 이민이 한 예다. 그러므로 미국 문학에 등장하는 다양한 이민자들의 이주 경험은 미국 사회에서 인종적 소수자이자 경제적·정치적 약자로서 겪는 차별과 소외를 담고 있는 경우가 많다. 그러나 아이화 옹(Aihwa Ong)은 초국가주의가 기존의 탈식민주의 논의와 다른 패러다임을 통해 다른 관점에서 초국가적 이주 현상을 분석함으로써 탈식민주의가 가졌던 한계를 극복한다고 주장한다. 그는 『유동적 시민권(*Flexible Citizenship*)』에서 최근의 이민 연구가 동화에서 경계를 넘는 움직임의 전 지구적 문맥을 고려하는 쪽으로 초점을 옮기고 있다고 지적했다(Ong, 1999: 8). 기존의 탈식민주의 연구는 제3세계에서 미국으로의 초국가적 이주를 '중심(core)'과 '주변(periphery)' 사이의 착취 관계로 본다. 그러나 최근의 초국가주의 이민 연구는 중심으로 이주한 뒤에도 이주민들의 본국과의 관계가 완전히 단절되지는 않으며, 그들은 미국 본토인과도 모국의 주민들과도 다른 제3의 초국가적 공간의 주체가 된다는 점에 주목한다. 이 초국가적 주체가 존재하는 공간은 이산의 경험을 통해 창조되는 새로운 공간이다. 스튜어트 홀(Stuart Hall)은 전 지구화 시대의 정체성에 관해 이주 경험을 통해 '변환'의 정체성이라는 다른 가능성이 출현하게 된다고 지적한다.

> 이것은 자연적인 경계선을 가로지르고, 그들의 고향으로부터 영원히 흩어진 사람들로 구성된 정체성의 형태들을 그리고 있다. 그러한 사람들은 출신지와 자신의 전통과 강한 연결을 맺고 있지만 과거로 회귀하려는 허상을 가지고 있지 않다. …… 그들은 맞물려 있는 몇 개의 역사와 문화의 산물이고, 그와 동시에 (하나의 특수한 고향에 속하지 않고) 몇 개의 '고향들'에 속해 있기 때문이다. 그러한 혼성 문화에 속한 사람들은 어떤 종류의 '잃어버린' 문화적 순수성이나 종족적 절대주의를 재발견하려는 꿈이나 야망을 거부해 왔다(Hall, 1992: 310).

스튜어트 홀이 말하는 이러한 '변형'의 정체성을 보는 관점에는 의견 차가 존재한다. 홀이 경계를 넘어 변환된 자의 대표적 사례로 들고 있는 샐먼 루시디(Shalman Rushdie)의 경우에서 보듯이, 순수한 민족 정체성을 옹호하고 문화적 전통을 고수하고자 하는 이들에게 이러한 혼성적 존재는 불경하며 위험스럽다. 혼성적 존재는 기원의 신성함을 조롱하고 견고한 경계를 모호하게 만든다. 그러나 한편으로 혼성적 존재는 기원의 신성함과 절대성에 의문을 제기함으로써 기원을 만들고 유지하려는 권력의 작동 방식을 폭로한다.

이주 경험을 탈식민주의적 틀을 넘어 초국가주의적 관점에서 해석하려는 시도는 아시아계나 카리브계와 달리 기존의 탈식민주의적 관계가 적용되지 않는 민족들의 이민 서사에서도 유효한 분석 틀이 될 수 있다. 제프리 유제니디스(Jefferey Eugenides)의 『미들섹스(*Middlesex*)』에 등장하는 그리스계 이민자의 경우, 아시아계나 카리브계 미국인처럼 미국 사회에 완전히 동화되지 못하고 타자의 위치에 머물게 만드는 인종적 장벽은 경험하지 않는다. 아시아계 미국인이 인종적 타자로서의 위치로 인해 미국 주류 사회의 가치에 의문을 제기하고 초국가적 공간의 가능성을 끊임없이 탐색하게 되는 반면, 남유럽계인 그리스 이민자들은 모국의 흔적을 완전히 지워버리고 미국 주류 사회로 성공적으로 동화될 수 있다는 점에서 훨씬 유리한 위치에 있다. 그러나 미국 사회에서 이민자들을 동화시킴으로써 구축하고자 하는 미국 시민으로서의 정체성은 이민자들이 가진 다양한 차이를 위계 질서화하고 이질적인 요소들을 억압하거나 배제함으로써 구성되는 정체성이다. 따라서 유제니디스는 '완벽한 미국인'으로의 동화가 이민 1세대가 좇는 아메리칸 드림처럼 성취될 수 없는 환상에 불과하거나, 성공하더라도 이민 2세대의 경우처럼 다른 인종을 타자화하는 폭력적인 지배 질서와의 공모를 통해서만 가능하다는 것을 보여 준다. 따라서 그리스계 이민자의 이주 서사는 미국 사회의 안과 밖, 동화와 배제의 양면을 모두 경험한 자들의 이야기로서, 완벽한 미국 시민으로 동화되어 성공을 거둔다는 이민자들의 아메리칸 드림 신화의 허구성을 폭로한다.

『미들섹스』에서는 국가 간의 경계를 넘는 이민 서사에 양성의 경계를 넘는 트랜스젠더 서사를 결합함으로써, 타자에 대한 차별과 배제에 기반한 배타적이고 폭력적인 정체성 구성 방식에 대해 좀 더 근본적인 비판이 이뤄진다. 한 개인의 정체성을 구성하는 수많은 요소 중에서도 본질적인 요소로 여겨지는 것이 민족과 성이다. 그러나 주인공 칼/리오페는 정체성을 구성하는 범주들의 경계를 횡단함으로써 이 경계를 교란하고 무너뜨리며, 정체성의 절대적이고 초월적인 구성 범주로 여겨져 온 두 가지 요소의 불안정성을 폭로한다. 로라 브리그스(Laura Briggs), 글래디스 매코믹(Gladys McCormick), 웨이(J.T. Way)는 초국가주의에서 국가와 젠더 간에 이러한 유비 관계가 성립될 수 있는 가능성을 지적한다.

> 우리는 성별화된 육체에 젠더가 하는 일을 '초국가주의'가 할 수 있다고 제안하고 싶다. 초국가주의는 그것들의 모든 배치를 부자연스럽게 만드는 개념상의 신랄함을 제공함으로써 우리가 성과 마찬가지로 국가 또한 논쟁과 저지의 대상이 되며 항상 모순이 있다는 것을 인정하게 만드는 것이다 (Briggs, McCormick, and Way, 2008: 627).

그리스인이면서 미국인이고 남성이면서 여성인 초국가적 주체이자 트랜스젠더인 칼/리오페는 양쪽의 요소를 다 가지고 있으므로 어느 한쪽으로 분류되고 고정될 수 없는 혼성적 주체다. 따라서 칼/리오페는 한 개인의 민족과 성 정체성을 '자연스러운' 것으로 구성하기 위해 배제된 것들의 흔적을 자신의 정체성 안에 내포한 '모호한' 존재로서, '완벽한 미국인', '완벽한 여성'의 정체성을 구성하기 위해 이질적인 요소들을 비체화하는 지배 질서의 폭력성을 드러낸다. 경계 넘기의 경험은 국가와 성이라는 사회적으로 합의되고 법과 규범에 따라 강제되는 경계가 실제로는 그렇게 절대적이거나 견고하지 않다는 것을 보여 준다. 초국가적 이민자들이 이주국에서 본국과의 관계를 이어가며 제3의 초국가적 공간에서 살아가듯, 트랜스젠더는 두 가지 성의 특질을 공유할 수 있다. 스테파니 수(Stephanie Hsu)는 트랜스젠더와 초국가적 주체는 상상된 공동체에 의한 법적 인정에 선행하는 방식으로 자기 인식을 획득할 수 있다고 말한다(Hsu, 2009: 24). 민족 정체성과 성 정체성이 본래부터 존재하는 것이 아니라 지배적 사회 규범에 따라 수행적으로 구성된다는 스튜어트 홀과 주디스 버틀러(Judith Butler)의 견해는 트랜스젠더와 초국가적 주체의 기존 규범에서 일탈한 정체성 수행 방식에 따라 지배적 사회 규범이 부인하고 배제한 주체의 이질적 요소들이 재현될 수 있는 가능성을 제시한다.

2. 그리스계 이민자들의 동화 시도

미국은 이민자들에 의해 건국된 나라이지만 다양한 인종과 민족 출신의 이민자들이 모두 동등한 자격으로 미국 시민의 정체성을 대표하지는 않는다. 그보다는 '완벽한 미국인'의 허구적 정체성을 미리 상정해 놓고, 이에 맞춰 이민자들의 민족 문화와 인종의 다양한 차이를 위계 질서화하는 방식을 통해 '이상적인' 미국 시민의 정체성이 구축된다. 스튜어트 홀은 정체성이 차이를 통해, 다시 말해서 타자와의 관계를 통해서만 형성된다고 지적한다(Hall, 1990: 4). 이러한 '미국적 주체'의 형성 과정은 미국 역사에서 아메리카 원주민이나 흑인과 같은 인종적 타자의 존재를 근거로 선/악, 문명/야만, 백/흑, 빛/어둠의 이분법적 논리에 따라 백인 미국인을 독럽적이고 우월한 주체로 구성하는 방식으로 이뤄져 왔다. 이민자의 경우에도 백인종들은 더 쉽게 미국 국민으로 통합되었다.

> 미국 국가 개념의 핵심에는 백인성의 개념이 있어 왔다. 처음에 원주민과의 초창기 인종 학살의 조우를 통해 발전해 온 백인성은 다양한 출신의 인구를 하나로 녹여낸 자본가 계급의 출현에 의해 일반 시민들을 묶어 주는 끈이 되었다. …… 미국 역사를 통해, 국민적 정체성은 인종적으로 다른 타자와 신체 정치(body politic)의 거리를 둠으로써 구축되었다. …… 이러한 융합에서, 흑인 인구는 정말로 국가에 속하는 자들과 떨어져 바닥에 있다고 가정되었다. 유럽 이민 노동자들은 흑인성과 거리를 두고 있기 때문에, 스스로를 미국인으로 동일시하고 지배 계급의 편에 서게 되었다(Basch, 1994: 40).

따라서 그리스계 이민자들은 백인종으로서의 특권적 위치를 점유하면서도 남유럽계로서 민족적으로는 미국 역사 초기 앵글로 색슨 이민자들의 후예와 달리 타자화되는 미묘한 위치에 있다는 점에서 아시아계 이민자들과의 공통점과 차이점을 동시에 보여 준다. 역사적으로 이탈리아나 그리스 등 남부 유럽 출신 이민자들은 같은 유럽이라 해도 독일이나 영국 등 북부 유럽 출신보다 질이 낮은, 이류의 혈통으로 간주되었다. 20세기 초에는 미국의 우월한 정체성을 유지해야 한다는 명목으로 이들의 이민을 제한하는 조치들이 취해지기도 했다. 따라서 이민 1세대인 레프티(Lefty)와 데스데모나(Desdemona)의 이주 서사는 이들이 '완벽한 미국 시민'으로서의 정체성을 획득하기 위해 완벽한 미국인의 이상이 제시하는 정체성에 맞춰 자신들의 새로운 정체성을 수행적으로 구성하는 과정을 보여 준다.

터키와의 전쟁에서 부모를 잃은 레프티와 데스데모나는 1922년 스미르나 대학살을 피해 미국으로 가는 배에 오른다. 이주는 그들에게 단순히 삶의 터전을 옮기는 문제를 넘어서서, 새로운 주체로 자신을 재창조하는 것을 의미한다. 그 작업은 미국으로 가는 배 위에서 시작된다. 레프티와 데스데모나는 친남매라는 과거를 지우고 그들을 아는 이가 없는 신세계에서 새롭게 부부로 시작하기 위해, 배 위에서부터 서로 모르는 타인으로 우연히 만나 사랑에 빠진다는 연극을 통해 자신들의 정체성을 새롭게 만들어 낸다. 레프티는 이주 과정에서 얻게 된 익명성을 적극 활용해 자신을 재창조하기로 한다. 이는 다른 이민자들 역시 다르지 않다. 그들은 미국이라는 신세계에서 자기가 꿈꾸는 대로 새로운 자아가 되리라는 희망을 품는다. 이민자들에게 미국은 새로운 정체성과 새로운 삶을 약속하는 신세계를 의미한다.

> 줄리아 호 선상에서의 추진 동력은 단연 자기 변신이었다. …… 유럽과 소아시아는 그들 뒤에서 죽어 버렸다. 눈앞에는 미국과 새로운 지평이 있을 따름이었다(Eugenides, 2002: 68).[1]

그러나 미국 땅에 첫발을 디딘 이민자들을 기다리고 있는 것은 소위 '미국적 주체'의 기준과 범주에 맞춰 스스로를 재편해야 한다는 동화정책의 폭력적인 요구다. 그들이 미국 땅에 도착한 1922년의 이민자들을 기다리는 상황은 그리 좋지 않았다. 유제니디스는 스테퍼니데스 남매가 도착했을 당시의 사회적 상황을 다음과 같이 설명한다. 1894년 '이민제한연맹'이 결성되었고, 미국 상원 의회에서 공화당의 헨리 개벗 로지(Henry Gabot Lodge, Jr.) 의원이 『종의 기원』으로 탁상을 내리치면서 남유럽과 동유럽의 열등한 민족들이 유입되면 '우리 민족의 정통성'을 위협하게 된다고 경고했다. 1917년 제정된 이민법은 33종류의 부적격자들의 미국 입국을 금지했다. 배의 갑판에서 승객들은 이 범주를 벗어나기 위해 문맹자들은 글을 아는 척하는 법을 배우고, 아내를 둘 가진 사람은 아내 하나만을 인정하도록, 무정부주의자들은 피에르 프루동(Pierre J. Proudhon)을 읽지 않은 척하도록, 심장병이나 유전병, 간질 환자들은 건강한 척하도록

1 앞으로 『미들섹스』에서의 인용은 괄호 안에 인용된 쪽수만 기입한다.

배웠다(73). 레프티는 "미국인들은 누구든지 다 받아 준다"(75)며 자유와 평등이라는 미국의 이상을 글자 그대로 의심 없이 받아들이지만, 데스데모나는 이 말에 "그렇게 다 받아 준다면 우리가 그리스어로 말하도록 내버려 두어야지"(75)라고 받아친다. 데스데모나의 말은 '미국적 주체'의 허구적 기준에 따라 세계 각국에서 온 상이한 언어와 문화적 전통, 역사를 지닌 이민자들을 솎아내고 교정하고 있음을 짚어낸다.

뉴욕 엘리스 섬에서 무사히 미국으로 들어오는 관문을 통과한 후에도 미국 시민이 되기 위한 과정은 아직 끝나지 않았다. 법적으로 미국 시민권을 취득했다 해서 완전한 미국 시민이 되는 것은 아니다. 리사 로우(Lisa Lowe)는 『이민법(*Immigrants Acts*)』에서 법이 가장 문자 그대로 시민권을 관리하는 담론이라 해도, 계급은 물론이고 인종 · 국적 · 지역 등 역사적으로 형성된 특이성은 정치적 영역 안에 보이지 않는 상태로 그대로 남게 되기 때문에, 이처럼 서로 다른 사람을 통합하고 '미국'으로 구성해내기 위해서는 국민 문화의 역할이 긴요해진다고 지적한다(Lowe, 1996: 2). 국민 문화의 역할은 시민이 누구인가, 어디에서 사는가, 무엇을 기억하고 잊을 것인가를 정의하는 것으로, 국가 정치 제도와의 관계에 따라 개인을 배치하고 재배치하는 담론, 역사, 이미지를 총칭한다(Lowe, 1996: 2). 바로 이 국민 문화의 영역을 통해 개인 주체가 정치적으로 미국 시민으로 형성된다. 처음부터 미국으로의 동화에 부정적이고 소극적인 반응을 보이며 낯선 세계에 대한 경계심을 풀지 않는 데스데모나와는 달리, 미국에 동화되어 성공적인 미국인이 되고자 하는 레프티는 미국 국민 문화가 요구하는 가치를 적극적으로 수용하고 그 문화의 기준에 자신을 맞추려 한다.

『미들섹스』에서는 미국의 국민 문화를 포드 사의 기업문화가 대표한다. 부부가 된 레프티와 데스데모나가 처음으로 정착한 도시는 자동차 산업으로 유명한 디트로이트다. 유제니디스는 디트로이트를 "파리나 런던, 로마처럼 문화를 위해 바쳐진 도시가 아니라 미국적인 도시이며, 돈을 위해 목숨을 바친 도시"(80)라고 표현한다. 포드 사는 디트로이트 시민들이 먹고 살 수 있는 경제적 기반을 제공할 뿐 아니라 효율성과 청결, 문명화의 사명을 내세워 미국 국민 문화의 핵심인 자본주의적 가치를 전파하고 주입하는 역할을 한다. 레프티의 미국 적응이 포드 공장 취직으로 이뤄진다는 점에서, 미국 시민으로서의 미국 국민 문화 적응은 자본주의 체제로의 적응과 동일시된다.

레프티는 낮에는 공장 컨베이어 벨트 앞에서 일을 하고, 저녁에는 공장 옆의 포드 영어학원에 가서 영어를 배운다. 영어 수업은 단순히 새로운 언어를 습득하는 데에서 끝나지 않고, 국민 문화를 주입받는 기회로 활용된다. 그는 영어 시간에 "청결만큼 바른 생활에서 중요한 것은 없습니다, 가장 앞선 사람은 가장 깨끗합니다" 등 생활 수칙을 낭송한다(97). 포드 사는 사원들이 미국 시민으로서 이러한 생활 수칙을 충실히 지키고 있는지 확인하기 위해 사생활까지 간섭하고 통제한다. 포드 사회관리부에서 각 사원의 집을 불시에 방문해 위생 상태를 점검하고 어떤 사회적 관계를 맺고 있는지 조사하는 것이다. 그들은 레프티에게 치약과 칫솔을 주고 양치질하는 법을 가르쳐 주기까지 한다. 당황한 레프티는 "우리 고향은 부르사입니다. 거긴 큰 도시예요", "우리는 개화된 사람들이오"라고 항의하고, 집주인인 지미 지즈모(Jimmy Zizmo)는 "앵글로 색슨 족이 동물 가죽을 걸치고 다니던 시절에 그리스 민족은 판테온 신전을 지었다"(101)고 말해 보지만, 사회관리부 직원들의 눈에 남유럽 출신의 이민자 레프티는 미국 시민이 되기 위해 개화되어야 할 대상일 뿐이다.

포드 영어학원의 졸업식 날, 졸업생들이 공연한 졸업 기념 연극은 이민자들이 진정한 미국 시민으로 동화되었음을 상징하는 의식이다. 졸업생들은 자기 출신 국가의 전통 의상을 걸치고 '포드 영어학원 용광로(Ford English School Melting Pot)'에 들어갔다가 용광로 안에서 양복으로 갈아입고 '양키 두들'이 울리는 가운데 미국 국기를 흔들며 용광로에서 내려오는 공연을 한다(104). 레프티는 용광로 안에서 옷을 갈아입으면서 진짜 미국인이 된 느낌을 갖는다(104). 이 공연에 참여한 졸업생들은 모두 그리스, 이탈리아, 폴란드, 노르웨이, 팔레스타인 등 남유럽이나 동유럽 출신 이민자들이다. 이 연극은 미국이 선전하는 '용광로(melting pot)'가 이민자들의 문화의 다양성을 인정하고 함께 녹아 어우러지게 하는 것이 아니라, 미국의 국민 문화 속으로 '녹아 없어지게 하는' 것을 목표로 하는 동화 정책의 본질을 보여 준다. 각 민족의 고유한 특성을 인정하지 않는 이러한 동화 정책은 개인의 개체성을 지우고 동일한 기계 부품처럼 대체 가능한 존재로 바꾸어 놓는 포드주의와 일맥 상통하는 면이 있다.

> 새로운 생산 방법을 가히 천재적이라 말할 수 있는 이유는 노동을 비전문가도 해낼 수 있는 단순한 업무들로 나눠 놓았다는 것이다. 그런 식이라면 누구를 고용하든 지장이 없었다. 또 누구를 해고해도 상관없었다(95).

그는 이 포드 용광로의 상징적 의식을 통해 미국 시민으로서의 자격을 획득했다고 생각하지만, 연극이 끝남과 동시에 자신이 받아들여졌다고 생각했던 집단에서 배제됨으로써 그 의식이 허구였음이 드러난다. 포드 사회관리부에서 지미 지즈모에게 수상쩍은 전과가 있음을 밝혀냈던 것이다. 포드 사가 미국의 자본주의 문화가 표방하는 진보와 문명을 내세운다면, 지미 지즈모의 세계는 미국 자본주의의 타락하고 부패한 이면을 대변한다. 지즈모가 아내에게조차 비밀로 하고 있던 사업은 바로 주류 밀매업이었다. 포드 사에서 해고당한 레프티는 생계를 해결하기 위해 어쩔 수 없이 지즈모의 사업에 참여하게 된다. 레프티는 완벽한 미국인이 될 수 있으리라 믿었던 처음의 희망과는 달리, 결국 미국 국민 문화 속에 완전히 포섭되지 않고 남은 그리스 문화의 잉여적 여분을 지니고 살아간다. 그는 그리스 고전 시들을 영어로 번역하고, 그리스 악기를 연주하는 것을 소일거리로 삼는다. 이는 그가 결국 노력했음에도 불구하고 '용광로' 속에서 동화되는 데 실패했다는 표시다. 이러한 불일치로 괴로워하던 그는 일종의 자살 충동으로 고향에서의 오래된 악습인 도박에 다시 손을 대기 시작해 결국 가진 재산을 모두 날리고, 뇌일혈 발작의 영향으로 실어증에 걸린다. 많은 이민문학에서 실어증은 본토 문화와 이민국의 문화 사이에 끼어 정체성의 혼란으로 고통받는 이민자들이 겪게 되는 증상이다. 레프티는 몇

차례의 연이은 중풍 발작 끝에 서서히 가까운 과거부터 기억을 잃어가서 마침내 누나와 단둘이 살던 고향 시절로까지 거슬러 올라가 죽음을 맞는다. 레프티는 적극적인 동화 노력에도 불구하고 과거의 정체성을 완전히 부인하고 지우는 것이 불가능했지만, 초국가적 주체의 존재를 인정하지 않으려 하는 동화 정책의 압력은 주체의 분열과 붕괴라는 비극적인 결말을 초래한다.

미국으로 이민 왔으나 그리스인으로서의 정체성을 버리지 못했던 이민 1세대와 달리, 이민 2세대인 밀턴 스테퍼니데스(Milton Stephanides)는 미국 사회에 동화되고 중상류층으로 진입하는 데 성공하는 인물이다. 그는 미국에서 태어나 선조의 고향인 그리스 땅을 밟아 본 적도 없을 정도로 모국과 직접적인 관계가 없다. 밀턴은 다른 그리스계 이민자들과 달리 자신을 완전한 미국인으로 생각하며, 이민자의 후예로서 자신의 삶에 내재한 초국가적 특성을 부인하고 지워내려 한다. 미국 아닌 다른 세계의 흔적으로 얼룩지시 않은 완벽한 미국 시민이 되기 위해 밀턴은 다른 인종과 자신의 출신 민족집단을 타자화하여 거리를 둠으로써 자신을 미국적 주체로 재구성하는 전략을 취한다.

타자와의 차이를 위계 질서화함으로써 독립적이고 우월한 미국적 주체로 자신의 정체성을 구성하려는 밀턴의 전략은 흑인을 미국 사회의 '바닥'을 이루는 인종적 타자로 대상화하는 방식으로 이뤄진다. 린다 바쉬(Linda Basch)는 인종적으로 다른 범주로 묶인 이민자들은 흑인보다는 위이지만 또한 백인 국가의 바깥에서 자신의 자리를 찾는다고 말한다(Basch, 1994: 41). 밀턴이 이민 1세대 레프티보다 훨씬 더 미국화된 인물인 것은 분명하지만, 그럼에도 불구하고 남부 유럽계 이민자로서 여전히 미국 사회에서 주변적인 위치에 있는 것 또한 부인할 수 없는 사실이다. 레프티의 집과 지브라 룸이 있는 디트로이트 지역은 백인 중산층들이 점점 빠져 나가고 빈 자리를 흑인들이 채우게 되면서 슬럼화되어 가는데, 이러한 현상은 그리스계 이민자로서 스테퍼니데스 가의 주변적인 위치를 반영한다. 밀턴은 아버지의 술집을 식당으로 바꾸고 사업에 열성을 쏟지만, 동네 자체가 쇠락해 가면서 그의 사업 역시 악화일로를 걷는다. 밀턴은 동네 주민이 속속 흑인들로 바뀌어 가는 와중에도 백인 경찰관에게 뇌물을 제공하며 친밀한 관계를 맺고 흑인을 배척하는 태도를 바꾸지 않는다. 그는 식당 메뉴에 흑인 음식을 올리라는 제안을 경멸 어린 농담으로 받아치며, 딸 칼리오페가 동네의 흑인들과 어울리지 못하게 한다.

부글부글 끓어오르던 흑백 갈등은 마침내 1967년 디트로이트 흑인 폭동으로 폭발한다. 이 폭동으로 가게가 불타 막대한 보험금을 받게 됨으로써 밀턴은 오히려 경제적으로 재기할 기회를 얻는다. 운 좋게 부를 손에 쥔 밀턴이 제일 먼저 시도하는 것은 남부 유럽계에 대한 미국 사회의 보이지 않는 차별을 뚫고 중산층에 진입하는 것이다. 밀턴은 흑인 주민과 뒤엉켜 살던 옛 동네를 떠나 자동차 거물들이 모여 사는 교외의 호숫가 부촌 그로스포인트에 집을 구하려 한다. 이 과정에서 밀턴은 이탈리아계나 그리스계 같은 남부 유럽 출신의 공동체 진입을 막기 위해 고안된 '포인트 시스템'이라는 벽에 부딪힌다. 포인트 시스템은 그로스포인트의 부동산업자들이 집을 구매하고자 하는 고객을 평가하는 시스템으로, 소위 '지역 사회의 기준'에 따라 '제대로 된 사람들'을 받아들인다는 명목으로 은밀히 실행되었다. 그로스포인트의 포인트 시스템은 레프티를 해고했던 포드 사회관리부의 규칙처럼, 적법한 미국 시민이 될 자격이 없는 열등한 이민자들을 식별하고 배제하는 역할을 하는 미국 국민 문화의 또 다른 작동 방식을 의미한다. 포인트 시스템의 기준에 따르면 밀턴의 출신 민족뿐 아니라 그리스 정교회 교인이라는 문화적 정체성도 감점 요인이 된다.

밀턴은 그로스포인트에 집을 보러 다닐 때 부동산업자들의 암묵적인 포인트 시스템에 의해 자신이 그리스계라는 이유로 차별당하고 있음을 알지만, 이러한 시스템에 대해 항의하거나 그 정당성을 의심할 생각을 전혀 하지 않는다. 이는 그가 돈의 힘으로 무엇이든 이룰 수 있다는 아메리칸 드림의 성공 신화를 비판 없이 수용하고 있기 때문이다. 그는 보험금으로 집값을 한꺼번에 현금으로 냄으로써, 돈의 힘으로 자신을 배척하는 장벽을 넘고 미국 중산층에 진입하는 데 성공한다. 리사 로우는 아시아계 이민의 경우 미국 시민권으로부터 차별당함으로써 발생한 거리가 역설적으로 아시아 문화가 미국 주류 사회에 대한 대안적 문화가 될 수 있는 가능성을 만들었다고 보았다(Lowe, 1996: x). 기존의 규범에 융화되지 않고 남은 부분들이 대안적 공간의 가능성을 품게 된다는 것이다. 이는 비단 아시아 문화뿐이 아니라 미국 국민 문화가 열등하며 미개한 것으로 간주하는 기타 문화권에도 해당된다. 그러나 밀턴은 기존 문화의 관습을 무비판적으로 수용할 뿐 아니라 차별당함으로써 발생하는 거리를 인정하지 않으려 하므로, 대안적 공간의 가능성을 만들어낼 초국가적 주체가 될 수 없는 인물이다.

중산층에 진입함으로써 소위 아메리칸 드림을 실현한 밀턴은 갈수록 더 보수화된다. 밀턴은 인종 차별을 폐지하기 위해 지방법원의 로스 판사가 디트로이트의 백인 학생 수가 모자랄 경우 다른 지역에서 백인 학생들을 충당하겠다는 판결을 내리자 격분해 칼리오페를 집에서 멀리 떨어진 사립학교로 옮긴다.[2] 보험금으로 핫도그 체인점을 차리고 성공적인 사업가로 부상한 밀턴은 소수자였던 그리스계 이민자가 아닌 보수적인 자본가, 공화당원으로서 자신의 정체성을 재정의한다. 레프티가 포드 사 공장에서 미국적 가치를 주입받았듯이, 밀턴은 제2차 세계대전과 한국전에 참전하면서 반공주의와 인종주의를 기반으로 한 미국 시민으로서의 정치적 견해를 형성한다.

완벽한 미국 시민으로서의 정체성을 구축하기 위한 타자화 전략은 그리스 본국과의 관계에서도 동일하게 적용된다. 밀턴은 그리스어를 배우기는 했으나 거의 쓰지 않아 나중에는 다 잊다시피 하며, 그리스 정교 예배에

2 중상류층 학생들을 대상으로 한 이 사립학교 안에서 학생들은 출신 민족에 따라 차등화된다. 앵글로색슨 계의 오래된 이민자 집안 출신의 소녀들은 배타적인 "팔찌 클럽(Charm Bracelet)"이라는 동아리를 만들어 자기들끼리 어울린다. 그들은 미국 내에 또 다른 미국이 있다는 것, 여러 겹의 미국이 존재하며 이민자들은 계급적 위치와 인종에 따라 각각 다른 미국에 위치하게 된다는 것을 보여 준다. 팔찌 클럽의 동부는 신흥 벼락부자인 칼리에게 진입이 허락되지 않은 또 다른 미국이다.

참석하기는 하지만 선조의 종교에 대해 경멸감을 품고 있다. 그는 그리스 정교회 신부에게 오래된 나라에서는 사람들의 교육 수준이 높지 않으므로 신부들의 말을 쉽게 믿지만, 미국에서는 누구든 대학에 갈 수 있고 스스로 생각을 하도록 배우므로 신부 노릇이 쉽지 않을 거라고 빈정거린다(216). 그는 구대륙의 종교에 대한 경멸과 반감을 표하며 과학과 이성을 신봉하는 문명화된 미국인임을 과시한다. 그는 과거 포드 사회관리부가 레프티를 다뤘던 방식을 거꾸로 그리스에 적용해 완벽하게 문명화된 미국인인 자신과 달리 무지몽매한 열등 민족으로 타자화함으로써 거리를 두는 것이다. 이민 1세대 데스데모나의 경우, 매년 콘스탄티노플 교구에 헌금을 보내며 비티니오스의 교회 재건에도 큰 관심을 갖고 아들에게 지원금을 보내라고 수차례 채근하지만 밀턴은 관심을 보이지 않는다. 그에게 고국과의 관계는 청산해야 할 구세계의 묵은 짐일 뿐이며, 문명화된 미국인이 되기 위해 버려야 할 무가치한 여분에 불과하다.

밀턴이 결정적으로 그리스와의 관계를 단절하게 되는 계기는 1974년 터키의 키프로스 침공 사건이다. 그는 그리스계 이민자 이웃들과 정기적인 모임을 갖는 등 이민 공동체와의 유대 관계를 유지하고 있었으나, 터키의 침공을 방조한 미국의 편을 듦으로써 이웃과 완전히 등을 돌린다. "그리스 놈들 따위 지옥에나 가라"(363). 그는 선조의 나라를 부인하고 미국을 자신의 유일한 조국으로 선택한 것이다. 그러나 그가 미국의 행동을 변호하는 근거가 "국익을 위해서라면 무슨 짓이든 할 수 있다"(363)라는 점에서 문제가 있다. 밀턴은 국익을 모든 명분과 도덕보다 우선시하는 보수층의 사고 방식을 받아들임으로써 자신을 워터게이트 사건으로 곤경에 처한 닉슨 대통령과 동일시하고 그에게 감정 이입한다. 그에게 닉슨의 과오를 끈질기게 추적하는 언론과 자기 아들을 포함한 히피와 흑인들은 사회 질서와 안정을 위태롭게 하고 자신과 같은 기득권층의 입지를 흔드는 적이다.

그러나 밀턴의 노력에도 불구하고 스테퍼니데스 가의 삶 속에는 초국가적 관계들이 파고들어와 있으며, 그 영향을 완전히 벗어날 수 없다. 그리스계 이민자들은 정기적으로 모여 고국의 소식을 나누고, 그리스 정교회를 믿으며 점점 약해져 가나마 전통 문화와 관습을 유지해 간다. 밀턴의 집 응접실에는 주말마다 그리스계 이웃들이 모여 그리스인 특유의 타고난 기질답게 정치적 이슈부터 가정사까지 온갖 잡다한 화젯거리들을 놓고 떠들썩한 토론을 벌인다. 데스데모나는 은수저로 아이의 성별을 점치고 그리스 해몽책을 끼고 살다시피 하는 등 누구보다도 그리스의 문화적 전통 속에서 살아가고 있으며, 여동생은 그리스 정교회 신부인 마이크와 결혼해 초국가적 삶을 살고 있다. 그녀는 그리스에서는 신부가 존경받는 신분이었기에 어머니의 권유에 따라 마이크와 결혼한 것이다. 머튼 리(Merton Lee)는 미국 내에서 그리스 민족성은 백인성의 또 다른 형태에 불과하다고 말한다. 그리스 정교회에서 이뤄지는 결혼의 80퍼센트는 비(非)그리스인과의 결혼임에도 불구하고, 미국의 그리스인들은 자신을 미국인도, 그리스계 미국인도 아닌 그리스인으로 생각하고 있으며, 그리스의 국경선 밖에서도 여전히 그리스인으로서의 국민성을 유지해 왔다(Lee, 2010: 34). 밀턴 자신도 그리스의 전통과 문화를 낡고 미신적이라고 경멸하면서도 미국 땅에서 생존하고 부를 일구기 위해 그리스 문화의 요소를 상업적으로 변형시켜 이용한다. 밀턴의 '헤라클레스 핫도그'는 가장 미국적인 패스트푸드인 핫도그와 그리스의 신화적 요소를 결합시켰다. 핫도그 체인점의 백색 네온 기둥은 파르테논 신전에서 따온 것으로, 신화 속의 헤라클레스이면서 동시에 할리우드 영화에 나오는 헤라클레스다(276). 쇼스타크(D. Shostak)는 헤라클레스 핫도그라는 이름의 신화와 저급한 상업주의의 부조리한 결합에 숨은 아이러니가 그의 핫도그 제국의 실패를 예견한다고 지적한다(Shostak, 2008: 396). 밀턴의 장례식에 그의 사업상 동료들은 거의 나타나지 않으며, 아들에게 상속된 그의 핫도그 체인은 얼마 못 가 완전히 파산한다. 이처럼 밀턴의 삶은 이민 2세대로서 자신의 삶에 내재한 초국가성을 부인하고 다른 인종과 민족집단을 타자화하는 이분법적 체계를 비판 없이 수용함으로써 분열과 모순을 내포하고 있다.

3. 성과 국가: 두 개의 경계

밀턴이 '완벽한 미국인'이 되기 위해 억압했던 정체성의 이질적 요소는 겉으로 보기에는 완벽하게 동화된 미국 중상류층 소녀인 이민 3세대 칼/리오페에게서 모호한 성 정체성이라는 형태로 귀환한다. 이민 3세대이며 이 소설의 내레이터인 칼/리오페는 거듭된 근친혼으로 "5알파환원효소결핍증"이라는 희귀한 유전자를 지니고 태어난다. 이 유전자를 지닌 사람은 염색체가 XY이지만, 출생 시에는 여자아이의 성기를 닮은 생식기를 가지고 태어나 사춘기에 접어들면서 남성 호르몬의 영향으로 남성화되는 경향을 보이게 된다. 칼리는 출생 당시 의사가 고령으로 시력이 몹시 나빠서 생식기의 이상을 발견하지 못한 탓에 14년간 여성으로 양육되었다가 우연한 사고로 실체가 밝혀진다. 칼리의 모호한 성 정체성은 이산의 역사와도 깊은 연관이 있다. 칼리의 유전자 이상이 단순히 생물학적인 문제가 아니라, 데스데모나와 레프티가 살았던 비티니오스의 작은 마을에 뿌리깊이 박혀 있던 근친혼의 문화적 관습과 역사에서 비롯된 것이기 때문이다. 비티니오스는 역사적으로 터키와 분쟁이 잦았던 지역 특성상 유독 다른 공동체에 동화되지 않으려는 의식이 강했다. 근친혼이 성행한 것도 조그만 마을 안에서 결혼 상대자를 찾다보니 자연히 생겨난 현상이었다. 데스데모나는 손자로 변해 나타난 손녀의 모습을 보고 오래 전 고향 마을에 전해 내려오던 이상한 아이들의 이야기를 떠올린다(526). 칼은 자신의 돌연변이 염색체가 "대량 살육의 모습으로 하나의 씨앗처럼 바다를 가로질러 아메리카를 떠돌다가 산업화의 빗줄기를 타고 내려 중서부에 자리잡은 내 어머니의 비옥한 자궁에 떨어졌다"(4)고 시를 읊듯 술회한다.

칼리는 밀턴이 부정했던 그리스와의 초국가적 관계를 보여 주는 인물인 동시에, 그리스/미국, 구세계/신세계, 남성/여성, 과거/미래라는 양 극단의 요소가 공존하는 '사이(in-betweenness)'의 불가능한 가능성을 탐색해야 하는 임무를 지닌 인물이다.[3] 그러나 칼리의 유전자 이상에 대처하는 성의학자 루스 박사와 밀턴의 태도는 이분법적 체계 안에서 중간 또는 혼종성을 비정상으로 보고 어느 한쪽의 범주로 정의내리고자 하는 사회의 관점을 대표한다. 루스 박사는 칼리가 염색체상으로는 남성이지만, 어릴 때부터 여성으로 양육된 탓에 그의 성 정체성이 여성으로 역전되었다고 본다. 루스 박사가 칼리처럼 성별이 모호할 경우 판별 기준으로 삼는 것은 타고난 유전적 요인보다는 환경적 요인이다. 루스 박사의 판별 기준은 여자가 남자에 비해 대화 상대에게 더 자주 웃어 준다든가, 이야기하기를 좋아한다든가 하는 성별에 따른 고정 관념에 바탕을 두고 있다. 루스 박사는 두 성의 특성을 다 지니는 제3의 성으로서 양성 인간의 존재를 인정하지 않는다. 그러므로 루스 박사는 칼리와 그의 부모에게 그녀가 "약간 큰 클리토리스를 지닌 여성"이라고 의학적 소견과 다른 이야기를 하고, 칼리의 육체와 정신을 여성으로 일치시켜 주기 위해 생식기를 여성화하는 외과 수술과 호르몬 치료를 시행하기로 결정한다.

칼리에게 수술을 강요하는 것은 '정상'에 맞추려는 사회의 압력이다. 성 정체성에서 '정상'의 상태를 고수해야 한다는 압력은 국민적 정체성의 형성에서도 동일하게 작용한다. 루스 박사의 파일에 밀턴은 "위압적인 태도를 지닌 자수성가한 인물, 전직 해군 장교"(436)로 묘사되어 있다. 그는 칼리의 부모를 "제2차 세계대전 세대 중에서도 매우 전형적인 미국 중서부 출신"이며, "동화되어 외관상 매우 완벽한 미국인(all-American)으로 보인다"고 하면서도 "더 깊이 잠재한 인종적 정체성의 존재를 간과해서는 안 될 것"(436)이라는 의견을 첨부했다. 그는 전문가로서 칼리의 사례가 대단히 희귀한 유전학적 병례이며, 조부모의 고향인 터키 남동부 지방을 비롯한 몇몇 곳에서만 발견되는 돌연변이임을 알고 있다. 칼리는 "완벽한

3 칼/리오페는 19세기의 양성 인간 에르퀼린 바르뱅(Herculine Barbin)처럼 "섹스/젠더/욕망을 지배하는 법칙들의 집중과 교란을 야기하는 존재"다. 버틀러에 의하면, 에르퀼린은 이분법적 체계의 항목들을 배열하고 재분배하지만 그 재분배는 이 체계의 바깥에 있는 항목들을 분열시키고 증식시킨다. 에르퀼린은 현재의 젠더 이분법 안에서는 범주화될 수 없다. 그러므로 에르퀼린이나 칼/리오페와 같은 혼성적 존재들은 젠더 이분법의 절대성과 당위성에 의문을 던지고 위태롭게 하는 불온한 존재들이다.

미국인"으로 보이는 밀턴 부부에게 "더 깊이 잠재한 인종적 정체성"의 표지와도 같은 존재다. 루스 박사는 파일에서 칼리가 여성화 수술로 말미암아 성적 쾌감을 상실하게 되겠지만, 결혼을 하고 정상적인 여성으로 사회에 받아들여지는 것이 성적 쾌감보다 더 중요한 목표라고 결론짓는다. 버틀러는 젠더의 표시가 몸에 인간의 몸이라는 "자격을 부여하는" 행위라고 지적한 바 있다(버틀러, 2008: 293). 칼/리오페는 모호한 신체의 비밀이 밝혀지는 순간 인간이 아닌 존재로 비체화된다. 그는 의사들 앞에 놓인 하나의 실험 재료일 뿐이다. 그를 여성화하는 수술을 하는 진정한 목적은 인간 밖의 영역으로 밀려난 그를 다시 인간화의 영역으로 되돌려놓는 것이다. 인격을 결정짓는 주된 요소는 환경이며 아이들은 이제 새로 써넣어야 할 빈 석판 같은 존재라는 견해에 기반한 루스의 성 정체성 이론은 미국으로 건너오는 이민자들의 육체와 기억 속에 각인된 과거를 다 지우고 미국인으로서의 정체성을 새롭게 써넣을 수 있다는 동화주의자들의 주장과 맥을 같이한다. 칼리가 성적 쾌감을 포기해야 하듯, 이민자들이 지니고 온 것 중 무엇을 포기하더라도 중요한 것은 '정상'으로 미국 사회에 받아들여져야 한다는 것이다.

그러나 칼리의 성적 정체성에 대한 루스 박사의 판단은 애초부터 잘못된 자료에 근거하여 이뤄진 것이었다. 칼리는 '정상적인' 여자아이로 보이면 자신을 고이 집으로 돌려보내 줄지도 모른다는 헛된 기대에서 루스 박사가 자신에게 원하는 것을 간파하고 그에 맞춰 부모님이 바라는 미국적인 딸을 연기했을 뿐이다. 칼리는 수술을 피해 병원과 가족으로부터 도망친다. 그는 이 과정에서 본명인 칼리오페를 칼로 바꾸고, 긴 머리를 자르고, 남자 옷을 입고 남자들의 말투와 걸음걸이와 몸짓을 흉내내고 익혀가는 식으로 자신의 성적 정체성을 남성으로 바꿔 간다. 그가 병원이 있던 뉴욕에서 샌프란시스코까지 히치하이킹을 하면서 대륙을 횡단하는 과정은 데스데모나와 레프티가 대서양을 건너오던 이주 과정과 겹쳐진다.

> 내 조부모는 전쟁 때문에 고향에서 도망쳤다. 52년이 흐른 지금, 나는 나

> 자신으로부터 도망치고 있다. 이론적으로는 나도 조부모와 똑같은 방식으로 나 자신을 구하고 있는 거다. 주머니엔 넉넉지 않은 돈을 챙기고 남자라는 새로운 성으로 위장을 한 채 도망을 친다. 배로 바다를 건너는 대신, 여러 대의 차로 대륙을 건넜다. 나는 레프티와 데스데모나가 그랬듯이 새로운 사람이 되는 중이었으며, 내가 막 들어온 이 신세계에서 무슨 일이 일어날지 전혀 알 수 없었다(443).

이것이 유제니디스가 초국가적 이민 서사와 여성에서 남성으로의 트랜스젠더 서사를 겹쳐 쓰는 방식이다.

> 『미들섹스』는 젠더 사이에서 성별화된 육체의 전이를 국민성, 섹슈얼리티, 민족성, 인종 등 일련의 더 익숙한 문맥들 사이에서의 전이로 알레고리화함으로써 선택할 수 있는 것이 아무것도 없어 보이는 지점에서 선택해야 하는 불가능한 선택의 개념을 재구성한다(Hsu, 2009: 120).

데스데모나와 레프티가 대서양을 건너오는 배 위에서 새로운 과거를 지어내고 새로운 주체로의 재탄생을 꿈꾸었듯이, 칼도 새로운 주체로의 탄생을 꿈꾼다. 그러나 "불가능한 선택"을 현실화하는 것은 쉽지 않은 과제다. 여성 칼리는 남성 칼로 변신하지만, 이러한 변신이 혼종적 주체로의 성공적인 변신인가에 대해서는 논의할 여지가 있다. 쇼스타크는 칼의 여행이 레프티와 데스데모나의 이주 서사에서와 마찬가지로 관습적으로 재생과 경계 넘기를 암시하지만, 이 또한 칼의 조부모의 경계 넘기처럼 허위에 불과하다고 말한다(Shostak, 2008: 405). 칼의 변신은 그의 육체 자체를 바꾸는 것이 아니라, 본래 존재하던 대로의 동일한 육체에 대한 관념만을 바꾸는 것이다. 즉 이분법적 체계의 양극에 존재하는 두 개의 상이한 범주가 서로 혼합되어 새로운 혼종적 정체성을 탄생시키는 것이 아니라, 한 극에서 다른 극으로 옮겨가는 결과가 된다. 대니얼 멘델슨(Daniel Mendelsohn) 역시 칼은 남성이냐 여성이냐 둘 중 하나를 선택해야만 하는 이분법적 체제 안에서 남성이 되기를 선택하는 것이며, 중간은 존재하지 않는다고 본다. 이러한 상황은 조부모와 부모의 이주 서사에서도 유사하게 벌어졌던 것이다. 데스데모나와 레프티, 밀턴은 저마다 그리스와 미국 중 어느 한쪽을 선택해야만 하며, 거주 가능한 중간 지대를 찾아내지 못한다. 동화되거나 거부하거나 둘 중 한 길이 있을 뿐이다.

칼의 변신이 새로운 혼종적 주체의 탄생으로 이어지지 못하고 이분법적 질서의 한 축에서 다른 축으로 옮겨간 데 불과하다고 볼 수도 있으나, 한 축에서 다른 축으로 이동하는 여정은 경계를 넘으면서 혼종된 흔적을 남긴다. 이민자들의 삶이 떠나온 고국과 이주한 나라 중 어느 곳을 진정한 자신의 존재 기반으로 삼든 그곳은 이분법적 체계의 온전한 한쪽 극일 수는 없다. 그들이 존재하는 공간은 어느 한쪽을 선택한 것이라 해도 다른 한쪽의 흔적이 침투해 변형된 혼종적이며 초국가적인 공간이다. 데스데모나는 그리스에서부터 소중하게 품고 온 누에 상자처럼 과거에 집착하고 고향 땅에 대한 관심을 거두지 못하지만, 그녀가 그리는 고향은 기억 속의 그곳은 더 이상 아니다. 칼은 자신의 뇌는 남성 호르몬에 물들어 있지만, 자신의 이야기를 잘 살펴보면 순환적인 여성성도 찾을 수 있다고 말한다(20). 그는 "티레시아스(Tiresias)처럼 시작과 끝이 다른 존재"(3)다. 칼은 남성으로서의 삶을 선택하고 남성으로 살아가지만 때때로 표면 밑에 잠복해 있던 칼리오페가 예고 없이 떠오르곤 한다. 칼은 그럴 때마다 말을 더듬거나 행동에 혼란을 느끼기도 한다.

또한 칼/리오페가 자신을 양성 인간이 아닌 남성으로 규정하기 때문에 기존의 젠더 이분법을 위협하는 전복적인 존재가 되지 못한다는 일부 비평가들의 주장과는 달리, 칼/리오페는 남성으로서의 자신을 버틀러의 표현대로 수행적으로 연기함으로써 본질적인 젠더 정체성의 존재를 의문시한다. 그는 완벽한 남성이라고 할 수 없으며, 자신도 이를 잘 알고 있다. 그는 항상 여성을 유혹하고 결정적 순간까지 가기 직전에 돌아선다. 그는 남녀 관계에서 남성의 역할을 연기하며, 그럼으로써 패러디한다. 그가 마침내 용기를 내어 진정한 관계를 맺고자 시도할 때, 자신의 성적 정체를 밝힌다. 그러나 가면 뒤의 본질이란 애초부터 존재한 적이 없었다는 버틀러의 주장대로, 그가 자신의 성적 정체를 밝힌다 해서 그의 성 정체성이 고정되는 것은 아니다. 불안정하고 유동적이며 모호한 그대로 드러날 뿐이다. 줄리 기쿠치(Julie Kikuchi)는 그를 동성애자로 오해했다고 말하지만, 칼/리오페는 분명 한때는 여성이었고 그 시절 그가 동급생과 맺은 관계는 동성애적 관계였다. 또한 줄리 기쿠치는 동양인 여성으로서 어린 소년과 비슷한 육체를 가지고 있어서, 과거에 게이 남성들이 자신에게 접근해 온 적이 있었다고 고백한다. 기쿠치 역시 이분법적 틀 안에 고정되지 않은 성 정체성을 소유한 인물이다. 이들의 관계는 겉으로 보기에는 이성애적 관계이지만 그 밑에는 사회 규범에 의해 범주화되지 않고 범람하는 다양하고 이질적인 젠더 수행의 가능성이 존재한다. 이는 사회적으로 승인된 이성애적 관계의 공고해 보이는 토대를 허물어뜨리며 수많은 젠더 배치의 가능성을 현실화한다.[4]

이처럼 하나의 정체성 속에 내재하는 모순과 불일치는 교정되어야 할 비정상적 요소가 아니라 대안적 공간을 열 틈새가 될 수 있다. 칼은 자신이 "젠더 사이에서 의사 소통할 수 있는 능력, 한쪽 성의 단일한 시야가 아니라 육체의 입체경을 통해 볼 수 있는 능력"(269)을 가지고 태어났다고 주장한다. 스튜어트 홀은 문화적 정체성에 관해 피상적인 자아 밑에 숨겨진 진정한, 본질적인 정체성이 과거 속에 존재하고 있다는 입장을 거부하고, 문화적 정체성에서 차이와 불연속성의 존재에 주목한다. 문화적 정체성은 존재하는 것(being)이면서 되어가는 것(becoming)이며, 따라서 과거뿐 아니라 미래에도 속해 있다. 시간과 공간, 역사, 문화를 초월해 이미 선험적으로 존재하는 무엇이 아니라, 역사적인 모든 것이 그렇듯이 역

4 버틀러는 레스비언들이 이성애적 관계를 모방하는 모습에서 이러한 패러디의 전복성을 찾는다. "비이성애적 틀 안에서 이성애의 구성물을 반복하는 것은, 이른바 이성애적 원본이라는 것이 순전히 만들어진 위상임을 분명하게 드러낸다 …… '원본'의 패러디적 반복은, 원본이란 자연스럽고 본래적이라는 관념의 패러디에 불과하다는 점을 밝힐 것이다"(버틀러, 2008: 144-145).

사와 문화, 권력의 끊임없는 유희에 따라 변형(transformation)을 겪는다(Hall, 1990: 225). 문화적 정체성의 분열과 불연속성을 인정한다면, 하나의 정체성 속에 존재하는 다양한 차이는 새로운 정체성으로 분기할 수 있는 가능성이 된다. 홀은 이산적 정체성(diaspora identity)을 변형과 차이를 통해 끊임없이 자신을 새롭게 생산하고 재생하는 정체성이라고 정의한다(Hall, 1990: 235). 버틀러 또한 성 정체성에 관해 "여성 자체가 과정 중에 있는 용어이며, 즉 시작하거나 끝난다고 당연하게 말할 수 없고, 진행 중인 담론적 실천으로서 간섭과 재의미화에 열려 있다"(버틀러, 2008: 147)고 말한다. 초국가적 경험과 트랜스젠더의 경험은 이러한 이산적 정체성을 만들어낼 가능성을 가지고 있다.

칼은 홀이 정의하는 이산적 정체성의 현실적인 한계와 가능성을 실험하는 인물이다. 그는 왜 가출했느냐는 형의 질문에 "그들이 나를 조각내려 했기 때문에"(516)라고 대답한다. 그가 자서전을 집필할 때 머물던 곳은 베를린으로, 그는 분단을 겪었던 도시를 보면서 그 도시처럼 "통일"(106)을 지향했던 자신을 떠올린다. 그는 베를린에서 터키인 노동자들의 모습을 보며 동질감을 느낀다. "우리는 모두 수많은 부분으로, 다른 반쪽들로 이루어져 있다. 나만 그런 것이 아니다"(440). 그는 그리스의 과거와 연결된 존재이면서 "다음에 올 존재"(490)다. 공간적으로도, 시간적으로도 그는 어딘가에 고정되거나 한 방향을 향해 일정하게 나아가지 않는다.

> 나는 호텔 담요 아래 무릎을 세우고 있는 소녀에게서 뻗어 나온 선이 지금 아론 의자에 앉아 글을 쓰는 나에게까지 이어져 있음을 느낀다. 그녀의 임무는 현실 세계에서 신화적인 삶을 살아 내는 것이었고, 나의 임무는 이제 그것을 이야기하는 것이다(424).

칼의 이산적 정체성은 소설의 구조에도 투영된다. 소설은 마흔에 들어선 중년 남성 칼이 과거를 회상하면서 자신의 서사로 재구성하는 과정으로, 베를린에서 미 국무부 직원으로 근무하고 있는 현재의 이야기와, 조부모의 역사까지 거슬러 올라가는 긴 회상 장면이 겹쳐지면서 가출했던 열네 살의 칼이 아버지의 장례식에 참석하기 위해 미들섹스의 집으로 돌아와 그리스의 풍습에 따라 아버지의 영혼이 집으로 다시 돌아오지 못하도록 문을 지키고 서 있는 장면으로 끝난다. 칼은 미들섹스로 돌아와 남성으로서의 삶을 다시 시작해야 한다. 아버지의 죽음과 칼의 재탄생이 겹쳐진다. 독자는 칼이 이후에 겪게 될 삶의 궤적을 이미 알고 있지만, 유제니디스는 전개상 소설의 중간 부분이 되어야 할 것을 결말에 배치함으로써 그 중간의 분기점으로 다시 돌아가 그곳이야말로 결말이자 새로운 서사가 시작될 수 있는 진정한 시작임을 암시한다. 항상 중요한 지점은 변형이 이뤄지는 바로 그 시점이며, 그 시점은 모든 가능성을 품고 있는 영원한 분기점이다. 미들섹스(Middlesex)라는 제목은 그런 점에서 중의적이다. 글자 그대로 미들-섹스, 칼의 상태를 의미하기도 하지만, 미들섹스의 집 또한 상징적이다.

> 미들섹스라니! 이렇게 괴상한 집에서 누가 살아 봤겠는가? 과학 소설에 나올 법한 집에서? 미래적이면서도 동시에 구시대적인 집에서? 현실보다는 이론 속에 더 잘 어울릴, 공산주의 같은 집에서? …… 미들섹스는 실용성과 타협하지 않는 이론을 입증하는 증거였다. …… 미들섹스에는 문이 아예 없었다. …… 고전적 의미에서의 층계 개념도 세상에 더 이상 필요 없는 것이었다. 층계란 어떤 것에서 다른 것으로 이르는 목적론적인 우주관을 대변하지만 이제는 어떤 것을 통해 다른 것에 도달해 봐야 결국 아무것도 아님을 누구나 알고 있었다. 우리 집 층계도 마찬가지였다. 아 참, 그래도 결국 올라가는 층계는 있었다. 포기하지 않고 올라가다 보면 2층으로 가게 되지만 도중에 다른 곳도 들르게 되었다(258).

칼은 이 특이한 건물을 가리켜 "처음 의도대로 부르주아 생활의 형식적인 면을 탈피해 내부 벽이 거의 없는 집, 새로운 유형의 인류를 위해 마련된 서식처로서 하나의 지표"(528)라고 말한다. 이 정의가 불가능한 뒤죽

박죽의 구조를 지닌 집은 기원으로부터 필연적인 종착점에 다다르는 목적론적 여정이 아닌, 기원도 목적지도 없이 끝없이 분산하며 새로운 가능성을 여는 초국가적 공간을 재현한다. 쌓인 눈이 바람에 날려 부딪는 그의 얼굴은 동방에서 건너온 얼굴, 할아버지의 얼굴이면서 과거의 칼이었던 미국 소녀의 얼굴이다. 그의 정체성을 이뤘던 과거의 요소들 중 어느 하나도 현재의 그를 위해 자리를 내주고 사라져야 하는 것은 아니다. 그는 과거의 모든 정체성의 흔적을 간직하고 있는 것이 현재의 자신이며, 동시에 그것이 미래의 자신이기도 하다는 사실을 안다. 스테파니 수는 『미들섹스』의 결론에서, 칼은 차이의 정치학과 극단적인 개인주의를 포용한 불안정한 인물로 남는다고 지적한다(Hsu, 2009: 129). 소설의 마지막에서 "다음에 무엇이 올지"(529) 생각하는 칼의 이러한 불안정성이야말로 그에게 모순과 불일치, 변화에 대한 잠재성을 아우르는 혼종적이며 초국가적인 주체로서의 가능성을 부여한다.

4. 칼/리오페의 초국가적 주체로서 가능성 찾기

이민 1세대 레프티가 미국 시민으로 재탄생하기 위해 그리스인으로서의 민족성을 교정하려던 노력이 실패했다면, 이민 3세대 칼/리오페의 곤경은 정상적인 성적 주체가 되기 위해 사회의 성적 규범에 맞게 자신의 모호한 성 정체성을 교정해야 한다는 것이다. 레프티의 실패가 미국 시민으로서 정체성의 범주에 맞지 않고 '넘쳐나는' 요소들에 의해 압도당하는 결말로 끝난다면, 칼/리오페는 이러한 과잉을 그대로 안고 갈 수 있는 모호한 육체로 남기를 선택한다. 버틀러는 '하나가 아닌 성'이 존재한다고 주장하면서, 이러한 개념은 패권적인 서구의 재현에 대한 비판의 출발점일 뿐 아니라, 바로 그 주체라는 개념을 구축하는 '본질의 형이상학'에 대한 비판의 출발점을 제공한다고 말한다(버틀러, 2008: 318). 칼/리오페와 같은 혼성적 주체는 성 정체성의 경우와 마찬가지로 민족 정체성의 구성에서도 단일하며 정상적인 정체성의 구성 요소들의 배열을 탈구(dislocation)시키는 역할을 한다. 이러한 탈구는 과거의 안정적인 정체성들을 어지럽게 만들지만, 또한 새로운 접합의 가능성을 열어 준다. 즉 홀이 새로운 정체성들의 구성, 새로운 주체의 생산, 그리고 "특정한 접합의 결절점을 둘러싼 구조의 재구성"(Hall, 1992: 279)이라고 부르는 것이 그 가능성들이다. 그러한 의미에서 칼/리오페부터 완성되거나 고정되지 않고 영원히 과정 중에 있는 초국가적 주체로서의 가능성을 찾을 수 있을 것이다.

참고 문헌

구은숙. "여성의 정체성 추구와 모성: 엘리스 워커의 『메리디안』과 맥신 홍 킹스턴의 『여인 무사』를 중심으로." 『영어영문학연구』 40(2): 7-27, 1998.

_____. "A Cosmopolitan's Encounter with African Americans: Younghill Kang's *East Goes West*." 『미국학논집』 34.2: 121-137, 2002.

김욱동. "강용흘과 한국문학." 『세계문학비교연구』 10: 5-26, 2004.

_____. 『강용흘』. 서울: 서울대학교출판부, 2004.

김태기 외. 『재미 한인사회의 경제환경』. 전남대학교 사회과학연구원. 서울: 집문당, 2005.

네그리, 안토니오 · 마이클 하트. 조정환 · 정남영 · 서창현 옮김. 『다중』. 서울: 세종서적, 2008.

라자고파라차리, C. 허정 옮김. 『라마야나』. 서울: 한얼미디어, 2005.

류, 월터 K. " '세계화'를 넘어서: 통문화적 상호텍스트성의 전초병으로서의 한국계 미국문학." 『외국문학(*Contemporary World Literature*)』 44: 27-41, 1995.

민경희. 『미국 이민의 역사: 이론과 실제: 미국 이민자들의 적응과 동화』. 충북: 충북대학교출판부, 2008.

박계영. "LA 한인 상인과 민족 관계: 사우스센트럴 로스앤젤레스의 한인 상인과 타인종 고객의 분쟁." 『다민족 관계 속의 LA 한인』. 양영균 외. 경기: 한국학중앙연구원, 2008.

박미정. "입양 후 재상봉에 대한 탐색적 고찰: 친모를 중심으로." 석사학위 논문. 이화여자대학교, 2001.

버틀러, 주디스. 조현준 옮김. 『젠더 트러블: 페미니즘과 정체성의 전복』. 파주: 문학동네, 2008.

벨러, 한스-울리히. 이용일 옮김. 『허구의 민족주의』. 서울: 푸른 역사, 2007.

스피박, 가야트리. 태혜숙 · 박미선 옮김. 『포스트식민 이성 비판: 사라져 가는 현재의 역사를 위하여』. 서울: 갈무리, 2005.

아파두라이, 아르준. 차원현 · 채호석 · 배개화 옮김. 『고삐 풀린 현대성』. 서울:

현실문화연구, 1996.
양영균. "재미 한인 전문직 종사자의 민족 관계." 『다민족 관계 속의 LA 한인』. 양영균 외. 경기: 한국학중앙연구원, 2008.
우은주. " 'The Melancholy of Race' in Chang-Rae Lee's *Native Speaker.*" 『미국소설』 13(2): 203-223, 2006.
유선모. 『미국 소수민족 작가론: 1980년대를 중심으로』, 서울: 경기대학교 학술진흥원, 1994.
_____. 『한국계 미국 작가론』. 서울: 신아사, 2004.
윤인진. 『한국인의 이주노동자와 다문화사회에 대한 인식』, 서울: 이담북스, 2010.
윤지관. "이산이라는 야누스와의 대결." 『자기 땅에서 유배당한 자들』. 아시아 아프리카 문학 페스티벌 조직위원회, 2007.
이경란. "초국가적 이주와 인종화된 포스트 식민정체성의 정치학." 『안과 밖』 28. 3: 369-405, 2010.
이숙희. "문화적 식민지와 저항: 제시카 하게돈의 『개고기 먹는 사람들』." 『현대영미소설』 10권 2호: 219-241, 2003.
이은구. 『인도의 신화』. 서울: 세창미디어, 2003.
이정덕. "LA 한인단체와 다민족 관계." 『다민족 관계 속의 LA 한인』. 양영균 외. 경기: 한국학중앙연구원, 2008.
이정덕 · 박계영. "재미 한인 연구의 흐름과 LA 한인사회." 『다민족 관계 속의 LA 한인』. 양영균 외. 경기: 한국학중앙연구원, 2008.
테일러, 폴 C. 강준호 옮김. 『인종: 철학적 입문』. 경기: 서광사, 2006.
폴라스키, 산드라. "북미자유무역협정 체결 10년, 멕시코의 고용, 생산성, 소득 변화." 『국제노동 브리프』 4.5: 23-38, 2006.
프리드만, 토머스. 장경덕 옮김. 『렉서스와 올리브나무』. 서울: 21세기북스, 2009.

Abelmann, Nancy and John Lie. *Blue Dreams: Korean Americans and the Los Angeles Riots*. Cambridge: Harvard Univ. Press, 1995.
Al-Ali, Nadje and Khalid Koser, eds. *New Approaches to Migration: Transnational Communities and the Transformation of Home*. London: Routledge, 2002.
Anderson, Benedict. *Imagned Communites: Reflections on the Origin and Spread of Nationalism*. New York: Verso, 1991.
Appadurai, Arjun. *Modernity at Large: Cultural Dimensions of*

Globalization. Minneapolis: Univ. of Minnesota Press, 1996.

Bacho, Peter. *Cebu*. Seattle: Univ. of Washington Press, 1991.

_____. "The Tragic Sense of Filipino History." *Filipino Americans: Transformation and Identity*. Ed. Maria P. P. Root. Thousand Oaks, CA: Sage Press, 1997.

Bacholle-Bo, Michèle. "The Exiled Woman's Burden: Father Figures in Lan Cao's and Linda Lê's Works." *Contemporary French and Francophone Studies* 6.2: 267-281, 2002.

Baker, Mona. *Translation and Conflict*. London: Routledge, 2006.

Bammer, Angelika, ed. *Displacement: Cultural Identities in Question*. Bloomington: Indiana Univ. Press, 1994.

Barnes, Fiona. "Resisting Cultural Cannibalism: Oppositional Narratives in Michelle Cliff's *No Telephone to Heaven*." *The Journal of the Midwest Modern Language Association* 25.1: 23, 1992.

Basch, Linda, Nina Glick Schiller, and Gristina Szanton Blanc. *Nations Unbound*. London: Routledge, 1994.

Beck, Ulrich. "The Cosmopolitan Society and its Enemies." *Theory, Culture, and Society* 19.1-2: 17-44, 2002.

Bhabha, Homi. *The Location of Culture*. London: Routledge, 1994.

Bonacich, Edna. "A Theory of Middleman Minorities." *American Sociological Review* 38.5: 583-594, 1973.

Bonacich, Edna and John Modell. *The Economic Basis of Ethnic Solidarity: Small Business in the Japanese American Community*. Berkeley: Univ. of California Press, 1980.

Briggs, Laura, Gladys McCormick, and J. T. Way eds. "Transnationalism: A Category of Analysis." *American Quarterly* 60.3: 625-648, 2008. *Project MUSE*. Web. 20 Feb. 2010.

Calvin, Patricia. "Defining Transnationalism." *Contemporary European History* 14.4: 421-439, 2005.

Campomanes, Oscar V. "Filipinos in the United States and Their Literature of Exile." *Reading the Literatures of Asian America*. Ed. Shirley Geok-lin Lim and Amy Ling. Philadelphia: Temple Univ. Press, 1992.

Cao, Lan. *Monkey Bridge*. New York: Penguin Books, 1998.

_____. " 'Different Cultural Lenses' : An Interview with Lan Cao." Interview by Pauline T. Newton. 173-183. *Transcultural Women of Late*

Twentieth-Century U.S. American Literature. Burlington, VT: Ashgate Publishing, 2005.

Castaneda, Claudia. "Incorporating the Transnational Adoptee." *Imaging Adoption: Essays on Literature and Culture*. Ed. Marianne Novy. Ann Arbor: The Univ. of Michigan Press, 2004.

Casteel, Sarah Phillips. "Eva Hoffman's Double Emigration: Canada as a Site of Exile in *Lost in Translation*." *Biography* 24.1: 288-301, 2001.

Chan, Jeffery Paul, Frank Chin, Lawson Fusao Inada, and Shawn Wong, eds. *The Big Aiiieeeee!: An Anthology of Chinese American and Japanese American Literature*. New York: Meridian, 1989.

Chan, Sucheng. *Asian Americans: An Interpretive History*. New York: Twayne Publishers, 1991.

Chang, Edward T. "America's First Multiethnic 'Riots.'" *Asian American Politics: Law, Participation, and Policy*. Eds. Don T. Nakanishi and James S. Lai. NY: Rowman & Littlefield, 2003.

Chang, Edward T. and Jeannette Diaz-Veizades. *Ethnic Peace in the American City: Building Community in Los Angeles and Beyond*. NY: New York Univ. Press, 1999.

Chang, Jeff. "Race, Class, Conflict, and Empowerment: On Ice Cube's 'Black Korea.'" *Amerasia Journal* 19.2: 87-107, 1993.

Chang, Leonard. *The Fruit 'N Food*. Seattle: Black Heron Press, 1996.

Chang, Shu-li. "Eva Hoffman's *Lost in Translation* as a Transcultural Literary Memoir." *NTU Studies in Language and Literature* 21: 1-28, 2009.

Cheng, Anne Anlin. *The Melancholy of Race*. New York: Oxford Univ. Press, 2001.

Cheng, Lucie and Yen Espiritu. "Korean Businesses in Black and Hispanic Neighborhoods: A Study of Intergroup Relations." *Sociological Perspective* 32.4: 521-534, 1989.

Cheng, Scarlet. "The Typical American Comes to Town." *Asian American Literature: Reviews and Criticism of Works by American Writers of Asian Descent*. Ed. Lawrence J. Trudeau. Detroit, MI: Gale, 1999.

Cheung, King-Kok. *Articulate Silences*. Ithaca: Cornell Univ. Press, 1993.

_____. "*The Woman Warrior versus The Chinaman Pacific*: Must a Chinese American Critic Choose between Feminism and Heroism?" *Conflicts in Feminism*. Ed. Marianne Hirsch and Evelyn Fox Keller. 1996.

Chin, Frank. "Back Talk." *News of the American Place Theatre* 3. May 1972.

Chin, Frank, Jeffrey Chan, Lawson Fusao Inada, and Shawn Wong, eds. *Aiiieeeee!, An Anthology of Asian-American Writers*. Washington: Howard Univ. Press, 1974.

Chin, Margaret M. "A Review of Typical American." *Asian American Literature: Reviews and Criticism of Works by American Writers of Asian Descent*. Ed. Lawrence J. Trudeau. Detroit MI: Gale, 1999.

Choy, Bong-youn. *Koreans in America*. Chicago: Nelson-Hall, 1979.

Chuh, Kandice. *Imagine Otherwise: On Asian American Critique*. Durham: Duke Univ. Press, 2003.

Chuh, Kandice and Karen Shimakawas, eds. *Orientations: Mapping Studies in the Asian Diaspora*. Durham: Duke Univ. Press, 2001.

Clarke, Joseph Nathaniel. "An Acre of Ground: Figuring Identity in Anglophone Caribbean Fiction." Ph. D. Diss. The State Univ. of New Jersey, 2001.

Cliff, Michelle. *No Telephone to Heaven*. New York: Plume, 1997.

Clifford, James. *Routes: Travel and Translation in the Late Twentieth Century*. Cambridge: Harvard Univ. Press, 1999.

Coundouriotis, Eleni. "Rethinking Cosmopolitanism in Nadine Gordimer's *The Conservationist*." *College Literature* 33.3: 1-29, 2006.

Cowart, David. *Trailing Clouds: Immigrant Fiction in Contemporary America*. Ithaca: Cornell Univ. Press. 2006.

Cronin, Michael. *Across the Lines: Travel, Language, Translation*. Cork: Cork Univ. Press, 2000.

_____. "Translation and the Global City." *The 10th Anniversary of KATS 2009 International Conference*. 30-43, 2009.

Culler, Jonathan. "Omniscience." *Narrative* 12: 22-35, 2004. *Project MUSE*. Web. 20 Feb. 2010.

Danticat, Edwidge. *Breath, Eyes, Memory*. NY: Soho, 1994.

_____, ed. *The Butterfly's Way: Voices from the Haitian Diaspora in the United States*. New York: Soho, 2001.

Davis, Carol Boyce. *Black Women, Writing and Identity: Migrations of the Subject*. New York: Routledge, 1994.

Davis, Rocio G. "Introduction: Have Come, Are Here: Reading Filipino/A American Literature." *MELUS* 29.1: 5-18, 2004. *Academic Research*

Library. Web. 1 Feb. 2010.
Dawson, Paul. "The Return of Omniscience in Contemporary Fiction." *Narrative* 17.2: 143-161, May 2009. *Project MUSE*. Web. 20 Feb. 2010.
De Cristoforo, Violet Kazue. *May Sky: There is Always Tomorrow: An Anthology of Japanese American Concentration Camp Kaiko Haiku*. Los Angeles: Sun & Moon Press, 1997.
Deleuze, Gilles and Felix Guattari. "What is a Minor Literature?" *Kafka: Towards a Minor Literature*. Trans. Dana Polan. Minneapolis: Univ. of Minnesota Press, 1986.
Dirlik, Arif. *Postmodernity's Histories: The Past as Legacy and Project*. New York: Rowman and Littlefield Inc., 2003.
Divakaruni, Chitra Banergee. "Yuba City School." *Our Feet Walk The Sky: Women of the South Asian Diaspora*. Ed. The Women of South Asian Descent Collective. San Francisco: aunt lute books, 1993.
_____. *The Mistress of Spices*. New York: Anchor Book, 1997.
Domergue, Sonya. "*The Mistress of Spices*: Falling through A Hole in the Earth." *The Literature of the Indian Diaspora: Essays in Criticism*. Ed. A. L. McLeod. New Delhi: Sterling, 2000.
Dorow, Sara K. "Introduction." *Transnational Adoption: A Cultural Economy of Race, Gender, and Kinship*. Ed. Sara K. Dorow. New York: New York Univ. Press, 2006.
Edmondson, Belinda. *Making Men: Gender, Literary Authority, and Women's Writing in Caribbean Narrative*. Durham: Duke Univ. Press, 1999.
Elliott, Emory. "Diversity in the United States and Abroad: What Does It Mean When American Studies Is Transnational?" *The American Quarterly* 59.1: 1-22, 2007.
Eng, David. "Transnational Adoption and Queer Diasporas." *Social Text* 21.3: 1-37, 2003.
Espiritu, Talitha. "Revisiting the Marcos Regime: Dictatorship, the Media, and the Cultural Politics of Development." Diss. New York Univ., 2007.
Espiritu, Yen Le and Thom Tran. "Viêt Nam, Nu 'ó' c Tôi" (Vietnam, My Country): Vietnamese Americans and Transnationalism." *The Changing Face of Home: The Transnational Lives of the Second Generation*. Ed. Peggy Levitt and Mary C. Waters. New York: Russel Sage Foundation, 2002.

Eugenides, Jefferey. *Middlesex*. New York: Farrar, Straus and Girouk, 2002.
Fanetti, Susan. "Translating Self into Liminal Space: Eva Hoffman's Acculturation in/to a Postmodern World." *Women's Studies* 34: 405-419, 2005.
Farmanfarmaina, Roxane. "Chitra Banerjee Divakaruni: Writing from a Different Place." *Publishers Weekly* 248.20: 46-47, 2001.
Farmer, Paul. *The Uses of Haiti*. Monroe: Common Courage, 1994.
Fjellestad, Danuta Zadworna. "The Insertion of the Self into the Space of Borderless Possibility: Eva Hoffman's Exiled Body." *MELUS* 20: 133-147, 1995.
Fishkin, Shelley Fisher. "Crossroads of Cultures: The Traditional Turn in American Studies: Presidential Address to the American Studies Association, Nov. 12, 2004." *American Quarterly*. 57.1: 17-57, 2005.
Francis, Donette A. " 'Silence Too Horrific to Disturb': Writing Sexual Histories in Edwidge Danticat's *Breath, Eyes, Memory*." *Research in African Literatures* 35.2: 75-89, 2004.
Freud, Sigmund. "Mourning and Melancholia."(1917). *The Standard Edition of the Complete Psychological Works of Sigmund Freud*. Vol. XIV. 239-60. Ed. James Strachey. London: The Hogarth Press, 1953.
Gagnier, Regenia. "The Disturbances Overseas: A Comparative Report on the Future of English Studies." *Victorian Literature and Culture* 27.2: 465-472, 1999.
Gearhart, Suzanne. "Inclusions: Psychoanalysis, Transnationalism, and Minority Cultures." *Minor Transnationalism*. Ed. Francoise Lionnet and Shu-mei Shih. Durham: Duke Univ. Press, 2005.
Genette, Michele. "Guerilla Irony in Lan Cao's *Monkey Bridge*." *Contemporary Literature* 42.1: 50-77, 2001.
Giles, Paul. *Virtual Americas: Transnational Fictions and the Transatlantic Imaginary*. Durham: Duke Univ. Press, 2002.
Gilroy, Paul. *The Black Atlantic: Modernity and Double-Consciousness*. Cambridge: Harvard Univ. Press, 1993.
Goldman, Marlene. "A Dangerous Circuit: Loss and the Boundaries of Racialized Subjectivity in Joy Kogawa's *Obasan* and Kerri Sakamoto's *The Electrical Field*." *MFS* 48: 362-388, 2002.
Gourdine, Angeletta K.M. "Caribbean Tabula Rasa: Textual Touristing as

Carnival in Contemporary Caribbean Women's Writing." *Small Axe* 20: 89, 2006.

Green, Tara T. "'When the Women Tell Stories': Healing in Edwidge Danticat's *Breath, Eyes, Memory.*" *Contemporary African American Fiction*. Ed. Dana A. Williams. Columbus: Ohio State Univ. Press, 2009.

Grewal, Inderpal. "Reading and Writing the South Asian Diaspora: Feminism and Nationalism in North America." *Our Feet Walk the Sky: Women of the South Asian Diaspora*. Aunt Lute Books, 1993.

_____. *Transnational America: Feminism, Diasporas, Neoliberalism*. Durham & London: Duke Univ. Press, 2005.

Grewal, Inderpal and Caren Kaplan. "Global Identities: Theorizing Transnational Studies of Sexuality." *GLQ: A Journal of Lesbian and Gay Studies* 7.4: 663-670, 2001.

Hagedorn, Jessica. *Dogeaters*. New York: Penguin, 1990.

_____. *Dogeaters: A Play about the Philippines*. New York: Theater Communications Group, 2003.

Hall, Stuart. "Cultural Identity and Diaspora." *Identity, Community, Culture, Difference*. Ed. Jonathan Rutherford. London: Lawrence & Wishart, 1990.

_____, "The Question of Cultural Identity." *Modernity and Its Futures*. Eds. Stuart Hall, David Held, and Tony McGrew. Cambridge: Polity Press, 1992.

Hannerz, Ulf. "Cosmopolitans and Locals in World Culture." *Global Culture: Nationalism, Globalization, and Modernity*. Ed. Mike Featherston. London: Sage, 1990.

Harris, Joseph, ed. *Global Dimensions of the African Diaspora*. Washington, DC: Howard Univ. Press, 1993.

Hauser, Johannes. "Structuring the Apokalypse: Chaos and Order in Karen Tei Yamashita's *Tropic of Orange*." *PhiN* 37: 1-32, 2006.

Hicks, Emily. *Border Writing: The Multidimensional Text*. Minneapolis: Univ. of Minnesota Press, 1991.

Hobsbawm, Eric and Terence Ranger, eds. *The Invention of Tradition*. Cambridge: Cambridge Univ. Press, 1983.

Hoffman, Eva. *Lost in Translation: A Life in a New Language*. London:

Vintage, 1989.

Hoffman, Eva and Raja Shehadeh. "Words between Worlds: Eva Hoffman and Raja Shehadeh in Conversation." *Index on Censorship* 2: 104-113, 2006.

Holloway, Joseph, ed. *Africanism in American Cultures*. Bloomington: Indiana Univ. Press, 1991.

Houston, Jeanne Wakatsuki and James Houston. *Farewell to Manzanar*. New York: Bantam Books, 1973.

Hsu, Ruth Y. "The Cartography of Justice and Truthful Refractions in Karen Tei Yamashita's *Tropic of Orange*." *Transnational Asian American Literature Sites and Transits*. Eds. Shirley Geok-lin Lim, John Blair Gamber, Stephen Hong Sohn and Gina Valentino. Philadelphia: Temple Univ. Press, 2006.

Hsu, Stephanie. *Transgender Transnationalism: Representations of Immigrant Genders and Sexualities in Twentieth-and Twenty-First Century American Literature*. New York: New York Univ. Press, 2009.

Huang, Shuchen Susan. "Gish Jen." *Asian American Short Story Writers*. Ed. Guiyou Huang. Westport, Conneticut: Greenwood Press, 2003.

Hubinette, Tobias. *Comforting an Orphaned Nation: Representations of International Adoption and Adopted Koreans in Korean Popular Culture*. Seoul: Jimoondang, 2006.

Huhndorf, Shari M. *Mapping the Americas: The Transnational Politics of Contemporary Native Culture*. Itacha: Cornell Univ. Press, 2009.

Ingold, Tim. "The Art of Translation in a Continuous Word." *Beyond Boundaries: Understanding, Translation and Anthropological Discourse*. Ed. G. Palsson. Oxford: Berg Publishers, 1993.

Isaac, Allan Punzalan. *American Tropics: Articulating Filipino America*. Minneapolis: Univ. of Minnesota Press, 2006.

Isin, Engin and Patricia Wood. *Citizenship and Identity*. London: Sage, 1999.

Jackson, Peter, Philip Crang, and Claire Ewyer, eds. *Transnational Spaces*. London: Routledge, 2004.

JanMohamed, Abdul R. "Worldliness-without-World, Homelessness-as-Home: Toward a Definition of the Specular Border/Intellectual." *Edward Said: A Critical Reader*. Ed. Michael Sprinker. Cambridge:

Blackwell, 1992.
Jen, Gish. *Typical American*. Boston: A Plume Book, 1991.
_____. *Mona in the Promised Land*, New York: Knopf, 1996.
_____. *The Love Wife*. New York: Vintage Books, 2004.
Johnson, Newtona. "Challenging Internal Colonialism: Edwidge Danticat's Feminist Emancipatory Enterprise." *Obsidian III* 2.7: 147-166, 2006.
Kafka, Phillipa. *(UN)Doing The Missionary Position: Gender Asymmetry in Contemporary Asian American Women's Writing*. Westport, Conneticut: Greenwood Press, 1997.
Kang, Younghill. *The Grass Roof*. New York: Charles Scribner's Sons, 1931.
_____. "Oriental Yankee." *Common Ground*: 59-63, Winter 1941.
_____. *East Goes West: The Making of an Oriental Yankee*. 3rd ed. New York: Kaya Production, 1937, 1997.
Kaplan, Caren. "The Politics of Location as Transnational Feminist Critical Practice." *Scattered Hegemonies: Postmodernity and Transnational Feminist Practices*. Eds. Inderpal Grewal and Caren Kaplan. Minneapolis: Univ. of Minnesota Press, 1994.
Karpinski, Eva. "Negotiating the Self: Eva Hoffman's *Lost in Translation* and the Question of Immigrant Autobiography." *Canadian Ethnic Studies* 28.1: 127-134, 1996.
Katrak, Ketu. "South Asian American Writers: Geography and Memory." *Amerasia Journal* 22.3: 121-138, 1996.
_____. "South Asian American Literature." *An Interethnic Companion to an Asian American Literature*. New York: Cambridge Univ. Press, 1997.
Kazin, Michael. "The Vogue of Transnationalism." *Raritan*. 26.3: 155-168, 2007.
Kennedy, Paul and Victor Roudometof. *Communities Across Borders: New Immigrants and Transnational Cultures*. London: Routedge, 2002.
Khan, Nyla Ali. *The Fiction of Nationality in an Era of Transnationalism*. New York: Routledge, 2005.
Kim, Claire Jean. *Bitter Fruit: The Politics of Black-Korean Conflict in New York City*. New Haven: Yale Univ. Press, 2000.

Kim, Elaine H. *Asian American Literature: An Introduction to the Writings and Their Social Context.* Phladelphia: Temple Univ. Press, 1982.

_____. *Charlie Chan is Dead: An Anthology of Contemporary Asian American.* New York: Penguin, 1993.

_____. "Home is Where the Han Is: A Korean American Perspective on the Los Angeles Upheavals." *Reading Rodney King, Reading Urban Uprising.* Ed. Robert Gooding-Williams. New York: Routledge, 1993.

Kim, Eleana. "Wedding Citizenship and Culture: Korean Adoptees and the Global Family of Korea." *Cultures of Transnational Adoption.* Ed. Toby Alice Volkman. Durham: Duke Univ. Press, 2005.

Kim, Shin-Hee. "Towards a people-centered theory of translation." *Perspectives: Studies in Translatology* 17.4: 257-272, 2009.

Kincaid, Jamaica. *A Small Place.* NY: Farra, Straus and Giroux, 1988.

Kingston, Maxine Hong. *The Woman Warrior: Memoirs of a Girlhood among Ghosts.* New York: Vintage International, 1976.

Knadler, Stephen. "Unacquiring Negrophobia: Younghill Kang and the Cosmopolitan Resistance to the Black and White Logic of Naturalization." *Jouvert* 4.3: 1-23, 2000.

Kogawa, Joy. *Obasan.* Boston: Godine, 1982.

Koo, Eunsook. "A Cosmopolitan's Encounter with African Americans: Younghill Kang's *East Goes West.*" *Journal of American Studies* 34.2: 121-137, Winter 2002.

Lavie, Smadar and Ted Swedenburg, eds., *Displacement, Diaspora, and the Geographies of Identity.* Durham: Duke Univ. Press, 1996.

Lee, Jennifer. *Civility in the City: Blacks, Jews, and Koreans in Urban America.* Cambridge: Harvard Univ. Press, 2002.

Lee, Julia Sun-Joo. "The Return of the 'Unnative' : The Transnational Politics of Elizabeth Gaskell's *North and South.*" *Nineteenth-Century Literature* 61.4: 449-478, 2007.

Lee, Ken-fang. "Cultural Translation and the Exorcist." *MELUS* 29.3: 105-127, 2004.

Lee, Kun Jong. "The African-American Presence in Younghill Kang's *East Goes West.*" *CLA Journal* 45.3: 329-359, 2002.

Lee, Kyhan. "Younghill Kang and the Genesis of Korean-American Literature." *Korea Journal* 31.4: 63-78, 1991.

Lee, Marie Myung-Ok. *Somebody's Daughter*. Boston: Beacon Press, 2005.

Lee, Merton. "Why Jefferey Eugenides' *Middlesex* is So Inoffensive." *Critique* 51.2: 32-46, 2010.

Lee, Rachel C. *The Americas of Asian American Literature: Gendered Fictions of Nation and Transnation*. Princeton. NJ: Princeton Univ. Press, 1999.

Lee, Sue-Im. "We Are Not the World: Global Village, Universalism, and Karen Tei Yamashita's *Tropic of Orange*." *Modern Fiction Studies* 52.3: 501-527, 2007.

Lee, Sunyoung. "The Unmaking of an Oriental Yankee." *East Goes West: The Making of an Oriental Yankee*. Younghill Kang. New York: Kaya, 1937, 1997.

Lew, Walter K. "Grafts, Transplants, Translation: The Americanizing of Younghill Kang." *Modernism, Inc.: Body, Memory, Capital*, Eds. Jani Scandura and Michael Thurston. New York: New York Univ. Press, 2001.

Li, David Leiwei. *Imaging the Nation: Asian American Literature and Cultural Consent*. Los Angeles: Stanford Univ. Press, 1998.

Lim, Shirley Geok-lin. "Transnational Americans: Asian Pacific American Literature of Anamnesia." *Journal of American Studies* 32.2: 345-359, 2000.

Lim, Shirley Geok-lin, et al., eds. *Transnational Asian America Literature: Sites and Transits*. Philadelphia: Temple Univ. Press, 2006.

Lim, Shirley Geok-lin and Amy Ling, eds. *Reading the Literatures of Asian America*. Philadephia: Temple Univ. Press, 1992.

Lindley, Robin. "Coming through Slaughter: Writer Peter Bacho on his new novel, his life as a writer, his youth in Seattle." July 28, 2006. *Real Change News Org*. Web. 3 March 2010.

Lionnet, Françoise and Shu-mei Shih, eds. *Minor Transnationalism*. Durham: Duke Univ. Press, 2005.

Louie, David Wong. *The Barbarians Are Coming*. New York: Penguin, 2000.

Lowe, Lisa. "Heterogeneity, Hybridity, Multiplicity: Marking Asian American Differences." *Diaspora* 1: 24-44, 1991.

_____. *Immigrant Acts: On Asian American Cultural Politics*. Durham: Duke Univ. Press, 1996.

MacDonald-Smythe, Antonia. *Making Homes in the West/Indies: Constructions of Subjectivities in the Writings of Michelle Cliff and Jamaica Kincaid*. New York: Garland Publishing, Inc., 2001.

Maier, Carol. "Toward a Theoretical Practice for Cross-Cultural Translation." *Between Languages and Cultures: Translation and Cross-Cultural Texts*. Eds. A. Dingwaney and C. Maier. London: Univ. of Pittsburgh Press, 1995.

Marciniak, Katazyna. "Immigrant Rage: Alienhood, 'Hygienic' Identities, and the Second World." *A Journal of Feminist Cultural Studies* 17.3: 33-63, 2006.

Matsukawa, Yuko. "Melus Interview: Gish Jen." *MELUS* 18.4: 111-120, 1993.

Maxey, Ruth. "The East is Where Things Begin: Writing the Ancestral Homeland in Amy Tan and Maxine Hong Kingston." *Orbis Literature* 60: 1-15, 2005.

Mendelsohn, Daniel. "Mighty Hermaphrodite." Rev. of Jeffery Eugenides, *Middlesex*. *New York Review of Books* 7, Nov. 2002 ⟨www.nybooks.com/articles/15794⟩.

Mendible, Myra. "Dictators, Movie Stars, and Martyrs: The Politics of Spectacle in Jessica Hagedorn's *Dogeaters*." *Genders* 36, 2002. ⟨http://www.genders.org/g36/g36_mendible.html⟩.

Michaels, Walter Benn. *Our America: Nativism, Modernism, and Pluralism*. Durham: Duke Univ. Press, 1995.

Min, Eun Kyung. "The Daughter's Exchange in Jane Jeong Trenka's *The Language of Blood*." *Social Text* 26.1: 115-133, 2008.

Min, Pyong Gap. "From White-Collar Occupations to Small Business: Korean Immigrants' Occupational Adjustment." *The Sociological Quarterly* 25.3: 333-352, 1984.

_____. "Problems of Korean Immigrant Entrepreneurs." *International Migration Review* 24.3: 436-455, 1990.

_____. *Caught in the Middle: Korean Communities in New York and Los Angeles*. Berkeley: Uinv. of California Press, 1996.

Miyoshi, Masao. "A Borderless World? From Colonialism to Transnationalism

and the Decline of the Nation-State." *Critical Inquiry* 19: 726-751, 1993.
Mojtabai, A.G. "The Complete Other Side of the World." *Asian American Literature: Reviews and Criticism of Works by American Writers of Asian Descent*. Ed. Lawrence J. Trudeau. Detroit, MI: Gale, 1999.
Mori, Toshio. *Yokohama, California*. Cavaldwell: Caxton, 1949.
_____. *Woman from Hiroshima*. San Francisco: Erasthmus, 1978.
_____. *The Chauvinist and Other Stories*. Los Angeles: UCLA Asian American Studies Center, 1979.
Mullen, Bill V. *Afro-Orientalism*. Minneapolis: Univ. of Minnesota Press, 2004.
Mullen, Bill V. and Cathryn Watson. *W. E. B. Du Bois on Asia: Crossing the World Color Line*. Jackson: Univ. Press of Mississippi, 2005.
Murayama, Milton. *All I Asking for Is My Body*. San Francisco: Scupa Press, 1975.
Nesbitt, Nick. *Voicing Memory: History and Subjectivity in French Caribbean Literature*. Charlottesville: Univ. of Virginia Press, 2003.
Newton, Pauline T. "Different Cultural Lenses: An Interview with Lan Cao." October 24, 2000. *Transcultural Women of Late Twentieth-Century U. S. American Literature*. Burlington, VT: Ashgate, 2005.
Nunes, Zita Cristina. *Cannibal Democracy: Race and Democracy in the Literature of the Americas*. Minneapolis: Univ. of Minnesota Press, 2007.
O'Brien, C. C. "Cosmopolitanism in Georgia Douglas Johnson's Anti-Lynching Literature." *African American Review* 38.4: 571-587, 2004.
Okada, John. *No-No Boy*. Seattle: Univ. of Washington Press, 1976.
Okihiro, Gary Y. *Margins and Mainstreams: Asians in American History and Culture*. Seattle: Univ. of Washington Press, 1994.
Ong, Aihwa. *Flexible Citizenship: The Cultural Logics of Transnationality*. Durham: Duke Univ. Press, 1999.
Palumbo-Liu, David. *Asian/American: Historical Crossings of a Racial Frontier*. Stanford: Stanford Univ. Press, 1999.
Park, Kyeyoung. "Koreans in the United States." *Encyclopedia of Diaspora. Vol. II : Diaspora Communities*. Eds. M. Ember, C. Ember, and Ian Skoggard. NY: Kluwer Academic, 2004.
Pisares, Elizabeth H. "Payback Time: Neocolonial Discourses in Peter Bacho's *Cebu*." *MELUS* 29.1: 79-97, 2004. *Academic Research Library*.

Web. 1 Feb. 2010.
Pratt, Mary Louise. "Linguistic Utopias." *The Linguistics of Writing: Arguments between Language and Literature*. Eds. N. Fabb, D. Attridge, A. Durant and C. MacCabe. New York: Methuen, 1988.
_____. *Imperial Eyes: Travel Writing and Transculturation*. London: Routledge. 1992.
Pratt, Geraldine and Brenda Yeoh. "Transnational (Counter) Topographies." *Gender, Place and Culture* 10.2: 159-166, 2003.
Proefriedt, William. "The Education of Eva Hoffman." *Journal of Ethnic Studies*. 18.4: 123-134, 1990.
Radhakrishnan, R. "Ethnicity in an Age of Diaspora." *Theorizing Diaspora: A Reader*. Eds. Braziel, Jana Evans and Anita Mannur. Blackwell Publishing, 2003.
Rajan, Gita. "Chitra Divakaruni's *The Mistress of Spices*: Deploying Mystical Realism." *Meridians: Feminism, Race, Transnationalism* 2.2: 215-236, 2002.
Raphael-Hernandez, Heike and Shannon Steen, eds. *AfroAsian Encounters: Culture, History, Politics*. New York: New York Univ. Press, 2006.
Rody, Caroline. "The Transnational Imagination: Karen Tei Yamashita's *Tropic of Orange*." *Asian North American Identities beyond the Hyphen*. Eds. Eleanor Ty and Donald C. Goellnight. Indianapolis: Indiana Univ. Press, 2004.
Rossi, Jennifer C. " 'Let the words bring wings to our feet:' Negotiating Exile and Trauma through Narrative in Danticat's *Breath, Eyes, Memory*." *Obsidian III* 2.7: 203-220, 2006.
Roudometof, Victor. "Transnationalism, Cosmopolitanism, and Glocalization." *Current Sociology* 53.1: 113-135, 2005.
Rowe, John Carlos. "Henry James and the United States." *The Henry James Review* 27.3: 228-236, 2006.
Sadowski-Smith, Claudia. "The U.S.-Mexico Borderlands Write Back: Cross-Cultural Transnationalism in Contemporary U.S. Women of Color Fiction." *Arizona Quarterly* 57.1: 91-112, 2001.
Said, Edward. *Reflections on Exile and Other Essays*. Cambridge: Harvard Univ. Press, 2000.
Samarth, Marini. "Affirmations: Speaking the Self into Being." *Asian*

American Literature: Reviews and Criticism of Works by American Writers of Asian Descent. Ed. Lawrence J. Trudeau. Detroit, MI: Gale, 1999.

Samway, Patrick. "A Homeward Journey: Edwidge Danticat's Fictional Landscapes, Mindscapes, Genescapes, and Signscapes in *Breath, Eyes, Memory*." *The Mississippi Quarterly* 57.1: 75-83, 2004.

San Juan, Epifanio, Jr. "Mapping the Boundaries, Inscribing the Differences: The Filipino in the U.S.A." *Journal of Ethnic Studies* 19.1: 117-131, 1991.

Sapir, Edward. *Selected Writings of Edward Sapir in Language, Culture and Personality*. Ed. D.G. Mandelbaum. Berkeley: Univ. of California Press, 1949.

Satz, Martha. "Writing about the Things That are Dangerous: A Conversation with Gish Jen." *Southwest Review* 78.1: 132-140, 1993.

Schlote, Christiane. "Interpreters of Transnationalism: South Asian American Women Writers." *Amerikastudien/American Studies* 51.3: 387-409, 2006.

Schwartz, Meryl F. "An Interview with Michelle Cliff." *Contemporary Literature* 34.4: 595-619, 1993.

Sethuraman, Ramchandran. "Evidence-cum-Witness: Subaltern History, Violence, and the (De)formation of Nation in Michelle Cliff's *No Telephone to Heaven*." *Modern Fiction Studies* 43.1: 265, 1997.

Seyhan, Azade. *Writing Outside the Nation*. Princeton: Princeton Univ. Press, 2001.

Shan, Te-hsing. "Interview with Karen Tei Yamashita." *Amerasia Journal* 32.3: 123-142, 2006.

Shea, Renee. "The Dangerous Job of Edwidge Danticat: An Interview." *Callaloo* 19.2: 382-389, 1996.

Shklar, Judith N. "Obligation, Loyalty, Exile." *Political Theory* 21.1: 181-197, 1993.

Shostak, D. "'Theory Uncompromised by Practicality': Hybridity in Jefferey Eugenides' *Middlesex*." *Contemporary Literature* 49: 3: 383-412, 2008.

Shu, Yuan. "Cultural Politics and Chinese-American Female Subjectivity: Rethinking Kingston's *Woman Warrior*." *MELUS* 26: 199-223, 2001.

Shukla, Sandhya. *India Abroad: Diasporic Cultures of Postwar American and England*. Princeton: Princeton Univ. Press, 2003.

Simon, Sherry. *Gender in Translation*. London: Routledge, 1996.

Singh, Jaspal Kaur. "Globalization, Transnationalism and Identity Politics in South Asian Women's Texts." *Michigan Academician* 35.2: 171-188, 2003.

Sloth, Kirsten Hoo-Mi. "Researching Adoption." *Outsiders Within: Writing on Transracial Adoption*. Eds. Jane Jeong Trenka, Julia Chinyere Oparah, and Sun Yung Shin. Cambridge: South End Press, 2006.

Smith, Anthony D. *Nations and Nationalism in a Global Era*. Cambridge, UK.: Polity Press, 1995.

Smith, Michaelh and Luis Guarnizo, eds. *Transnationalsm from Below*. Piscataway, New Jersey: Transaction Publishers, 1998.

Sollors, Werner. "Introduction: After the Culture Wars; or From 'English Only' to 'English Plus.'" *Multilingual America: Transnationalism, Ethnicity, and the Language of American Literature*. Ed. Werner Sollors. New York: New York Univ. Press, 1998.

Sone, Monica. *Nisei Daughter*. Seattle: Univ. of Washington Press, 1953.

Srikanth, Rajini. *The World Next Door: South Asian American Literature and the Idea of America*. Philadelphia: Temple Univ. Press, 2004.

Stern-Gillet, Suzanne. "Eva Hoffman's *Lost in Translation*." *New Comparison* 16: 130-138, 1993.

Stocks, Claire. "Bridging the Gaps: Inescapable History in Lan Cao's *Monkey Bridge*." *Studies in the Literary Imagination* 37.1: 83-100, 2004.

Storace, Patricia. "Seeing Double." *Asian American Literature: Reviews and Criticism of Works by American Writers Of Asian Descent*. Ed. Lawrence J. Trudeau. Detroit, MI: Gale, 1999.

Strachan, Ian G. *Paradise and Plantation: Tourism and Culture in the Anglophone Caribbean*. Charlotteville, Virginia: Univ. of Virginia Press, 2002.

Sze, Julie. "'Not by Politics Alone': Gender and Environmental Justice in Karen Tei Yamashita's *Tropic of Orange*." *Bucknell Review* 44.1: 29-43, 2000.

Trenka, Jane Jeong. *The Language of Blood*. Saint Paul: Graywolf Press, 2003.

Vega-Gonzales, Susana. "Negotiating Boundaries in Divakaruni's *The Mistress of Spices and Naylor's Mama Day.*" *CLCWeb: Comparative Literature and Culture* 5.2: 1-7, 2003.

Vertovec, Steven and Robin Cohen. " Introduction: Conceiving Cosmopolitanism." *Conceiving Cosmopolitanism: Theory, Context and Practice.* Eds. Steven Vertovec and Robin Cohen. New York: Oxford Univ. Press, 2003.

Volkman, Toby Alice. "Introduction." *Cultures of Transnational Adoption.* Ed. Toby Alice Volkman. Durham: Duke Univ. Press, 2005.

Wallace, Molly. "Tropic of Globalization: Reading the New North America." *Symploke* 9. 1-2: 145-160, 2001.

Weitzer, Ronald. "Racial Prejudice among Korean Merchants in African American Neighborhoods." *The Sociological Quarterly* 38.4: 587-606, 1997.

Walters, Wender W. "Michelle Cliff's *No Telephone to Heaven*: Diasporic Displacement and the Feminization of the Landscape." *Borders, Exiles, Diasporas.* Eds. Elizar Barkan and Maire-Denise Shelton. Stanford: Stanford Univ. Press, 1998.

Werrlein, Debra T. "Legacies of the 'Innocent' Frontier: Failed Memory and the Infantilized Filipina Expatriate in Jessica Hagedorn's *Dogeaters.*" *Journal of Asian American Studies* 7.1: 27-50, 2004.

Wolf, Michaela. "Culture as Translation—and Beyond Ethnographic Models of Representation in Translation Studies." *Crosscultural Transgression: Research Models in Translation Studies.* Ed. Theo Hermans. Manchester: St. Jerome, 2002.

_____. "Conversations with History: Between Memory and History: A Writer' s Voice, with Eva Hoffman": http://www.uctv.tv/search-details.aspx?showID=6796&subject=hum

Wong, Sau-ling C. and Jeffrey J. Santa Ana. "Gender and Sexuality in Asian American Literature." *Signs* 25.11: 171-226, Autumn 1999.

Woolf, Virginia. *Three Guineas.* NY: A Harbinger Book, 1963.

Yamashita, Karen Tei. *Tropic of Orange.* Minneapolis: Coffee House Press, 1997.

Yamauchi, Wakako. *Songs My Mother Taught Me: Stories, Plays, and Memoir.* New York: The Feminist Press, 1994.

Yamamoto, Hisaye. *Seventeen Syllables and Other Stories.* Kitchen Table: Women of Color Press, 1989.

Yamamoto, Traise. "Different Silence." Shawn Wong, *Asian American Literature.* New York: Harper Collins, 1994.

Yoon, In-Jin. *On My Own: Korean Businesses and Race Relations in America.* Chicago: Univ. of Chicago Press, 1997.

Yun, Chung-Hei. "Beyond 'Clay Walls': Korean American Literature." *Reading the Literatures of Asian American.* Eds. Shirley Geok-lin Lim and Amy Ling. Philadelphia: Temple Univ. Press, 1992.

Zhang, Benji. "Japanese-American Literature." *New Immigrant Literature in the United States: A Sourcebook to our Multicultural Literary Heritage.* Ed. Alpana Sharma Knipping. Westport, Conneticut: Greenwood Press, 1996.

Zetter, Roger. "Refugee and Refugee Studies—A Label and an Agenda." *Journal of Refugee Studies* 1.1: 1-6, 1988.

http://www.leonardchang.com

http://www.leonardchang.com/koreanculture.html

http://www2.warwick.ac.uk/newsandevents/pressreleases/honorary_degrees_for_experts_on_heart_dna_shakespeare__holocaust_aftermath1/

찾아보기

저자 소개

권혁경: 이화여자대학교 영어영문학과 졸업. 동 대학원 석 · 박사. 미국 워싱턴주립대 방문교수 역임. 현재 안산대학교 관광영어과 교수. 대표 논문은 「아시아계 미국문학 연구」, 「『백색 소음』에 나타난 미디어 지향적 인간상 연구」, 「『개를 먹는 사람들』에 나타난 초국가주의 연구」 등. 현재 관심 분야는 문학을 통한 문화교육 방법, 문학에 나타난 미디어 지향성 등.

김민정: 이화여자대학교 영어영문학과 졸업. 미국 캘리포니아주립대(버클리) 석사. 미국 캘리포니아주립대(샌디에이고) 박사. 현재 이화여자대학교 영어영문학과 부교수. 대표 논문은 "Working with 'Public Craziness' and 'Private Cracks': Toni Morrison's *Jazz*," " 'the sweetest nigga as ever': Black Love in Sherley Anne Williams' *Dessa Rose*," "Not to be Out of Character: The Literary Embodiment of *Sally Hemings*" 등. 2003년 미국 American Studies Association 학술대회 외국인 학자 최우수논문상 Yasuo Sakakibara Prize 수상.

김신희: 이화여자대학교 영어교육학과 졸업. 미국 이스턴 미시간대 영문학 석사. 이화여자대학교 박사. 고려대학교 서창캠퍼스 교양학부 전임강사, 위덕대학교 영어학과 교수 역임. 대표 논문은 "Towards a people-centered theory of translation," "Use of Orwell's Literary Persona as a Political Engagement in Translation of *Animal Farm*," "The Significance of Catechism in 'Ithaca' in the Light of Joyce's Aesthetic Theory," "*Winesburg*, Ohio as an Exercise in Human Understanding" 등.

김영미: 이화여자대학교 영어영문학과 졸업. 동 대학원 석 · 박사. 현재 경희대학교 영미어학부 학술연구교수. 대표 논문은 「태평양 탈식민주의 문학의 한 가능성: 『와이푸나의 파수꾼과 다른 단편들』」(공저), 「입양과 입양문학 담론의 몇 가지 경향」, 역서는 『블레이크 씨의 특별한 심리치료법』, 『자연의 지혜』 등.

김옥례: 이화여자대학교 영어영문학과 졸업. 동 대학원 석 · 박사. 미국 스탠퍼드대 영문학과, 하버드대 여성학과 객원교수, 수원대학교 영어영문학과 교수 역임. 현재 한

국철도대학 교양학과 교수. 저서는 『모비딕』, 『익시온의 고뇌: 멜빌 작품에 나타난 예술가의 초상』, 『미국소설 명장면 모음집』(공저), 『모비딕 다시 읽기』(공저) 등. 역서는 『파워』 등.

민진영: 이화여자대학교 영어영문학과 졸업. 동 대학원 석·박사. 현재 안산대학교 관광영어과 교수. 대표 논문은 「소설 『주홍글자』의 창의적 영상화: 롤랑 조페의 영화 〈주홍글자〉 다시 읽기」, 「강용흘의 『초당』에 나타난 전략적 글쓰기 연구」, 「지배 이데올로기로서 가정성의 형성, 재현, 전유」 등.

박환희: 이화여자대학교 영어영문학과 졸업. 동 대학원 석사. 현재 미국 퍼듀대 영어영문학과 박사과정 재학 중. 관심 분야는 중세와 르네상스 영국의 규율과 가치관, 에티켓, 중세문학에서 타자를 정의하는 방식과 중세의 가족 개념 등.

송은주: 이화여자대학교 영어영문학과 졸업. 동 대학원 석·박사. 현재 이화여자대학교 영어영문학과 강사. 대표 논문은 「포크너의 황야: 『내려가라 모세여』를 중심으로」, 「『압살롬, 압살롬』의 생태비평적 읽기: 환경과 인종의 문제」 등. 역서는 『광대 샬리마르』, 『순수의 시대』 등.

우은주: 이화여자대학교 영어영문학과 졸업. 동 대학원 석사. 미국 로드아일랜드주립대 석·박사. 미국 캘리포니아주립대(버클리) 방문연구원 역임. 현재 세종대학교 영어영문학과 초빙교수. 주요 연구 분야는 아시아계 미국 소설에 나타난 모녀관계. 문예지 『계간수필』로 등단, 수필가로 활동 중.

유소연: 이화여자대학교 영어영문학과 졸업. 동 대학원 석사. 박사과정 재학 중. 대표 논문은 「강용흘의 『동양이 서양으로 가다』에 나타난 주변인의 시각으로 본 미국의 현실」. 주요 관심 분야는 소수민족 문학에 재현된 미국 사회, 정체성 문제, 사회문화적 갈등 양상 등.

이경란: 이화여자대학교 영어영문학과 졸업. 동 대학원 석·박사. 현재 이화여자대학교 이화인문과학원 HK 연구교수. 대표 논문은 「아시아계 미국문학의 경계에 대한 필리핀계 미국문학의 도전」, 「핀천의 포스트모던 바이오픽션 『메이슨&딕슨』의 역사성 읽기」 등. 저서는 『젠더와 문학: 19세기 여성문학 연구』, 『영미문학의 길잡이 2: 미국문학과 비평이론』(공저) 등.

이선주: 이화여자대학교 영어영문학과 졸업. 동 대학원 석·박사. 현재 이화여자대학

교 이화인문과학원 HK 연구교수. 대표 논문은 「미국 이주 한인들의 디아스포라적 상상력」 등. 저서는 『디킨스의 신분과 자본』(2007 문화관광부 우수학술도서) 등. 역서는 I. A. 리처즈의 『문화비평의 원리』(2007 학술원 우수학술도서), 노라 옥자 켈러의 『여우소녀』 등.

이승은: 이화여자대학교 영어영문학과 졸업. 동 대학원 석 · 박사. 현재 경원대학교 교육대학원 영어교육전공 부교수. 대표 논문은 「다시 쓰는 서부 이야기: 월터 반 클라크의 만곡부 사건」, 「가정성 이데올로기에 대한 이중 서술: 루이자 메이 알콧의 『작은 아씨들』」, 「낙원의 재구성과 여성 공간: 토니 모리슨의 『낙원』」 등. 저서는 『토니 모리슨』, 『19세기 미국소설 강의』(공저) 등.

이현경: 이화여자대학교 영어영문학과 졸업. 동 대학원 석사. 박사과정 재학 중. 대표 논문은 「"회복"과 "균형"을 통한 미국 흑인의 미래 모색: 『솔로몬의 노래』를 중심으로」, "Meaning Much by Saying Little(?): Examination of L's Role in Toni Morrison's *Love*" 등. 관심 분야는 미국 흑인 소설의 인종과 여성주의 등.

임진희: 이화여자대학교 영어영문학과 졸업. 동 대학원 석 · 박사. 현재 남서울대학교 영어과 교수. 미국 캘리포니아주립대(버클리) 및 하버드대 방문연구. 대표 논문은 「아시아계 미국문학에 나타난 언어의 재정의를 통한 탈식민적 정체성 추구」, 「한국어의 탈지역과 한국적 이산의 미학」 등. 저서는 『한국계 미국 여성문학: 인종 · 성 · 국가의 미학』 등.

최윤영: 이화여자대학교 영어영문학과 졸업. 동 대학원 석사. 현재 미국 위스콘신대(메디슨) 영어영문학과 박사과정 재학 중. 관심 분야는 근대 및 현대 미국 소설에 드러난 가정공간과 가족 개념, 결혼제도와 사회적 금기의 문제 등.

미국 이민소설의 초국가적 역동성

펴낸날 1판 1쇄 2011년 5월 24일
지은이 김민정 · 이경란 외
펴낸이 최민숙
펴낸곳 이화여자대학교출판부
주소 서울특별시 서대문구 이화여대길 52(우 120-750)
등록 1954년 7월 6일 제9-61호
전화 02) 3277-2965, 362-2966(편집)
02) 3277-3164, 362-6076(영업)
팩스 02) 312-4312
전자우편 press@ewha.ac.kr
인터넷서점 www.ewhapress.com
디자인 정혜진
찍은곳 네오프린텍

ISBN 978-89-7300-918-3 93840

값 25,000원